Formwechsel einer GmbH in eine GbR unter Gläubigerschutzgesichtspunkten

AF752626

Europäische Hochschulschriften

European University Studies

Publications Universitaires Européennes

Reihe II **Rechtswissenschaft**

Series II Law

Série II Droit

Band/ Volume **6670**

Stefanie Gudehus

Formwechsel einer GmbH in eine GbR unter Gläubigerschutzgesichtspunkten

PETER LANG

Bibliografische Information der Deutschen Nationalbibliothek
Die Deutsche Nationalbibliothek verzeichnet diese Publikation in der Deutschen Nationalbibliografie; detaillierte bibliografische Daten sind im Internet über http://dnb.d-nb.de abrufbar.

Zugl.: Münster (Westfalen), Univ., Diss., 2018

D 6
ISSN 0531-7312
ISBN 978-3-631-77518-9 (Print)
E-ISBN 978-3-631-77519-6 (E-PDF)
E-ISBN 978-3-631-77520-2 (EPUB)
E-ISBN 978-3-631-77521-9 (MOBI)
DOI 10.3726/b14947

© Peter Lang GmbH
Internationaler Verlag der Wissenschaften
Berlin 2018
Alle Rechte vorbehalten.
Peter Lang – Berlin · Bern · Bruxelles · New York · Oxford · Warszawa · Wien

Das Werk einschließlich aller seiner Teile ist urheberrechtlich geschützt.
Jede Verwertung außerhalb der engen Grenzen des Urheberrechtsgesetzes ist ohne Zustimmung des Verlages unzulässig und strafbar.
Das gilt insbesondere für Vervielfältigungen, Übersetzungen, Mikroverfilmungen und die Einspeicherung und Verarbeitung in elektronischen Systemen.

Diese Publikation wurde begutachtet.

www.peterlang.com

Vorwort

Die vorliegende Arbeit wurde im Frühjahr 2018 von der Westfälischen Wilhelms-Universität Münster als Dissertation angenommen. Sie entstand während meiner Tätigkeit am Institut für Unternehmens- und Kapitalmarktrecht, Abt. II ebendort. Rechtsprechung und Literatur wurden bis Anfang Februar 2018 berücksichtigt.

Besonderer Dank gilt meinem Doktorvater, Prof. Dr. Johann Kindl, für die außerordentlich lehrreiche und schöne Zeit an seinem Lehrstuhl, sowie die Unterstützung bei der Verwirklichung dieser Arbeit. Ebenso möchte ich mich bei Prof. Dr. Ingo Saenger für die zeitnahe Erstellung des Zweitgutachtens bedanken.

Zu tiefem Dank bin ich auch meinen Eltern verpflichtet, die mir während des Studiums stets zur Seite standen und meinen Weg bis hierhin begleitet haben. Schließlich gebührt der größte Dank meinem Freund Dr. Jan Heuer. Er war mir während dieser Zeit stets eine große Stütze, hat der Arbeit durch zahlreiche Diskussionen Fortgang gegeben und mir in weniger produktiven Phasen zu neuem Antrieb verholfen. Ihm ist diese Arbeit gewidmet.

Münster, Juli 2018

Stefanie Gudehus

Inhaltsverzeichnis

Einleitung

Die generelle Möglichkeit eines identitätswahrenden Formwechsels einer GmbH in eine GbR existiert seit Einführung des Umwandlungsgesetzes aus dem Jahr 1994,[1] welches zum 01.01.1995 in Kraft getreten ist.

Diese Entscheidung des Gesetzgebers fand zunächst größere Beachtung bei der Frage nach der Rechtsnatur der GbR, wurde in Bezug auf den Gläubigerschutz im Rahmen einer solchen Umwandlung jedoch lange Zeit nicht groß hinterfragt.

Jüngst hat die Möglichkeit des Formwechsels einer GmbH in eine GbR mehr Aufmerksamkeit erlangt. Anlässlich der Entscheidung des BGH vom 18.10.2016,[2] sowie der Vorinstanz des OLG Bremen vom 01.10.2015,[3] dass die Gesellschafter der künftig in der Rechtsform der GbR fortbestehenden Gesellschaft nicht in das Handelsregister einzutragen sind, wurden die mit dieser Entscheidung einhergehenden Probleme diskutiert. Im Mittelpunkt der Diskussion steht dabei der Gläubigerschutz, denn der Formwechsel geht mit dem besonders erheblichen Bruch vom stark regulierten und formalisierten Kapitalgesellschaftsrecht der GmbH hin zum extrem offen und dispositiv gestalteten Personengesellschaftsrecht der GbR einher. Dabei ist zu betonen, dass die GbR als einziger Zielrechtsträger des Formwechsels nach dem Umwandlungsgesetz keiner Registerpflicht unterliegt. Hervorgehoben wird insoweit die damit einhergehende Möglichkeit einer stillen Liquidation, sodass insbesondere aufgrund der persönlichen und unbeschränkten Haftung der GbR-Gesellschafter ein Publizitätsbedürfnis betont und die Entscheidung des BGH aus diesem Grund beanstandet wird.[4]

Diese Arbeit verfolgt das Ziel, die Umwandlung einer GmbH in eine GbR unter dem Gesichtspunkt des Gläubigerschutzes zu untersuchen, um festzustellen, ob sich aus dem oben beschriebenen Systemwechsel eine Schlechterstellung der Altgläubiger der GmbH ergibt und ob die vorhandenen rechtlichen Regelungen einen gerechten Ausgleich der widerstreitenden Interessen bieten.

Dazu soll im ersten Kapitel auf die Grundlagen des Formwechsels eingegangen werden, wobei der Formwechsel als Art der Umwandlung ebenso zu beleuchten

1 BGBl. I 1994, Nr. 77 S. 3210 ff.

2 BGH, Versäumnisurt. v. 18.10.2016 – II ZR 314/15, NJW 2017, 559 (560).

3 OLG Bremen, Urt. v. 01.10.2015 – 5 U 21/14, DStR 2016, 489 (492 f.).

4 *Liebscher*, ZGR 2017, 389 (397); *Markworth*, NJW 2017, 559 (561); *Melchior*, GmbHR 2017, 145 (146); *Vossius*, NotBZ 2017, 141 (142); zur Problematik der stillen Liquidation auch *Fuchs/Thilo*, WuB 2017, 338 (338).

ist, wie etwaige Gründe, die für einen solchen sprechen. Zusätzlich ist auf die am Formwechsel beteiligten Rechtsträger einzugehen. Dies betrifft die aufgelöste Gesellschaft als formwechselfähigen Rechtsträger ebenso wie den Rechtsträger neuer Rechtsform.

Diesbezüglich wird auch näher auf die dem Formwechsel zugrunde liegende Identitätsthese und ihre Bedeutung für diesen einzugehen sein. Darüber hinaus ist die damit im Zusammenhang stehende Diskontinuität der Rechtsordnung zu thematisieren, um im Anschluss daran die Rechtsfolgen für bestehende Ansprüche gegen oder von Dritten sowie gebundene Gesellschaftsansprüche auszumachen, wobei solche aus der Kapitalaufbringung und Kapitalerhaltung in den Fokus der Betrachtung gestellt werden sollen.

Im Anschluss daran ist im zweiten Kapitel die Verwirklichung des Formwechsels zu untersuchen. Neben der Betrachtung der formellen Anforderungen im Zusammenhang mit der Erstellung des Umwandlungsberichts ist schwerpunktmäßig die konkrete Beschlussfassung und die Vorschrift des § 194 UmwG zu untersuchen, wobei ein besonderes Augenmerk auf die Frage der Mitgliederidentität gelegt werden soll. Besonders für den Fall, dass eine Mitgliederidentität nicht erforderlich ist, kann der fehlenden Transparenz der Gesellschaft bürgerlichen Rechts eine erhöhte Bedeutung zukommen.

In diesem Kontext ist darüber hinaus die Eintragung des Formwechsels ins Handelsregister, die potentielle Prüfung durch das Registergericht und der Ablauf der Eintragung und deren Bestandskraft darzulegen.

Darauf aufbauend ist im dritten Kapitel die Haftung vor und nach dem Formwechsel für die jeweiligen Rechtsträger klarzustellen. Hierbei sind Rechtsfragen der persönlichen Haftung nach dem Formwechsel über § 128 HGB analog, sowie über § 130 HGB analog genauso zu untersuchen, wie die Frage nach der Gleichwertigkeit von Kapitalbindung und persönlicher Haftung.

Im vierten Kapitel ist ein Blick auf den umwandlungsrechtlichen Gläubigerschutz zu werfen. Die Möglichkeit der Sicherheitsleitung nach §§ 204, 22 UmwG ist unter Bezugnahme auf den konkreten Formwechsel einer GmbH in eine GbR zu untersuchen. Hierbei wird vor allem der Begriff der Gefährdung des § 22 UmwG in den Mittelpunkt der Betrachtung gestellt, wobei die besondere Problematik des Wegfalls der Kapitalerhaltung, die Möglichkeit einer Entnahmesperre und der Wegfall der Bindungen rechtsformspezifischer Ansprüche entsprechend relevant sind. Auch auf die Höhe der Sicherheitsleistung, sowie den Anspruch aus § 205 UmwG ist einzugehen.

Unter Bezugnahme auf die vorherigen Feststellungen ist im fünften Kapitel zu untersuchen, ob dem Gläubigerschutz auch unter dem Gesichtspunkt der Transparenz des Formwechsels und der damit einhergehenden Folgen, insbesondere in Bezug auf etwaige Wechsel der Gesellschafter Genüge getan wird.

In diesem Kontext ist die Gesellschafterliste besonders herauszustellen. Dies gilt bezüglich etwaiger Einreichungspflichten, vor allem der Frage, ob durch den Formwechsel die Pflicht zur Einreichung einer „letzten Liste“ entsteht und ob im Falle einer vor dem Formwechsel noch nicht eingereichten Liste eine solche Pflicht auch für die GbR als neuen Rechtsträger besteht.

Zusätzlich sind die sich daran anknüpfenden Fragen der allgemeinen Rechtsscheinhaftung zu klären. Dies gilt für die Frage, ob die Gesellschafterliste ein geeigneter Rechtssscheinträger ist, aber auch für die Frage, ob und wie die weiteren Voraussetzungen einer allgemeinen Rechtsscheinhaftung im konkreten Formwechselfall vorliegen. Allem voran soll der Frage nach einer etwaigen Haftung für Altverbindlichkeiten nachgegangen werden.

Darauf aufbauend ist auch einer möglichen Haftung aus § 15 Abs. 3 HGB und deren Voraussetzungen unter Bezug auf die Auswirkungen für den Gläubigerschutz nachzugehen. Es wird insofern auch der Frage nach der Haftung für etwaige Folgedispositionen der Gläubiger über ihre Forderungen einzugehen sein.

Zu guter Letzt soll unter Bezugnahme auf die Ergebnisse der vorangegangenen Untersuchungen der Frage nachgegangen werden, wie der Gesetzgeber die Situation der Gläubiger unter dem Gesichtspunkt eines schützenwerten Transparenzbedürfnisses verbessern könnte.

Abschließend sind die Ergebnisse der Untersuchung in einem sechsten Kapitel thesenartig zusammengefasst.

1. Kapitel: Grundlagen des Formwechsels

A. Der Formwechsel als Art der Umwandlung

Was unter der Umwandlung als solcher zu verstehen ist, wird im Umwandlungsgesetz nicht definiert. Das Gesetz selbst geht vielmehr nur auf die einzelnen Arten der Umwandlung ein. Nach *Kallmeyer*[5] lässt sie sich allgemein als „Vermögensübergang im Wege der Gesamtrechtsnachfolge oder Sonderrechtsnachfolge oder Wechsel der Rechtsform bezeichnen".

Es bestehen zwei unterschiedliche Arten von Umwandlungen. Zum einen die Umwandlung mittels Gesamtrechtsnachfolge, wozu die Verschmelzung (§§ 2–122l UmwG), die Spaltung (§§ 123–173 UmwG) und die Vermögensübertragung (§§ 174–189 UmwG) gehören. Zum anderen die Umwandlung ohne jegliche Vermögensverschiebung – der Formwechsel nach §§ 190–304 UmwG.

Der Formwechsel unterscheidet sich damit von den anderen Umwandlungsarten durch die fehlende Vermögensübertragung von einem Rechtsträger auf einen anderen.[6] Es ist insoweit nur ein einziger Rechtsträger beteiligt, der seine äußere Form, nicht aber die rechtliche oder wirtschaftliche Identität, ändert.[7]

B. Gründe für den Formwechsel

Die Motivation für die Entscheidung, ein Unternehmen umzuwandeln, kann vielschichtig sein.

Das wohl am häufigsten aufgeführte Motiv ist die Möglichkeit der Erzielung steuerlicher Vorteile.[8] Dieser Grund kann je nach Situation des Unternehmens sowohl für eine Umwandlung aus der Kapitalgesellschaft in eine Personengesellschaft, als auch umgekehrt angeführt werden.[9] Das im deutschen Steuerrecht

---

5 *Kallmeyer*, ZIP 1994, 1746 (1747).

6 Semler/*Stengel*, UmwG, § 1 Rn. 55.

7 Lutter/*Decher*/*Hoger*, UmwG, Vor § 190 Rn. 2; Semler/*Stengel*, UmwG, § 1 Rn. 55; SHS/*Hörtnagl*, UmwG, § 1 Rn. 19.

8 Lutter/ *Decher*/*Hoger*, UmwG, Vor § 190 Rn. 23; Semler/*Stengel*, UmwG, Einleitung A Rn. 4; SHS/*Stratz*, UmwG, Vor § 190 Rn. 5; Widmann/Mayer/*Vossius*, UmwG, § 190 Rn. 38; *Schwedhelm*, S. 1; *Usler*, MittRhNotK 1998, 21 (24).

9 So führt beispielsweise *Zürbig*, S. 8 in seiner Untersuchung des Formwechsels einer Personengesellschaft in eine Kapitalgesellschaft die Steuergesetzgebung ebenso als Motiv an wie *Glockemann*, S. 9 f. in der umgekehrten Bearbeitung eines Formwechsel aus einer Kapitalgesellschaft in eine Personengesellschaft.

vorherrschende duale System[10] führt dazu, dass Kapitalgesellschaften anders besteuert werden als Personengesellschaften. Während die GmbH selbst ein Steuersubjekt darstellt und somit nach § 1 KStG der Körperschaftssteuer unterfällt, kann die GbR als Personengesellschaft kein Steuersubjekt sein, sodass etwaige Gewinne bei den Gesellschaftern gemäß § 2 Abs. 1 Nr. 2 EStG i.V.m. § 15 Abs. 1 Nr. 2 S. 1 EStG über die Einkommenssteuer versteuert werden.[11] Abhängig von vielen einzelnen Faktoren, wie beispielsweise der Größe des Unternehmens, der Höhe der Gewinne oder auch der Art der Gewinnverwendung, fallen daher die letztlich zu zahlenden Steuern unterschiedlich hoch aus.[12]

Eine allgemeingültige Aussage bezüglich der steuerlichen Vorteilhaftigkeit lässt sich damit nicht treffen,[13] jedoch ist grundsätzlich von einer steuerlichen Besserstellung der Personengesellschaft auszugehen, wenn die Einkünfte der Gesellschafter aus dem Unternehmen unter der ersten Proportionalzone[14] liegen[15].

Eine zusätzliche Besserstellung ist im Regelfall dann gegeben, wenn das Unternehmen Verluste erleidet.[16] Die Verluste können unmittelbar beim Gesellschafter selbst angerechnet werden, sodass sich das zu versteuernde Einkommen senkt.

Abhängig von der wirtschaftlichen Beschaffenheit des Unternehmens kann es daher durchaus sinnvoll sein, aus steuerlichen Erwägungen heraus in eine Per-

---

10 Siehe hierzu *Jacobs/Scheffler/Spengel*, S. 569.

11 Dies stellt zumindest die Regelbesteuerung dar, wovon allerdings aufgrund eines Wahlrechts abgewichen werden kann, was dazu führt, dass die Gewinne im Unternehmen verbleiben und dort mittels eines Sondersteuersatzes besteuert werden (§ 34a EStG). Vgl. *Jacobs/Scheffler/Spengel*, S. 569.

12 Verschiedene Konstellationen untersuchend: *Jacobs/Scheffler/Spengel*, S. 573 ff.

13 *Jacobs/Scheffler/Spengel*, S. 672.

14 Die Proportionalzone ist zusammen mit der Progressionszone Teil des Einkommenssteuertarifs und besteht jeweils aus zwei Zonen. Die Einkommensteuerbelastung beginnt nach dem Grundfreibetrag mit der ersten Progressionszone, woraufhin die zweite Progressionszone folgt. Die Steuerbelastung steigt dabei in der Progressionszone überproportional mit der Höhe des Einkommens an (Grenzsteuersatz 42 %), während die Belastung in den danach folgenden Proportionalzonen gleichbleibend ist. – http://www.bpb.de/nachschlagen/lexika/lexikon-der-wirtschaft/19163/einkommensteuertarif [zul. 20.07.2018].

15 *Jacobs/Scheffler/Spengel*, S. 673; im Ausschüttungsfall konnte im Modellbeispiel bei einer Personengesellschaft mit sehr niedrigen Gewinnen ein Steuersatzvorteil von bis zu 29,83 % erreicht werden – *Jacobs/Scheffler/Spengel*, S. 591.

16 *Jacobs/Scheffler/Spengel*, S. 681 f.; Zu einem solchen Ergebnis kam auch *Schreiber* in seinem Modellfall – *Schreiber*, S. 370.

sonengesellschaft umzuwandeln. Ob eine GbR als Zielgesellschaft gewählt wird, hängt schließlich von der Organisation und Tätigkeit des Unternehmens ab.

Weitere Motive für einen Formwechsel in eine GbR finden sich vor allem dann, wenn sich eine GmbH in einer finanziellen Krise befindet. So entfallen nach erfolgreicher Umwandlung die Liquidationsvorschriften der §§ 61 ff. GmbHG, womit eine Beendigung ohne Liquidation möglich wird.[17] Ebenso kann der Formwechsel bezwecken, eine unterkapitalisierte Gesellschaft fortzuführen[18] oder bei einer drohenden Überschuldung dem Zwang der Insolvenzanmeldung zu entgehen[19].

Aufgrund der persönlichen und unbeschränkten Haftung der Gesellschafter in der GbR[20] entfällt die aus der Überschuldung der Gesellschaft folgende Insolvenzantragspflicht.[21] Dies gilt selbst dann noch, wenn die finanzielle Krise bereits eingetreten ist, aber noch innerhalb der 3-Wochen-Frist des § 15a Abs. 1 S. 1 InsO mit der Vornahme des Formwechsels begonnen wird.[22]

Auch die Vermeidung oder zumindest Senkung dauerhafter Kosten, wie beispielsweise solche der Rechnungslegung, kann einen Anreiz zur Umwandlung geben.[23] Dies gilt auch für die Vermeidung der handelsrechtlichen Publizität.[24]

C. Am Formwechsel beteiligte Rechtsträger

I. Formwechselnde Rechtsträger

Nach § 1 Abs. 2 UmwG ist eine Umwandlung nach dem Umwandlungsgesetz nur in den ausdrücklich geregelten Fällen möglich – auch „numerus clausus" der Umwandlungsmöglichkeiten[25] genannt. Diese Vorschrift wird in § 190 Abs. 2

---

17 Aufführung als Motiv in Semler/*Stengel*, UmwG, Einleitung A Rn. 4. Auf die Möglichkeit einer stillen Liquidation durch den Formwechsel in die GbR hinweisend auch: BGH, Versäumnisurt. v. 18.10.2016 – II ZR 314/15, NJW 2017, 559 (560).

18 Lutter/*Decher*/*Hoger*, UmwG, Vor § 190 Rn. 23.

19 Reul/*Heckschen*/Wienberg, § 4 Rn. 573.

20 Siehe hierzu später 3. Kapitel, C, S. 107 ff.

21 Reul/*Heckschen*/Wienberg, § 4 Rn. 574; vgl. auch § 15a InsO.

22 Reul/*Heckschen*/Wienberg, § 4 Rn. 575.

23 Semler/*Stengel*, UmwG, § 190 Rn. 8; Widmann/Mayer/*Vossius*, UmwG, § 190 Rn. 38.

24 Lutter/*Decher*/*Hoger*, UmwG, Vor § 190, Rn. 23; Semler/Stengel/*Moszka*, UmwG, Einleitung B Rn. 4; Widmann/Mayer/*Vossius*, UmwG, § 190 Rn. 38; *Usler*, MittRhNotK 1998, 21 (24).

25 BT-Drucks. 12/6699, S. 80; *Kallmeyer*/*Marsch-Barner* UmwG § 1 Rn. 16; Semler/*Stengel*, UmwG, § 1 Rn. 58.

UmwG für den Formwechsel konkretisiert,[26] sodass die in § 191 Abs. 1 UmwG aufgeführten formwechselfähigen Rechtsträger abschließend sind[27]. Demnach können Kapitalgesellschaften i.S.d. § 3 Abs. 1 Nr. 2 UmwG formwechselnde Rechtsträger sein, womit es sowohl der GmbH als auch der Aktiengesellschaft und der KGaA eröffnet ist, einen Formwechsel zu vollziehen. Die Unternehmergesellschaft (haftungsbeschränkt) ist nicht in § 3 Abs. 1 Nr. 2 UmwG aufgeführt, was jedoch nicht dazu führt, dass diese nicht formwechselfähig ist. Bei der UG handelt es sich lediglich um eine Rechtsformvariante der GmbH.[28] Für sie gelten alle auf die GmbH bezogenen Rechtsvorschriften unmittelbar und zwar auch außerhalb des GmbHG,[29] was eine explizite Aufführung der UG in § 191 UmwG somit entbehrlich macht.

Demgegenüber handelt es sich bei der Vor-GmbH nicht um einen rechtsformwechselfähigen Rechtsträger.[30] § 191 Abs. 1 Nr. 2 UmwG bestimmt Kapitalgesellschaften für umwandlungsfähig, weshalb die Norm die Vor-GmbH als Gesellschaftsform sui generis[31] nicht erfasst. Nach § 11 Abs. 1 GmbHG besteht eine GmbH und damit eine Kapitalgesellschaft i.S.d. § 191 Abs. 1 UmwG erst mit Eintragung in das Handelsregister. Aufgrund der Qualifizierung als Sonderrechtsform besteht jedoch auch keine Personengesellschaft,[32] welche nach § 191 Abs. 1 Nr. 1 UmwG umwandlungsfähiger Rechtsträger wäre. Damit schließt bereits der Wortlaut des § 191 Abs. 1 UmwG eine Umwandlung der Vor-GmbH aus. Möglich ist allerdings, dass der Umwandlungsbeschluss schon im Stadium der Vorgesellschaft gefasst wird.[33] Die Anmeldung erfolgt dann in der Form, dass

---

26 Lutter/*Decher*/*Hoger*, UmwG, § 190 Rn. 9.

27 Kallmeyer/*Meister*/*Klöcker*, UmwG, § 191 Rn. 1; Lutter/*Decher*/*Hoger*, UmwG, § 191 Rn. 1; Semler/Stengel/*Schwanna*, UmwG, § 191 Rn. 1; SHS/*Stratz*, UmwG, § 191 Rn. 2.

28 BT-Drucks. 16/9737, S. 55; ferner: Rowedder/Schmidt-Leithoff/*Baukelmann*/*Schmidt-Leithoff*, GmbHG, § 5a Rn. 1; Lutter/*Decher*/*Hoger*, UmwG, § 191 Rn. 2; KK-UmwG/*Petersen*, UmwG, § 191 Rn. 5.

29 KK-UmwG/*Petersen*, UmwG, § 191 Rn. 5; *Freitag*/*Riemenschneider*, ZIP 2007, 1485 (1485); *Meister*, NZG 2008, 767 (767); *Seibert*, GmbHR 2007, 673 (675).

30 So auch Lutter/*Decher*/*Hoger*, UmwG, § 191 Rn. 7 m.w.N.; SHS/*Stratz*, UmwG, § 191 Rn. 14; a.A. *Bayer*, ZIP 1997, 1613 (1614).

31 BGH, Urt. v. 12.07.1956 – II ZR 218/54, BGHZ 21, 242 (246) = NJW 1956, 1435 (1435); *Saenger*, GesR, Rn. 741.

32 BGH, Urt. v. 12.07.1956 – II ZR 218/54, BGHZ 21, 242 (246) = NJW 1956, 1435 (1435); BGH, Urt. v. 24.10.1968 – II ZR 216/66, BGHZ 51, 30 (32) = NJW 1969, 509 (509).

33 Kallmeyer/*Meister*/*Klöcker*, UmwG, § 191 Rn. 22; Lutter/*Decher*/*Hoger*, UmwG, § 191 Rn. 7; *K. Schmidt*, FS Zöllner Bd. 1, 521 (527).

zunächst die GmbH als solche und sodann die Umwandlung ins Handelsregister eingetragen wird.[34]

Bei einem Formwechsel in eine GbR ist allerdings zu beachten, dass die Aufgabe des Willens, die Vor-GmbH zur Eintragung zu bringen, bereits automatisch dazu führt, dass die Gesellschaft dem Recht der Personengesellschaften unterliegt.[35] Sofern kein Handelsgewerbe i.S.v. § 1 Abs. 2 HGB betrieben wird, liegt in einem solchen Fall ohnehin eine GbR vor und eine Umwandlung ist nicht notwendig.

Ob es sich bei der Vorgründungsgesellschaft um einen umwandlungsfähigen Rechtsträger handelt, hängt von deren Rechtsform ab. Sie ist – abhängig vom Betrieb eines Handelsgewerbes – entweder OHG oder GbR.[36] Sofern eine OHG besteht, so ist sie nach § 191 Abs. 1 Nr. 1 UmwG formwechselfähig. Soll wie im vorliegend untersuchten Fall die Zielrechtsform die einer GbR sein, so bedarf es keiner Umwandlung nach dem Umwandlungsgesetz. Durch Aufgabe des Handelsgewerbes i.S.v. § 1 Abs. 2 HGB wird die OHG aufgrund ihrer „Strukurgleichheit" automatisch zu einer GbR[37] und wechselt damit bereits außerhalb des Umwandlungsgesetzes ihre Rechtsform. Besteht bereits eine GbR, so kann letztlich die Rechtsform beibehalten werden.

Formwechselfähig sind darüber hinaus die Personenhandelsgesellschaften i.S.d § 3 Abs. 1 Nr. 1 UmwG und Partnerschaftsgesellschaften, die eingetragenen Genossenschaften, die rechtsfähigen Vereine, die Versicherungsvereine auf Gegenseitigkeit sowie die Körperschaften und Anstalten des öffentlichen Rechts. Kein formwechselfähiger Rechtsträger ist dagegen die Gesellschaft bürgerlichen Rechts.

1. „Sitz" im Inland

Sofern es sich um einen grundsätzlich formwechselfähigen Rechtsträger handelt, so ist nach § 1 Abs. 1 UmwG zusätzliche Voraussetzung, dass es sich bei diesem um einen solchen mit Sitz im Inland handelt.

Nachdem der Vorschrift nicht direkt zu entnehmen ist, auf welchen Sitz sie sich bezieht, wird zum Teil vertreten, dass auf den tatsächlichen Verwaltungssitz

---

34 KK-UmwG/*Petersen*, UmwG, § 191 Rn. 4; Kallmeyer/*Meister*/*Klöcker*, UmwG, § 191 Rn. 22; Lutter/*Decher*/*Hoger*, UmwG, § 191 Rn. 7; *K. Schmidt*, FS Zöllner Bd. 1, 521 (528); *Schwedhelm*, S. 283.

35 Baumbach/Hueck/*Fastrich*, GmbHG, § 11 Rn. 32; Lutter/Hommelhoff/*Bayer*, GmbHG, § 11 Rn. 21; UHL/*Ulmer*/*Habersack*, GmbHG, § 11 Rn. 26; *Kindl*, GesR, S. 257; *Saenger*, GesR, Rn. 746.

36 MüKo-GmbHG/*Merkt*, GmbHG, § 11 Rn. 99; Lutter/Hommerlhoff/*Bayer*, GmbHG, § 11 Rn. 2; Scholz/*K. Schmidt*, GmbHG, § 11 Rn. 15.

37 *K. Schmidt*, GesR, § 44 III 1, S. 1305 f.

abzustellen sei[38]. Die überwiegende Ansicht geht vom Satzungssitz der Gesellschaft aus[39].

Bereits dem Gesetzesentwurf zum Umwandlungsgesetz ist zu entnehmen, dass grenzüberschreitende Sachverhalte nicht geregelt werden sollten, um den europäischen Bemühungen zur Regelung grenzüberschreitender Vorgänge nicht zuvorzukommen und insofern der Sitz im Inland vorausgesetzt wird.[40] § 1 Abs. 1 UmwG enthält daher kein Verbot einer grenzüberschreitenden Umwandlung, sondern dient lediglich der Begrenzung des Anwendungsbereichs des Umwandlungsgesetzes,[41] sodass eine kollisionsrechtliche Regelung, die die Annahme des Verwaltungssitzes rechtfertigen könnte,[42] hierin nicht besteht[43].

Auch die Systematik des Gesetzes spricht für die Annahme, dass ein inländischer Satzungssitz Voraussetzung für die Anwendbarkeit des Umwandlungsgesetzes ist,[44] da der Begriff des „Sitzes" im Umwandlungsgesetz einheitlich verwendet wird und er in Vorschriften wie § 19 Abs. 1 UmwG und § 26 Abs. 1 UmwG allgemein als Satzungssitz verstanden wird.[45]

Ein ebenfalls für den Satzungssitz sprechender Gesichtspunkt ist die Abgrenzungsklarheit, denn während der Verwaltungssitz häufig eher einer Wertungsfrage gleichen kann, ist der Satzungssitz eindeutiger zu ermitteln.[46] Insofern besteht

---

38 *K. Schmidt*, GesR, § 12 I 7 a), S. 340; *Großfeld*, AG 1996, 302 (303); *Samson/Flindt*, NZG 2006, 290 (292).

39 Vgl. Nomos-UmwR/*Böttcher*, UmwG, § 1 Rn. 17; KK-UmwG/*Dauner-Lieb*, UmwG, § 1 Rn. 24; *Kallmeyer/Marsch-Barner* UmwG, § 1 Rn. 2; Semler/Stengel/*Drinhausen*, UmwG, Einleitung C Rn. 20; SHS/*Hörtnagl*, UmwG, § 1 Rn. 43; Widmann/Mayer/*Heckschen*, UmwG, § 1 Rn. 105; *Bungert*, AG 1995, 489 (502); *Triebel/v. Hase*, BB 2003, 2409 (2416).

40 BT-Drucks. 12/6699, S. 80.

41 Semler/*Stengel*, UmwG, § 1 Rn. 41; SHS/*Hörtnagl*, UmwG, § 1 Rn. 24.

42 Bei Erlass der Vorschrift ging der Gesetzgeber im Rahmen des Kollisionsrechts von der Sitztheorie aus, welche den effektiven Verwaltungssitz als Anknüpfungspunkt für das Gesellschaftsstatut bestimmt – *Paefgen*, GmbHR 2004, 463 (464); siehe zur Sitztheorie nur: MüKo-BGB/*Kindler*, IntGesR, Teil 10 Rn. 420.

43 Widmann/Mayer/*Heckschen*, UmwG, § 1 Rn. 107; *Kronke*, ZGR 1994, 26 (35); *Leitzen*, NZG 2009, 728 (729); *Siems*, EuZW 2006, 135 (137); a.A. *Kuntz*, EuZW 2005, 524 (526).

44 *Kallmeyer/Marsch-Barner*, UmwG, § 1 Rn. 2; Semler/Stengel/*Drinhausen*, UmwG, Einleitung C Rn. 20.

45 MüKo-BGB/*Kindler*, IntGesR, Teil 10 Rn. 863; Semler/Stengel/*Drinhausen*, UmwG, Einleitung C Rn. 20; *Kusserow/Prüm*, WM 2005, 633 (633 Fn. 7).

46 *Kuntz*, IStR 2006, 224 (226).

heute weitgehend Einigkeit darüber, dass der § 1 Abs. 1 UmwG den Satzungssitz erfassen will.[47]

Mithin ist jede GmbH rechtsformwechselfähig, die ihren Satzungssitz in Deutschland hat.[48]

2. *Die aufgelöste Gesellschaft als formwechselnder Rechtsträger*

Nach § 191 Abs. 3 UmwG[49] kann auch ein aufgelöster Rechtsträger umgewandelt werden, sofern seine Fortsetzung in der bisherigen Rechtsform beschlossen werden könnte. Dieser Verweis auf die Vorschriften des jeweiligen Rechtsträgers soll der Sicherstellung von Gläubigerinteressen dienen.[50]

Unter Fortsetzung der Gesellschaft ist dabei deren Rückführung in eine werbende Gesellschaft zu verstehen.[51] Bezogen auf die GmbH führt § 60 GmbHG zahlreiche Gründe auf, die die Auflösung der GmbH zur Folge haben, formuliert jedoch allein bei der Nennung des Auflösungsgrundes der Insolvenz in § 60 Abs. 1 Nr. 4 GmbHG die Möglichkeit der Fortsetzung. Hieraus ist indes nicht zu schließen, dass eine Rückführung in den anderen Fällen ausgeschlossen sein soll. Vielmehr entschied bereits das Reichsgericht, dass auch bezüglich anderer Auflösungsgründe eine Fortsetzung möglich ist.[52]

---

47 Vgl. Nomos-UmwR/*Böttcher*, UmwG, § 1 Rn. 17; KK-UmwG/*Dauner-Lieb*, UmwG, § 1 Rn. 24; *Kallmeyer/Marsch-Barner*, UmwG, § 1 Rn. 2; Semler/Stengel/*Drinhausen*, UmwG, Einleitung C Rn. 20; SHS/*Hörtnagl*, UmwG, § 1 Rn. 43; Widmann/Mayer/*Heckschen*, UmwG, § 1 Rn. 105; *Bungert*, AG 1995, 489 (502); *Triebel/v. Hase*, BB 2003, 2409 (2416).

48 Die in § 1 UmwG getroffene Regelung kann allerdings durch europäisches Gemeinschaftsrecht überlagert werden – SHS/*Hörtnagl*, UmwG, § 1 Rn. 24, 47 ff.; so urteilte der EuGH, dass die Beschränkung der Umwandlung auf Rechtsträger im Inland aufgrund der Niederlassungsfreiheit nicht möglich ist (EuGH, Urt. v. 13.12.2005 – C-411/03, NJW 2006, 425 (426) – Sevic Systems AG). Inwieweit nach geltendem Recht ein grenzüberschreitender Formwechsel möglich ist, ist in Anbetracht der hier erfolgenden Auseinandersetzung mit einer deutschen GmbH nicht zu klären. Siehe hierzu jedoch: *Zimmer/Naendrup*, NJW 2009, 545 (548).

49 Die Norm ist gleichlaufend mit § 3 Abs. 3 UmwG, weshalb im Folgenden auch Anmerkungen zu § 3 Abs. 3 UmwG in die Ausarbeitung mit einbezogen werden (vgl. auch Lutter/*Decher/Hoger*, UmwG, § 191 Rn. 9).

50 Nomos-UmwR/*Althoff/Narr*, UmwG, § 191 Rn. 17; Lutter/*Decher/Hoger*, UmwG, § 191 Rn. 9; Semler/*Stengel*, UmwG, § 191 Rn. 16.

51 Scholz/*K. Schmidt/Bitter*, GmbHG, § 60 Rn. 79; SHS/*Stratz*, UmwG, § 191 Rn. 35.

52 RG, Beschl. v. 25.10.1927 – Zivilsenat II B 14/27, RGZ 118, 337 (339); dies ist inzwischen allgemeine Meinung: MüKo-GmbHG/*Berner*, GmbHG, § 60 Rn. 235; Lutter/

a) *Allgemeine Fortsetzungsvoraussetzungen*

Damit ist zunächst ein Blick auf die gesellschaftsrechtlichen Fortsetzungsbestimmungen zu werfen. Liegen diese nicht vor, so kommt gemäß § 191 Abs. 3 UmwG ein Formwechsel nicht in Betracht.

aa) Keine Vollbeendigung

Unabhängig von der Art des Auflösungsgrundes ist die Rückführung in eine werbende GmbH gesellschaftsrechtlich nur solange möglich, wie noch keine Vollbeendigung vorliegt.[53]

bb) Keine Vermögensverteilung an die Gesellschafter

Zudem darf das Vermögen noch nicht an die Gesellschafter verteilt worden sein.[54] Ob es dazu jedoch einer zur Minderung des Stammkapitals führenden Auszahlung bedarf,[55] oder bereits der bloße Beginn der Auszahlung an die Gesellschafter ausreichend ist, um eine Fortsetzungsfähigkeit auszuschließen,[56] wird nicht einheitlich beurteilt.

Eine ausdrückliche Regelung, wie die des § 274 Abs. 1 S. 1 AktG für die Rückführung einer Aktiengesellschaft in eine werbende Gesellschaft, existiert im GmbHG nicht. Die Norm bestimmt, dass eine Fortsetzung der Aktiengesellschaft dann ausgeschlossen ist, wenn bereits mit der Verteilung des Vermögens begonnen wurde. Zum Teil wird die fehlende Regelung im GmbHG daher mit einer

---

Hommelhoff/*Kleindiek*, GmbHG, § 60 Rn. 28; Scholz/*K. Schmidt*/*Bitter*, GmbHG, § 60 Rn. 79; UHL/*Casper*, GmbHG, § 60 Rn. 124; Wicke-GmbHG/*Wicke*, GmbHG, § 60 Rn. 12.

53 MüKo-GmbHG/*Berner*, GmbHG, § 60 Rn. 240; Widmann/Mayer/*Fronhöfer*, UmwG, § 3 Rn. 46.

54 Scholz/*K. Schmidt*/*Bitter*, GmbHG, § 60 Rn. 82; UHL/*Casper*, GmbHG, § 60 Rn. 131.

55 MüKo-GmbHG/*Berner*, GmbHG, § 60 Rn. 245 m.w.N.; Scholz/*Schmidt*/*Bitter*, GmbHG, § 60 Rn. 82; *Erle*, GmbHR 1997, 973 (975 ff.); *Fichtelmann*, GmbHR 2003, 67 (68); *Hennrichs*, ZHR 159 (1995), 593 (607); noch weiter: Roth/*Altmeppen*, GmbHG, § 60 Rn. 41 ff., der es ausreichen lässt, wenn die Gesellschaft nicht masselos oder insolvenzreif ist.

56 So die wohl noch h.M.: OLG Celle NZG 2008, 271 (271); Hachenburg/*Ulmer*, GmbHG, § 60 Rn. 85; Henssler/Strohn/*Arnold*, GmbHG, § 60 Rn. 63 f.; Lutter/Hommelhoff/*Kleindiek*, GmbHG, § 60 Rn. 29; Rowedder/Schmidt-Leithoff/*Gesell*, GmbHG, § 60 Rn. 66; Saenger/Inhester/*Frank*, GmbHG, § 60 Rn. 66; UHL/*Casper*, GmbHG, § 60 Rn. 131; Widmann/Mayer/*Fronhöfer*, UmwG, § 3 Rn. 48; *Galla*, GmbHR 2006, 635 (636); *Gehrlein*, DStR 1997, 31 (32).

entsprechenden Heranziehung des § 274 Abs. 1 S. 1 AktG begründet.[57] Auch nach der Regelung des Art. 12 § 1 Abs. 3 GmbH-Novelle 1980,[58] die für die Anpassung der Altgesellschaften an die Änderungen des GmbHG geschaffen wurde,[59] ist eine Fortsetzung nur solange möglich, wie mit der Verteilung des Vermögens noch nicht begonnen wurde. Diese Vorschriften sprechen zunächst für eine Einschränkung der Fortsetzungsmöglichkeit bereits bei bloßem Beginn der Auszahlung, jedoch lässt sich hiergegen auch einwenden, dass eine derartige Regelung letztlich keinen Einzug ins GmbHG selbst gefunden hat[60]. Zu bedenken ist aber, dass die Vermögensverteilung dazu führt, dass die Gesellschaft löschungsreif und damit eine Fortsetzung ausgeschlossen ist.[61] Zwar führt der Beginn der Verteilung nicht unmittelbar zum Eintritt der Löschungsreife, jedoch wird die Vollbeendigung und damit ein unumkehrbarer Zustand eingeleitet[62]. Die eigentlich strenge Trennung zwischen dem Gesellschafts- und dem Gesellschaftervermögen ist damit durchbrochen.[63] Zudem besteht im Rahmen einer Fortsetzung keine gesetzliche Pflicht für das Registergericht, die Kapitalausstattung der fortzusetzenden Gesellschaft zu überprüfen.[64] Der Forderung, eine Vermögensverteilung, die lediglich bis zur Höhe des Stammkapitals erfolgt ist, einer Fortsetzung nicht entgegenzustellen,[65] steht mithin keine registerrechtliche Überprüfung gegenüber, sodass die Möglichkeit einer Fortsetzung, aus gesellschaftsrechtlicher Sicht, nach Beginn der Vermögensverteilung abzulehnen ist.[66]

---

57 Baumbach/Hueck/*Haas*, GmbHG, § 60 Rn. 91a, der § 274 Abs. 1 S. 1 AktG zusammen mit Art. 12 § 1 Abs. 3 GmbH-Novelle 1980 entsprechend anwendet; Lutter/Hommelhoff/*Kleindiek*, GmbHG, § 60 Rn. 29; Nomos-UmwR/*Althoff*/*Narr*, UmwG, § 191 Rn. 17; SHS/*Stratz*, UmwG, § 3 Rn. 51; *Galla*, GmbHR 2006, 635 (636).

58 Gesetz zur Änderung des Gesetzes betreffend die Gesellschaften mit beschränkter Haftung und anderer handelsrechtlicher Vorschriften v. 04.07.1980 (BGBl. I 1980, Nr. 35 S. 836 ff.).

59 Nach Art. 12 § 1 Abs. 1, 2 GmbH-Novelle 1980 wurden Altgesellschaften, die nicht den Anforderungen der Änderungen entsprachen, aufgelöst. Nach Art. 12 § 1 Abs. 3 GmbH-Novelle 1980 konnte deren Fortsetzung beschlossen werden. Siehe hierzu auch UHL/*Casper*, GmbHG, § 60 Rn. 151, 131.

60 Vgl. Roth/*Altmeppen*, GmbHG, § 60 Rn. 43.

61 Scholz/*K. Schmidt*/*Bitter*, GmbHG, § 60 Rn. 82.

62 Vgl. Rowedder/Schmidt-Leithoff/*Gesell*, GmbHG, § 60 Rn. 66; *Veith*, S. 268.

63 Baumbach/Hueck/*Haas*, GmbHG, § 60 Rn. 91a; MHLS/*Nerlich*, GmbHG, § 60 Rn. 336.

64 UHL/*Casper*, GmbHG, § 60 Rn. 131.

65 MüKo-GmbHG/*Berner*, GmbHG, § 60 Rn. 245 m.w.N.; Scholz/*Schmidt*/*Bitter*, GmbHG, § 60 Rn. 82; *Erle*, GmbHR 1997, 973 (975 ff.); *Fichtelmann*, GmbHR 2003, 67 (68); *Hennrichs*, ZHR 159 (1995), 593 (607).

66 UHL/*Casper*, GmbHG, § 60 Rn. 131.

Diese Ansicht entspricht auch der in der Entwurfsbegründung zum Umwandlungsgesetz von 1994 angeführten Auffassung.[67] Hierin wird darauf Bezug genommen, dass die Umwandlung möglich ist, wenn die Fortsetzung beschlossen werden könnte, was unter anderem voraussetze, dass noch nicht mit der Verteilung des Vermögens an die Anteilsinhaber begonnen wurde.[68] Dabei wird nicht zwischen den einzelnen Rechtsträgern differenziert, sodass diese Auffassung wohl auch im Rahmen der GmbH zugrunde gelegt wurde.

Dass ein derartiges Verständnis bei Fortsetzung der GmbH gesellschaftsrechtlich als richtig anzusehen ist, wurde bereits erläutert. Insbesondere bei einem Formwechsel in eine Personengesellschaft wird diese Anordnung nach teilweise vertretener Ansicht allerdings umwandlungsrechtlich als nicht zwingend erforderlich angesehen.[69] Dabei ist zunächst zu bedenken, dass § 191 Abs. 3 UmwG ausdrücklich nur auf die Möglichkeit der Fortsetzung abstellt. Es bedarf damit keines Fortsetzungsbeschlusses an sich, sondern lediglich des Umwandlungsbeschlusses.[70] Während die GmbH also bei der Fortsetzung wieder zu einer werbenden Gesellschaft wird, wird im vorliegenden Fall aus der sich in Auflösung befindenden GmbH eine GbR, ohne dass zuvor wieder eine werbende GmbH entstanden ist.

Bei der GbR und auch den anderen Personengesellschaften soll der Gläubigerschutz jedoch anders als bei der GmbH durch die persönliche Haftung gewährleistet werden.[71] Entsprechend bedarf es keines Mindestkapitals und die Gesellschafter unterliegen auch keinen Entnahmesperren.[72] Zwar ist auch hier aufgrund der Rechtsfähigkeit der Personengesellschaften zwischen dem Gesellschafts- und Gesellschaftervermögen zu trennen, jedoch können die Gläubiger ohnehin auf beides zugreifen.[73] Auszahlungen an die Gesellschafter sind daher auch während des Bestands der Gesellschaft möglich.[74] Nichtsdestotrotz bleibt es auch aus umwandlungsrechtlicher Sicht dabei, dass bei der GmbH durch Auszahlungen an die Gesellschafter ein unumkehrbarer Zustand, nämlich der der Vollbeendigung, eingeleitet wird. Einen Formwechsel nach

67 BT-Drucks. 12/6699, S. 82, zu der dem § 191 Abs. 3 UmwG entsprechenden Regelung im Verschmelzungsrecht – § 3 Abs. 3 UmwG.

68 BT-Drucks. 12/6699 S. 82.

69 So will *Veith* den Formwechsel in eine Personengesellschaft auch bei begonnener Auszahlung ermöglichen und plädiert für eine Änderung der derzeitigen Gesetzesfassung, S. 268.

70 KK-UmwG/*Simon*, UmwG, § 3 Rn. 54.

71 Siehe hierzu nachfolgend Kapitel 3, B, S. 103 ff.

72 Siehe nur Staudinger/*Habermeier*, BGB, Vorbem zu §§ 705–740 Rn. 32.

73 §§ 128, 130 HGB.

74 Staudinger/*Habermeier*, BGB, Vorbem zu §§ 705–740 Rn. 32, vgl. auch *Veith*, S. 268.

Beginn der Verteilung von Gesellschaftsvermögen zuzulassen, würde diesen Grundsatz umgehen.[75] Insbesondere auch im Hinblick auf die Gesetzesbegründung, welche in keiner Weise bezüglich der verschiedenen Rechtsträger differenziert,[76] ist daher auch in umwandlungsrechtlicher Hinsicht ein sich in Auflösung befindlicher Rechtsträger dann kein zulässiger Ausgangsrechtsträger mehr, wenn mit der Verteilung des Vermögens an die Gesellschafter bereits begonnen wurde.[77]

cc) Ausreichendes Kapital vorhanden

Ist mit der Vermögensverteilung noch nicht begonnen worden, so kann die GmbH fortgesetzt werden, sofern sie noch mit ausreichend Kapital ausgestattet ist. Wann das der Fall ist, ist gesetzlich nicht geregelt und wird in der Literatur nicht einheitlich beantwortet. Teilweise wird verlangt, dass die Gesellschaft noch über das gesetzliche Mindestkapital verfügt.[78] Andere fordern sogar, dass noch das satzungsmäßige Stammkapital der Gesellschaft vorhanden sein muss.[79] Beidem ist zu widersprechen.[80] Die Fortsetzung steht einer Neugründung nicht gleich.[81] Nachdem sich die Gläubiger bei einer werbenden Gesellschaft auch nicht darauf verlassen können, dass das Stammkapital in vollem Umfang erhalten bleibt, kann dies auch im Falle der Fortsetzung der GmbH nicht verlangt werden.[82] Zudem ist zu beachten, dass eine Prüfung der Eigenkapitalausstattung durch das Registergericht lediglich bei einer Neugründung erfolgt.[83] Erforderlich und ausreichend ist

---

75 So auch *Veith*, S. 268 in Bezug auf einen Formwechsel in eine Kapitalgesellschaft, bei einem Formwechsel einer Kapitalgesellschaft in eine Personengesellschaft fordert er hingegen eine Änderung der Gesetzesfassung.

76 Vgl. BT-Drucks. 12/6699 S. 82.

77 Lutter/*Decher*/*Hoger*, UmwG, § 191 Rn. 10; Semler/Stengel/*Schwanna*, UmwG, § 191 Rn. 18; SHS/*Stratz*, UmwG, § 3 Rn. 51; Widmann/Mayer/*Fronhöfer*, UmwG, § 3 Rn. 48; *Heckschen*, FS Widmann, 31 (44).

78 OLG Düsseldorf, Beschl. v. 13.7.1979 – 3 W 139/79, GmbHR 1979, 227 (228); LG Berlin, Beschl. v. 12.03.1971 – 92 T 4/71, BB 1971, 759 (760).

79 Bork/Schäfer/*Roth*, GmbHG, § 60 Rn. 32; MüKo-GmbHG/*Berner*, GmbHG, § 60 Rn. 249.

80 BayObLG, Urt. v. 04.02.1998 – 3Z BR 462/97, DStR 1999, 145 (147); Rowedder/Schmidt-Leithoff/*Gesell*, GmbHG, § 60 Rn. 68; Scholz/*K.Schmidt*/*Bitter*, GmbHG, § 60 Rn. 86; UHL/*Casper*, GmbHG, § 60 Rn. 132; *Erle*, GmbHR 1997, 973 (979); *K. Schmidt*, DB 2014, 701 (701).

81 UHL/*Casper*, GmbHG, § 60 Rn. 132.

82 UHL/*Casper*, GmbHG, § 60 Rn. 132.

83 Scholz/*K. Schmidt*/*Bitter*, GmbHG, § 60 Rn. 86.

daher, dass keine Überschuldung der Gesellschaft vorliegt.[84] Diese begründet eine Insolvenzantragspflicht nach §§ 15a, 19 Abs. 1 InsO, sodass weiterhin ein Auflösungsgrund besteht. Ein solcher darf zur Fortsetzung der Gesellschaft jedoch nicht mehr existieren.[85]

Auch hier stellt sich wiederum die Frage, ob dies für den Formwechsel in die GbR oder eine andere Personengesellschaft[86] zwingend ist. So wird beispielsweise von *Heckschen* vertreten, dass eine Umwandlung auch bei einer Überschuldung der Gesellschaft möglich sein soll, da das vom Wortlaut geforderte Abstellen auf die Fortsetzungsfähigkeit der ursprünglichen Gesellschaft den Interessen Dritter nicht ausreichend entspricht.[87] Dabei wird insbesondere auf die Möglichkeit des Zugriffs auf das Privatvermögen der Gesellschafter im Falle einer Umwandlung in eine Personengesellschaft Bezug genommen.[88] Hierdurch werde die Haftungsmasse vergrößert und somit die Gläubigerinteressen nicht gefährdet.[89] Zudem bestehe bei einer überschuldeten Personengesellschaft keine Insolvenzantragspflicht, sodass dort kein Auflösungsgrund vorhanden sei.[90]

Bei der Klärung dieser Frage muss jedoch zunächst zwischen der Frage, ob eine überschuldete aber noch nicht aufgelöste Gesellschaft einen formwechselfähigen Rechtsträger darstellt, und der, ob ein bereits aufgelöster Rechtsträger auch bei Überschuldung noch formgewechselt werden kann, unterschieden werden.

Hervorzuheben ist daher zunächst, dass bei einer überschuldeten Personengesellschaft aufgrund der persönlichen und unbeschränkten Haftung kein Auflösungsgrund besteht. Wird die GmbH also in eine Personengesellschaft umgewandelt, so entfällt aufgrund der Anwendung der neuen Rechtsordnung auch die Pflicht zur Beantragung des Insolvenzverfahrens. Da die Möglichkeit der Sanierung eines Unternehmens gerade auch Zweck des Umwandlungsgeset-

---

84 BayObLG, Urt. v. 04.02.1998 – 3Z BR 462/97, DStR 1999, 145 (147); Rowedder/Schmidt-Leithoff/*Gesell*, GmbHG, § 60 Rn. 68; Scholz/*K. Schmidt*/*Bitter*, GmbHG, § 60 Rn. 86; *Erle*, GmbHR 1997, 973 (979).

85 Scholz/*K. Schmidt*/*Bitter*, GmbHG, § 60 Rn. 85 f.

86 Gemeint sind typische Personengesellschaften und nicht atypische i.S.v. § 15a Abs. 1 S. 2, Abs. 2 InsO.

87 *Heckschen*, FS Widmann, 31 (48 f.); ebenso *Limmer*, KölnInsO, S. 1219 (1251 f.), jeweils zur Verschmelzung (§ 3 Abs. 3 UmwG), zudem auch *Veith*, S. 265; die Möglichkeit der Verschmelzung einer überschuldeten allerdings noch nicht aufgelösten GmbH bejahend: OLG Stuttgart, Beschl. v. 04.10.2005 – 8 W 426/05, DNotZ 2006, 302 (303).

88 Vgl. *Heckschen*, FS Widmann, 31 (48); *Limmer*, KölnInsO, S. 1219 (1252), jeweils zur Verschmelzung (§ 3 Abs. 3 UmwG), zudem auch *Veith*, S. 265.

89 *Limmer*, KölnInsO, S. 1219 (1252); *Veith*, S. 265.

90 Vgl. *Veith*, S. 265.

zes ist,[91] besteht daher bei einem noch *nicht aufgelösten* Rechtsträger auch bei Überschuldung die Möglichkeit des Formwechsels in eine Personengesellschaft[92]. Dabei entfällt die Insolvenzantragspflicht bereits dann, wenn das Formwechselverfahren rechtzeitig vor Ablauf der Insolvenzantragsfrist begonnen wurde, da die Dauer des Formwechselverfahrens und insbesondere der Zeitraum bis zur Eintragung nach der Anmeldung nicht in der Hand der Gesellschafter liegt.[93]

Anders ist dies für den Fall zu beurteilen, dass die Gesellschaft durch Beschluss der Gesellschafter bereits aufgelöst wurde. In diesem Fall muss, wie § 191 Abs. 3 UmwG ausdrücklich festlegt, die Fortsetzungsfähigkeit nach dem GmbHG gegeben sein. Diese setzt aber, wie soeben dargestellt, voraus, dass die GmbH nicht überschuldet ist. Eine überschuldete bereits aufgelöste GmbH kann nicht fortgesetzt werden und damit nach § 191 Abs. 3 UmwG auch nicht formwechselfähiger Rechtsträger sein.[94] Der § 191 Abs. 3 UmwG soll gerade sicherstellen, dass den Gläubigern noch eine Haftungsmasse zur Verfügung steht, nachdem die Gesellschaft ihre Rechtsform geändert hat.[95]

Dabei ist natürlich nicht darüber hinwegzugehen, dass auch beim Formwechsel einer Gesellschaft, die überschuldet aber noch nicht aufgelöst ist, die Gefahr besteht, dass es den Gläubigern an ausreichender Haftungsmasse fehlt. Steht eine solche Gefährdung im Raum, so müssen die Gläubiger dem durch Verlangen einer Sicherheitsleistung entgegenwirken.[96] Zudem kommt bei einem Formwechsel allein aus dem Grund der Umgehung der Liquidationsvorschriften eine Schadensersatzpflicht nach § 826 BGB in Betracht.[97]

Nachdem der Wortlaut des § 191 Abs. 3 UmwG eindeutig ist, muss daher die Möglichkeit eines Formwechsels einer aufgelösten, überschuldeten Gesellschaft verneint werden.

---

91 So ausdrücklich zur Sanierungsverschmelzung: BT-Drucks. 12/6699, S. 82; *Veith*, S. 265.

92 Reul/*Heckschen*/Wienberg, § 4 Rn. 573 f.; weitergehend und dies auch bei bereits erfolgter Auflösung befürwortend: *Veith*, S. 264 f.; *Limmer*, KölnInsO, S. 1219 (1252); zur Verschmelzung einer überschuldeten, nicht aufgelösten GmbH auf einen Alleingesellschafter ebenso: OLG Stuttgart, Beschl. v. 04.10.2005 – 8 W 426/05, DNotZ 2006, 302 (303); *Blasche*, GWR 2010, 441 (445): „Die Insolvenzreife einer Gesellschaft ist grundsätzlich kein Umwandlungshindernis".

93 Reul/*Heckschen*/Wienberg, § 4 Rn. 575.

94 A.A. *Heckschen*, FS Widmann, 31 (49); *Veith*, S. 266.

95 Kallmeyer/*Meister*/*Klöcker*, UmwG, § 191 Rn. 18; Lutter/*Decher*/*Hoger*, UmwG, § 191 Rn. 9.

96 Siehe hierzu Kapitel 4, A, S. 125 ff.

97 SHS/*Stratz*, UmwG, § 191 Rn. 35.

b) Besondere Fortsetzungsvoraussetzungen

Liegen die allgemeinen Fortsetzungsvoraussetzungen vor, so bedarf es zur Fortsetzung einer GmbH als besondere Voraussetzung zusätzlich noch der Beseitigung des jeweiligen Auflösungsgrundes. Erfolgte die Auflösung etwa aufgrund eines Urteils nach § 61 GmbHG, sodass ein Auflösungsgrund nach § 60 Abs. 1 Nr. 3 besteht, setzt ein Fortsetzungsbeschluss die Zustimmung des Klägers voraus.[98]

Wurde ein Insolvenzfahren eröffnet, ist eine Fortführung nach § 60 Abs. 1 Nr. 4 GmbHG nur zulässig, wenn das Verfahren auf Antrag des Schuldner eingestellt oder nach bestätigtem Insolvenzplan, der den Fortbestand der Gesellschaft vorsieht, aufgehoben wurde.

Seit dem ESUG[99] ermöglicht § 225a Abs. 3 InsO, dass die aufgelöste Gesellschaft auch fortgesetzt werden kann, wenn der Insolvenzplan deren Sanierung vorsieht. Die Fortsetzung kann nach dem Insolvenzrecht nunmehr also unmittelbar im Insolvenzplan geregelt werden,[100] während das Gesellschaftsrecht die Fortsetzung erst nach bestätigtem Insolvenzplan und darauffolgender Aufhebung des Insolvenzverfahrens vorsieht[101]. Die Vorschriften des Insolvenzrechts sind insoweit vorrangig, als es bei einer im Insolvenzplan bestimmten Weiterführung der Gesellschaft keines förmlichen Fortsetzungsbeschlusses der Gesellschafter mehr bedarf.[102]

Wenn also eine Fortsetzung bereits im Insolvenzplan vorgesehen sein kann, so bedeutet dies – allein nach § 191 Abs. 3 UmwG – dass auch der Formwechsel bereits im Insolvenzplan vorgesehen werden kann und damit auch Gesellschaften, über deren Vermögen das Insolvenzverfahren eröffnet ist, noch formwechselfähige Rechtsträger darstellen[103].

Um die Umwandlung im Insolvenzplan vorzusehen, muss dies auch den insolvenzrechtlichen Bestimmungen entsprechen.[104] Da § 225a Abs. 3 InsO

---

98 Baumbach/*Hueck*/*Haas*, GmbHG, § 60 Rn. 94.

99 Gesetz zur weiteren Erleichterung der Sanierung von Unternehmen v. 07.12.2011, BGBl. I 2011, Nr. 64 S. 2582 ff.

100 BT-Drucks. 17/5712, S. 32; MüKo-GmbHG/*Berner*, GmbHG, § 60 Rn. 273; *Brünkmans*, ZInsO 2014, 2533 (2534); *Madaus*, ZIP 2012, 2133 (2134).

101 § 60 Abs. 1 Nr. 4 GmbHG.

102 BT-Drucks. 17/5712, S. 32; §§ 225a Abs. 3, 254a Abs. 2 InsO.

103 *Kahlert*/*Gerke*, DStR 2013, 975 (975 f.); *Madaus*, ZIP 2012, 2133 (2134); *Simon*/*Merkelbach*, NZG 2012, 121 (128).

104 Vgl. hierzu ausführlich *Becker*, ZInsO 2013, 1885 (1886 f.).

jedoch bestimmt, dass jede gesellschaftsrechtlich zulässige Regelung getroffen werden kann und das Umwandlungsrecht ein Gebiet des Gesellschaftsrechts[105] darstellt, steht das Insolvenzrecht dem nicht entgegen.[106] Insbesondere entspricht die Möglichkeit, die Umwandlung im Insolvenzplan regeln zu können, auch der Zielsetzung, anhand der neuen Vorschriften eine Sanierung des Unternehmens zu vereinfachen.[107] Der Formwechsel kann damit nicht nur nach Einstellung oder Aufhebung des Insolvenzverfahrens beschlossen werden,[108] sondern vielmehr auch eine Regelung des Insolvenzplans selbst darstellen und damit auch dann erfolgen, wenn der Rechtsträger sich im Insolvenzverfahren[109] befindet.[110]

Ob über diese Fälle hinausgehend auch dann eine Möglichkeit der Fortsetzung besteht, wenn das Insolvenzverfahren anders als in den direkt in § 60 Abs. 1 Nr. 4 GmbHG aufgeführten Fällen beendet wurde, ist wiederum umstritten. Dabei wird zum Teil nicht davon ausgegangen, dass die konkrete Aufzählung zwingend einen Ausschluss der Fortsetzung bei anderen Insolvenzbeendigungen zur Folge haben muss.[111] Dem ist jedoch entgegenzuhalten, dass der Wortlaut der Norm in der Insolvenzrechtsreform 1994 nicht erweitert wurde.[112] Ihren Zweck findet die Anordnung der Auflösung im Gläubigerschutz.[113] Nachdem die Gesellschaft außerhalb der bereits ausdrücklich normierten Fälle in der Regel über kein nennenswertes Vermögen mehr verfügt, ist die Möglichkeit der Fortsetzung in der-

---

105 *K. Schmidt*, GesR, § 12 I 1, S. 332.

106 Lutter/*Decher*/*Hoger*, UmwG, § 191 Rn. 11.

107 *Becker*, ZInsO 2013, 1885 (1887).

108 So aber die vor dem ESUG h.M., die die Umwandlung eines sich im Insolvenzverfahren befindlichen Rechtsträgers ablehnte: KK-UmwG/*Simon*, UmwG, § 3 Rn. 54; Lutter/*Decher*, UmwG 4. Aufl., § 191 Rn. 11; Semler/*Stengel*, UmwG, § 3 Rn. 44; *Heckschen*, DB 2005, 2283 (2283 f.); *ders.*, ZinsO 2008, 824 (830).

109 Zum Ablauf des Formwechsels im Insolvenzverfahren siehe *Brünkmans*, ZInsO 2014, 2533 (2547 ff.).

110 Siehe für eine ausführliche Auseinandersetzung mit der Zulässigkeit der Umwandlung im Insolvenzplanverfahren (Verschmelzung): *Becker*, ZInsO 2013, 1885 (1885 ff.); *Brünkmans*, ZInsO 2014, 2533 (2534); siehe auch Lutter/*Decher*/*Hoger*, UmwG, § 191 Rn. 11; a.A. wohl *Böttcher*, NotBZ 2012, 361 (367).

111 *Meyer-Landrut*/Miller/Niehus, GmbHG, § 60 Rn. 27; Roth/*Altmeppen*, GmbHG, § 60 Rn. 51 f.; *Fichtelmann*, GmbHR 2003, 67 (71); *Hacker*/*Petsch*, ZIP 2015, 761 (768); *Hirte*, ZInsO 2000, 127 (131); *Kluth*, NZI 2014, 626 (627).

112 BGH, Beschl. v. 28.04.2015 – II ZB 13/14, WM 2015, 1416 (1417) Rn. 10; MüKo-GmbHG/*Berner*, GmbHG, § 60 Rn. 273; UHL/*Casper*, GmbHG, § 60 Rn. 146.

113 BGH, Beschl. v. 28.04.2015 – II ZB 13/14, WM 2015, 1416 (1417).

artigen Fällen in Anbetracht des Gläubigerschutzes auch nicht gerechtfertigt.[114] Die Möglichkeit der Fortsetzung der GmbH ist somit nur in den ausdrücklich genannten Fällen möglich.[115]

Ist das Insolvenzverfahren mangels Masse abgelehnt worden (§ 60 Abs. 1 Nr. 5 GmbHG), so ist eine Fortführung ebenfalls nicht mehr möglich.[116] Gleiches gilt bei einer Löschung wegen Vermögenslosigkeit nach § 60 Abs. 1 Nr. 7 GmbHG.[117]

Auch hier wird sich entsprechend der Frage der Umwandlungsfähigkeit einer Gesellschaft, die bereits überschuldet ist, dafür ausgesprochen, dass auch bei einer Ablehnung des Insolvenzverfahrens mangels Masse die Umwandlung nicht generell ausgeschlossen ist.[118] Dem ist jedoch aus den bereits genannten Gründen zu widersprechen. In den Fällen von § 60 Abs. 1 Nr. 5, 7 GmbHG ist ein Formwechsel damit mangels Fortsetzungsfähigkeit der Gesellschaft nicht möglich.[119]

c) *Ergebnis*

Ein sich in Auflösung befindender Rechtsträger ist, wie es auch § 191 Abs. 3 UmwG ausdrücklich verlangt, nur dann formwechselfähig, wenn die Gesellschaft auch in ihrer ursprünglichen Rechtsform fortsetzungsfähig wäre. Das ist bei der GmbH dann nicht mehr der Fall, wenn bereits die Vollbeendigung der Gesell-

---

114 BGH, Beschl. v. 28.04.2015 – II ZB 13/14, WM 2015, 1416 (1417); MüKo-GmbHG/*Berner*, GmbHG, § 60 Rn. 273; UHL/*Casper*, GmbHG, § 60 Rn. 146.

115 OLG Schleswig, Beschl. v. 01.04.2014 – 2 W 89/13, NZI 2014, 625 (626); OLG München, Beschl. v. 03.08.2005 – 31 Wx 4/05, GmbHR 2006, 91, (92); Baumbach/Hueck/*Haas*, GmbHG, § 60 Rn. 95; MüKo-GmbHG/*Berner*, GmbHG, § 60 Rdn. 273; *Hachenburg/Ulmer*, GmbHG, § 60 Rn. 102; Henssler/Strohn/*Arnold*, GmbHG § 60 Rn. 74; Rowedder/Schmidt-Leithoff/*Gesell*, GmbHG, § 60 Rn. 76; UHL/*Casper*, GmbHG, § 60 Rn. 146; *Gehrlein*, DStR 1997, 31 (32 f.).

116 OLG Köln, Beschl. v. 22.02.2010 – 2 Wx 18/10, NZG 2010, 507 (508 f.) mwN; Rowedder/Schmidt-Leithoff/*Gesell*, GmbHG, § 60 Rn. 77; UHL/*Casper*, GmbHG, § 60 Rn. 147; KK-UmwG/*Petersen*, UmwG, § 191 Rn. 22; Kallmeyer/*Meister/Klöcker*, UmwG, § 191 Rn. 20; Lutter/*Decher/Hoger*, UmwG, § 191 Rn. 11; Semler/Stengel/*Schwanna*, UmwG, § 191 Rn. 19; *K. Schmidt*, GesR, § 11 V 5, S. 316; a.A. Lutter/Hommelhoff/*Kleindiek*, GmbHG, § 60 Rn. 33 m.w.N; Roth/*Altmeppen*, GmbHG, § 60 Rn. 55.

117 OLG Celle, Beschl. v. 03.01.2008 – 9 W 124/07, NZG 2008, 271 (271); MüKo-GmbHG/*Berner*, GmbHG, § 60 Rn. 282; Lutter/Hommelhoff/*Kleindiek*, GmbHG, § 60 Rn. 32; Roth/*Altmeppen*, GmbHG, § 60 Rn. 60; Rowedder/Schmidt-Leithoff/*Gesell*, GmbHG, § 60 Rn. 79; Scholz/*K. Schmidt/Bitter*, GmbHG, § 60 Rn. 99; UHL/*Casper*, § 60 GmbHG Rn. 149 f.

118 *Heckschen*, FS Widmann, 31 (48 f.), *Veith*, S. 265 f.

119 Kallmeyer/*Meister/Klöcker*, UmwG, § 191 Rn. 20; Lutter/*Decher/Hoger*, UmwG, § 191 Rn. 11.

schaft vorliegt, mit der Verteilung des Gesellschaftsvermögens an die Gesellschafter begonnen wurde oder die Gesellschaft überschuldet ist.

Darüber hinaus müssen die Auflösungsgründe nach § 60 Abs. 1 GmbHG entfallen sein. Dabei ist es seit dem ESUG durch Einführung des § 225a Abs. 3 InsO möglich, dass die Umwandlung eine Regelung im Insolvenzplan darstellen kann, sodass der Formwechsel auch dann erfolgen kann, wenn sich der Rechtsträger im Insolvenzverfahren befindet.

II. Rechtsträger neuer Rechtsform

Der § 191 Abs. 2 UmwG benennt die möglichen Zielrechtsträger einer Umwandlung. Allein die Aufzählung aller möglichen Rechtsträger besagt jedoch nichts darüber, welcher Ausgangsrechtsträger in welche Zielrechtsform umgewandelt werden kann.[120] Die genauen Formwechselmöglichkeiten ergeben sich aus den Besonderen Vorschriften (§§ 214–312 UmwG).[121]

Nach § 191 Abs. 2 Nr. 1 UmwG kann die Gesellschaft bürgerlichen Rechts grundsätzlich Rechtsträger neuer Rechtsform sein. Die Möglichkeit des Formwechsels einer GmbH in eine GbR eröffnet § 226 UmwG.

III. Zwischenergebnis

Die Umwandlung einer GmbH in eine GbR ist immer dann möglich, wenn die GmbH ihren Satzungssitz in Deutschland hat. Dass die GmbH sich in Auflösung befindet, steht dem nicht entgegen, sofern diese nicht überschuldet ist, mit der Verteilung des Vermögens noch nicht begonnen wurde, und nicht ein Auflösungsgrund nach § 60 Abs. 1 Nr. 5 oder Nr. 7 GmbHG vorliegt. Die Umwandlung der Vor-GmbH und der Vorgründungsgesellschaft nach dem Umwandlungsgesetz ist nicht möglich, jedoch besteht die Möglichkeit durch Aufgabe des Eintragungswillens in der Rechtsform einer GbR weiter tätig zu sein.

D. Identitätsthese[122]

Alleinstellungsmerkmal des Formwechsels ist der Umstand, dass lediglich ein einzelner Rechtsträger beteiligt ist, der im Rahmen dieser Art der Umwandlung seine

120 Lutter/*Decher*/*Hoger*, UmwG, § 191 Rn. 4; Semler/Stengel/*Schwanna*, UmwG, § 191 Rn. 1.

121 Lutter/*Decher*/*Hoger*, UmwG, § 191 Rn. 4.

122 Auch als „Identitätsprinzip“ – *Timm*, NJW 1995, 3209 (3212), *Priester*, DB 1995, 911 (917), „Identitätsdogma“ – *K. Schmidt*, ZIP 1995, 1385 (1387) oder „Identitätsgrundsatz“ – *Limmer*, FS Widmann, 51 (51), bezeichnet.

Rechtsform verändert. Dabei liegt dem Formwechsel die, in § 202 Abs. 1 Nr. 1 UmwG zum Ausdruck kommende, Annahme des Gesetzgebers zugrunde, dass der vorherige und spätere Rechtsträger, sowohl in rechtlicher als auch in wirtschaftlicher Hinsicht, identisch sind.[123] Rechtlich insofern, als die nach außen auftretende Einheit erhalten bleibt,[124] und wirtschaftlich, da das Unternehmen als solches weiter besteht[125] sowie das Vermögen dem Rechtsträger neuer Rechtsform zugeordnet bleibt[126].

Diese Identität wird unabhängig von der Ausgangs- und Zielrechtsform angeordnet und besteht damit auch beim Formwechsel zwischen einer Kapitalgesellschaft und einer Personengesellschaft. Der Gesetzgeber löst sich im Fall eines solches Wechsels also von traditionellen gesellschaftsrechtlichen Auffassungen.[127]

Aufgrund dieser Identität – bei gleichzeitigem Wechsel der auf den Rechtsträger anwendbaren Rechtsordnung – wird der Formwechsel auch gern mit dem Wechsel eines Rechtskleides verglichen.[128]

Kennzeichnend für diese durch die Identität geschaffene Kontinuität des Rechtsträgers ist wiederum, dass es keiner Übertragung von Aktiva und Passiva bedarf.[129] Insbesondere erfordert die Umwandlung anders als die Einzelrechtsnachfolge keine Zustimmung der Gläubiger, wie es sonst die §§ 414, 415 BGB voraussetzen.[130]

I. Bedeutung der Identitätsthese für den Formwechsel

Die Identitätsthese kann zunächst als Ausgangspunkt des Formwechsels bezeichnet werden.[131] Fraglich ist allerdings, welche Bedeutung dieser These im Einzelnen zukommt. Insofern gilt es insbesondere zu klären, ob sie die Identität lediglich

---

123 BT-Drucks.12/6699, S. 136 f.; KK-UmwG/*Petersen*, UmwG, § 202 Rn. 2.

124 Lutter/*Decher*/*Hoger*, UmwG, Vor § 190 Rn. 2; Semler/*Stengel*, UmwG, § 190 Rn. 4.

125 Lutter/*Decher*/*Hoger*, UmwG, Vor § 190 Rn. 2.

126 BT-Drucks. 12/6699, S. 136; Nomos-UmwR/*Althoff*/*Narr*, UmwG, § 190 Rn. 27; Lutter/*Decher*/*Hoger*, UmwG, § 202 Rn. 7; Semler/*Stengel*, UmwG, § 190 Rn. 4; *Usler*, MittRhNotK 1998, 21 (23).

127 Kallmeyer/*Meister*/*Klöcker*, UmwG, § 190 Rn. 7; *Wiedemann*, ZGR 1999, 568 (569); vgl. auch *Limmer*, FS Widmann, 51 (51 f.).

128 *Ganske*, WM 1993, 1117 (1119); *Wiedemann*, ZGR 1999, 568 (570); *Wolf*, ZIP 1996, 1200 (1202); von „Rechtsform-Häutung" sprechend – *Felix*, NJW 1995, 1137 (1137); siehe hierzu genauer sogleich Kapitel 1, D. I. 2, S. 24 ff.

129 Lutter/*Decher*/*Hoger*, UmwG, § 202 Rn. 7; Henssler/Strohn/*Drinhausen*/*Keinath*, UmwG § 202 Rn. 4; Semler/Stengel/*Leonard*, UmwG, § 202 Rn. 2.

130 Siehe auch *Hennrichs*, ZIP 1995, 794 (796).

131 KK-UmwG/*Petersen*, UmwG, § 202 Rn. 2; *ders.* S. 95.

fingiert, um den Formwechsel zu vereinfachen, oder ob ihr auch eine materielle Funktion beigemessen werden kann.[132] Sofern nämlich der Identitätsthese „Prinzipienrang" zukäme, so könnte es zur Konkurrenz mit allgemeinen gesellschaftsrechtlichen Grundsätzen – insbesondere dem Gläubigerschutz – kommen.[133] Die vielfältigen Auffassungen zu dieser Frage bedürfen somit besonderer Beleuchtung.

1. Die unterschiedlichen Ansätze

Vielfach wird die rein rechtstechnische Funktion der Identität hervorgehoben[134] und sogar davon gesprochen, dass der Formwechsel die „reifste, technisch perfekte Lösung des Umwandlungsrechts"[135] sei. Dieser Ansicht nach soll mit dieser Rechtstechnik bewirkt werden, dass der Rechtsträger als Zuordnungssubjekt ohne weiteres fortbesteht.[136] Eine darüber hinausgehende Rolle komme der Identitätsthese jedoch nicht zu.[137] Dies wird teilweise noch dahingehend beschränkt, dass in der Identität lediglich eine Fiktion gesehen wird,[138] welche den Nutzen hat, den Wechsel der Rechtsform sowohl ohne Einzelrechts- als auch ohne Gesamtrechtsnachfolge zu ermöglichen[139]. Eine tatsächliche Fortexistenz des Rechtsträgers bestehe jedoch nicht.[140]

Aber auch eine über die bloße rechtstechnische Funktion der Identität hinausgehende Auffassung wird vertreten. Hiernach ergibt sich aus der Identitätsthese die tatsächliche Fortexistenz des Rechtsträgers bei gleichzeitigem Vorliegen einer umfassenden materiellen Zurechnungskontinuität.[141] Besonders bei „gestreckten rechtlichen Vorgängen" könne dem Konflikt zwischen der Identität und der Diskontinuität der Verfassung nur so begegnet werden.[142]

---

132 Ausführlich hierzu auch, *Petersen*, S. 95 ff.

133 KK-UmwG/*Petersen*, UmwG, § 202 Rn. 15; ausführlich hierzu *ders.*, S. 101 ff.; diese Frage aufwerfend auch Lutter/*Decher*/*Hoger*, UmwG, § 190 Rn. 4.

134 Lutter/*Decher*/*Hoger*, UmwG, § 190 Rn. 5 mwN; SHS/*Stratz*, UmwG, § 190 Rn. 10; *Hennrichs*, ZIP 1995, 794 (795 f.); *Kießling*, WM 1999, 2391 (2399); *Timm*, NJW 1995, 3209 (3212); *Zöllner*, ZGR 1993, 334 (336 f.); *ders.*, FS Claussen, 423 (436).

135 *K. Schmidt*, ZGR 1990, 580 (594).

136 *Hennrichs*, ZIP 1995, 794 (796 f.); *Wolf*, ZIP 1996, 1200 (1202).

137 „Kein weitergehender Aussagegehalt" *Petersen*, S. 100; ebenso *Priester*, DB 1995, 911 (912).

138 Widmann/Mayer/*Vossius*, § 190 Rn. 27; *Hennrichs*, ZIP 1995, 794 (797); *Streck*/*Mack*/*Schwedhelm*, GmbHR 1995, 161 (171).

139 Vgl. *Hennrichs*, ZIP 1995, 794 (796).

140 *Hennrichs*, ZIP 1995, 794 (797).

141 *K. Schmidt*, AG 1985, 150 (153); *ders.*, ZIP 1995, 1385 (1387); ebenso: *Mülbert*, AcP 199 (1999), 38 (56 f.); *Wolf*, ZIP 1996, 1200 (1203).

142 *K. Schmidt*, AG 1985, 150 (153).

Als Zwischenweg wird demgegenüber vertreten, dass zwar eine tatsächliche Identität besteht, jedoch kein grundlegendes materielles Wertungsprinzip in der Identitätsthese steckt, sondern nur eine einfache materielle Kontinuität angeordnet wird, die hinter den tragenden Prinzipien des Gesellschaftsrechts zurückstehen muss.[143]

Aber auch eine vollumfängliche Abwendung von der Identitätsthese findet Anklang. Bereits die gesetzliche Anordnung für die Anwendung der Gründungsvorschriften nach § 197 UmwG soll insofern im Widerspruch zu dem identisch bestehen bleibenden Rechtsträger stehen.[144] Hinzu kämen noch zahlreiche praktische Schwierigkeiten, die aus der Identitätsthese herrührten, sodass letztlich von ihr Abstand zu nehmen sei.[145] Der Formwechsel sei vielmehr als modifizierte Neugründung zu betrachten.[146]

2. Stellungnahme

Zunächst ist fraglich, wie der Verweis in § 197 UmwG auf die Gründungsvorschriften mit der vom Gesetzgeber intendierten Identität in Einklang zu bringen ist. Hierin wird zum Teil eine Durchbrechung der Identitätsthese gesehen.[147] Würde nämlich tatsächlich ein und derselbe Rechtsträger vor und nach dem Formwechsel existieren, so wären dieser Ansicht nach Gründungsvorschriften völlig überflüssig.[148] Die Anordnung in § 197 UmwG stellt jedoch nur dann eine Durchbrechung dar, wenn der Identitätsthese tatsächlich die Funktion eines uneingeschränkt geltenden und für den Formwechsel maßgebenden Wertungsprinzips zugesprochen werden kann. Gerade die Schaffung dieser Norm zeigt daher, dass dies nicht die Intention des Gesetzgebers gewesen ist.[149]

Die Identitätsthese steht damit nicht in Konkurrenz zu den Prinzipien des Gesellschaftsrechts, sondern muss sich vielmehr an diesen messen lassen.[150] Tragende Prinzipien des Gesellschaftsrechts sind der Gläubiger- und Anteilsinhaber-

---

143 Lutter/*Decher*/*Hoger*, UmwG, § 190 Rn. 6 f.

144 *Bärwaldt*/*Schabaker*, ZIP 1998, 1293 (1293); *Happ*, Kölner Umwandlungsrechtstage, S. 223 (227).

145 *Bärwaldt*/*Schabaker*, ZIP 1998, 1293 (1298).

146 *Bärwaldt*/*Schabaker*, ZIP 1998, 1293 (1297).

147 *Limmer*, FS Widmann, 51 (52) „erhebliche Einschränkung"; *Wolf*, ZIP 1996, 1200 (1203).

148 *Bärwaldt*/*Schabaker*, ZIP 1998, 1293 (1293).

149 So auch Lutter/*Decher*/*Hoger*, UmwG, § 190 Rn. 7.

150 Lutter/*Decher*/*Hoger*, UmwG, § 190 Rn. 7; *Wiedemann*, ZGR 1999, 568 (580); *Petersen*, S. 99.

schutz.[151] Insofern ist es nur konsequent, dass der Gesetzgeber zum Schutz der Gläubiger die Gründungsvorschriften über § 197 UmwG für anwendbar erklärt. Es ist aber auch zu beachten, dass die Vorschriften im Entwurf der Gesetzesbegründung nicht für uneingeschränkt anwendbar erklärt werden.[152] Die Norm dient also schlüssig dem Gläubigerschutz unter Beachtung der sich aus dem Formwechsel ergebenden Besonderheiten.[153]

Damit ist schon gesagt, dass „Identität" nicht in jeglicher Hinsicht gemeint sein kann. Eine Abkehr von der Identitätsthese ist hingegen nicht damit verbunden. Soweit behauptet wird, dass die Identitätsthese im Gesetz keinen Ausdruck gefunden hat und somit eine Loslösung von dem bisherigen Verständnis des Formwechsels möglich ist,[154] muss dem widersprochen werden. Durch die Anordnung in § 202 Abs. 1 Nr. 1 UmwG, dass der Rechtsträger *weiterbestehe*[155] und die Aussage in § 190 Abs. 1 UmwG, die besagt, dass ein Rechtsträger durch Formwechsel eine andere Rechtsform erhalten kann, ist die Identitätsthese im Gesetz manifestiert[156]. Mithin kann die These nicht schlichtweg negiert werden.

Es ist festzuhalten, dass die Identitätsthese kein Wertungsprinzip darstellt,[157] sondern vielmehr als eine Technik zu verstehen ist, die die Kontinuität des Rechtsträgers sicherstellt.[158] Sie dient insbesondere dazu, die Vermögenszuordnung ohne Übertragung bestehen zu lassen.[159]

Fraglich bleibt aber, ob die Identität nur fingiert wird oder ob tatsächlich von einer Fortexistenz des Rechtsträgers ausgegangen werden kann. Auch die Frage, ob der Identitätsthese ein materieller Gehalt zukommt – wenn auch nicht in Form eines grundlegenden Rechtsprinzips – ist noch nicht geklärt.

Es bietet sich daher an, einen Blick auf die Umschreibung des Formwechsels als Wechsel des Rechtskleides zu werfen, welche ausdrückt, dass die in das Rechtskleid gekleidete „Person" vor und nach dem Formwechsel dieselbe ist[160]. Auf den

---

151 Lutter/*Decher*/*Hoger*, UmwG, § 190 Rn. 7; vgl. hierzu *Wiedemann*, GesR I, § 8 I, S. 404 ff., § 10 I, 513 ff.

152 BT-Drucks. 12/6699, S. 141.

153 Vgl. Lutter/*Decher*/*Hoger*, UmwG, § 190 Rn. 1; SHS/*Stratz*, UmwG, § 197 Rn. 3.

154 *Bärwaldt*/*Schabaker*, ZIP 1998, 1293 (1298).

155 So auch *Petersen*, S. 95.

156 Lutter/*Decher*/*Hoger*, UmwG, § 190 Rn. 1.

157 Lutter/*Decher*/*Hoger*, UmwG, § 190 Rn. 7; *Wiedemann*, ZGR 1996, 286 (289 f.); *Limmer*, FS Widmann, 51 (53); *Mertens*, S. 238 f.; *Lenz*, S. 21 f.

158 *Hennrichs*, ZIP 1995, 794 (795); *Zöllner*, ZGR 1993, 334 (336 f.).

159 *Priester*, DB 1995, 911 (912); *Zöllner*, ZGR 1993, 334 (337).

160 *Zöllner*, FS Claussen, 423 (427 f.), der eine derartige Sichtweise jedoch ablehnt.

ersten Blick scheint dies eine treffende Umschreibung für den Formwechsel darzustellen, allerdings wurde hiergegen schon zur früheren Rechtslage angebracht, dass bei einem Rechtsträger wohl auch unter das Kleid geschaut werden muss, da dieses Kleid „auch eine konstitutive Bedeutung für die Existenz der konkreten (juristischen) Person" hat.[161]

Für die Richtigkeit dieser Metapher muss also der Rechtsträger von seinem Kleid verschieden sein, die GmbH also beispielsweise das Kleid eines davon zu unterscheidenden Rechtsträgers verkörpern.[162] Der Begriff des „Rechtsträgers" wurde im Umwandlungsrecht erstmals als Fachausdruck verwendet[163] und ist daher in dessen Lichte auszulegen. Als Rechtsträger werden in § 191 Abs. 1 UmwG sowohl Kapitalgesellschaften, als auch Personengesellschaften, sowie beispielsweise auch Körperschaften und Anstalten des öffentlichen Rechts bezeichnet. Mit einem Rechtsträger ist damit jede juristische Einheit gemeint, die Träger von Rechten und Pflichten sein kann.[164]

Die Frage ist, wie man diese juristische Einheit zu verstehen hat. So kann man sich darauf beziehen, dass eine juristische Einheit nicht bereits natürlicherweise gegeben ist, sondern erst durch Vorschriften entsteht, wie sie etwa das GmbH-Recht vorsieht. Ohne die Vorschriften, die diese Einheit formen und ausgestalten, besteht lediglich eine Mehrzahl von Personen, nicht jedoch eine juristische Einheit, die selbst Träger von Rechten und Pflichten sein kann. Um eine solche Einheit zu begründen, bedarf es der Vorschriften der jeweiligen Rechtsform.[165] So enthält das GmbHG andere Voraussetzungen, die zu dem Entstehen einer GmbH und damit der Schaffung einer juristischen Einheit führen, die selbst Träger von Rechten und Pflichten sein kann, als das BGB für die Entstehung einer GbR anordnet. Damit lässt es sich begründen, dass der Rechtsträger nicht von dem Kleid als GmbH verschieden sein kann[166]. Sofern von dem Bild des Kleides gesprochen wird, so sei die Gesellschaft als Ganzes letztlich selbst das Kleid und nicht nur „bekleidet".[167]

Der Begriff der juristischen Einheit und damit auch des Rechtsträgers ist aber nicht zwingend auf diese Weise zu verstehen. Nachdem es auf eine juristische Einheit ankommt, die Träger von Rechten und Pflichten sein kann, kann auch auf

---

161 *Reinhardt*, FS Bartholomeyczik, 307 (309).

162 Vgl. *Hennrichs*, ZIP 1995, 794 (796).

163 *Timm*, NJW 1995, 3209 (3211).

164 Semler/Stengel/*Semler*, § 1 Rn. 20; SHS/*Hörtnagl*, UmwG, § 1 Rn. 2; *Schwarz*, DStR 1994, 1694 (1695); *Wolf*, ZIP 1996, 1200 (1202).

165 Vgl. *Reinhardt*, FS Bartholomeyczik, 307 (310).

166 *Hennrichs*, ZIP 1995, 794 (796); *ders.*, S. 34.

167 *Hennrichs*, ZIP 1995, 794 (796).

eben genau diese Fähigkeit, namentlich die Rechtsfähigkeit, abgestellt werden.[168] So wird die GmbH durch das Handeln ihrer Geschäftsführer selbst berechtigt und verpflichtet[169] und auch die Personengesellschaften, sofern es sich um Außengesellschaften handelt, sind selbstständige Träger der Rechte und Pflichten.[170]

Als derartiges Zuordnungssubjekt kann die jeweilige Gesellschaft selbst berechtigt und verpflichtet werden, auch wenn sich die rechtlichen Grundlagen hierfür von Gesellschaftsform zu Gesellschaftsform unterscheiden. Minimiert auf diesen abstrakten Kern der Gesellschaft, kann dann bezüglich dieser Rechtssubjektivität[171] von einer Identität gesprochen werden. Zwar ändert sich mit dem Formwechsel die auf die entsprechende Gesellschaft anwendbare Rechtsordnung und damit auch die Vorschriften, die die juristische Einheit als solche prägen und ausgestalten, jedoch bleibt im Kern ein Zurechnungssubjekt bestehen, dass Träger von Rechten und Pflichten ist[172]. Dieses rechtsfähige Rechtssubjekt ist es dann, welches, um auf die Metapher zurückzukommen, unter dem Rechtskleid steckt.[173]

Letzteres Verständnis wird durch die Änderungen, die durch das Umwandlungsgesetz von 1994[174] eingeführt wurden, bestärkt.[175] Im Umwandlungsgesetz von 1969[176] wurde noch zwischen der übertragenden Umwandlung und dem Formwechsel unterschieden.[177] Danach war ein Formwechsel, dem auch die Identitätsvorstellung des Gesetzgebers zugrunde lag, nur zwischen gleichartigen Rechtsträgern möglich.[178] Eine Umwandlung von einer Kapitalgesellschaft in eine

---

168 Ebenso *Veith*, S. 28.

169 § 13 Abs. 1 GmbHG.

170 Vgl. nur BGH, Urt. v. 05.03.2008 - IV ZR 89/07, NJW 2008, 1737 (1738); BGH, Urt. v. 29.01.2001 - II ZR 331/00, BGHZ 146, 341 (342)= NJW 2001, 1056 (1056); MüKo-BGB/*Schäfer*, BGB, § 705 Rn. 303 m.w.N.; Heymann/*Emmerich*, HGB, § 124 Rn. 3 f.; MüKo-HGB/*K. Schmidt*, HGB, § 124 Rn. 1; Staub/*Habersack*, HGB, § 124 Rn. 3.

171 Gemeint ist mit der Rechtssubjektivität allein die Fähigkeit Träger von Rechten und Pflichten zu sein. Abgestellt wird also auf die Rechtsfähigkeit, welche nicht synonym zur Rechtspersönlichkeit zu sehen ist. Die Begriffe synonym verwendend: *Timm*, NJW 1995, 3209 (3211). Wie hier: *Veith*, S. 35.

172 So auch *Mülbert*, AcP 199 (1999), 38 (57); *Veith*, S. 28.

173 *Veith*, S. 28.

174 BGBl. I 1994, Nr. 77 S. 3210 ff.

175 So schon *Veith*, S. 24 f.

176 BGBl. I 1969, Nr. 119 S. 2081 ff.

177 *Hennrichs*, S. 32 ff.; *Mülbert*, AcP 199 (1999), 38 (57); *K. Schmidt*, ZGR 1990, 580 (594); *Reinhard*, FS Bartholomeyczik, 307 (311 f.).

178 Siehe §§ 362 ff. AktG a. F.; §§ 59, 63 ff. UmwG a. F.

Personengesellschaft und umgekehrt war hingegen nur durch eine übertragende Umwandlung möglich, welche die Liquidation des alten Rechtsträgers zur Folge hatte und die Gesamtrechtsnachfolge anordnete.[179]

Zur Zeit des Erlass dieses Gesetzes war das Verständnis der Personengesellschaften noch ein anderes.[180] Zum damaligen Zeitpunkt wurde nicht der Gesellschaft das Vermögen zugeordnet, sondern dieses als gesamthänderisch durch die Gesellschafter gebunden angesehen.[181] Damit war es nicht möglich, das Vermögen einem gemeinsamen abstrakten Kern zuzuordnen, der durch die Identitätsanordnung des Gesetzgebers fortexistieren könnte. In der Gesetzesbegründung zum Umwandlungsgesetz von 1994 wird hingegen darauf verwiesen, dass die Identität auch zwischen Personen- und Kapitalgesellschaften gelte, da dies einer „moderne[n] Auffassung von der Natur der Personenhandelsgesellschaft“[182] entspreche. Was genau diese moderne Auffassung ist, darauf wird nicht eingegangen. Nach dem Vorgesagten ist jedoch davon auszugehen, dass sich diese moderne Auffassung auf die Rechtsfähigkeit der Personengesellschaften[183] bezieht. Entsprechend der Rechtsfähigkeit der Personengesellschaften ist diesen auch das Gesellschaftsvermögen selbst zugeordnet.[184] Nachdem also nach dem „modernen Verständnis“ auch bei den Personengesellschaften ein abstrakter Gesellschaftskern besteht, der für sich genommen Träger von Rechten und Pflichten ist, spricht die Erweiterung des identitätswahrenden Formwechsels auf gesellschaftstypen-übergreifende Umwandlungen für das letztgenannte Verständnis des Begriffs des „Rechtsträgers“. Die Identität bezieht sich also auf den abstrakten Kern der Gesellschaftsformen als Zurechnungssubjekt von Rechten und Pflichten.[185] Diese Identität wird mithin nicht fingiert, sondern der so bestimmte Rechtsträger besteht weiter fort.

Auch die Regelungen des Umwandlungssteuergesetzes untermauern diese Auffassung.[186] Im Steuerrecht kommt es gerade nicht auf den Rechtsträger an,

---

179 Siehe etwa § 5 UmwG a. F.; § 49 Abs. 2 UmwG a. F.

180 *Veith*, S. 24.

181 Siehe nur BGH, Urt. v. 16.02.1961 – III ZR 71 /60, BGHZ 34, 293 (296) = NJW 1961, 1022 (1022 a.E.).

182 BT-Drucks. 12/6699 S. 136.

183 Diese Auffassung befand sich bereits 1989 im Vordringen, siehe hierzu nur Heymann/*Emmerich*, HGB, § 124 Rn. 3 f. m.w.N.

184 EBJS/*Hillmann*, § 124 Rn. 2; BeckOK/*Klimke*, HGB, § 124 Rn. 3; Henssler/Strohn/*Steitz*, HGB, § 124 Rn. 3; Oetker/*Boesche*, HGB, § 124 Rn. 3.

185 So auch *Veith*, S. 28.

186 HK-UmwG/*Quass*, UmwG, § 190 Rn. 16; SHS/*Stratz*, UmwG, § 190 Rn. 10.

sondern darauf, wer das Steuersubjekt bildet.[187] Da im Steuerrecht bei den Kapitalgesellschaften diese selbst das Steuersubjekt darstellen, während bei den Personengesellschaften die Gesellschafter die jeweiligen Steuersubjekte sind, musste das Umwandlungssteuergesetz den Formwechsel bei einer Umwandlung in oder aus einer Kapitalgesellschaft aus oder in eine Personengesellschaft selbst regeln und behandelt dabei den Vorgang als eine übertragende Umwandlung.[188] Die Gesetzesbegründung sagt insoweit ausdrücklich, dass „das Steuerrecht [...] dem Handelsrecht [...] nicht folgen [kann], soweit es um den Formwechsel einer Kapitalgesellschaft in eine Personengesellschaft geht“[189]. Letztlich fingiert damit das Umwandlungssteuerrecht eine Übertragung,[190] was entsprechend verdeutlicht, dass im Umwandlungsrecht gerade keine solche Fiktion besteht.[191]

3. *Materielle Kontinuität*

Dabei darf die Identitätsthese jedoch nicht allein auf den Vermögensübergang reduziert werden. Dadurch, dass auch die Rechtsverhältnisse bestehen bleiben, wird durch die Identität auch eine materielle Kontinuität gewährleistet.[192] *K. Schmidt* sprach in diesem Zusammenhang bereits zum alten Umwandlungsrecht von einer „materiellen Zurechnungskontinuität“.[193] Nicht gemeint ist damit jedoch, dass es sich bei der materiellen Kontinuität um ein grundlegendes materielles Wertungsprinzip handelt.[194] Die materielle Kontinuität unterliegt vielmehr den Prinzipien des Gesellschaftsrechts, sodass der Identitätsgedanke beispielsweise hinter dem Gläubigerschutz zurücktreten muss.[195]

4. *Ergebnis*

Im Ergebnis ist festzuhalten, dass die Identitätsthese die Grundlage des Formwechsels bildet. Der als Zurechnungssubjekt bestehende abstrakte Kern der Gesellschaft bleibt aufgrund dieser Identität bestehen und muss nicht neu gegründet

187 SHS/*Stratz*, UmwG, § 190 Rn. 10.
188 BT-Drucks. 12/6885, S. 22.
189 BT-Drucks. 12/6885, S. 22.
190 SHS/*Stratz*, UmwG, § 190 Rn. 10; *Zöllner*, FS Claussen, 423 (426).
191 SHS/*Stratz*, UmwG, § 190 Rn. 10.
192 Lutter/*Decher*/*Hoger*, UmwG, § 190 Rn. 6; *K. Schmidt*, ZIP 1995, 1385 (1387); *ders.* AG 1985, 150 (153); vgl. auch *Veith*, S. 29 f.
193 *K. Schmidt*, AG 1985, 150 (153).
194 Lutter/*Decher*/*Hoger*, UmwG, § 190 Rn. 7.
195 Lutter/*Decher*/*Hoger*, UmwG, § 190 Rn. 7; *Petersen*, S. 98 ff.

werden. Das Vermögen bleibt damit dem bereits bestehenden „Rechtsträger“ im Sinne des § 191 UmwG zugeordnet. Darüber hinaus besteht auch eine materielle Kontinuität, die zu einer Beständigkeit der Gesellschaft im Außenverhältnis bei gleichzeitiger Änderung des Normengefüges im Innenverhältnis führt.

II. Diskontinuität der Rechtsordnung

Mit dem Formwechsel geht eine Diskontinuität der Rechtsordnung einher.[196] Infolge der Umwandlung gilt für den Rechtsträger daher ausschließlich das Recht der neuen Rechtsform.[197] Das Recht der vorherigen Rechtsform wiederum gilt genau bis zu dem Zeitpunkt des Wirksamwerdens und fortan nicht mehr. Es findet also ein Austausch des ausschlaggebenden Normensystems statt.[198] Aufgrund dieses Wechsels können sich auch einige Änderungen bezüglich der Beziehung der Gesellschafter zur Gesellschaft und auch der Gesellschafter untereinander ergeben.[199] Derartige Veränderungen sind im späteren Verlauf dieser Arbeit noch aufzugreifen.[200]

III. Rechtsfolgen für bestehende Ansprüche

1. Ansprüche gegen oder von Dritten

Es wurde bereits festgestellt, dass der Formwechsel dazu führt, dass der Rechtsträger als Zuordnungssubjekt von Rechten und Pflichten bestehen bleibt und damit also der Rechtsträger nach dem Formwechsel ebenso wie davor der Schuldner seiner Verbindlichkeiten, Gläubiger seiner Forderungen und Inhaber seiner etwaigen Rechte bleibt.[201] Aufgrund der Identität geht also schlechthin nichts über, es bleibt einfach bestehen.[202]

Für die Ansprüche der Gesellschaft gegen Dritte oder Ansprüche Dritter gegen die Gesellschaft ergeben sich also keine Änderungen, die Ansprüche bestehen genauso wie zuvor.[203] Sollte sich aufgrund des Formwechsels eine Gefahr für die Erfüllungswahrscheinlichkeit bezüglich der Ansprüche der Gläubiger ergeben, so

196 Semler/Stengel/*Leonard*, UmwG, § 202 Rn. 12; *Petersen*, S. 99.
197 SHS/*Stratz*, UmwG, § 202 Rn. 5; *Petersen*, S. 99.
198 Lutter/*Decher*/*Hoger*, UmwG, § 197 Rn. 1, § 202 Rn. 8.
199 Lutter/*Decher*/*Hoger*, UmwG, § 202 Rn. 8.
200 Siehe hierzu 2. Kapitel, B. II. 1. b), S. 48 ff.
201 Semler/Stengel/*Leonard*, UmwG, § 202 Rn. 7.
202 *K.Schmidt*, GesR § 12 I 6 b), S. 338.
203 Lutter/*Decher*/*Hoger*, UmwG, § 202 Rn. 32; Semler/Stengel/*Leonard*, UmwG, § 202 Rn. 9; *Habersack*/*Schürnbrand*, NZG 2007, 81 (81).

sieht das Umwandlungsgesetz einen Anspruch der einzelnen Gläubiger gegen die Gesellschaft auf Sicherheitsleistung nach §§ 204, 22 UmwG vor.[204]

2. *Gebundene Gesellschaftsansprüche*[205]

Fraglich ist allerdings, wie sich die Fortexistenz solcher Forderungen darstellt, die aufgrund rechtsformspezifischer Anordnungen entstanden sind. Da neben der Rechtsträgeridentität durch den Formwechsel eine Änderung der Rechtsordnung eintritt, gilt es zu klären, was mit den Ansprüchen der Gesellschaft gegen die Gesellschafter aus den Kapitalerhaltungs- und Kapitalaufbringungsvorschriften geschieht.

Diese Ansprüche entstehen aufgrund von rechtsformspezifischen Normen und sind in der GmbH ein Teil des Gläubigerschutzes, welcher in der GbR gänzlich anders ausgestaltet ist.[206] Es ist deshalb ein Blick auf die Auswirkungen des Formwechsels auf diese Forderungen zu werfen.

a) *Ansprüche aus der Kapitalaufbringung*

Bei der GmbH entstehen im Rahmen der Kapitalaufbringung Ansprüche der Gesellschaft auf die Leistung der Einlage (§ 14 GmbHG). Dabei muss für die erfolgreiche Anmeldung der Gesellschaft jedoch von jedem Gesellschafter nur mindestens ein Viertel des Nennbetrags auf den jeweiligen Gesellschaftsanteil geleistet werden, sofern der Gesamtbetrag der gezahlten Einlagen die Hälfte des Stammkapitals erreicht.[207] Wann die Resteinlage geleistet werden muss, ist gesetzlich nicht bestimmt.[208] Die Fälligkeit kann somit im Gesellschaftsvertrag vereinbart,[209] oder auch durch Anforderung der Geschäftsführer mittels Einforderungsbeschluss der Gesellschafterversammlung nach § 46 Nr. 2 GmbHG herbeigeführt werden.[210] Gesetzlich geregelt ist jedoch, dass die Gesellschafter nicht von ihrer Einlageverpflichtung befreit werden können und auch eine etwaige Aufrechnung grundsätzlich

---

204 Siehe später 4. Kapitel, A., S. 125 ff.

205 So bezeichnen *Habersack/Schürnbrand* Ansprüche der Gesellschaft gegen die Gesellschafter, die besonderen Durchsetzungsgarantien oder -sperren unterliegen: *Habersack/Schürnbrand*, NZG 2007, 81 ff.; ebenso von „Bindungen" sprechend: Widmann/Mayer/*Vossius*, UmwG, § 202 Rn. 89.

206 Zu einem Vergleich der Gläubigerschutzsysteme sogleich im 3. Kapitel, S. 99 ff.

207 § 7 Abs. 2 GmbHG

208 MüKo-GmbHG/*Schwandtner*, GmbHG, § 19 Rn. 15; MHLS/*Ebbing*, GmbHG, § 19 Rn. 9; Rowedder/Schmidt-Leithoff/*Pentz*, GmbHG, § 19 Rn. 6.

209 MHLS/*Ebbing*, GmbHG, § 19 Rn. 10; *Saenger*/Inhester, GmbHG, § 19 Rn. 8.

210 MüKo-GmbHG/*Schwandtner*, GmbHG, § 19 Rn. 16; MHLS/*Ebbing*, GmbHG, § 19 Rn. 10 ff.; *Saenger*/Inhester, GmbHG, § 19 Rn. 10.

untersagt ist.[211] Diese Vorschriften sind nicht dispositiv.[212] Sofern die Resteinlagen vor dem Formwechsel nicht erbracht[213] wurden, fragt sich, was aus dem Befreiungs- sowie Aufrechnungsverbot des GmbH-Rechts wird, da der Rechtsordnung solche Vorschriften hinsichtlich der Gesellschaft bürgerlichen Rechts unbekannt sind[214]. Nach dem Identitätsgrundsatz bleiben alle Verbindlichkeiten und Rechte des ursprünglichen Rechtsträgers auch solche des Rechtsträgers neuer Rechtsform.[215] Der ursprünglich bei der GmbH entstandene Anspruch auf Erbringung der Resteinlage besteht somit in der GbR weiter. Dies ist zweifelsohne der Fall, da sich kein Anhaltspunkt ergibt, wieso in diesem Fall die Identitätsthese nicht eingreifen sollte.[216] Insofern existiert der Rechtsträger in seiner Funktion als Zuordnungssubjekt von Rechten und Pflichten fort. Auch eine Forderung der Gesellschaft gegen die Gesellschafter stellt einen gewöhnlichen schuldrechtlichen Anspruch dar, der der Gesellschaft als Rechtssubjekt zusteht und mithin auch unter Geltung der neuen Rechtsordnung bei dem Rechtsträger weiterhin besteht.[217]

Die Frage, die sich stellt, ist vielmehr, ob auch die ursprünglich bestehenden Bindungen, welche die GbR in der Form nicht kennt, existent bleiben oder ob diese auch der Diskontinuität unterliegen.

Gegen eine Fortexistenz der Bindung spricht bereits der Zweck des Formwechsels, der gerade darin liegt, die Gesellschaft einer neuen Rechtsordnung zu unterstellen. Die Kapitalaufbringung und Kapitalerhaltung im GmbHG ist auf die Eigenarten der GmbH zugeschnitten. Diese Eigenarten und damit auch die ihr zugrunde liegenden Rechtsvorschriften sollen durch den Formwechsel abgeschafft und durch die der neuen Rechtsform ersetzt werden. Aufgrund des Zusammenspiels der Identität der Rechtsträger bei gleichzeitiger Diskontinuität der Rechtsordnung bleibt daher zwar der Anspruch der Gesellschaft unberührt, jedoch unterliegt er sodann den Vorschriften der neuen Rechtsform.[218]

---

211 § 19 Abs. 2 S. 1, 2 GmbHG.

212 MüKo-GmbHG/*Schwandtner*, GmbHG, § 19 Rn. 46; MHLS/*Ebbing*, GmbHG, § 19 Rn. 1; Rowedder/Schmidt-Leithoff/*Pentz*, GmbHG, § 19 Rn. 33.

213 Die unvollständige Aufbringung der Einlage stellt für die Möglichkeit des Formwechsels kein Hindernis dar, Widmann/Mayer/*Vossius*, UmwG, § 202 Rn. 89; *Habersack/Schürnbrand*, NZG 2007, 81 (82); *Priester*, ZIP 2016, 57 (60).

214 Siehe hierzu sogleich 3. Kapitel, B., S. 103 ff.

215 Siehe hierzu bereits im 1. Kapitel, D., S. 21 ff.

216 *Habersack/Schürnbrand*, NZG 2007, 81 (81 f.).

217 So auch *Habersack/Schürnbrand*, NZG 2007, 81 (81 f.).

218 Lutter/*Decher/Hoger*, UmwG, § 202 Rn. 31; Widmann/Mayer/*Vossius*, UmwG, § 202 Rn. 89, 91; *Fischer*, BB 1995, 2173 (2177); *Habersack/Schürnbrand*, NZG 2007, 81 (82); a.A.: *Martens*, AG 1986, 57 (59) zum alten Recht.

Existieren in der neuen Rechtsform keine vergleichbaren Bindungen,[219] so entfallen diese, da der Gläubigerschutz fortan durch das vollständig anwendbare Recht der neuen Rechtsform gewährleistet werden soll. Möglichen Lücken im Gläubigerschutz soll dadurch begegnet werden, dass für die Gläubiger die Möglichkeit besteht, Sicherheitsleistung zu verlangen, soweit diese eine Gefährdung ihrer Ansprüche aufgrund des Formwechsels zu befürchten haben.[220]

Die Resteinlageansprüche richten sich fortan nach dem Recht der GbR. Diesem ist ein Befreiungs- oder Aufrechnungsverbot wie das im GmbHG unbekannt. Zu den im Recht der GbR geforderten Beiträgen im weiteren Sinne gehören alle den Zweck fördernde Leistungen.[221] Der § 706 BGB konkretisiert diese Beitragspflicht zwar[222] und stellt die zentrale Vorschrift im Bereich der Beitragspflicht der GbR-Gesellschafter dar, begründet sie jedoch nicht konkret.[223] Indes muss sich diese Pflicht bei der GbR aus dem Gesellschaftsvertrag ergeben.[224] Somit kann der, im Rahmen des Formwechsels zu erstellende, Gesellschaftsvertrag bereits bestimmen, dass lediglich eine Einlage in der bereits geleisteten Höhe zu erbringen ist.[225] Nachdem eine GbR selbst ohne ein Gesellschaftsvermögen wirksam bestehen kann,[226] ist eine solche Entscheidung unproblematisch möglich[227].

Diese Möglichkeit resultiert wiederum aus der unterschiedlichen Ausgestaltung des Gläubigerschutzes in der GbR und der GmbH, denn aufgrund der persönlichen Haftung der Gesellschafter bedarf es keiner Erhaltung eines Mindestkapitals in der Gesellschaft.[228]

Gleiches ergibt sich in Fällen einer verdeckten Sacheinlage. Eine solche liegt gemäß § 19 Abs. 4 S. 1 GmbHG vor, wenn zwar eine Bareinlage vereinbart und vom

---

219 Vgl. *Habersack/Schürnbrand*, NZG 2007, 81 (82).

220 *Habersack/Schürnbrand*, NZG 2007, 81 (82); siehe zur Sicherheitsleistung das 4. Kapitel, A., S. 125 ff.

221 MüKo-BGB/*Schäfer*, BGB, § 706 Rn. 2.

222 BeckOK-BGB/*Schöne*, BGB, § 706 Rn. 1.

223 Nomos-BGB/*Heidel*, BGB, § 706 Rn. 1; Henssler/Strohn/*Servatius*, BGB, § 706 Rn. 1; MüKo-BGB/*Schäfer*, BGB, § 706 Rn. 1.

224 BeckOK-BGB/*Schöne*, BGB, § 706 Rn. 9; MüKo-BGB/*Schäfer*, BGB, § 706 Rn. 1.

225 Ebenso Widmann/Mayer/*Vossius*, UmwG, § 202 Rn. 91.

226 Dann allerdings als bloße Innengesellschaft, siehe nur Staudinger/*Habermeier* § 705 Rn. 59 f.; vgl. auch BeckOK-BGB/*Schöne*, BGB, § 706 Rn. 3.

227 Vgl. *Habersack/Schürnbrand*, NZG 2007, 81 (82), bezogen auf den Formwechsel in die OHG ist ihrer Ansicht nach der Weg frei für den Verzicht auf die Einlageforderung. Die Forderung unterliege nach der Umwandlung vollständig der Dispositionsfreiheit der OHG-Gesellschafter.

228 Siehe hierzu genauer 3. Kapitel, B., S. 103 ff.

Gesellschafter auch geleistet wurde, diese jedoch bei wirtschaftlicher Betrachtung, durch Kopplung mit einem Verkehrsgeschäft[229] und einer entsprechenden Vereinbarung, als Sacheinlage zu bewerten ist. Der Gesellschafter ist dann trotz ursprünglicher Leistung der Bareinlage nicht von seiner Einlagepflicht befreit.[230] Auf die wieder auflebende Verpflichtung wird nach § 19 Abs. 4 S. 2 GmbHG allerdings der Verkehrswert des Gegenstandes angerechnet.[231] Decken sich der Wert der Sache und die Bareinlagepflicht nicht, hat die Gesellschaft weiterhin einen Anspruch gegen den Gesellschafter auf Leistung der (Rest-)Einlage.[232] Auf die damit ganz oder teilweise fortbestehende ursprüngliche Einlageforderung sind die §§ 19–25 GmbHG vorbehaltlos anwendbar,[233] sodass sich nach dem Formwechsel dieselbe Situation ergibt, wie bei der oben behandelten nicht vollständig erbrachten Bareinlage.[234] Der Anspruch der Gesellschaft bleibt unberührt, jedoch unterliegt er fortan den rechtlichen Grundlagen der Gesellschaft bürgerlichen Rechts, sodass eine Befreiung von der Resteinlagepflicht möglich ist.

b) Ansprüche aus Kapitalerhaltung

Auch ein Anspruch der Gesellschaft gegen einen Gesellschafter aus § 31 GmbHG bleibt erhalten, unterliegt fortan jedoch dem Recht der GbR und kann somit erlassen werden.[235]

---

229 Von der „Koppelung“ sprechend: *K. Schmidt*, GesR, § 29 II, S. 887.

230 § 19 Abs. 4 S. 1 GmbHG a.E.

231 Welche dogmatische Grundlage der Anrechnung zugrunde liegt, ist höchst umstritten, hier jedoch nicht weiter von Belang – siehe dazu u. a. MüKo-GmbHG/*Schwandtner*, GmbHG, § 19 Rn. 272 ff.

232 Bezüglich Beispielen, wie genau die Berechnung erfolgt, siehe m.w.N.: MüKo-GmbHG/*Schwandtner*, GmbHG, § 19 Rn. 285 ff.

233 MüKo-GmbHG/*Schwandtner*, GmbHG, § 19 Rn. 263.

234 Die noch vor dem MoMiG bestehende Frage der Möglichkeit einer Heilung nach dem Formwechsel in eine Personengesellschaft stellt sich in der aktuellen Rechtslage nicht mehr. Vor Erlass des MoMiG vom 23.10.2008, welches zum 01.11.2008 in Kraft getreten ist, war sowohl das schuldrechtliche Verkehrsgeschäft als auch das dingliche Ausführungsgeschäft nichtig. Siehe: MüKo-GmbHG/*Schwandtner*, GmbHG, § 19 Rn. 167. Es bestand nach Ansicht der Rechtsprechung und der h.M. in der Literatur jedoch die Möglichkeit der Heilung. Sofern diese vor dem Formwechsel noch nicht eingetreten war, stellte sich die Frage, ob eine solche auch in der Personengesellschaft noch möglich war. Mit Änderung des § 19 GmbHG durch das MoMiG sind sowohl schuldrechtliches als auch dingliches Rechtsgeschäft wirksam, sodass sich diese Frage nun nicht mehr stellt. Zur alten Rechtslage siehe: *Petersen*, S. 139 ff., sowie *Veith*, S. 194 ff.

235 *Habersack/Schürnbrand*, NZG 2007, 81 (84).

IV. Ergebnis

Die beim Formwechsel bestehende Identität führt dazu, dass der Rechtsträger unter Geltung einer neuen Rechtsform fortexistiert. Da sich hierdurch die auf diesen anwendbare Rechtsordnung umfassend ändert, entfallen zuvor bestehende Bindungen. Aufgrund der Diskontinuität der Rechtsordnung können aber auch weitere Veränderungen eintreten, wie beispielsweise bei der Beteiligung der Gesellschafter. Auf derartige Veränderungen wird im Folgenden noch einzugehen sein.

2. Kapitel: Verwirklichung des Formwechsels

Nachdem die Grundlagen des Formwechsels dargestellt wurden und die Bedeutung und das Verständnis der Identitätsthese erläutert worden sind, ist im Folgenden ein Blick auf die Fragen der formellen Anforderungen des Formwechsels zu werfen. Hierbei soll im späteren Verlauf insbesondere die Frage der Mitgliederidentität unter Zugrundelegung des konkreten Formwechselfalls untersucht werden. Die Durchführung des Formwechsels gliedert sich in drei zu unterscheidende Phasen: die Vorbereitungsphase, die Beschlussphase und die Eintragung des Formwechsels.[236]

A. Die Vorbereitung

Die Vorbereitung des Formwechsels beinhaltet den Umwandlungsbericht mitsamt einem Entwurf des Umwandlungsbeschlusses.

I. Der Umwandlungsbericht

Der Umwandlungsbericht ist gemäß § 192 Abs. 1 UmwG grundsätzlich für jeden Formwechsel zu verfassen.[237] Die Vorschrift stellt „das Herzstück der Regeln zum Schutz der Anteilsinhaber“[238] dar und ist damit die zentrale Norm in der Vorbereitung des Formwechsels.[239]

Nachdem dem Umwandlungsbericht also keine gläubigerschützende Wirkung zukommt,[240] wird im Folgenden nur auf die wesentlichen Bestandteile des Berichts eingegangen, um dennoch einen Überblick über das Formwechselverfahren zu verschaffen.

Der Bericht soll den Gesellschaftern ermöglichen, in Kenntnis aller bedeutenden Elemente über den Formwechsel zu entscheiden.[241] Die Informations-

---

236 *Decher*, Kölner Umwandlungsrechtstage, S. 201 (206).

237 SHS/*Stratz*, UmwG, § 192 Rn. 1.

238 So Lutter/*Decher*/*Hoger*, UmwG, § 192 Rn. 2; die Bedeutung herausstellend ebenfalls *Meyer-Landrut*/*Kiem*, WM 1997, 1413 (1415 f.).

239 SHS/*Stratz*, UmwG, § 192 Rn. 1.

240 Hierzu sogleich ausführlicher 2. Kapitel, A. I. 2., S. 39 f.

241 Semler/Stengel/*Bärwaldt*, UmwG, § 192 Rn. 2; bezogen auf den Verschmelzungsbericht: OLG Düsseldorf, Urt. v. 11.08.2006, I-15 W 110/05, DB 2006, 2223 (2225); LG Essen, Urt. v. 08.02.1999, 44 O 249/98, AG 1999, 329 (331).

beschaffung aufgrund der allgemeinen Einsichtsrechte der Gesellschafter[242] schien dem Gesetzgeber nicht ausreichend, sodass mit dem Umwandlungsbericht noch eine Unterrichtungspflicht zu den bereits allgemein bestehenden Möglichkeiten der Kenntniserlangung hinzutritt.[243] Diese Unterrichtung durch den Bericht muss rechtzeitig erfolgen.[244] Erforderlich ist daher, dass die Gesellschafter nicht erst bei der Gesellschafterversammlung, in der sie den Beschluss fassen sollen, informiert werden. Vielmehr ist der Bericht von den Geschäftsführern der GmbH nach § 230 Abs. 1 UmwG spätestens zusammen mit der Einberufung zur Gesellschafterversammlung zu erstatten.

1. Formelle Anforderungen

Die Pflicht den Umwandlungsbericht zu erstatten, trifft nach § 192 Abs. 1 UmwG das Vertretungsorgan des formwechselnden Rechtsträgers. Bei der GmbH sind nach § 35 Abs. 1 S. 1 GmbHG die Geschäftsführer die Vertretungsorgane, sodass es ihnen obliegt, die übrigen Gesellschafter ausführlich und rechtzeitig zu informieren. Unabhängig davon, wie viele Geschäftsführer bestellt sind, sind alle gemeinsam zur Berichterstattung verpflichtet.[245] Die ablehnende Haltung eines einzelnen Geschäftsführers gegenüber dem Formwechsel entbindet von dieser Pflicht nicht.[246] Ebenso wenig ist es möglich, sich bei der Berichterstattung vertreten zu lassen, da es sich hierbei nicht um die Abgabe einer Willenserklärung handelt.[247]

Der Umwandlungsbericht ist schriftlich zu erstatten, womit der Bericht gem. § 126 BGB eigenhändig zu unterzeichnen ist. Dabei ist es ausreichend, wenn die Unterschrift nur in der Zahl der Geschäftsführer erfolgt, die zur Vertretung ausreicht.[248]

---

242 Geregelt in § 51a GmbHG.

243 Lutter/*Decher*/*Hoger*, UmwG, § 192 Rn. 2; Semler/Stengel/*Bärwaldt*, UmwG, § 192 Rn. 2.

244 OLG Frankfurt a. M., Beschl. v. 25.06.2003 – 20 W 415/02, NZG 2004, 732 (733).

245 KK-UmwG/*Petersen*, UmwG, § 192 Rn. 5; Henssler/Strohn/*Drinhausen*/*Keinath*, UmwG, § 192 Rn. 10; Lutter/*Decher*/*Hoger*, UmwG, § 192 Rn. 4; Semler/Stengel/*Bärwaldt*, UmwG, § 192 Rn. 21.

246 Lutter/*Decher*/*Hoger*, UmwG, § 192 Rn. 4; Kallmeyer/*Meister*/*Klöcker*, UmwG, § 192 Rn. 37.

247 Zum alten Umwandlungsrecht: GHEK/*Grunewald*, § 340a AktG a. F. Rn. 18; ebenso Semler/Stengel/*Bärwaldt*, UmwG, § 192 Rn. 21; SHS/*Stratz*, UmwG, § 192 Rn. 4.

248 So in Bezug auf die entsprechende Vorschrift im Verschmelzungsrecht: BGH, Beschl. v. 21.05.2007 – II ZR 266/04, NJW-RR 2007, 1409 (1411); *Müller*, NJW 2000, 2001

2. *Entbehrlichkeit des Berichts*

Eine Befreiung von der Pflicht zur Erstattung des Umwandlungsberichts erfolgt, sofern alle Gesellschafter der GmbH nach § 192 Abs. 2 S. 1 Alt. 2 UmwG auf den Bericht in einer notariellen Urkunde[249] verzichten. Zeitlich gesehen ist dieser Verzicht noch bis zur Anmeldung der Umwandlung beim Registergericht möglich.[250]

Eines Berichts bedarf es zudem auch dann nicht, wenn nur ein Gesellschafter an dem formwechselnden Rechtsträger beteiligt ist (§ 192 Abs. 2 S. 1 Alt. 1 UmwG). Nachdem es jedoch keine Ein-Personen-GbR geben kann, kommt dies ohnehin nur in Betracht, sofern im Umwandlungszeitpunkt selbst neue Gesellschafter hinzutreten.[251]

Darüber hinausgehend kann von dem Erfordernis der notariell beurkundeten Verzichtserklärungen jedoch nicht abgewichen werden.[252] Ein Verzicht auf Teile des Umwandlungsberichts ist hingegen möglich.[253] Diese Freiheit der Anteilsinhaber verdeutlicht letztlich, dass der Umwandlungsbericht ausschließlich dem Schutz der Anteilsinhaber dient und ein Schutz der Gläubiger entsprechend nicht erreicht werden soll.[254]

Wurden die Verzichtserklärungen abgegeben, so sind diese nach § 199 UmwG mit der Registeranmeldung zusammen beim Registergericht einzureichen. Sofern kein Verzicht erklärt wurde, wird der Bericht selbst mit eingereicht.

3. *Inhalt des Umwandlungsberichts*

Liegt kein Verzicht vor, so ist der Umwandlungsbericht in zwei Teile aufzugliedern.[255] Zum einen enthält er den Teil der Erläuterungen und der Begründung

---

(2003); zudem auch: Kallmeyer/*Meister*/*Klöcker*, UmwG, § 192 Rn. 38; Lutter/*Decher*/*Hoger*, UmwG, § 192 Rn. 5; SHS/*Stratz*, UmwG, § 192 Rn. 4; Semler/Stengel/*Bärwaldt*, UmwG, § 192 Rn. 22; *Hüffer*, FS für Claussen, 171 (184).

249 § 192 Abs. 2 S. 2 UmwG.

250 Kallmeyer/*Meister*/*Klöcker*, UmwG, § 192 Rn. 60; Lutter/*Decher*/*Hoger*, UmwG, § 192 Rn. 46; SHS/*Stratz*, UmwG, § 192 Rn. 22.

251 Zu der Möglichkeit eines Ein- und Austritts im Formwechselzeitpunkt siehe 2. Kapitel, B. II. 1. b) bb), S. 54 ff.

252 Lutter/*Decher*/*Hoger*, UmwG, § 192 Rn. 46; Widmann/*Mayer*, UmwG, § 192 Rn. 15.

253 Kallmeyer/*Marsch-Barner*, UmwG, § 192 Rn. 56.

254 Vgl. Lutter/*Decher*/*Hoger*, UmwG, § 192 Rn. 46.

255 Kallmeyer/*Meister*/*Klöcker*, UmwG, § 192 Rn. 7; Widmann/*Mayer*, UmwG, § 192 Rn. 27 teilt in drei Teile auf, wobei er den Entwurf des Gesellschaftsvertrags als dritten Teil aufzählt. Dieser ist nach § 234 Nr. 3 UmwG Teil des Umwandlungsbeschlusses, sodass hier letztlich kein großer Unterschied besteht.

des Formwechsels. Zum anderen den Entwurf des Umwandlungsbeschlusses. Ersteres stellt den Kern des Umwandlungsberichts dar.[256]

a) *Erläuterungs- und Begründungsteil*

Der § 192 Abs. 1 UmwG fordert einen ausführlichen Bericht, der den Formwechsel und insbesondere die künftigen Beteiligungen der Anteilsinhaber sowohl rechtlich als auch wirtschaftlich erläutert und begründet. Eine genaue Definition des Begriffes „ausführlich" ist im Gesetzeswortlaut nicht enthalten, sodass bei einem so weiten Begriff die Gefahr besteht, dass einzelne Betroffene, den Bericht für nicht ausreichend erachten und somit letztlich eine Klage auf Feststellung der Unwirksamkeit des Umwandlungsbeschlusses angestrebt wird.[257] Schließlich ist nach einer Vielzahl von Stimmen in der Literatur davon auszugehen, dass die meisten Anfechtungsklagen sich auf eine unzureichende Aufklärung stützen.[258]

Nachdem aber § 192 UmwG die Parallelvorschrift zu § 8 UmwG sowie § 127 UmwG darstellt und auch das alte Umwandlungsrecht in § 340a AktG a. F. bereits einen Verschmelzungsbericht verlangte, hat sich im Laufe der Zeit durch zahlreiche Beiträge aus Rechtsprechung und Literatur das Verständnis eines ausführlichen Berichts stark konkretisiert.[259] An dieser Konkretisierung sollte sich ein Bericht orientieren.[260]

Dabei ist die oberste Grundregel, dass sich die Erwartungen an den Bericht aus dessen Sinn und Zweck ergeben,[261] weshalb den Gesellschaftern die Gelegenheit einer Plausibilitätskontrolle geboten werden muss.[262] Ein Maß an Detailinforma-

---

256 Kallmeyer/*Meister*/*Klöcker*, UmwG, § 192 Rn. 7.

257 So bezeichnet *Veil*, ZIP 1998, 361 (362) die Möglichkeit der Anfechtungsklage als Sanktion für einen nicht ordnungsgemäß erstellten Ausgliederungsbericht.

258 *Decher*, Kölner Umwandlungsrechtstage, S. 201 (209); „Hauptangriffsfläche": Semler/Stengel/*Bärwaldt*, UmwG, § 192 Rn. 33; „zentraler Angriffspunkt" SHS/*Stratz*, UmwG, § 192 Rn. 23; zu bisheriger Rspr. vgl. u. a.: BGH, Urt. v. 18.10.2004 – II ZR 250/02, BGHZ 160, 385 (392) = NJW 2005, 828 (830); BGH, Urt. v. 12.11.2001 – II ZR 225/99, BGHZ 149, 158 (164 f.) = NJW 2002, 1128 (1129); BGH, Urt. v. 05.04.1993 – II ZR 238/91, BGHZ 122, 211 (239) = NJW 1993, 1976 (1983); BGH, Urt. v. 22.05.1989 – II ZR 206/88, BGHZ 107, 296 (307) = NJW 1989, 2689 (2691); OLG Frankfurt a. M., Beschl. v. 25.06.2003 – 20 W 415/02, NZG 2004, 732; KG, Urt. v. 27.11.1998 – 14 U 2882/97, AG 1999, 126.

259 Lutter/*Decher*/*Hoger*, UmwG, § 192 Rn. 8; SHS/*Stratz*, UmwG, § 192 Rn. 7.

260 Kallmeyer/*Meister*/*Klöcker*, UmwG, § 192 Rn. 11.

261 *Meyer-Landrut*/*Kiem*, WM 1997, 1413 (1416).

262 Lutter/*Decher*/*Hoger*, UmwG, § 192 Rn. 10; SHS/*Stratz*, UmwG, § 192 Rn. 8; *Sagasser*/Bula/Brünger/*Luke*, § 26 Rn. 32.

tionen, das eine Überprüfung des Berichts auf seine Richtigkeit hin ermöglicht, ist demgegenüber nicht erforderlich.[263]

Zunächst sind somit die Motive für den Formwechsel darzulegen. Es müssen die Vor- und Nachteile der jetzigen Rechtsform mit denen der angestrebten Rechtsform verglichen werden, um so die rechtliche und wirtschaftliche Sinnhaftigkeit zu begründen.[264] Dabei ist auch auf die mit der Umwandlung erstrebten unternehmerischen Ziele einzugehen.[265] Es sind die Alternativen zum Formwechsel aufzuzeigen und mit diesem abzuwägen.[266] Insbesondere die steuerlichen Änderungen durch den Formwechsel sind darzulegen,[267] um etwaige Vor- oder auch Nachteile für die Gesellschafter klarzustellen. Die Gesellschafter müssen also in der Lage sein, die Möglichkeiten der Umwandlung mit deren Risiken genau abzuwägen.[268]

Schließlich sind auch die künftigen Beteiligungen der Anteilsinhaber zu erläutern und zu begründen, § 192 Abs. 1 S. 1 UmwG. Die Anteile der Gesellschafter bestehen zwar im eigentlichen fort,[269] jedoch kann es zu deren „Umqualifizierung“ kommen.[270] Gegenüber den Gesellschaftern ist somit auszuführen, welche Pflichten, aber auch welche Rechte mit der Teilhabe an der neuen Gesellschaft einhergehen. Es ist auf eine mögliche Änderung der Anteilsübertragbarkeit einzugehen,[271] sowie eine unter Umständen eintretende Wertveränderung darzulegen[272]. Sofern ein nicht-verhältniswahrender Formwechsel[273] beabsichtigt ist, bedarf es auch der Erläuterung des Tauschverhältnisses.[274]

---

263 Kallmeyer/*Meister*/*Klöcker*, UmwG, § 192 Rn. 12; Semler/Stengel/*Bärwaldt*, UmwG, § 192 Rn. 8; SHS/*Stratz*, UmwG, § 192 Rn. 8; zum Verschmelzungsbericht: OLG Jena, Beschl. v. 05.11.2008 - 6 W 288/08, AG 2009, 582 (582).

264 Lutter/*Decher*/*Hoger*, UmwG, § 192 Rn. 18; Widmann/*Mayer*, UmwG, § 192 Rn. 30, 33; *Meyer-Landrut*/*Kiem*, WM 1997, 1413 (1415).

265 Semler/Stengel/*Bärwaldt*, UmwG, § 192 Rn. 6.

266 KK-UmwG/*Petersen*, UmwG, § 192 Rn. 16; *Usler*, MittRhNotK 1998, 21 (28).

267 Kallmeyer/*Meister*/*Klöcker*, UmwG, § 192 Rn. 8; *Meyer-Landrut*/*Kiem*, WM 1997, 1413 (1416).

268 Widmann/*Mayer*, UmwG, § 192 Rn. 30.

269 Zu einem möglichen Austritt beim Formwechsel siehe 2. Kapitel, B. II. 1. b) bb), S. 54 ff.

270 *Hennrichs*, S. 32 ff.

271 Widmann/*Mayer*, UmwG, § 192 Rn. 42.

272 SHS/*Stratz*, UmwG, § 192 Rn. 14.

273 Siehe hierzu 2. Kapitel, B. II. 1. b) aa), S. 50 ff.

274 KK-UmwG/*Petersen*, UmwG, § 192 Rn. 11; Semler/Stengel/*Bärwaldt*, UmwG, § 192 Rn. 11.

Grundsätzlich ist in dem Umwandlungsbericht auch auf die Barabfindung nach § 207 UmwG einzugehen.[275] Ein solcher Anspruch entsteht nach § 207 Abs. 1 UmwG jedoch nur, sofern ein Gesellschafter Widerspruch zur Niederschrift gegen den Formwechsel erklärt.

Bei einem Formwechsel in die GbR bedarf es nach § 233 Abs. 1 UmwG der Zustimmung aller Gesellschafter, sodass ein Widerspruch im Hinblick auf die Barabfindung nach § 207 UmwG nur möglich sein kann, wenn trotz Erklärung des Widerspruchs die Zustimmung zum Formwechsel erteilt werden kann. Dies ist jedoch zu verneinen.[276] Zum einen ist ein Gesellschafter, der durch seine Zustimmung selbst zu der Umwandlungsmöglichkeit beiträgt, nicht schutzwürdig.[277] Zum anderen erklärt § 194 Abs. 1 Nr. 6 UmwG das Abfindungsangebot nur zum Pflichtinhalt des Umwandlungsbeschlusses, sofern nicht die Zustimmung aller Anteilsinhaber vorausgesetzt wird. Dies spricht dafür, dass der Gesetzgeber von einer Einheitlichkeit des Widerspruchs und der Zustimmungsverweigerung ausging.[278] Hiervon zeugt auch die Gesetzesbegründung, nach der die Abfindungszahlung gerade für Gesellschafter gedacht ist, denen eine Verhinderung des Formwechsels nicht möglich war.[279]

Die Erteilung der Zustimmung zum Formwechsel ist bei Erklärung des Widerspruchs zur Niederschrift demnach nicht möglich. Eine Barabfindung nach § 207 UmwG kann daher bei einem Formwechsel in eine Gesellschaft bürgerlichen Rechts nicht in Betracht kommen.[280] Auf sie ist in dem Bericht deshalb auch nicht einzugehen.

Die Berichtspflicht kann noch weiter eingeschränkt sein. Nach §§ 192 Abs. 1 S. 2, 8 Abs. 2 UmwG ist die Erläuterung gewisser Tatsachen insoweit entbehrlich, als deren Eröffnung dem Rechtsträger Schaden zufügen könnte. Es sind dann jedoch die Gründe für die Nichtaufnahme dieser Tatsachen in dem Bericht zu erläutern.

Weiterhin ist nach §§ 192 Abs. 1 S. 2, 8 Abs. 1 S. 2 UmwG auf Bewertungsschwierigkeiten hinsichtlich des Rechtsträgers hinzuweisen. In der Regel tritt diese

---

275 Lutter/*Decher*/*Hoger*, UmwG, § 192 Rn. 29 m.w.N.; Semler/Stengel/*Bärwaldt*, UmwG, § 192 Rn. 12.

276 Henssler/Strohn/*Drinhausen*, UmwG, § 207 Rn. 4; Semler/Stengel/*Kalss*, UmwG, § 207 Rn. 7; SHS/*Stratz*, UmwG, § 207 Rn. 4; *Böttcher*, S. 137; *Zürbig*, S. 160; a.A. Kallmeyer/*Meister*/*Klöcker*, UmwG, § 207 Rn. 15; *Veil*, S. 114 ff.; dagegen ebenso *Hommelhoff*, ZGR 1993, 452 (470).

277 Vgl. *Böttcher*, S. 137.

278 *Böttcher*, S. 137; *Zürbig*, S. 160.

279 BT-Drucks. 12/6699, S. 146.

280 SHS/*Stratz*, UmwG, § 207 Rn. 1.

Schwierigkeit letztlich nur bei einem nicht-verhältniswahrenden Formwechsel[281] oder bei Ein- bzw. Austritt von Gesellschaftern zeitgleich mit der Umwandlung[282] auf, da sich anderenfalls die Anteile der Gesellschafter nicht verändern.

In Anbetracht der Unbestimmtheit ist in der Praxis jedoch trotz der bereits durch Rechtsprechung und Literatur hinreichenden Konkretisierung dazu zu raten, die Erläuterungen und Begründungen eher zu detailliert zu erbringen, als Gefahr zu laufen, dass die Ausführungen als zu knapp angesehen werden.[283]

b) Entwurf des Beschlusses

Der zweite in dem Umwandlungsbericht enthaltene Teil ist nach § 192 Abs. 1 S. 3 UmwG der Entwurf des Umwandlungsbeschlusses. Für die Anfertigung ist ebenfalls das Vertretungsorgan zuständig.[284] Auch hier ist es nicht genügend, wenn lediglich der Inhalt des kommenden Beschlusses wiedergegeben wird. Vielmehr müssen alle wesentlichen Zusammenhänge sowohl in wirtschaftlicher als auch in rechtlicher Hinsicht erläutert werden, sofern dies nicht bereits aufgrund der vorangehenden Erläuterungen überflüssig ist.[285] Der Inhalt des Entwurfes bestimmt sich ebenso wie der tatsächlich gefasste Beschluss aus § 194 Abs. 1 UmwG.

Nach § 194 Abs. 2 UmwG ist der Entwurf spätestens einen Monat vor der Gesellschafterversammlung dem Betriebsrat zuzuleiten. Sofern kein Betriebsrat besteht, ist entsprechend auch keine Mitteilung an diesen erforderlich. Eine stellvertretende Mitteilung an alle Mitarbeiter oder auch ein öffentlicher Aushang[286] muss nicht erfolgen. Während der Betriebsrat einer Geheimhaltungspflicht nach § 79 BetrVG unterliegt, besteht eine solche für die Arbeitnehmer nicht,[287] sodass davon auszugehen ist, dass die Pflicht zur Kundgabe an den Betriebsrat eine bewusste Entscheidung war.[288] Eine Mitteilung ist daher bei fehlendem Betriebsrat schlechthin nicht von Nöten.[289]

---

281 Semler/Stengel/*Bärwaldt*, UmwG, § 192 Rn. 15.

282 Bei einem Austritt wächst der Anteil des Austretenden, sofern dieser nicht übertragen wird, den anderen Gesellschaftern nach § 738 BGB zu, während bei einem Eintritt Teile der bereits bestehenden Anteile „abwachsen" und auf den neuen Gesellschafter übergehen. – Siehe hierzu 2. Kapitel, B. II. 1. b) bb) (4), S. 71 ff.

283 Widmann/*Mayer*, UmwG, § 192 Rn. 11.

284 Kallmeyer/*Meister*/*Klöcker*, UmwG, § 192 Rn. 17.

285 Lutter/*Decher*/*Hoger*, UmwG, § 192 Rn. 28; SHS/*Stratz*, UmwG, § 192 Rn. 10.

286 Dies wurde laut *Korn*, KÖSDI 1995, 10273 (10276) in der Praxis bereits akzeptiert.

287 Vgl. SHS/*Stratz*, UmwG, § 194 Rn. 12.

288 SHS/*Stratz*, UmwG, § 194 Rn. 12.

289 SHS/*Stratz*, UmwG, § 194 Rn. 13; *Pfaff*, BB 2002, 1604 (1604 f.) m.w.N.

Ist ein solcher vorhanden, aber auf den Umwandlungsbericht verzichtet worden, so bleibt es bei der Pflicht zur Zuleitung des Entwurfs des Umwandlungsbeschlusses.[290] Der Umwandlungsbericht im Ganzen dient dem Schutz der Anteilsinhaber,[291] sodass sie auch auf diesen verzichten können. Die Bekanntgabe an den Betriebsrat soll jedoch die Arbeitnehmer schützen, worüber die Gesellschafter dem Zweck entsprechend nicht verfügen können.[292] Insbesondere die in § 194 Abs. 1 Nr. 7 UmwG angeordnete Erläuterung der Folgen des Formwechsels für die Arbeitnehmer zeigt, dass der Entschluss, den Entwurf des Beschlusses weiterzuleiten, nicht zur freien Verfügung der Gesellschafter stehen kann. Die Anordnung des § 194 Abs. 2 UmwG geht somit der Verzichtsmöglichkeit des § 192 Abs. 2 UmwG vor.[293]

Anders liegt der Fall konsequenterweise, wenn ein Verzicht besteht und zudem kein Betriebsrat vorhanden ist. Nachdem die einzelnen Arbeitnehmer nicht zu unterrichten sind, bedarf es eines Entwurfes des Umwandlungsbeschlusses nur, wenn dieser im Interesse der Anteilsinhaber steht. Verzichten diese jedoch durch notariell beurkundeten Beschluss auf den Umwandlungsbericht, so bringen sie damit zum Ausdruck, ausreichend informiert zu sein, um sich für oder gegen den Formwechsel entscheiden zu können. Die Anteilsinhaber verzichten somit auf ihre Unterrichtung und damit auch auf den Entwurf des Beschlusses als Teil des Umwandlungsberichts.[294]

4. *Mängel des Berichts*

Wie oben[295] bereits angedeutet, kann der Umwandlungsbeschluss angefochten werden, sofern der Umwandlungsbericht unrichtig oder auch nur unvollständig war.[296] Selbst wenn der Umwandlungsbericht vollständig fehlt, führt dieser Umstand bei einer formwechselnden Kapitalgesellschaft lediglich zur Anfechtbarkeit

---

290 Kallmeyer/*Willemsen*, UmwG, § 194 Rn. 61; Lutter/*Decher*/*Hoger*, UmwG, § 194 Rn. 42.

291 2. Kapitel, A. I. 2., S. 39.

292 KK-UmwG/*Petersen*, UmwG, § 194 Rn. 35; Kallmeyer/*Willemsen*, UmwG, § 194 Rn. 61; Lutter/*Decher*/*Hoger*, UmwG, § 194 Rn. 42.

293 KK-UmwG/*Petersen*, UmwG, § 194 Rn. 35; Kallmeyer/*Willemsen*, UmwG, § 194 Rn. 61; noch zu § 192 Abs. 3 UmwG a. F.: *Joost*, ZIP 1995, 976 (977).

294 Zu dieser Problematik mit selber Ansicht auch Lutter/*Joost*, UmwG, § 215 Rn. 9.

295 2. Kapitel, A. I. 3. a), S. 40.

296 Kallmeyer/*Meister*/*Klöcker*, UmwG, § 192 Rn. 61; HK-UmwG/*Quass*, UmwG, § 192 Rn. 29; Semler/Stengel/*Bärwaldt*, UmwG, § 192 Rn. 33.

und nicht zur Nichtigkeit des Beschlusses.[297] Die Anfechtbarkeit eines Gesellschafterbeschlusses ergibt sich bei der GmbH aus der analogen Anwendung des § 243 Abs. 1 AktG.[298]

Die Verknüpfung eines Mangels des Berichts mit der Fehlerhaftigkeit des Beschlusses ergibt sich aus der Funktion des Berichts als Informationsquelle für die abstimmenden Gesellschafter.[299] Dabei kam es nach älterer Rechtsprechung für die Anfechtbarkeit darauf an, ob ein objektiv urteilender Anteilsinhaber[300] die gleiche Entscheidung auch bei vollständiger und richtiger Unterrichtung durch den Umwandlungsbericht getroffen hätte.[301] Aufgrund der Schwierigkeiten eines solchen Nachweises, kommt es nach neuerer Rechtsprechung auf die Relevanz des Fehlers an.[302] Es könne nur entscheidend sein, ob die Möglichkeit besteht, dass der Fehler im Umwandlungsbericht Auswirkungen auf das Ergebnis des Beschlusses hatte.[303] Somit ist ausschlaggebend, ob ein objektiv urteilender Anteilsinhaber die fehlenden oder unrichtigen Auskünfte für erforderlich hält, um sich sachgerecht ein Urteil über den Beschlussgegenstand bilden zu können.[304] Ist das der Fall, so besteht ein dem Beschluss anhaftendes Legitimationsdefizit, welches die Möglichkeit der Anfechtung rechtfertigt.[305] Darauf, ob ein vernünftig urteilender Anteilsinhaber anders abgestimmt hätte oder nicht, kommt es nicht mehr an.[306]

---

297 Lutter/*Drygala*, UmwG, § 8 Rn. 54; Semler/Stengel/*Bärwaldt*, UmwG, § 192 Rn. 33 (Fn. 94); Widmann/*Mayer*, UmwG, § 8 Rn. 68.

298 Semler/Stengel/*Bärwaldt*, UmwG, § 192 Rn. 33 (Fn. 91); MüKo-GmbHG/*Wertenbruch*, GmbHG, § 47 Anhang Rn. 1.

299 Vgl. Semler/Stengel/*Bärwaldt*, UmwG, § 192 Rn. 35 f.

300 Hierunter ist ein Anteilsinhaber zu verstehen, der „vernünftig und im wohlverstandenen Unternehmensinteresse handelt […] [und dessen] Investitionsziele mit dem Bestreben der Gesellschaft an langfristiger Prosperität in Einklang stehen." – K. Schmidt/Lutter/*Schwab*, AktG, § 243 Rn. 36.

301 BGH, Urt. v. 05.04.1993 – II ZR 238/91, BGHZ 122, 211 (239) = NJW 1993, 1976 (1983); BGH, Urt. v. 22.05.1989 – II ZR 206/88, BGHZ 107, 296 (307) = NJW 1989, 2689 (2691); BGH, Urt. v. 23.11.1961 – II ZR 4/60, BGHZ 36, 121 (140) = NJW 1962, 104 (108).

302 BGH, Urt. v. 18.10.2004 – II ZR 250/02, BGHZ 160, 385 (392) = NJW 2005, 828 (830) – „Sollten in BGHZ 149, 158 (164 f.) noch Kausalitätserwägungen als notwendiges Relevanzkriterium anklingen, wird daran nicht festgehalten"; BGH, Urt. v. 12.11.2001 – II ZR 225/99, BGHZ 149, 158 (164 f.) =NJW 2002, 1128 (1129).

303 BGH, Urt. v. 12.11.2001 – II ZR 225/99, BGHZ 149, 158 (164 f.) = NJW 2002, 1128 (1129).

304 Kallmeyer/*Meister/Klöcker*, UmwG, § 192 Rn. 62.

305 BGH, Urt. v. 18.10.2004 – II ZR 250/02, BGHZ 160, 385 (392) = NJW 2005, 828 (830).

306 BGH, Urt. v. 18.10.2004 – II ZR 250/02, BGHZ 160, 385 (392) = NJW 2005, 828 (830).

Fehlen also lediglich Informationen, die für den vorliegenden Formwechsel nicht relevant sind, besteht kein zur Anfechtung berechtigender Mangel.[307] Zudem scheidet die Anfechtbarkeit aus, wenn der Umwandlungsbericht nach seiner Fertigstellung allein durch im Nachhinein eintretende Gegebenheiten unrichtig und sodann in der Versammlung noch richtig gestellt wird.[308] Bestand der Mangel jedoch von vornherein, so tritt aufgrund einer nachträglichen Berichtigung grundsätzlich keine Heilung ein,[309] denn dagegen spricht bereits der Zweck des Umwandlungsberichts als Vorabinformation.[310]

Wird eine Anfechtungsklage gegen den Umwandlungsbeschluss erhoben, kann der Formwechsel nach § 198 Abs. 3 i.V.m. § 16 Abs. 2 UmwG nicht eingetragen und vollzogen werden. Sofern eine summarische Prüfung jedoch ergibt, dass die Klage nicht entgegensteht, kann das Prozessgericht nach der Ausnahmeregelung des § 16 Abs. 3 UmwG, die über § 198 Abs. 3 UmwG anzuwenden ist, hiernach die Eintragung dennoch zulassen.[311]

II. Anwendung der Gründungsvorschriften

Nach § 197 S. 1 UmwG sind die Gründungsvorschriften der Gesellschaftsform, in die umgewandelt werden soll, anzuwenden. In der Vorbereitung des Formwechsels hat diese Vorschrift besondere Bedeutung bei der Umwandlung aus einer Personengesellschaft in eine Kapitalgesellschaft. Hier muss aufgrund der entfallenden persönlichen Haftung sichergestellt werden, dass das Stammkapital aufgebracht wird.[312] Bei der Umwandlung einer GmbH in eine GbR ist diese Vorschrift – ebenso wie bei der Umwandlung in jede andere Personengesellschaft – letztlich bedeutungslos.[313] Nachdem hier, mangels Existenz, keine besonderen Kapitalaufbringungsvorschriften umgangen werden können, bedarf es auch keines solchen Schutzes.[314] Selbstverständlich ist, dass der Rechtsträger

307 Lutter/*Drygala*, UmwG, § 8 Rn. 59; Semler/Stengel/*Bärwaldt*, UmwG, § 192 Rn. 35.

308 Lutter/*Decher*/*Hoger*, UmwG, § 192 Rn. 15, Semler/Stengel/*Bärwaldt*, UmwG, § 192 Rn. 37.

309 Kallmeyer/*Meister*/*Klöcker*, UmwG, § 192 Rn. 2; Widmann/Mayer/*Mayer*, UmwG, § 8 Rn. 73; zum Verschmelzungsbericht: LG Mainz, Urt. v. 19.12.2000, 10 HK O 143/99, NZG 2001, 951 (952).

310 So zum Verschmelzungsbericht: Widmann/*Mayer*, UmwG, § 8 Rn. 73.

311 SHS/*Stratz*, UmwG, § 192 Rn. 23; Semler/Stengel/*Bärwaldt*, UmwG, § 192 Rn. 39.

312 Lutter/*Decher*/*Hoger*, UmwG, § 192 Rn. 13.

313 KK-UmwG/*Petersen*, UmwG, § 197 Rn. 5; SHS/*Stratz*, UmwG, § 197 Rn. 4; DAV-Handelsrechtsausschuss, NZG 2006, 737 (743).

314 Lutter/*Decher*/*Hoger*, UmwG, § 197 Rn. 7.

neuer Rechtsform alle Strukturmerkmale einer GbR erfüllen muss. Insofern darf beispielsweise kein Handelsgewerbe betrieben werden.[315]

B. Die Beschlussfassung

I. Einberufung der Versammlung

Der Umwandlungsbeschluss ist nach § 193 Abs. 1 S. 2 UmwG in einer Gesellschafterversammlung zu fassen. Die Regelungen zur Durchführung dieser Versammlung finden sich, soweit das Umwandlungsgesetz keine Bestimmungen enthält, in den für die jeweilige Rechtsform geltenden Vorschriften,[316] für den konkreten Fall demnach in den §§ 49 ff. GmbHG.

Nach § 230 Abs. 1 UmwG ist der Formwechsel als Gegenstand der Beschlussfassung mit der Einberufung anzukündigen. Die Frist zur Einberufung und auch die Vorgabe der Versendung als eingeschriebenen Brief richten sich hingegen nach § 51 Abs. 1 GmbHG, da das Umwandlungsrecht keine derartigen Bestimmungen für den Formwechsel einer GmbH enthält.

II. Inhalt des Beschlusses

Der Mindestinhalt des Umwandlungsbeschlusses ergibt sich aus §§ 194, 234 UmwG. Der § 194 UmwG regelt insoweit die allgemeinen Angaben, die bei jeglicher Art des Formwechsels ausgeführt werden müssen. Diese werden im konkreten Fall eines Formwechsels einer Kapital- in eine Personengesellschaft durch die Anforderungen des § 234 UmwG ergänzt.

1. § 194 UmwG

Der in § 194 UmwG enthaltene Katalog dient ebenso wie schon der Umwandlungsbericht der Information der Gesellschafter.[317]

a) Rechtsform und Firma

Nach § 194 Abs. 1 Nr. 1 UmwG muss der Beschluss zunächst Auskunft darüber geben, welche Rechtsform die Gesellschaft erhalten soll. Dabei ist nicht erforderlich, dass das Vorhaben direkt mit „Formwechsel" oder „Umwandlung" beschrieben

---

315 Sofern ein Handelsgewerbe betrieben wird, besteht gemäß § 105 Abs. 1 HGB eine OHG.

316 Lutter/*Decher*/*Hoger*, UmwG, § 194 Rn. 10.

317 Lutter/*Decher*/*Hoger*, UmwG, § 194 Rn. 1.

wird.[318] Es muss jedoch zweifelsfrei erkennbar sein, dass der Formwechsel von einer GmbH in eine GbR gewollt ist.

Zudem ist nach § 194 Abs. 1 Nr. 2 UmwG die Firma oder der Name des Rechtsträgers neuer Rechtsform anzugeben. Das Recht eine Firma zu führen, steht gemäß §§ 1, 17 ff. HGB ausschließlich Kaufleuten zu. Der Gesellschaftszweck einer GbR kann aus Gründen des Rechtsformzwanges[319] jedoch nicht auf ein Handelsgewerbe nach § 1 HGB gerichtet sein.[320] Die Führung einer Firma ist für eine GbR damit ausgeschlossen, die bestehende Firma der GmbH erlischt somit nach § 200 Abs. 5 UmwG mit Eintritt des Formwechsels. Die GbR kann sich jedoch einen Namen geben, unter dem sie im Rechtsverkehr auftritt. Dieser unterliegt keinen bestimmten rechtlichen Vorgaben, darf jedoch die Rechte Dritter nicht verletzen.[321] Insoweit liegt es an den Gesellschaftern, darauf zu achten, einen Namen zu wählen, der Unterscheidungskraft besitzt und nicht gegen das Firmenrecht[322] verstößt.

b) Die Mitgliedschaft

Nach § 194 Abs. 1 Nr. 3, 4 UmwG muss der Beschluss auch Auskunft zu den Mitgliedschaften der einzelnen Gesellschafter geben. So sind nach § 194 Abs. 1 Nr. 3 UmwG die am künftigen Rechtsträger weiterhin beteiligten Anteilsinhaber aufzuführen, sowie nach § 194 Abs. 1 Nr. 4 UmwG die Zahl, Art und der Umfang ihrer Mitgliedschaftsrechte anzugeben. Die Nr. 3 regelt somit das „Ob" einer Beteiligung,[323] während sich die Nr. 4 auf das „Wie" der jeweiligen Beteiligung bezieht[324]. Nach § 194 Abs. 1 Nr. 5 UmwG sind zudem die Sonderrechte einzelner Anteilsinhaber aufzuführen. So sind exemplarisch Mehrstimmrechte, ein Vetorecht gegen bestimmte Maßnahmen oder auch die Bestellungsrechte für die Geschäftsführung aufzuführen.[325]

---

318 SHS/*Stratz*, UmwG, § 194 Rn. 3.

319 Dieser ergibt sich aus den §§ 105, 161 HGB: Sofern die GbR ihren Zweck auf ein Handelsgewerbe richtet, wird sie automatisch zur OHG – vgl. nur MüKo-BGB/*Schäfer*, BGB, § 705 Rn. 3.

320 MüKo-BGB/*Schäfer*, BGB, § 705 Rn. 3.

321 MüKo-BGB/*Schäfer*, BGB, § 705 Rn. 271.

322 Siehe insoweit den unzulässigen Firmengebrauch nach § 37 Abs. 1 HGB.

323 KK-UmwG/*Petersen*, UmwG, § 194 Rn. 6; Semler/Stengel/*Bärwaldt*, UmwG, § 194 Rn. 7; Widmann/Mayer/*Vollrath*, UmwG, § 194 Rn. 8; a.A. Kallmeyer/*Meister*/*Klöcker*, UmwG, § 194 Rn. 22.

324 Vgl. Lutter/*Decher*/*Hoger*, UmwG, § 194 Rn. 6.

325 KK-UmwG/*Petersen*, UmwG, § 194 Rn. 13; Kallmeyer/*Meister*/*Klöcker*, UmwG, § 194 Rn. 41; Lutter/*Decher*/*Hoger*, UmwG, § 194 Rn. 17; Semler/Stengel/*Bärwaldt*, UmwG, § 194 Rn. 24; vgl. auch *K. Schmidt*, GesR, § 19 III 3 c) bb), S. 558.

Der § 194 Abs. 1 Nr. 3 UmwG weist explizit darauf hin, dass sich die Beteiligungen der Anteilsinhaber nach dem Formwechsel nach den für die neue Rechtsform geltenden Vorschriften richten. Somit wird bei dem Wechsel in eine GbR die Art der Beteiligung geändert. Während die Gesellschafter bei der GmbH einen oder mehrere Geschäftsanteile innehaben,[326] bestehen bei der GbR Mitgliedschaften[327]. Sofern mehrere Gesellschaftsanteile bestanden, wandeln sich diese in nur eine einzige Mitgliedschaft, da bei Personengesellschaften die Mitgliedschaft grundsätzlich nicht in mehrere Teile aufgegliedert sein kann.[328] Lediglich in wenigen Sonderkonstellationen, wie bei dinglich belasteten Anteilen, ist es nach heutiger Auffassung möglich, dass dieses Strukturprinzip eine Einschränkung erfahren kann.[329] Zudem ist das jeweilige Maß der Beteiligung am Gesellschaftsvermögen anzugeben.[330]

Insgesamt führt der Formwechsel damit zu einer qualitativen Änderung der Anteile oder Mitgliedschaftsrechte.[331]

Allein die Pflicht zur Auskunftserteilung hinsichtlich der qualitativen Veränderung der Beteiligung enthält noch keine Aussage dazu, ob daneben auch eine Änderung der Beteiligungsquote selbst möglich ist.

Auf die Wirkung der Eintragung des Formwechsels auf die Mitgliedschaft wird in § 202 Abs. 1 Nr. 2 S. 1 UmwG näher eingegangen. Hier wird bestimmt, dass die Anteilsinhaber des formwechselnden Rechtsträgers auch an dem Rechtsträger neuer Rechtsform beteiligt sind, soweit nicht ihre Beteiligung nach Vorschriften des Fünften Buches[332] entfällt.

Daraus ergibt sich als weitere Ausprägung der Identitätsthese der Grundsatz der Kontinuität der Mitgliedschaft.[333] Dieser umfasst sowohl die Identität der Beteiligungsquote als auch die Identität der Mitglieder selbst.[334]

Ob diese Kontinuität nur einen Grundsatz darstellt, von dem Ausnahmen zugelassen sind, oder ob es sich um ein zwingendes gesetzgeberisches Grundkon-

---

326 Siehe nur § 5 Abs. 2 S. 2 GmbHG.

327 MüKo-BGB/*Schäfer*, BGB, § 705 Rn. 179.

328 BGH, Urt. v. 11.04.1957 – II ZR 182/55, BGHZ 24, 106 (108) = NJW 1957, 1026 (1027); MüKo-BGB/*Schäfer*, BGB, § 705 Rn. 181; *K. Schmidt*, GesR, § 45 I 2 b), S. 1312 m.w.N.

329 Zu einer solchen Einschränkung des Einheitlichkeitsgrundsatzes siehe genauer die Kommentierung zu § 705 BGB in: MüKo-BGB/*Schäfer*, BGB, § 705 Rn. 182 f.

330 KK-UmwG/*Petersen*, UmwG, § 194 Rn. 11.

331 BT-Drucks. 12/6699, S. 138.

332 Das Fünfte Buch enthält die für den Formwechsel geltenden Vorschiften, §§ 190–304 UmwG.

333 Lutter/*Decher*/*Hoger*, UmwG, § 202 Rn. 10; *Decher*, Formwechsel, 201 (214).

334 Kallmeyer/*Meister*/*Klöcker*, UmwG, § 202 Rn. 28.

zept handelt, ist zu untersuchen. Dabei wird zunächst ein Blick auf die Identität der Beteiligungsquote geworfen. Denn wäre schon eine Veränderung der Quote nicht zulässig, so stellte sich die Frage eines gänzlichen Ausschlusses eines Gesellschafters gar nicht erst.

aa) Nicht-verhältniswahrender Formwechsel

Die Bezeichnung „nicht-verhältniswahrender Formwechsel" ist seit langem allgemein gebräuchlich.[335] Hierunter ist der Wechsel der Rechtsform durch Formwechsel unter Veränderung der bisherigen Beteiligungsverhältnisse zu verstehen.[336]

Die Zulässigkeit einer solchen Abweichung, ist im Umwandlungsgesetz nicht ausdrücklich geregelt und auch die Gesetzesmaterialien liefern keine eindeutigen Hinweise[337]. Lediglich im Rahmen der Erläuterungen zu § 192 UmwG wird kurz zu der Veränderung der Beteiligungsverhältnisse Stellung genommen. Dort heißt es, dass „die Folgen des Formwechsels für die Anteilsinhaber erläutert werden [sollen], auch wenn mit der Umwandlung keine Änderung der Beteiligungsquote verbunden ist; denn der Formwechsel führt jedenfalls zu einer qualitativen Veränderung der Anteile oder sonstigen Mitgliedschaftsrechte".[338] Dies kann zwar so verstanden werden, dass der Formwechsel grundsätzlich zu keiner Veränderung des Beteiligungsverhältnisses führt,[339] jedoch ebenso als Erklärung dahingehend gesehen werden, dass selbst wenn eine Veränderung im o. g. Sinne im konkreten Fall nicht vorliegt, die Pflicht zur Erläuterung aus anderen Gesichtspunkten für erforderlich gehalten wird und deshalb nicht entfallen darf. Eine konkrete Aussage für oder gegen die Pflicht einen Formwechsel verhältniswahrend zu vollziehen, kann hierin mithin nicht gesehen werden.[340]

Besondere Bedeutung erlangt die Frage nach einer abweichenden Regelung der Beteiligungsquoten, wenn diese beispielsweise als Ausgleich für den Verlust von bisherigen Sonderrechten einzelner Gesellschafter, welche in der neuen Rechts-

---

335 Vgl. nur SHS/*Stratz*, UmwG, § 202 Rn. 7; *Bayer*, ZIP 1997, 1613 (1616); *Veil*, DB 1996, 2529 (2529).

336 Lutter/*Decher*/*Hoger*, UmwG, § 202 Rn. 14.

337 Lutter/*Decher*/*Hoger*, UmwG, § 202 Rn. 15.

338 BT-Drucks. 12/6699 S. 138.

339 So *Zürbig*, S. 65 Fn. 108.

340 Ohne nähere Begründung davon ausgehend, dass die Gesetzesbegründung sich nicht gegen einen nicht-verhältniswahrenden Formwechsel ausspricht: Lutter/*Decher*/*Hoger*, UmwG, § 202 Rn. 15.

form nicht gewährt werden können,[341] dienen kann. In diesen Fällen kann ein nicht-verhältniswahrender Formwechsel geboten sein.[342]

Vor allem bei der Aktiengesellschaft ist die Einräumung von Sonderrechten aufgrund der zwingenden Regelungen häufig nicht möglich.[343] Bei einem Formwechsel in diese Gesellschaftsform werden Sonderrechte daher häufig entfallen oder zumindest beeinträchtigt sein.[344] Im Gegensatz dazu existieren sie in der GmbH und in den Personengesellschaften häufig.[345] Nachdem die GbR gerade durch ihre grundsätzlich vorherrschende Vertragsfreiheit gekennzeichnet und somit sehr flexibel ist,[346] wird die Notwendigkeit, ein Sonderrecht, welches in der GmbH bereits bestand, beim Formwechsel in die GbR zu kompensieren, nicht zwingend bestehen. Zu beachten ist aber, dass es sich sowohl bei § 194 als auch § 202 UmwG um Vorschriften handelt, die auf jeden Formwechsel – vom Ausgangs- und Zielrechtsträger unabhängig – Anwendung finden. Eine einengende Betrachtung allein der GmbH und der GbR ist insoweit nicht angezeigt, denn bei der Entscheidung über die Möglichkeit der Abweichung vom Prinzip der Identität der Beteiligungsquote bedarf es einer allgemeingültigen Entscheidung.[347]

Sowohl § 194 als auch § 202 UmwG sind somit genauer zu betrachten. Der § 194 Abs. 1 Nr. 4 UmwG verlangt, dass die künftigen Beteiligungen in ihrer genauen Form dargelegt werden. Teilweise wird daher vertreten, dass die bloße Existenz einer solchen Vorschrift bereits für die Möglichkeit eines nicht-verhältniswahrenden Formwechsels spricht.[348]

Eine Gesamtwürdigung des Formwechselrechts steht dieser Annahme allerdings entgegen. Nachdem es sich bei § 194 UmwG um eine Vorschrift des allgemeinen Teils des Fünften Buches (Formwechsel) handelt, findet diese auf jegliche Normen des besonderen Teils (§§ 214 ff. UmwG) und damit jede Art des Formwechsels Anwendung.

341 Lutter/*Decher*/*Hoger*, UmwG, § 202 Rn. 14; *Zürbig*, S. 66.
342 Lutter/*Decher*/*Hoger*, UmwG, § 202 Rn. 14; *Zürbig*, S. 66.
343 *K. Schmidt*, GesR, § 19 III 3. c) bb), S. 559.
344 Lutter/*Decher*/*Hoger*, UmwG, § 202 Rn. 19; Semler/Stengel/*Leonard*, UmwG, § 202 Rn. 26.
345 *K. Schmidt*, GesR, § 19 III 3. c) bb), S. 560.
346 Erman/*Westermann*, BGB, Vor § 705 Rn. 23; MüKo-BGB/*Schäfer*, BGB, § 705 Rn. 132, 179.
347 Dies gilt ebenso für die Frage nach der Identität der Mitglieder, siehe hierzu 2. Kapitel, B. II. 1. b) bb), S. 54 ff.
348 *Priester*, DNotZ 1995, 427 (451).

So enthält beispielsweise § 294 Abs. 1 S. 2 UmwG die Möglichkeit, bei dem Formwechsel eines VVaG in eine Aktiengesellschaft, einen Gesellschafter von der Beteiligung an dem neuen Rechtsträger auszuschließen. Durch den Ausschluss ändern sich zwangsläufig auch die Beteiligungen der verbleibenden Gesellschafter. § 194 UmwG kann also auch dahin verstanden werden, dass sich die Möglichkeit der Quotenverschiebung und damit auch die vorgeschriebene Angabe einer solchen lediglich auf umwandlungsrechtlich vorgesehene Fälle bezieht.[349] Allein die Existenz von § 194 UmwG enthält somit noch keine Aussagekraft bezüglich der Möglichkeit eines nicht-verhältniswahrenden Formwechsels.[350] Es handelt sich vielmehr um eine bloße Formvorschrift, die zwar keine Befugnis enthält, vom Identitätsgrundsatz abzuweichen, den nicht-verhältniswahrenden Formwechsel aber auch nicht verbietet.[351]

Ähnliches gilt bei Betrachtung des § 202 Abs. 1 Nr. 2 S. 1 UmwG. Aus dieser Norm geht hervor, dass die Anteilsinhaber auch am neuen Rechtsträger beteiligt sind, soweit ihre Beteiligung nicht aufgrund von Vorschriften des Fünften Buches entfällt. Eine Aussage wird allenfalls in Bezug auf die Identität der Mitglieder getroffen, nicht jedoch in Bezug auf deren Beteiligung.[352] Ein eindeutiges Verbot des nicht-verhältniswahrenden Formwechsels lässt sich dem Umwandlungsgesetz infolgedessen nicht entnehmen.

Vielmehr zeigen Vorschriften wie der § 294 Abs. 1 S. 2 UmwG, aber auch §§ 241 Abs. 1, 243 UmwG, die die Zustimmungserfordernisse im Falle einer Beteiligungsänderung bei der Umwandlung einer GmbH in eine AG/KGaA oder umgekehrt regeln, dass die Identität der Beteiligungsquote einer Abweichung einzelner Beteiligungen nicht entgegensteht.[353]

Eine eindeutige Regelung enthält § 128 S. 1 UmwG. Diese Vorschrift normiert die nicht-verhältniswahrende Spaltung. Innerhalb des Fünften Buches wird auf diese Vorschrift allerdings nicht verwiesen, sodass sie nicht ohne weiteres auf den nicht-verhältniswahrenden Formwechsel angewendet werden kann. Gleichzeitig kann hieraus aber auch nicht schlichtweg gefolgert werden, dass die Veränderung

---

349 Vgl. Kallmeyer/*Meister*/*Klöcker*, UmwG, § 194 Rn. 34, der die Veränderung der Beteiligungsquote lediglich außerhalb des Formwechsels, also nur „bei Gelegenheit", für möglich erachtet; *Veil*, DB 1996, 2529 (2529).

350 Zu der Zweifelhaftigkeit, die Norm als Hinweis aufzufassen, auch *Zürbig*, S. 69 (Fn. 133).

351 *Veil*, DB 1996, 2529 (2529).

352 *Veil*, DB 1996, 2529 (2529 f.); *Zürbig*, S. 69.

353 Kallmeyer/*Meister*/*Klöcker*, UmwG, § 194 Rn. 34.

der Quoten aufgrund des Fehlens einer vergleichbaren Regelung für den Formwechsel unzulässig ist.[354]

Nachdem es an einer zwingenden Vorschrift fehlt, ist es den Gesellschaftern selbst überlassen, die Beteiligungsquote zu erhalten oder zu ändern. Der nicht-verhältniswahrende Formwechsel ist daher mit der h.M. als zulässig anzusehen.[355]

Dabei gilt es allerdings zu beachten, dass die Verschiebung der Quoten auch eine Verschiebung der Mitgliedschaftsrechte und damit auch eine Schwächung entsprechender Anteilsinhaber zur Folge haben kann.[356] Um diesem Umstand Rechnung zu tragen und den Schutz der einzelnen Anteilsinhaber zu wahren, ist daher – nach dem Vorbild der §§ 241 Abs. 1, 242 UmwG – die Zustimmung der betroffenen Gesellschafter erforderlich[357]. Denkbar ist eine beliebige Änderung der Beteiligungsquoten.[358] Die Verschiebung der bisherigen Anteilsverhältnisse vollzieht sich dabei zwischen mindestens zwei Anteilsinhabern und muss auf einem eigenen Rechtsgrund beruhen.[359] Ob die Verschiebung entgeltlich oder unentgeltlich erfolgt, ist insoweit unerheblich.[360] Es liegt also rein rechtstechnisch betrachtet eine Anteilsübertragung bei Gelegenheit des Formwechsels und nicht durch diesen selbst vor.[361] Die genaue Ausgestaltung der Beteiligungen ist dann nach § 194 Abs. 1 Nr. 4 UmwG in den Umwandlungsbeschluss aufzunehmen.

---

354 So sind auch Lutter/*Decher*/*Hoger*, § 202 UmwG Rn. 15 der Ansicht, dass die Gesetzesmaterialen und auch die Normen des Formwechsels sich trotz fehlender Regelung, wie § 128 UmwG sie enthält, nicht gegen diese Möglichkeit aussprechen; ebenso *Sagasser*/Bula/Brünger/*Luke*, § 26 Rn. 53; *Zürbig*, S. 68.

355 LG Bonn, Beschl. v. 14.08.1997 – 87 T 25/97, MittRhNotK 1998, 288 (288); Henssler/Strohn/*Drinhausen*/*Keinath*, UmwG, § 194 Rn. 7; Kallmeyer/*Meister*/*Klöcker*, UmwG, § 194 Rn. 34; Lutter/*Decher*/*Hoger*, UmwG, § 202 Rn. 14; HK-UmwG/*Kierstein*, UmwG, § 202 Rn. 23; Widmann/Mayer/*Vollrath*, UmwG, § 194 Rn. 17; *Sagasser*/Bula/Brünger/*Luke*, § 26 Rn. 53; *Kallmeyer*, ZIP 1994, 1746 (1751); *Priester*, DNotZ 1995, 427 (451); *Veil*, DB 1996, 2529 (2531).

356 *Veil*, DB 1996, 2529 (2530).

357 Kallmeyer/*Meister*/*Klöcker*, UmwG, § 194 Rn. 34; *Priester*, DNotZ 1995, 427 (451); *Veil*, DB 1996, 2529 (2531).

358 Widmann/Mayer/*Vollrath*, UmwG, § 194 Rn. 19.

359 Widmann/Mayer/*Vollrath*, UmwG, § 194 Rn. 19.

360 Widmann/Mayer/*Vollrath*, UmwG, § 194 Rn. 19.

361 Kallmeyer/*Meister*/*Klöcker*, UmwG, § 194 Rn. 34; Widmann/Mayer/*Vollrath*, UmwG, § 194 Rn. 19.

bb) Mitgliederidentität

Weitaus weniger Einigkeit besteht bei der Frage nach der Mitgliederidentität. Diese ergibt sich – wie bereits erwähnt – als Teil des Prinzips der Kontinuität der Mitgliedschaft, ebenso wie die Identität der Beteiligungsquote aus § 202 Abs. 1 Nr. 2 S. 1 UmwG.[362] Ob es mit diesem Prinzip zu vereinbaren ist, wenn sich im Rahmen des Formwechsels auch der Gesellschafterbestand, durch Ein- oder Austritt eines oder mehrerer Gesellschafter, verändert, wird uneinheitlich beantwortet.

Vorschriften, nach denen ein Gesellschafter beim Formwechsel aus einer GmbH in eine GbR austreten kann, enthält das Umwandlungsgesetz nicht. Eine derartige Möglichkeit ist umwandlungsrechtlich nur für solche Fälle ausdrücklich geregelt, bei denen eine Kommanditgesellschaft auf Aktien oder ein Versicherungsverein auf Gegenseitigkeit beteiligt ist.[363]

Nachdem die Zulässigkeit einer Quotenänderung auch unter Geltung des Grundsatzes der Kontinuität der Mitgliedschaft geklärt wurde, ist, wie eingangs angekündigt, nun auf die Auswirkungen dieser Kontinuität in Bezug auf die Mitgliederidentität einzugehen. Dabei stellt sich die Frage, ob eine Diskontinuität im Gesellschafterbestand auch außerhalb der gesetzlich ausdrücklich geregelten Fälle möglich ist. Der Beantwortung dieser Frage kommt für den Gläubigerschutz beim Formwechsel in eine GbR insofern Relevanz zu, als ein gleichzeitig vollziehbarer Ein- oder Austritt für die Gläubiger die Schwierigkeit mit sich bringen kann, die persönlich haftenden Gesellschafter eindeutig zu identifizieren.

(1) Rechtsprechung zur Problematik

Bereits 1994 hat sich der BGH zu der Streitfrage der Mitgliederidentität geäußert. In dem Urteil über eine identitätswahrende Umwandlung einer LPG[364] hat er zum Ausdruck gebracht, dass es seiner Ansicht nach dem Grundgedanken der Umwandlung widerspricht, wenn nicht alle Mitglieder der LPG auch an dem Unternehmen in der neuen Rechtsform beteiligt sind.[365]

---

362 2. Kapitel, B. II. 1. b), S. 48 ff.

363 Bei Umwandlung in eine KGaA ist es Komplementären ermöglicht, nach §§ 219 S. 2, 221 UmwG beizutreten, und bei einer Umwandlung aus der KGaA nach §§ 236, 247 Abs. 3, 255 Abs. 3 UmwG auszutreten. Für Gesellschafter der VVaG findet sich eine Bestimmung in § 294 Abs. 1 S. 2 UmwG.

364 Hierbei handelt es sich um eine „Landwirtschaftliche Produktionsgenossenschaft“ – eine Gesellschaftsform, die in der ehemaligen DDR gängig war.

365 BGH, Urt. v. 02.12.1994 – V ZR 23/94, ZIP 1995, 422 (425) – Das Urteil erging in Bezug auf die Vorschriften des Landwirtschaftsanpassungsgesetzes (LwAnpG). Dieses Gesetz ermöglicht den Formwechsel einer LPG in die Gesellschaftsformen West-

Sofern dies dennoch im Umwandlungsbeschluss beschlossen wird, so erscheine es erwägenswert, dass § 34 Abs. 3 LwAnpG – wonach Mängel des Formwechsels dessen Wirkung nach Eintragung der neuen Rechtsform unberührt lassen[366] – in einem solchen Fall keine Anwendung finde.[367]

In einem weiteren Beschluss von 1998 stellte der BGH fest, dass eine Klausel gegen das allgemeine Prinzip, dass die Mitgliedschaft durch den Formwechsel nicht berührt werde, verstoße, wenn diese vorsieht, dass diejenigen Mitglieder, die die Satzung nicht unterzeichnen, keine Beteiligung am Rechtsträger neuer Rechtsform erhalten.[368] Nach Ansicht des BGH besteht dann trotz dieser Klausel eine Mitgliedschaft am neuen Rechtsträger, auch wenn die Satzung nicht unterzeichnet wurde. Ein „(nur) mehrheitlich gefaßter Umwandlungsbeschluss", der etwas anderes bestimmt, sei nichtig.[369]

Im Jahr 1999 benannte er dann das „Prinzip der Kontinuität der Mitgliedschaft"[370] und entschied, dass diesem Prinzip nicht entgegenstehe, wenn im Zuge des Formwechsels ein Gesellschafter neu hinzutritt.[371] Er empfand es jedoch als mit einer identitätswahrenden Umwandlung nicht mehr vereinbar, dass in dem ihm vorliegenden Fall von ursprünglich „512 LPG-Mitgliedern zunächst nur noch ein Treuhandkommanditist an der künftigen KG beteiligt sein sollte"[372]. Dass dieser die Anteile treuhänderisch für die übrigen Mitglieder halten sollte, ändere an der Situation nichts, da nur bei unmittelbarer Beteiligung eine Kontinuität der Mitgliedschaft bestünde.[373]

---

deutschlands, was aufgrund des Untergangs der DDR erforderlich wurde. Dadurch, dass die Formwechselvorschriften des LwAnpG im Wesentlichen denen des UmwG entsprechen (vgl. *Bayer*, ZGR-Sonderheft 14, S. 22 (34)), kann die Rechtsprechung zur Mitgliederidentität in Bezug auf das LwAnpG auch im Rahmen des heutigen UmwG richtungsweisend herangezogen werden. Siehe hierzu weiter: *K. Schmidt*, ZIP 1998, 181 (181 f.).

366 Entspricht dem heutigen § 202 Abs. 3 UmwG, siehe hierzu später 2. Kapitel, C. III., S. 92 ff.

367 BGH, Urt. v. 02.12.1994 – V ZR 23/94, ZIP 1995, 422 (425).

368 BGH, Beschl. v. 08.05.1998 – Blw 18/97, NZG 1998, 644 (645).

369 BGH, Beschl. v. 08.05.1998 – Blw 18/97, NZG 1998, 644 (645).

370 BGH, Urt. v. 17.05.1999 – II ZR 293/98, ZIP 1999, 1126 (1128) – Dieses Prinzip ergab sich damals aus § 34 Abs. 1 Nr. 2 LwAnpG, welcher dem heutigen § 202 Abs. 1 Nr. 2 UmwG sehr nah kommt. Lediglich ein Verweis auf das mögliche Entfallen der Beteiligung fehlte in § 34 Abs. 1 Nr. 2 LwAnpG (vgl. § 202 Abs. 1 Nr. 2 a.E. UmwG).

371 BGH, Urt. v. 17.05.1999 – II ZR 293/98, BGHZ 142, 1 (5) = DStR 1999, 1238 (1239).

372 BGH, Urt. v. 17.05.1999 – II ZR 293/98, BGHZ 142, 1 (5) = DStR 1999, 1238 (1239).

373 BGH a. a. O.

Eine weitere Entscheidung erging 2005.[374] Bei dem, der Entscheidung zugrunde liegenden, Sachverhalt handelte es sich um den Formwechsel einer Aktiengesellschaft in eine GmbH & Co. KG.[375] Streitpunkt war der Einwand eines Minderheitsgesellschafters, keinen Gesellschaftsanteil an der Komplementär-GmbH erhalten zu haben. Die Klage wurde abgewiesen. Der BGH bezog sich in seiner Entscheidung auf die Kontinuität der Mitgliedschaft nach §§ 194 Abs. 1, 202 Abs. 1 Nr. 2 UmwG, welche nach Ansicht des BGH lediglich verlangt, dass die Gesellschafter, die bei Eintragung des Formwechsels Anteilsinhaber sind, auch an der neuen Gesellschaft beteiligt werden. Zur Wahrung dieses Prinzips sei insoweit ausreichend gewesen, dass die Hauptversammlung mit Stimmenmehrheit einen der bisherigen Aktionäre zum Komplementär gewählt und die übrigen Aktionäre zu Kommanditisten bestimmt hat.[376] Im Zuge dieser Aussage hat der BGH in einem *obiter dictum* zu der lange streitigen Frage des Beitritts im Zeitpunkt des Formwechsels Stellung genommen. So sei es in Bezug auf die Kontinuität der Mitgliedschaft „für den Formwechsel der Aktiengesellschaft in eine GmbH & Co. KG [sogar] ausreichend, wenn […] ein[…] *im Zuge des Formwechsels neu hinzutretende[r] Gesellschafter*" zum Komplementär gewählt wird.[377]

Mit der Bezugnahme auf sein bereits 1999 ergangenes Urteil am Ende dieses, zwar nur kurz eingeschobenen, aber überaus bedeutenden, Satzes machte der BGH erneut deutlich, dass dem § 34 Abs. 1 Nr. 2 LwAnpG und dem § 202 Abs. 1 Nr. 2 UmwG eine gleichlaufende Auslegung zugrunde zu legen ist, und beide Vorschriften seiner Ansicht nach einem zeitgleichen Beitritt im Formwechsel nicht entgegenstehen. Bereits im damaligen Urteil zitierte der BGH auch den § 202 Abs. 1 Nr. 2 UmwG,[378] um sein Verständnis einer einheitlichen Auslegung zu verdeutlichen. Zumindest der BGH hat sich somit für die Möglichkeit eines Beitritts entschieden. Eine genaue Auseinandersetzung mit der Kontinuität und eine darauffolgende Begründung seiner Auffassung lässt jedoch weiter auf sich warten.

---

374 Im Vergleich zu den ersten beiden Entscheidungen erlangte diese in der Literatur weitaus mehr Aufmerksamkeit. Trotz des bereits 1994 ergangenen Urteils (BGH ZIP 1995, 422 ff.) über den Mitgliederwechsel im Umwandlungszeitpunkt ging beispielsweise *Priester* DB 1997, 560 (560) selbst 1997 noch davon aus, dass sich die Rechtsprechung noch nicht mit dieser Frage beschäftigen musste. Die Entscheidung des BGH von 2005 (ZIP 2005, 1318 ff.) fand hingegen umfassende Beachtung in der Literatur.

375 BGH, Urt. v. 09.05.2005 – II ZR 29/03, ZIP 2005, 1318.

376 BGH, Urt. v. 09.05.2005 – II ZR 29/03, ZIP 2005, 1218 (1319 f.).

377 BGH, Urt. v. 09.05.2005 – II ZR 29/03, ZIP 2005, 1218 (1319).

378 BGH, Urt. v. 17.05.1999 – II ZR 293/98, ZIP 1999, 1126 (1128).

(2) Auffassungen in der Literatur

Die Meinungen in der Literatur gingen vor allem vor der Entscheidung von 2005 deutlich auseinander. Praktischer Ausgangspunkt bei der Diskussion über die Mitgliederidentität war der in beide Richtungen vollziehbare Wechsel einer Kapitalgesellschaft in eine GmbHG & Co. KG.[379]

Die Problematik eines Formwechsels in die GmbH & Co. KG liegt bereits in der Grundstruktur dieser Gesellschaftsform. Bei einer typischen GmbH & Co. KG ist die GmbH alleinige Komplementärin, während die übrigen Gesellschafter als Kommanditisten beteiligt sind.[380] Ein Anteil der GmbH an dem Vermögen der KG soll dabei in der Regel aus steuerlichen Gesichtspunkten nicht entstehen.[381] Es besteht damit die Schwierigkeit die spätere Komplementär-GmbH der GmbH, die den Formwechsel vollzieht, beitreten zu lassen, ohne dass eine Beteiligung an deren Vermögen erfolgt.[382] Praktisch ist das nur bei zeitgleich vollzogenem Beitritt und Formwechsel möglich. Dann aber besteht vor und nach der Umwandlung keine Mitgliederidentität.[383] Umgekehrt ist die Komplementär-GmbH bei einem Wechsel zu beispielsweise einer üblichen GmbH völlig überflüssig, sodass diese bestenfalls schon direkt mit dem Formwechsel austreten soll. Aus dieser Schwierigkeit heraus wird die Mitgliederidentität meist in Bezug auf den Formwechsel in oder aus eine(r) GmbH & Co. KG hinterfragt.[384]

Die Begründung des Gesetzesentwurfs[385] zugrunde legend wurde häufig vertreten, dass weder der Bei- noch der Austritt im Zuge des Formwechsels möglich

---

379 *Heckschen*, DB 2008, 2122 (2122).

380 MüKo-GmbHG/*Fleischer*, GmbHG, § 1 Rn. 85.

381 *Bärwaldt/Schabacker*, ZIP 1998, 1293 (1294); *Priester*, DB 1997, 560 (560).

382 Hierzu *Simon/Leuering*, NJW-Spezial 2005, 459 (459).

383 Dieses Spannungsverhältnis veranlasste die Praxis dazu, sich mit dem „Treuhandmodell" zu behelfen. Dabei wird der Komplementär-GmbH in spe bereits vor dem Formwechsel ein Anteil an dem formwechselnden Rechtsträger übertragen. Diesen Anteil hält die GmbH treuhänderisch für einen Gesellschafter. Nach vollzogenem Formwechsel gewährt die GmbH diesen Anteil dann dem entsprechenden Gesellschafter zurück, bleibt jedoch in ihrer Stellung als Komplementärin – siehe zu dieser Lösung: *Simon/Leuering*, NJW-Spezial 2005, 459 (459).

384 Siehe nur *Kallmeyer*, GmbHR 1996, 80; *K.Schmidt*, GmbHR 1995, 693; *Simon/Leuering*, NJW-Spezial 2005, 459.

385 BT-Drucks. 12/6699, S. 136: „Der wesentliche Unterschied des Formwechsels gegenüber anderen Arten der Umwandlung liegt in der wirtschaftlichen Kontinuität des Rechtsträgers vor und nach dem Formwechsel. Diese Kontinuität beruht zum einen auf einer fast ausnahmslosen Identität des Personenkreises, der vor und nach der Umwandlung an dem Rechtsträger beteiligt ist. In dem Entwurf wird diese Personen-

sind.[386] Die Mitgliederidentität sei nach dem Willen des Gesetzgebers insoweit zwingend als er nicht selbst im Umwandlungsgesetz eine Ausnahme hiervon statuiert habe.[387]

Ganz im Gegensatz dazu bildete sich die Ansicht, dass zwar das Umwandlungsgesetz als solches den Ein- und Austritt zeitgleich mit dem Formwechsel nicht ermöglicht, damit aber keineswegs eine derartige Gestaltung durch das allgemeine Gesellschaftsrecht ausgeschlossen ist,[388] da die Kombination dieser beiden Vorgänge mit der umwandlungsrechtlichen Identität der Mitgliedschaft vereinbart werden kann.[389]

Noch weitergehend wird vertreten, dass der Mitgliederwechsel sogar durch den Umwandlungsvorgang selbst herbeigeführt und auf diesem Wege zeitgleich mit dem Formwechsel vonstatten gehen kann.[390] Insoweit hat auch *Kallmeyer* seine zunächst vertretene Auffassung geändert und hält in Bezug auf einen Formwechsel unter Beteiligung einer GmbH & Co. KG einen Ein- oder Austritt dann für möglich, wenn dieser erforderlich ist.[391] Nachdem einheitlich ein nichtverhältniswahrender Formwechsel für zulässig erachtet wird, ist auch hierauf bereits die Zulässigkeit des gleichzeitigen Ein- oder Austritts gestützt worden.[392] Dieser Auffassung nach besteht zwischen einer Änderung der Beteiligungsquote und einem Ausscheiden kein wertungsmäßiger Unterschied. Ob nun zu einer Reduktion „von 20 auf 2 oder auf 0" zugestimmt werde, sei letztlich gleich zu

---

identität nur für die Komplementäre einer Kommanditgesellschaft auf Aktien und für bestimmte Mitglieder eines formwechselnden Versicherungsvereins auf Gegenseitigkeit durchbrochen."

386 *Decher*, Kölner Umwandlungsrechtstage, 201 (214); *Kallmeyer*, ZIP 1994, 1746 (1751); *Priester*, DNotZ 1995, 427 (449); ohne auf den Regierungsentwurf einzugehen: *Schulze zur Wiesche*, DB 1996, 1539 (1544).

387 *Decher*, Kölner Umwandlungsrechtstage, 201 (214).

388 *K. Schmidt*, GmbHR 1995, 693 (695); dem zustimmend *Veil*, DB 1996, 2529 (2530 Fn. 16) – darüber hinausgehend muss es seiner Ansicht nach jedoch auch zulässig sein, einen solchen Mitgliederwechsel im Umwandlungsbeschluss zu entscheiden; *Veith*, S. 43; *Zürbig*, S. 65.

389 *K. Schmidt*, GmbHR 1995, 693 (695).

390 *Kallmeyer*, GmbHR 1996, 80 (82); *Priester*, DB 1997, 560 (562 Fn. 40, 566 f.); *Veil*, DB 1996, 2529 (2530 Fn. 16); zur GmbH & Co. KG: *Simon/Leuering*, NJW-Spezial 2005, 459 (460); wohl auch *Bayer*, ZIP 1997, 1613 (1617).

391 *Kallmeyer*, GmbHR 1996, 80 (82); zu seiner vorherigen Auffassung siehe *Kallmeyer*, ZIP 1994, 1746 (1751); bzgl. des Ausscheidens auf die Erforderlichkeit abstellend auch: *Baßler*, GmbHR 2007, 1252 (1256).

392 *Bayer*, ZIP 1997, 1613 (1617).

achten.[393] Mit Zustimmung der entsprechenden Gesellschafter soll ein Ein- oder Austritt im Zeitpunkt des Formwechsels somit zulässig sein.[394]

(3) Eigene Ansicht

Seit der Entscheidung des BGH von 2005 ist die Möglichkeit des Beitritts bei einer GmbH & Co. KG höchstrichterlich geklärt. Ungeklärt ist hingegen weiterhin, wie weit diese Entscheidung reicht.[395] Der Frage, ob auch ein Austritt zeitgleich mit dem Formwechsel erfolgen kann, und vor allem, ob diese Rechtsprechung auch auf die übrigen Formwechseloptionen – hier also insbesondere den Wechsel einer GmbH zur GbR – zu erstrecken ist, gilt es besondere Aufmerksamkeit zu schenken. In diesem Zusammenhang ist zunächst zu klären, ob dem BGH in seiner Rechtsansicht überhaupt gefolgt werden sollte.

(a) Mitgliederwechsel nach den Vorschriften des Umwandlungsgesetzes

Um zu ermitteln, ob die Mitgliederidentität einen zwingenden Grundsatz darstellt, ist zunächst das Umwandlungsgesetz mit seinen entsprechenden Normen auszulegen[396].

Den Ausgangspunkt bildet § 202 Abs. 1 Nr. 2 S. 1 UmwG. Nach dieser Vorschrift sind die „Anteilsinhaber des formwechselnden Rechtsträgers [...] an dem Rechtsträger nach den für die neue Rechtsform geltenden Vorschriften beteiligt, soweit ihre Beteiligung nicht nach diesem Buch[397] entfällt." Damit besteht zunächst kein ausnahmsloser Zwang der Identität. Der Wortlaut kann jedoch so verstanden werden, dass grundsätzlich eine zwingende Mitgliederidentität vorgeschrieben ist und eine Durchbrechung nur ausnahmsweise in den umwandlungsrechtlich eingeräumten Fällen in Betracht kommt.

Außerhalb dieser ausdrücklich normierten Konstellationen wäre die Kontinuität dann als zwingend anzusehen und somit dem BGH nicht darin zuzustimmen,

---

393 *Bayer*, ZIP 1997, 1613 (1617), *ders.* ZGR-Sonderheft 14, 22 (41).

394 *Bayer*, ZIP 1997, 1613 (1617); nach ausführlicher Abwägung und Untersuchung des Umwandlungsgesetzes kommt auch *Priester*, DB 1997, 560 (566 f.) – unter Abweichung von seiner bisherigen Ansicht: *Priester*, DNotZ 1995, 427 (449) – zu diesem Ergebnis.

395 Sich mit der Reichweite auseinandersetzend: *Baßler*, GmbHR 2007, 1252; *Heckschen*, DB 2008, 2122.

396 Zu den klassischen Auslegungsmethoden siehe: *Savigny*, System des heutigen römischen Rechts, Band I, S. 213; sowie: *Bydlinski*, Juristische Methodenlehre, S. 436 ff.; *Zippelius*, Juristische Methodenlehre, S. 35 ff.

397 Gemeint ist das Fünfte Buch des Umwandlungsgesetzes, also das Buch des Formwechsels.

dass der zeitgleiche Eintritt eines Gesellschafters bei einem Formwechsel in die GmbH & Co. KG möglich ist. Eine weitere Betrachtung der umwandlungsrechtlichen Regelungen wäre dann nicht von Nöten, da der Wortlaut die Grenze der Auslegung bildet.[398] Sofern dem Wortlaut nach die Mitgliederidentität – von den umwandlungsrechtlich vorgesehenen Ausnahmen einmal abgesehen – zwingend wäre, so wäre diese Entscheidung des Gesetzgebers hinzunehmen.

Eine so enge Auslegung des Wortlauts ist allerdings nicht anzunehmen. Die Worte der Norm beziehen sich allein auf den Austritt eines Gesellschafters. Die Anteilsinhaber sind danach beteiligt, sofern ihre Beteiligung nicht „entfällt". Auf den Eintritt in die neue Gesellschaft bezieht sich die Norm ihrem Wortlaut nach nicht. Der § 202 Abs. 1 Nr. 2 UmwG enthält somit nicht zwingend den Grundsatz der Mitgliederidentität, als dieser auch bei einem Neueintritt durchbrochen wird. Der Wortlaut ist insoweit nicht eindeutig, sodass eine weitere Auslegung erfolgen kann.

Fraglich ist, ob sich ein Hinweis darauf, wie die Norm zu verstehen ist, aus der Gesetzesbegründung ergibt. Hierin wird betont, dass der Formwechsel im Unterschied zu den anderen Umwandlungsarten gerade von der wirtschaftlichen Kontinuität vor und nach dem Formwechsel geprägt ist.[399] Diese beruhe unter anderem auf einer „fast ausnahmslosen Identität des Personenkreises, der vor und nach der Umwandlung an dem Rechtsträger beteiligt ist."[400] Eine Durchbrechung dieser Personenidentität ist – wie die Begründung auch verdeutlicht[401] – nur für die KGaA und den VVaG vorgesehen. So ist im Fall einer formwechselnden KGaA die Möglichkeit des Ausscheidens,[402] sowie bei einem Formwechsel in eine solche Gesellschaft der Beitritt von Komplementären[403] geregelt. „Im übrigen *soll* sich der Formwechsel unter Ausschluß Dritter allein im Kreise der schon bisher beteiligten Anteilsinhaber vollziehen."[404] Diese Aussage trifft die Begründung allerdings nicht zu den einzelnen Normen, sondern als allgemeine Vorbemerkung zum Formwechsel, weshalb dagegen schon angeführt wurde, dass lediglich begründet werden sollte, wieso alle Umwandlungsformen in einem Gesetz zusammengefasst wurden und inwiefern der Formwechsel von den übrigen Arten abzugrenzen

---

398 *Bydlinski*, Juristische Methodenlehre, S. 441; *Larenz/Canaris*, Methodenlehre, S. 143 f.

399 BT-Drucks. 12/6699, S. 136.

400 BT-Drucks. 12/6699, S. 136 – der gesamte Ausschnitt ist bereits oben in Fn. 385 aufgeführt.

401 BT-Drucks. 12/6699, S. 136.

402 §§ 233 Abs. 3 S. 3, 247 Abs. 2, 255 Abs. 3 UmwG.

403 § 221 UmwG.

404 BT-Drucks. 12/6699, S. 136.

ist.[405] Es sei somit vielmehr eine „typologische Beschreibung“ als eine vorschreibende Gesetzesbegründung.[406] Dass die Einführung eine Begründung für die gewählte Art der Ausgestaltung des Umwandlungsgesetzes darstellen soll, ist nicht zu bezweifeln. Allerdings kann trotz dieses Einführungscharakters auch in einer Einführung eine richtungsweisende Aussage gesehen werden. Die Gesetzgebungsmaterialien machen ausdrücklich klar, dass von einer grundsätzlichen Mitgliederidentität ausgegangen wird. Zu beachten ist jedoch, dass es dort wortwörtlich heißt, dass der Formwechsel unter Ausschluss Dritter erfolgen *soll*. Sofern dieses Wort ernst zu nehmen ist, werden die Gesellschafter gerade nicht dahingehend gezwungen, dass keine Dritten beteiligt werden können. Andernfalls wäre statt „soll“ das Wort „muss“ verwendet worden. Somit schließt auch die Begründung des Gesetzesentwurfs zumindest einen Beitritt im Zeitpunkt des Formwechsels nicht ausdrücklich aus. Auf den Austritt eines Gesellschafters lässt sich diese Formulierung indes nicht beziehen.

Hier werden lediglich die gesetzlich vorgesehenen Ausnahmen genannt und ansonsten von einer uneingeschränkten Identität der beteiligten Gesellschafter ausgegangen. Ob diese aber tatsächlich zwingend sein soll, ist im Zusammenhang mit der Stellungnahme bezüglich des Beitritts nicht zweifelsfrei zu beantworten. Selbst wenn die Tendenz eher in Richtung eines Ausschlusses des Ausscheidens im Umwandlungszeitpunkt ginge,[407] so ist die Regierungsbegründung im Rahmen der Auslegung zwar eine schätzenswerte Unterstützung, gleichzeitig aber nicht als zwingend anzusehen[408].

Der Bedeutung einer Vorschrift kann sich weiter durch die Beachtung des Zusammenhangs der interpretationsbedürftigen Norm zu anderen Vorschriften desselben Gesetzes genähert werden.[409] Insoweit erscheint zunächst die Betrachtung von § 194 Abs. 1 Nr. 3 UmwG sinnvoll.[410] Dieser Vorschrift nach muss der

---

405 *Wiedemann*, ZGR 1999, 568 (579).

406 *Wiedemann*, ZGR 1999, 568 (579).

407 So *Priester*, DB 1997, 560 (566); anders *K. Schmidt*, GmbHR 1995, 693, (695), der in der Gesetzesbegründung lediglich einen Hinweis sieht, dass eine Mehrheitsumwandlung mit einem Ausschließungszwang, wie es sie noch zu altem Recht gab, nicht mehr möglich ist. Ein Austritt sei daher nach gesellschaftsrechtlichen Bestimmungen möglich.

408 OLG Brandenburg, Urt. v. 21.06.2012 – 5 U 66/11, ZIP 2012, 2103 (2105); *Canaris*, HR, § 5 Rn. 52; *Larenz/Canaris*, Methodenlehre, S. 165; ferner *Priester*, DB 1997, 560 (566); dem folgend ebenfalls *Zürbig*, S. 62.

409 *Brox/Walker*, Rn. 61; *Larenz/Canaris*, Methodenlehre, S. 145 f.

410 Siehe hierzu auch *Zürbig*, S. 59.

Umwandlungsbeschluss zwingend die Beteiligung der bisherigen Anteilsinhaber an dem neuen Rechtsträger beinhalten, soweit eine solche nicht nach dem Fünften Buch entfallen ist. Sind Beteiligungen entfallen, so ist dies mit in den Beschluss aufzunehmen.[411] Auch diese Norm spricht, ebenso wie § 202 Abs. 1 Nr. 2 S. 1 UmwG, nur von einem Entfallen der Mitgliedschaft aufgrund einer Vorschrift des Fünften Buches und bezieht sich damit lediglich auf einen Austritt der Gesellschafter. Eine zwingende Mitgliederidentität, welche sich auch auf einen Neueintritt beziehen würde, lässt sich damit auch dieser Norm nicht eindeutig entnehmen.

Der § 194 Abs. 1 Nr. 4 UmwG hingegen bezieht sich explizit auf den Neueintritt, indem dieser statuiert, dass der Umwandlungsbeschluss auch Zahl, Art und Umfang der Mitgliedschaft eines beitretenden persönlich haftenden Gesellschafters enthalten muss. Allein betrachtet kann diese Vorschrift als Anhaltspunkt gesehen werden, dass eine Mitgliederidentität – zumindest bezogen auf den Beitritt neuer Gesellschafter – nicht zwingend ist.[412] Allerdings werden explizit nur „persönlich haftende Gesellschafter“ angesprochen. Im Besonderen Teil des Formwechsels enthält das Umwandlungsgesetz in Bezug auf eine Kommanditgesellschaft auf Aktien Vorschriften, die vorsehen, dass der Beitritt eines persönlich haftenden Gesellschafters möglich ist.[413] Daher kann § 194 Abs. 1 Nr. 4 UmwG auch so interpretiert werden, dass nur ein Bezug zu den explizit im Umwandlungsgesetz vorgesehenen Ausnahmen des Beitritts eines persönlich haftenden Gesellschafters hergestellt wird.[414]

Beide Normen schließen somit ihrem Wortlaut nach die Abweichung von dem Grundsatz der Mitgliederidentität nicht zwingend aus. Das wird auch dadurch unterstrichen, dass im Umwandlungsgesetz von 1969 beispielsweise in § 41 Abs. 1 S. 2 Nr. 1 UmwG 1969 noch ausdrücklich normiert wurde, dass alle Gesellschafter an der neuen Gesellschaft beteiligt sein müssen.[415]

Demgegenüber spricht die Gesetzesbegründung, die eine „Durchbrechung der Personenidentität“ nur für explizit aufgeführte Fälle des Formwechsels einer KGaA und eines VVaG vorsieht, eher dafür, dass die §§ 194 Abs. 1 Nr. 3, 4 UmwG, abgesehen von den aufgeführten Ausnahmetatbeständen, einen Austritt der vorher beteiligten Gesellschafter allein aus umwandlungsrechtlicher Sicht nicht ermöglichen sollen.[416]

---

411 Lutter/*Decher*/*Hoger*, UmwG, § 194 Rn. 7.

412 *Priester*, DB 1997, 560 (561); *Zürbig*, S. 59.

413 §§ 218 Abs. 2, 243 Abs. 1, 263 Abs. 1 UmwG.

414 *Zürbig*, S. 59.

415 So auch *Veith*, S. 38.

416 2. Kapitel, B. II. 1. b) bb) (3) (a), S. 61.

Im Rahmen einer systematischen Interpretation ist darüber hinaus § 207 UmwG zu beachten. Hiernach hat der formwechselnde Rechtsträger jedem Anteilsinhaber, der dem Formwechsel widerspricht, eine angemessene Barabfindung anzubieten. Entscheidend ist dabei, dass die Norm fordert, dass die Barabfindung gegen den Erwerb der *umgewandelten* Anteile des Anteilsinhabers geleistet wird. Auch wenn ein Widerspruch erfolgt, wird der Anteilsinhaber damit zunächst an dem neuen Rechtsträger beteiligt und scheidet nicht schon zeitgleich mit dem Formwechsel aus.[417] Genau aus diesem Grund bedarf es bei einem Formwechsel in die GbR, ebenso wie in die OHG, bei denen eine persönliche und unbeschränkte Haftung der Gesellschafter eintritt, nach § 233 Abs. 1 UmwG der Zustimmung aller Gesellschafter, sodass § 207 UmwG gar nicht erst zur Anwendung gelangt.[418] Die Gesellschafter sollen insofern nicht gegen ihren Willen in die Haftung gedrängt werden.[419]

Würde das Umwandlungsgesetz selbst einen Austritt im Zeitpunkt des Formwechsels durch eine Bestimmung im Umwandlungsbeschluss ermöglichen wollen, so ist die Situation des dem Formwechsel widersprechenden Gesellschafters der Paradefall, in dem das Ausscheiden gegen Abfindung zu genau diesem Zeitpunkt ermöglicht werden müsste. Einer Vorschrift, wie § 233 Abs. 1 UmwG bedürfte es dann gar nicht. Nachdem sich der Gesetzgeber augenscheinlich gegen diese Möglichkeit entschieden hat, kommt darin zum Ausdruck, dass der Formwechselbeschluss – von den ausdrücklichen Ausnahmefällen abgesehen – allein den Wechsel der Rechtsform unter Beibehaltung der bisherigen Anteilsinhaber bewirken soll, indes ist eine darüber hinaus gehende Wirkung nicht statuiert[420].

Damit ist bisher festzuhalten, dass der Wortlaut zunächst nicht zwingend gegen die Möglichkeit des Mitgliederwechsels beim Formwechsel spricht. Insbesondere die Anordnung in § 207 UmwG, die aufzeigt, dass selbst der Widerspruch eines

---

417 Kallmeyer/*Meister*/*Klöcker*, UmwG, § 207 Rn. 30; Lutter/*Decher*/*Hoger*, UmwG, § 207 Rn. 12; HK-UmwG/*Rebel*, UmwG, § 207 Rn. 9 f. Zum Teil wird allerdings vertreten, dass auch die Annahme des Angebots und der Vollzug der Barabfindung vorher auf den Zeitpunkt des Wirksamwerdens des Formwechsels vereinbart werden kann: Kallmeyer/*Meister*/*Klöcker*, UmwG, § 209 Rn. 3; dies widerspricht allerdings dem Wortlaut von § 207 UmwG, sodass allenfalls ein Austritt gegen Barabfindung nach allgemeinem Gesellschaftsrecht vollzogen werden kann – vgl. zum Verschmelzungsrecht: Lutter/*Grunewald*, UmwG, § 31 Rn. 11.

418 Siehe hierzu 2. Kapitel, A. I. 3. a), S. 40.

419 Vgl. Lutter/*Decher*/*Hoger*, UmwG, § 233 Rn. 3; Semler/Stengel/*Ihrig*, UmwG, § 233 Rn. 1.

420 *K. Schmidt*, GmbHR, 1995, 693 (695).

Gesellschafters nicht verhindert, dass dieser zunächst am neuen Rechtsträger beteiligt bleibt, macht jedoch deutlich, dass der Formwechsel allein zu keinen Änderungen im Mitgliederbestand führen soll. Aus systematischen Gesichtspunkten ist also davon auszugehen, dass die Umwandlung an sich die Identität der Gesellschafter wahrt.

Der Aussagegehalt des Grundsatzes der Identität der Mitgliedschaft lässt sich insofern zunächst nur darauf reduzieren, dass durch das Umwandlungsgesetz selbst der Wechsel des Mitgliederbestandes beim Formwechsel grundsätzlich nicht herbeiführt werden kann.

Ob dieser Grundsatz so weit auszulegen ist, dass damit auch die Änderung des Gesellschafterbestandes zusammen mit dem Formwechsel durch das allgemeine Gesellschaftsrecht[421] gesperrt ist, kann nicht festgestellt werden, denn er könnte sich auch schlechterdings darin erschöpfen, dem Formwechsel allein eine solche Möglichkeit nicht zuzusprechen.

(b) Mitgliederwechsel nach allgemeinem Gesellschaftsrecht

Damit ist es fraglich, ob die Systematik des Umwandlungsgesetzes auch gegen die Möglichkeit des Bei- oder Austritts eines oder mehrerer Gesellschafter im Zeitpunkt des Formwechsels nach allgemeinem Gesellschaftsrecht spricht. In anderen Worten also, ob die Mitgliederidentität einen in jeglicher Hinsicht zwingenden Grundsatz darstellt.

(aa) Die Identität der Mitglieder als zwingender Grundsatz

Es ist allgemein anerkannt, dass das Umwandlungsrecht Veränderungen in der Gesellschaft, die nach allgemeinen Vorschriften vollzogen werden, nicht unterbindet.[422] Das Umwandlungsgesetz soll sich vielmehr in das geltende Gesellschaftsrecht einfügen.[423]

Die Möglichkeit, einen Beitritt oder Austritt sowohl vor als auch nach dem Formwechsel uneingeschränkt nach den für die jeweilige Rechtsform geltenden Vorschriften vorzunehmen, ist insofern unbestritten.[424] Das gilt selbst noch in dem Zeitraum zwischen dem Umwandlungsbeschluss und der Eintragung des

---

421 Sich für diese Möglichkeit aussprechend: *K. Schmidt*, GmbHR 1995, 693 (695); *Veith*, S. 46; *Zürbig*, S. 60, 65; bezogen auf die Verschmelzung und Spaltung: *Ihrig*, ZHR (160) 1996, 317 (340 f.).

422 *Kallmeyer*, GmbHR 1996, 80 (81).

423 BT-Drucks. 12/6699, S. 80; *Veith*, S. 42.

424 BayOblG, Beschl. v. 02.04.2003 – 3Z BR 57/03, NZG 2003, 829 (830); Kallmeyer/*Meister/Klöcker*, UmwG, § 194 Rn. 25; vgl. auch *Priester*, DB 1997, 560 (563).

Formwechsels.[425] Sofern also zumindest eine logische Sekunde zwischen den Formwechselvollzug und den Ein- oder Austritt gelegt wird, ist eine solche Änderung des Mitgliederbestandes zulässig.[426]

Damit stellt sich aber offensichtlich die Frage, was gegen einen Mitgliederwechsel nach allgemeinen gesellschaftsrechtlichen Vorschriften genau im Zeitpunkt des Formwechsels spricht.

Eine Beschränkung dieser Möglichkeit könnte sich aus §§ 1 Abs. 2, Abs. 3 UmwG ergeben, welche die möglichen Arten der Umwandlungen und die gesetzlichen Beschränkungen normieren.

§ 1 Abs. 2 UmwG steht einem Mitgliederwechsel zunächst nicht entgegen. Zwar leitet sich hieraus das umwandlungsrechtliche Analogieverbot ab.[427] Dieses dient jedoch nur dazu, festzuhalten, dass die Arten der nach dem Umwandlungsgesetz möglichen Umwandlungen und die beteiligten Rechtsträger nicht ausgedehnt werden können.[428] Der Ein- oder Austritt eines Gesellschafters stellt keinen solchen ungeregelten „Umwandlungsfall“ dar.[429]

Etwas anderes könnte eine Betrachtung des § 1 Abs. 3 UmwG ergeben, wonach Abweichungen von den Vorschriften des Umwandlungsgesetzes nur bei ausdrücklicher Zulassung vorgenommen werden dürfen. Nach der Begründung des Gesetzesentwurfs ist diese „Einschränkung der Parteiautonomie [...] im Interesse der Klarheit und Sicherheit der Regelung erforderlich“[430], wobei die Sicherung der Mehrheitserfordernisse dabei besondere Bedeutung hat.[431]

Ohne eine Vorschrift wie § 1 Abs. 3 UmwG könnten bei Vorliegen einer GmbH beispielsweise die Mehrheitserfordernisse für jegliche Abstimmungen gesell-

---

425 BGH, Versäumnisurt. v. 18.10.2016 – II ZR 314/15, NJW 2017, 559 (559); BGH, Urt. v. 02.12.1994 – V ZR 23/94, ZIP 1995, 422 (425) zu Vorschriften des LwAnpG; zudem: BayObLG, Beschl. v. 02.04.2003 – 3Z BR 57/03, NZG 2003, 829 (830); BayObLG, Beschl. v. 04.11.1999 – 3Z BR 333/99, NZG 2000, 166 (166); Semler/Stengel/*Bärwaldt*, UmwG, § 194 Rn. 11; Lutter/*Decher*/*Hoger*, UmwG, § 202 Rn. 10.

426 Lutter/*Göthel*, UmwG, § 228 Rn. 26, der ebenfalls davon ausgeht, dass es keinen Sinn mache, wenn dann nicht auch in der zwischen den „beiden Sekunden liegende[n] Zeiteinheit“ ein Betritt erfolgen könne. Diese ebenfalls als Ausweichmöglichkeit anführend: *K. Schmidt*, GmbHR 1995, 693 (695).

427 *Kallmeyer*/*Marsch-Barner*, UmwG, § 1 Rn. 16; Semler/*Stengel*, UmwG, § 1 Rn. 61.

428 *Kallmeyer*/*Marsch-Barner*, UmwG, § 1 Rn. 19.

429 So auch *Priester*, DB 1997, 560 (563); *Zürbig*, S. 60.

430 BT-Drucks. 12/6699, S. 80.

431 In der Begründung heißt es, dass die Regelung nicht zu einer unangemessen Starrheit führt, weil sie im Wesentlichen nur die Mehrheitserfordernisse bei der Beschlussfassung über die Umwandlung betrifft: BT-Drucks. 12/6699, S. 80.

schaftsvertraglich verringert werden und so auch im Rahmen des Formwechsels Geltung beanspruchen.[432] Es wäre auf diese Weise also möglich die Mehrheitserfordernisse des Umwandlungsgesetzes auszuhebeln.[433] Dass der Gesetzgeber sich gezwungen sah, dem durch die Regelung des § 1 Abs. 3 UmwG vorzubeugen, spricht dafür, dass er grundsätzlich davon ausgegangen ist, dass beide Normensysteme zu jedem Zeitpunkt anwendbar nebeneinander bestehen. Entscheidende Aufgabe der Norm ist somit, klarzustellen, dass die umwandlungsrechtlichen Vorschriften zwingendes Recht enthalten.[434]

Das Umwandlungsrecht kann dabei aber natürlich nur insoweit zwingend sein, als es eine entsprechende Regelung enthält. Damit § 1 Abs. 3 UmwG einen Mitgliederwechsel im Zeitpunkt des Formwechsels unterbindet, müsste das Umwandlungsrecht also eine Regelung enthalten, die eine Anwendung der gesellschaftsrechtlichen Ein- und Austrittsvorschriften verbietet.

Damit ist der genaue Aussagegehalt des § 202 Abs. 1 Nr. 2 S. 1 UmwG und des sich hieraus ergebenden Grundsatzes der Mitgliederidentität zu ermitteln. Geklärt wurde bisher nur, dass dieser Identitätsgrundsatz besagt, dass der Formwechsel unter Beachtung allein des umwandlungsrechtlichen Verfahrens – mit wenigen Ausnahmen – nicht zu einem Wechsel der beteiligten Gesellschafter führen kann.

Nachdem die anderen Auslegungsmethoden keinen weiteren Aufschluss geben, bleibt der Zweck der Norm zu hinterfragen.[435] Der § 202 Abs. 1 Nr. 2 S. 1 UmwG bezieht sich explizit auf den Wegfall einer Beteiligung nach dem Fünfen Buch, was lediglich für eine KGaA und den VVaG vorgesehen ist. Bei einem Blick auf die Möglichkeiten des Ausscheidens nach diesem Buch zeigt sich, dass der § 202 Abs. 1 Nr. 2 S. 1 UmwG vor allen Dingen den Schutz der Anteilsinhaber bezweckt.[436]

Der drastischste Fall des Ausscheidens eines Gesellschafters ist bezüglich des Formwechsels eines VVaG in eine AG geregelt. So besteht nach § 294 Abs. 1 S. 2 UmwG die Möglichkeit, im Umwandlungsbeschluss zu beschließen, dass Mitglieder von der Beteiligung an der künftigen AG ausgeschlossen werden.[437]

---

432 Lutter/*Drygala*, UmwG, § 1 Rn. 62.

433 Lutter/*Drygala*, UmwG, § 1 Rn. 62.

434 BT-Drucks. 12/6699, S. 80; Semler/*Stengel*, UmwG, § 1 Rn. 80.

435 Dieser ist für die Auslegung einer Norm bindend. Siehe: *Larenz/Canaris*, Methodenlehre, S. 164 f.

436 *K. Schmidt*, GmbHR 1995, 693 (695); *Wiedemann*, ZGR 1999, 568 (578); *Zürbig*, S. 63.

437 Ein solcher Ausschluss ohne Zustimmung der betroffenen Mitglieder ist aufgrund der Besonderheit einer Mitgliedschaft bei diesem Verein ausnahmsweise gerechtfertigt – SHS/*Stratz*, UmwG, § 294 UmwG Rn. 2.

Auch bei dem Formwechsel einer KGaA kann es zu einem solchen Ausschluss kommen. Allerdings erfolgt dieser nicht durch eine Bestimmung im Umwandlungsbeschluss, sondern tritt von Gesetzes wegen ein. Wird eine KGaA durch Formwechsel in eine eG oder eine Kapitalgesellschaft anderer Rechtsform umgewandelt, so scheiden die persönlichen haftenden Gesellschafter als solche mit dem Wirksamwerden des Formwechsels aus der Gesellschaft aus.[438] Dieses Ausscheidens ist zwingend, da in den neuen Rechtsformen keine persönlich haftenden Gesellschafter existieren.[439] Ein Anspruch auf eine Beteiligung am neuen Rechtsträger steht ihnen nicht zu.[440] Zwar ist grundsätzlich die Zustimmung aller persönlich haftenden Gesellschafter zu dem Umwandlungsbeschluss gefordert, von diesem Erfordernis lässt das Umwandlungsgesetz aber eine Abweichung zu, sofern dies in der Satzung des formwechselnden Rechtsträgers vorgesehen ist.[441] Es genügt dann eine Mehrheitsentscheidung der persönlich haftenden Gesellschafter.[442] Auch hier ist damit die Möglichkeit gegeben, dass Gesellschafter ohne ihre Zustimmung aus der Gesellschaft ausscheiden. Anders ist dies für den Fall des Formwechsels einer KGaA in eine KG geregelt. Da dort die Möglichkeit der weiteren Beteiligung als persönlich haftende Gesellschafter besteht, steht es den Komplementären frei, an der Gesellschaft beteiligt zu bleiben oder ihren Austritt zum Zeitpunkt des Formwechsels zu erklären.[443] Die Zusammenschau dieser Regelungen gerade zur KGaA zeigt, dass der Formwechsel allein nur dann zu einem zwingenden Ausschluss führen soll, wenn der Gesetzgeber dies aufgrund der Vorschriften der neuen Rechtsform als einzige Möglichkeit sieht.

Würde die Aufnahme des Ausscheidens eines Gesellschafters in den Umwandlungsbeschluss ohne weitere Anforderungen erlaubt, so bestünde die Möglichkeit, diesen allein durch einen Mehrheitsbeschluss aus der Gesellschaft zu drängen. Einen derartigen Zwangsausschluss soll das Umwandlungsgesetz jedoch gerade nicht gewähren.[444]

---

438 §§ 240 Abs. 3 S. 1, 252 Abs. 3 UmwG.

439 Lutter/*Göthel*, UmwG, § 247 Rn. 18.

440 KK-UmwG/*Petersen*, UmwG, § 247 Rn. 10; Lutter/*Göthel*, UmwG, § 247 Rn. 18; Semler/Stengel/*Scheel*, UmwG, § 247 Rn. 9; a.A. Goutier/Knopf/Tulloch/*Laumann*, UmwG, § 247 Rn. 14.

441 §§ 240 Abs. 3, 252 Abs. 3 UmwG.

442 Lutter/*Göthel*, UmwG, § 240 Rn. 15; Semler/Stengel/*Scheel*, UmwG, § 240 Rn. 27.

443 § 233 Abs. 3 UmwG.

444 BT-Drucks. 12/6699, S. 144; *K. Schmidt*, GmbHR 1995, 693 (695); *Wiedemann*, ZGR 1999, 568 (578).

Außer in diesen durch das Umwandlungsrecht legitimierten Konstellationen soll die Möglichkeit eines zwangsweisen Ausschlusses nicht bestehen.

Dies zu verdeutlichen, ist Aufgabe des § 202 Abs. 1 Nr. 2 S. 1 UmwG. Sinn und Zweck der Norm ist somit der Schutz der Anteilsinhaber vor einer Diskontinuität der Mitgliedschaft ohne Einverständnis des jeweiligen Gesellschafters.[445]

(bb) Kein Verstoß gegen den Grundsatz der Identität der Mitglieder

Der Grundsatz der Mitgliederidentität enthält damit die zwingende Aussage, dass jeder Gesellschafter, der eine Beteiligung am formwechselnden Rechtsträger hält, grundsätzlich auch nach dem Formwechsel noch an dem Rechtsträger beteiligt ist und dementsprechend ein zwangsweiser Ausschluss nicht möglich sein soll. Gegen diesen Grundsatz darf nach § 1 Abs. 3 UmwG daher nicht verstoßen werden.

Die gesellschaftsrechtliche Vereinbarung eines Ausscheidens unter der aufschiebenden Bedingung des Wirksamwerdens des Formwechsels berührt diese Anforderungen jedoch nicht.[446] Bei einem derartigen Austritt müssen alle gesellschaftsrechtlichen Voraussetzungen erfüllt sein, sodass kein Fall eines umwandlungsrechtlichen Zwangsausschlusses vorliegt. Eine Gefährdung der Minderheiten kann hierin nicht gesehen werden, sodass die Kombination des Formwechsels mit einem gesellschaftsrechtlichen Mitgliederwechsel zu keinem Verstoß gegen § 1 Abs. 3 UmwG führt.

Zudem darf auch der Zweck des Umwandlungsgesetzes nicht durch einen Mitgliederwechsel konterkariert werden. Wie bereits beschrieben, enthält das Umwandlungsgesetz lediglich vereinzelt Regelungen für den Ein- und Austritt. Letztlich gehören derartige Regelungen auch nicht zum Aufgabenbereich dieses Gesetzes,[447] denn für die Veränderungen in der Unternehmensstruktur stehen vielmehr die Vorschriften des allgemeinen Gesellschaftsrechts zur Verfügung.[448]

Zweck des Umwandlungsgesetzes ist die erleichterte Änderung der einem Unternehmen zugrundeliegenden Rechtsstruktur.[449] Gleichzeitig sollen dabei sowohl die Minderheiten unter den Gesellschaftern[450] als auch die

---

445 So auch *Wiedemann*, ZGR 1999, 568 (578); *Zürbig*, S. 63.

446 Ausführlich hierzu sogleich: 2. Kapitel, B. II. 1. b) bb) (4), S. 71 ff.

447 *Priester*, DB 1997, 560 (562).

448 *K. Schmidt*, GmbHR 1995, 693 (695).; vgl. auch *Ihrig*, ZHR (160) 1996, 317 (340).

449 BT-Drucks. 12/6699, S. 71.

450 Dass der Minderheitenschutz bezweckt ist, zeigt sich insbesondere daran, dass eine Umwandlung durch Mehrheitsbeschluss unter zwangsweisem Ausscheiden der nicht zustimmenden Minderheit, wie sie im alten Recht noch vorgesehen war, nicht mehr

Gläubiger[451] geschützt werden, was ebenso durch § 1 Abs. 3 UmwG bestätigt wird.[452] Ein Verstoß gegen diese Bestimmungen käme damit nur dann in Betracht, wenn durch die Kombination der gesellschaftsrechtlichen und umwandlungsrechtlichen Maßnahmen eine Gefährdung des Gläubiger- oder Gesellschafterschutzes zu befürchten ist.[453] Durch das Erfordernis der Wahrung aller gesellschaftsrechtlichen Vorschriften wird einer Gefährdung der Minderheiten jedoch entgegengewirkt und auch die Gläubiger sind (materiell) haftungsrechtlich nicht schlechter gestellt, wenn sowohl die gesellschaftsrechtlichen Vorschriften für den Austritt als auch alle sonstigen umwandlungsrechtlichen Normen – wie z. B. die Gewährung einer Sicherheitsleistung nach §§ 204, 22 UmwG[454] – eingehalten werden. Der Austritt ist schließlich sowohl unmittelbar vor als auch nach dem Formwechsel nach den Regelungen der jeweiligen Rechtsform unproblematisch möglich, ohne dass den Gläubiger ein Mitspracherecht zusteht[455].

Auch für den Fall des Beitritts sind die gesellschaftsrechtlichen Regelungen einzuhalten, sodass der Schutz der Mitgesellschafter weiterhin besteht.[456]

Nichts anderes ergibt sich, wenn der Ein- und Austritt im Formwechselzeitpunkt unter den Grundsätzen der Identitätsthese beleuchtet wird.[457] Nach dem hier vertretenen Verständnis der Identitätsthese[458] bildet diese die Grundlage, um den als Zurechnungsobjekt bestehenden abstrakten Kern der Gesellschaft zu erhalten. Dieser als Rechtssubjekt bestehende Kern bleibt auch bei dem Ein- oder Austritt neuer Gesellschafter erhalten. So hat der BGH erst kürzlich entschieden, dass sogar der Wechsel sämtlicher an einer GbR beteiligten Gesellschafter nicht zu Änderung der Identität der entsprechenden Gesellschaft führt.[459] Wenn also

---

existiert – *Priester*, DB 1997, 560 (562). Siehe zu den vorherigen Vorschriften: §§ 19 Abs. 1, 20 S. 1, 22 Abs. 1, 24 Abs. 1 S. 1 UmwG von 1969.

451 So dienen etwa die §§ 204, 22 UmwG dem Gläubigerschutz.

452 Lutter/*Drygala*, UmwG, § 1 Rn. 62; *Priester*, DB 1997, 560 (563).

453 *Priester*, DB 1997, 560 (563).

454 Hierzu siehe 4. Kapitel, A., S. 125 ff.

455 Gerade hierin liegt im Vergleich zur – nach § 415 BGB – zustimmungsbedürftigen Einzelrechtsnachfolge ein großer Vorteil für die Gesellschafter – *Priester*, DB 1997, 560 (563).

456 So müssen bei einem, für den Beitritt in die GbR geschlossenen, Aufnahmevertrag grundsätzlich alle Gesellschafter zustimmen, da es sich hierbei um eine Änderung des Gesellschaftsvertrags handelt – vgl. *Saenger*, GesR, Rn. 223.

457 So auch *Veith*, S. 43; a.A. *Zürbig*, S. 59.

458 Siehe hierzu bereits 1. Kapitel, D. I. 2., S. 24 ff.

459 BGH, Urt. v. 03.11.2015 – II ZR 446/13, DStR 2016, 546 (548); vgl. hierzu auch *Veith*, S. 40, der sich auf ein 1965 ergangenes Urteil zur OHG bezieht: BGH, Urt. v. 08.11.1965 – II ZR 223/64, BGHZ 44, 229 (231) = NJW 1966, 499 (499 f.).

selbst bei einem vollständigen Gesellschafterwechsel einer Personengesellschaft das Rechtssubjekt unangetastet identisch bleibt, so muss dies erst Recht bei den – mit eigener Rechtspersönlichkeit ausgestatteten – Körperschaften gelten. Damit bleibt also der Kern der Gesellschaft durch einen etwaigen Ein- oder Austritt unangetastet. Ein Gesellschafterwechsel im Formwechselzeitpunkt steht also mit der Identitätsthese in Einklang.

Weiterhin ist insbesondere darauf hinzuweisen, dass bei Kapitalgesellschaften die Möglichkeit der Gründung einer Ein-Personen-Gesellschaft besteht, was bei Personengesellschaften gerade nicht der Fall ist.[460] Eine Ein-Personen-GmbH stellt ebenso eine Kapitalgesellschaft und damit einen Rechtsträger i.S.v. § 191 Abs. 1 Nr. 2, Abs. 2 Nr. 3 UmwG dar, wie eine Mehrpersonen-GmbH. Soll der Formwechsel in eine Ein-Personen-Gesellschaft oder aus einer solchen heraus möglich sein, so ist ein Bei- oder Austritt unbedingt erforderlich.[461]

Somit spricht der Zweck des Umwandlungsgesetzes, einen Wechsel der Rechtsform zu erleichtern, ebenfalls für die Möglichkeit einer Änderung des Mitgliederbestandes im Umwandlungszeitpunkt.

(c) Zwischenergebnis

Der Grundsatz der Identität der Mitglieder erschöpft sich mithin darin, dem Formwechselvorgang selbst die Möglichkeit der Änderung des Gesellschafterbestandes abzusprechen. Die Identität der Mitglieder steht aber einer Kombination des nicht-umwandlungsrechtlichen Ein- oder Austritts eines oder mehrerer Gesellschafter im konkreten Zeitpunkt des Formwechsels nicht entgegen.

Letztlich hat auch der Gesetzgeber gezeigt, dass er selbst nicht davon ausgeht, dass die Mitgliederidentität zwingend ist. Nach Verkündung des BGH-Urteils von 2005 erließ er sowohl das Zweite also auch das Dritte Gesetz zur Änderung des Umwandlungsgesetzes.[462] Eine Änderung des § 202 Abs. 1 Nr. 2 S. 1 UmwG erfolgte dabei nicht, sodass er also zumindest bezüglich eines Beitritts beim Formwechsel in eine GmbH & Co. KG mit dem BGH übereinzustimmen scheint.[463]

---

460 MüKo-BGB/*Schäfer*, BGB, § 705 Rn. 61 f. – siehe dort auch bezüglich der neueren, von diesem Grundsatz abweichenden, Stimmen.

461 *Zürbig*, S. 64; eben diese Konstellation als Problem des „Identitätskonzeptes" beschreibend *Bärwaldt/Schabacker*, ZIP 1998, 1293 (1295).

462 Zweites Gesetz zur Änderung des Umwandlungsgesetzes v. 19.04.2007, BGBl. I 2007, Nr. 15 S. 542 ff.; Drittes Gesetz zur Änderung des Umwandlungsgesetzes v. 11.07.2011, BGBl. I 2011, Nr. 35 S. 1338.

463 Lutter/*Göthel*, UmwG, § 228 Rn. 26.

Aus den oben angeführten Gründen ist aber nicht nur der Beitritt, sondern auch der Austritt zuzulassen.

Es ist somit festzuhalten, dass sowohl Ein- als auch Austritt nach allgemeinem Gesellschaftsrecht mit dem Wirksamwerden des Formwechsels – bei jeglichem Rechtsträger – verbunden werden können.

(4) Rechtliche Gestaltung

Zu klären ist weiterhin, wie genau diese Verbindung von Formwechsel und Änderung des Mitgliederbestands zu vollziehen ist. Teilweise wird insoweit trotz der erforderlichen Kombination mit dem allgemeinen Gesellschaftsrecht vertreten, dass sowohl der Austritt als auch der Eintritt durch eine Festsetzung im Umwandungsbeschluss erfolgen.[464] Als Vorbild dienten die Vorschriften für den Formwechsel unter Beteiligung einer KGaA – §§ 218 Abs. 2, 221, sowie § 247 Abs. 2 UmwG.[465] Dem ist mit der hier vertretenen Ansicht jedoch nicht zu folgen. Das Umwandlungsgesetz selbst will, abgesehen von den Ausnahmevorschriften, wie denen eines Formwechsels in oder aus eine(r) KGaA, gerade keine Veränderung des Mitgliederbestandes herbeiführen. Der Aus- oder Eintritt ist daher nach den Regeln des allgemeinen Gesellschaftsrechts aufschiebend bedingt auf den Umwandlungsstichtag[466] zu vollziehen.[467]

Nachdem vor dem Wirksamwerden des Formwechsels lediglich der Rechtsträger in seiner Ausgangsrechtsform besteht, richtet sich der zeitgleich zu vollziehende Austritt ausschließlich nach den gesetzlichen Bestimmungen des alten Rechtsträgers. Sofern also ein Gesellschafter der GmbH zeitgleich mit dem Formwechselvollzug sein Ausscheiden begehrt, kann er den Austritt aufschiebend bedingt auf die Eintragung des Formwechsels vereinbaren.[468]

Neben der Vereinbarung des Ausscheidens des Gesellschafters, besteht für diesen auch die Möglichkeit der Wahrnehmung seines gegebenenfalls bestehenden einseitigen Austrittsrechts.

---

464 *Priester*, DB 1997, 560 (562 f., 566 f.).

465 *Priester*, DB 1997, 560 (566 f.), der sich allerdings noch auf § 274 Abs. 3 UmwG a. F. bezieht, dieser entspricht dem heutigen § 247 Abs. 2 UmwG; vgl. auch *Kallmeyer*, GmbHR 1996, 80 (82), der jedoch nicht von einer nötigen Kombination spricht, sondern vielmehr den Gesellschafterwechsel bereits nach den Vorschriften des Umwandlungsgesetzes selbst für möglich hält.

466 Siehe zur Eintragung des Formwechsels: 2. Kapitel, C., S. 81 ff.

467 *K. Schmidt*, GmbHR 1995, 693 (695 f.); *Veith*, S. 46.

468 *Veith*, S. 46; nach Aussage von *K. Schmidt*, GesR, § 35 IV 3 d), S. 1066 zieht die Praxis bei einem Austritt aufgrund der bestehenden Rechtsunsicherheiten im Zusammenhang mit dem Vorliegen eines Austrittsgrundes ohnehin die Vereinbarung eines Austritts vor.

Dieses ist zwar nicht ausdrücklich im GmbHG geregelt, jedoch ist allgemein anerkannt, dass einem Gesellschafter zumindest bei Vorliegen eines wichtigen Grundes ein solches zusteht – unabhängig davon, ob dies in der Satzung vereinbart wurde oder nicht.[469] Darüber hinaus kann die Satzung auch ein aus anderen Gründen bestehendes Austrittsrecht vorsehen.[470]

Allein die Vereinbarung oder Erklärung des Ausscheidens führt allerdings nicht zu einem automatischen Ausscheiden aus der Gesellschaft. Es entsteht vielmehr zunächst ein Anspruch auf Abfindung Zug-um-Zug gegen Verwertung des Anteils.[471] Die Verwertung des dem Ausscheidenden zugewiesenen Gesellschaftsanteils kann beispielsweise durch Abtretung an einen anderen Gesellschafter erfolgen, aber auch die Einziehung des Anteils mit Zustimmung des betroffenen Gesellschafters nach § 34 Abs. 1, Abs. 2 S. 1 GmbHG ist denkbar. In diesem Fall kann die Abtretung[472] oder auch die Einziehung unter die aufschiebende Bedingung der Wirksamkeit des Formwechsels gestellt werden[473].

Darüber hinaus besteht auch die Möglichkeit, im Gesellschaftsvertrag vorzusehen, dass das Ausscheiden direkt mit der Austrittserklärung oder der Vereinbarung erfolgen soll.[474] In dem Fall genügt es, allein die Vereinbarung des Ausscheidens auf den Zeitpunkt des Wirksamwerdens des Formwechsels zu bedingen. Fraglich ist, ob dies auch bei der Austrittserklärung möglich ist. Diese stellt eine einseitige Kündigungserklärung dar[475] und ist damit grundsätzlich be-

469 BGH, Urt. v. 16. 12. 1991 – II ZR 58/91, BGHZ 116, 359 (369) = DStR 1992, 652 (652); Baumbach/Hueck/*Fastrich*, GmbHG, Anh. § 34 Rn. 1; Scholz/*Seibt*, GmbHG, Anh. § 34 Rn. 4; UHL/*Ulmer*/*Habersack*, GmbHG, Anh. § 34 Rn. 19.

470 MüKo-GmbHG/*Strohn*, GmbHG, § 34 Rn. 195; Scholz/*Seibt*, GmbHG, Anh. § 34 Rn. 24; *Goette*, DStR 2001, 533 (541).

471 BGH, Urt. v. 30.11.2009 – II ZR 208/08, NJW 2010, 1206 (1206); MüKo-GmbHG/*Strohn*, GmbHG, § 34 Rn. 198; UHL/*Ulmer*/*Habersack*, GmbHG, § 34 Anh. Rn. 59; *Schwab*, DStR 2012, 707 (708).

472 Zur Zulässigkeit einer bedingten Abtretung von Gesellschaftsanteilen: Müko-BGB/*Westermann*, BGB, § 158 Rn. 33; Soergel/*Wolf*, BGB, § 158 Rn. 48.

473 Eine Bedingung der Einziehung ist nur dann nicht zulässig, wenn diese eine unzumutbare Ungewissheit für die Gesellschafter beinhalten würde, was im Falle eines durch sie selbst veranlassten Formwechsels jedoch nicht anzunehmen ist. Zur aufschiebenden Bedingung: MüKo-GmbHG/*Strohn*, GmbHG, § 34 Rn. 18.

474 OLG Hamm, Urt. v. 11.11.2010 – 15 W 191/10, NJW-RR 2011, 685 (686); MüKo-GmbHG/*Strohn*, GmbHG, § 34 Rn. 203.

475 Vgl. Müko-GmbHG/*Strohn*, GmbHG, § 34 Rn. 178.

dingungsfeindlich[476]. Bei aufschiebenden Bedingungen können im Rahmen von Gesellschaftsverträgen jedoch dann Ausnahmen von der Bedingungsfeindlichkeit gemacht werden, wenn durch diese keine unsichere Rechtslage für die Gesellschafter entstehen.[477] Da die Gesellschafter den Formwechsel selbst beschließen und durch die Geschäftsführer zur Eintragung ins Handelsregister einreichen lassen,[478] haben sie den Eintritt der Bedingung selbst in der Hand, sodass nicht von einer unsicheren Rechtslage gesprochen werden kann. Damit ist in diesem Fall die Erklärung unter aufschiebender Bedingung wirksam. In beiden Fällen wird der Gesellschaftsanteil an der GmbH durch das Ausscheiden, noch vor der Verwertung, trägerlos[479]. Da ein solch trägerloser Anteil aufgrund der Struktur der Personengesellschaften in der GbR nicht existieren kann,[480] wächst dieser mit Geltung des Normengefüges der GbR nach § 738 Abs. 1 S. 1 BGB den übrigen Gesellschaftern an.

Sofern auf eine dieser Arten ein Austritt zeitgleich mit dem Formwechsel stattfindet, so ist dies nach § 194 Abs. 1 Nr. 3, 4 UmwG mit in den Umwandlungsbeschluss mit aufzunehmen.[481] Dies ergibt sich bereits aus dem Zweck des § 194 UmwG, welcher der Information der Anteilsinhaber dient. Wenn eine gesellschaftsrechtliche Maßnahme mit dem Formwechsel verbunden werden soll, die auch Auswirkungen auf die Anteile der verbleibenden Gesellschafter hat, so bedarf es einer Mitteilung allein schon aus Gründen der Vollständigkeit der Information. Die Aufnahme in den Beschluss hat dann, anders als zum Teil angenommen,[482] aber keine konstitutive, sondern eine rein deklaratorische Bedeutung.[483]

Auch der Beitritt ist in einem solchen Fall aufschiebend bedingt zu vereinbaren, jedoch müssen hier die Vorschriften des Rechtsträgers neuer Rechtsform Beachtung finden.

---

476 So *Baßler*, GmbHR 2007, 1252 (1255); ebenso Scholz/*Seibt*, GmbHG, Anh. § 34 Rn. 16 m.w.N.

477 Vgl. BeckOGK/*Reymann*, BGB, § 158 Rn. 139; Soergel/*Wolf*, BGB, § 158 Rn. 44.

478 Dazu sogleich 2. Kapitel, C., S. 81 ff.

479 OLG Düsseldorf, Urt. v. 20.12.2006 – 15 U 39/06, DB 2007, 848 (850); offengelassen BGH, Urt. v. 30.6.2003 – II ZR 326/01, NJW-RR 2003, 1265 (1267); *Hachenburg/Ulmer*, GmbHG, Anh § 34 Rn. 37; Roth/*Altmeppen*, GmbhG, § 60 Rn. 97.

480 MüKo-BGB/*Schäfer*, GmbHG, § 738 Rn. 8.

481 Lutter/*Decher*/*Hoger*, UmwG, § 194 Rn. 7; HK-UmwG/*Quass*, UmwG, § 194 Rn. 9; Semler/Stengel/*Bärwaldt*, UmwG, § 194 Rn. 8; *Veith*, S. 46.

482 *Priester*, DB 1997, 560 (566 f.); *Kallmeyer*, GmbHR 1996, 80 (82).

483 Ebenso *Veith*, S. 46.

Exemplarisch besteht bei dem Beitritt zu einer GmbH in diesem Kontext die Besonderheit, dass mit der Übernahme eines neuen Gesellschaftsanteils eine Kapitalerhöhung einherzugehen hat.[484] Der Beitritt ist dann von einer mit der Umwandlung gleichzeitig einzutragenden Kapitalerhöhung abhängig.[485] Bei dem hiesigen Formwechsel in eine GbR besteht eine solche Problematik nicht. Der in einem Aufnahmevertrag zu vereinbarende Beitritt vollzieht sich mit einer sog. „Abwachsung",[486] sodass eine Kapitalerhöhung nicht erfolgen muss.[487] Ein Beitritt lässt sich also zumindest zu der aus der GmbH entstehenden GbR aufschiebend bedingt auf den Formwechselvollzug vereinbaren. Auch der Beitritt ist dann, wie bereits beim Austritt erörtert, der Vollständigkeit halber mit in Umwandlungsbeschluss aufzunehmen.[488]

Weitere Überlegungen erfordert die Anteilsübertragung.[489] Nach § 15 Abs. 1 GmbHG sind Gesellschaftsanteile frei veräußerbar. Der Gesellschafter kann seinen Anteil daher unter der aufschiebenden Bedingung der Wirksamkeit des Formwechsels abtreten.[490] Hier besteht das besondere umwandlungsrechtliche Problem, dass der bisherige Gesellschafter einen GmbH-Anteil aufschiebend bedingt übertragen möchte, der neue Gesellschafter diesen jedoch als GbR-Anteil erwerben soll.

Die einfachste Lösung wird hier sein, den Ein- und Austritt schlicht zu kombinieren.[491] Das stellt zwar keine Anteilsübertragung dar, umgeht aber das zu lösende Problem, welcher Übertragungsgegenstand überhaupt vorliegt und in Konsequenz dessen, welche Vorschriften anzuwenden sind.

Letztlich wird, sofern dennoch eine Anteilsübertragung stattfinden soll, mit *Priester* davon auszugehen sein, dass der Anteil an der GmbH aufschiebend be-

---

484 *K. Schmidt*, GmbHR 1995, 693 (696).

485 *K. Schmidt*, GmbHR 1995, 693 (696).

486 Der neue Gesellschafter wird am Vermögen der Gesellschaft beteiligt, indem den Anteilen der übrigen Gesellschafter ein Teil „abwächst" und diese in Kombination dem neuen Gesellschafter als dessen Anteil zuwachsen. – Siehe *K. Schmidt*, GesR, § 45 II 5, S. 1319; *Saenger*, GesR, Rn. 231; *Kraft/Kreutz*, GesR, S. 162.

487 *K. Schmidt*, GmbHR 1995, 693 (696).

488 Lutter/*Decher/Hoger*, UmwG, § 194 Rn. 7; Semler/Stengel/*Bärwaldt*, UmwG, § 194 Rn. 8; *Veith*, S. 46.

489 Nach § 15 Abs. 1 GmbHG ist ein GmbH-Anteil grundsätzlichen frei veräußerbar. Eine abweichende Regelung hiervon kann gemäß § 15 Abs. 5 GmbHG im Gesellschaftsvertrag erfolgen.

490 MüKo-BGB/*Westermann*, BGB, § 158 Rn. 33; Soergel/*Wolf*, BGB, § 158 Rn. 48.

491 Auf die Unterscheidung zwischen diesen beiden Konstruktionen bezieht sich auch *Priester*, DB 1997, 560 (567).

dingt übertragen wird.[492] Dieser wird dann mit dem Formwechsel aufgrund der Identität zeitgleich zu einer Beteiligung an der GbR. Eine andere Möglichkeit ist kaum denkbar. In dem Zeitpunkt, wo die Anteilsübertragung vereinbart wird, besteht lediglich ein Anteil an der GmbH. Sobald der Formwechsel eintritt wird hieraus eine GbR-Beteiligung, welche aber im selben Zeitpunkt bereits einem anderen Gesellschafter zugeordnet werden soll. Die Möglichkeit der Übertragung der GbR-Beteiligung besteht somit gar nicht. Da aufgrund der Identitätsthese der Rechtsträger identisch bleibt und sich damit das Rechtssubjekt, an dem die Gesellschaftsbeteiligung besteht, nicht ändert, ist auch davon auszugehen, dass es sich im Sinne der Identitätsthese um ein und dieselbe Beteiligung handelt, die allein ihre konkrete rechtliche Ausgestaltung ändert.[493] Somit ist es möglich, dass der GmbH-Anteil aufschiebend bedingt abgetreten wird, der Zessionar jedoch eine GbR-Beteiligung erwirbt.

cc) Konklusion

Die Identität der Beteiligungsquote wie auch die Identität der Mitglieder sind nach all dem Vorhergesagten nicht zwingend. Ein nicht-verhältniswahrender Formwechsel ist zulässig, es müssen jedoch die Änderungen sämtlicher Beteiligungsquoten nach § 194 Abs. 1 Nr. 4 UmwG in dem Beschluss bestimmt werden.

Bei einem Wechsel in den Mitgliederreihen gilt nichts anderes. Da dieser durch die Zeitgleichheit letztlich in das Umwandlungsverfahren eingebettet wird, muss er auch, wie es § 194 Abs. 1 Nr. 3 UmwG fordert, in den Umwandlungsbeschluss aufgenommen werden. Die Veränderung bezüglich der einzelnen Beteiligungsquoten ist dann nach § 194 Abs. 1 Nr. 4 UmwG zu dokumentieren.

Die Aufnahmepflicht des Bei- oder Austritts in den Beschluss hindert die Gesellschafter jedoch nicht daran, dass sie auch nach Fassung des Beschlusses bis zur Eintragung des Formwechsels weiter nach allgemeinem Gesellschaftsrecht über ihre Anteile verfügen können[494]. Für eine Änderung der Gesellschaftsverhältnisse nach Fassung des Umwandlungsbeschlusses sieht das Umwandlungs-

492 Während dieser den Ein- und Austritt über das Umwandlungsrecht selbst herbeiführt, kombiniert er eine Anteilsübertragung auch über eine aufschiebende Bedingung, vgl. *Priester*, DB 1997, 560 (567); vgl. zur Quotenübertragung beim nichtverhältniswahrenden Formwechsel *ders.*, Neuorientierung der Rechenschaftslegung, S. 494 f.

493 *Veith*, S. 47.

494 Allg. Meinung: BGH, Versäumnisurt. v. 18.10.2016 – II ZR 314/15, NJW 2017, 559 (559); BayObLG, Beschl. v. 02.04.2003 – 3Z BR 57/03, NZG 2003, 829 (zur AG); Kallmeyer/*Meister*/*Klöcker*, UmwG, § 194 Rn. 25; Lutter/*Decher*/*Hoger*, UmwG, § 202

gesetz allerdings keine ausdrückliche Berichtigungspflicht vor. In Anbetracht des Erfordernisses der notariellen Beurkundung des Umwandlungsbeschlusses und der damit einhergehenden Kosten werden die Gesellschafter dies wohl in den wenigsten Fällen freiwillig vornehmen. Sofern Gesellschaftsanteile abgetreten wurden, treten die neuen Anteilsinhaber in die Stellung des ursprünglichen Gesellschafters ein, sodass die im Umwandlungsbeschluss vorgesehene Rechtsposition nun auf sie zutrifft.[495] Eine Pflicht, einen erneuten Umwandlungsbeschluss zu fassen, oder den bereits ergangenen zu korrigieren, ergibt sich daraus nicht.[496] Nachdem der Umwandlungsbeschluss dadurch jedoch hinsichtlich der genauen Gesellschafter unrichtig werden kann, besteht die Gefahr von Falscheintragungen in das Handelsregister, wenn das Registergericht nicht mit der Anmeldung des Formwechsels Kenntnis von den Änderungen erlangt.[497] Sofern die neue Rechtsform also verlangt, dass Eintragungen der Gesellschafter in das Handelsregister vorgenommen werden, so ist darauf zu achten, dass die Anmeldung zum Handelsregister diese Veränderungen aufweist. Andernfalls besteht die Gefahr einer Rechtsscheinhaftung über § 15 Abs. 3 HGB.[498] In Bezug auf die konkrete Problematik des Formwechsels einer GmbH in eine GbR ist in Anbetracht des Mitgliederwechsels im Zeitpunkt des Wirksamwerdens des Formwechsels festzuhalten, dass dies, bei nicht vorgeschriebener Eintragung der Gesellschafter in das Handelsregister,[499] zu Transparenzproblemen für die Gläubiger der Gesellschaft führen kann.

c) *Abfindung und Mitteilung an die Arbeitnehmer*

Als weiteren Mindestinhalt des Umwandlungsbeschlusses regelt § 194 Abs. 1 Nr. 6 UmwG, dass eine Auskunft über die Abfindungsgebote nach § 207 UmwG ent-

---

Rn. 10; Semler/Stengel/*Bärwaldt*, UmwG, § 194 Rn. 11; *Wälzholz*, DStR 2003, 1269 (1269).

495 Kallmeyer/*Meister*/*Klöcker*, UmwG, § 194 Rn. 25.

496 So auch *Wälzholz*, DStR 2003, 1269 (1269); vgl. auch Kallmeyer/*Meister*/*Klöcker*, UmwG, § 194 Rn. 25.

497 Hierzu auch *Wälzholz*, DStR 2003, 1269 (1269); geschehen so in dem, dem BGH erst kürzlich vorgelegenen Sachverhalt, BGH, Versäumnisurt. v. 18.10.2016 – II ZR 314/15, NJW 2017, 559 ff. Dort sind zwei Gesellschafter nach Fassung des Umwandlungsbeschlusses aus der Gesellschaft ausgeschieden, wurden mangels Kenntnis des Registergerichts jedoch in das Handelsregister als Gesellschafter der GbR eingetragen. Ob eine derartige Eintragungspflicht bei einer GbR überhaupt bestand, dazu sogleich 2. Kapitel, C. II., S. 86 ff.

498 *Wälzholz*, DStR 2003, 1269 (1269).

499 Siehe zu dieser Frage nachfolgend 2. Kapitel, C. II., S. 86 ff.

halten sein muss, sofern nicht der Beschluss der Zustimmung aller Gesellschafter bedarf. Nachdem bei der Umwandlung in eine GbR nach § 233 Abs. 1 UmwG alle Anteilsinhaber dem Formwechsel zustimmen müssen, bedarf es daher keiner Bestimmung des Abfindungsangebots nach § 207 UmwG. Nach § 194 Abs. 1 Nr. 7 UmwG sind zudem die Folgen für die Arbeitnehmer darzulegen, wobei sowohl auf die kollektiv- als auch die individualarbeitsrechtlichen Folgen einzugehen ist[500]. Wurde in der formwechselnden Gesellschaft kein Betriebsrat gewählt, entfällt diese Belehrungspflicht jedoch.[501]

2. § 234 UmwG

Nach § 234 Nr. 1 UmwG hat der Umwandlungsbeschluss auch die Bestimmung des Sitzes der GbR und nach § 234 Nr. 3 UmwG deren Gesellschaftsvertrag zu enthalten.

Bei einem Formwechsel in die GbR wird teilweise die Auffassung vertreten, dass die Bestimmung des Sitzes nicht erforderlich ist.[502] Der Sitz ist vor allem für die Bestimmung des nun zuständigen Registergerichts von Bedeutung.[503] Sofern dieses vom ursprünglich zuständigen Gericht abweicht, ist nach § 198 Abs. 2 S. 2 UmwG grundsätzlich auch bei dem neuen Registergericht die Umwandlung einzutragen. Nachdem für eine GbR kein Register besteht, findet § 198 Abs. 2 UmwG nach § 235 Abs. 1 UmwG keine Anwendung. Der Zweck, der mit der Angabe des Sitzes nach § 234 Nr. 1 UmwG verfolgt werde, könne daher bei Umwandlung in eine GbR schlichtweg nicht erreicht werden, sodass die Angabe entbehrlich sei.[504] Dem ist mit der herrschenden Meinung[505] aufgrund des eindeutigen Wortlauts der Norm zu widersprechen. Der § 234 Nr. 1 UmwG unterscheidet nicht zwischen den verschiedenen Personengesellschaften und bezieht sich auch nicht lediglich auf die Personen*handels*gesellschaften. Immerhin kann die Angabe nach § 234 Nr. 1 UmwG in Bezug auf den Gerichts-

500 BT-Drucks. 12/6699, S. 140, 83.

501 Siehe bereits oben: 2. Kapitel, A. I. 3. b), S. 43 ff.

502 KK-UmwG/*Dauner-Lieb*/*Tettinger*, UmwG, § 234 Rn. 3; zwischen Innen- und Außen-GbR unterscheidend: Widmann/Mayer/*Vossius*, UmwG, § 234 Rn. 4 f.

503 KK-UmwG/*Dauner-Lieb*/*Tettinger*, UmwG, § 234 Rn. 3; Lutter/*Göthel*, UmwG, § 234 Rn. 15; Semler/Stengel/*Ihrig*, UmwG, § 234 Rn. 5.

504 KK-UmwG/*Dauner-Lieb*/*Tettinger*, UmwG, § 234 Rn. 3.

505 Henssler/Strohn/*Drinhausen*/*Keinath*, UmwG, § 234 Rn. 2; Kallmeyer/*Blasche*, UmwG, § 234 Rn. 2; Lutter/*Göthel*, UmwG, § 234 Rn. 15; HK-UmwG/*Rose*, UmwG, § 234 Rn. 4; Semler/Stengel/*Ihrig*, UmwG, § 234 Rn. 5.

stand der GbR eine Bedeutung haben.[506] Für die Erfüllung der Verpflichtung genügt es jedoch, wenn der Sitz in dem ebenfalls zu beschließenden Gesellschaftsvertrag enthalten ist.[507]

Der nach § 234 Nr. 3 UmwG geforderte Beschluss des Gesellschaftsvertrags – hier der GbR – verlangt keinen detaillierten Vertrag.[508] Es ist völlig ausreichend, wenn nur die in § 194 und § 234 Nr. 1 UmwG geforderten Angaben, sowie die nach § 705 BGB zwingenden Vorgaben enthalten sind.[509] Der Vertrag muss also – zusätzlich zu den schon umwandlungsrechtlich geforderten Angaben – auch zwingend die wechselseitigen Förderungspflichten in Bezug auf einen gemeinsamen Zweck enthalten[510].

Dadurch, dass der Gesellschaftsvertrag durch die Anordnung des § 234 Nr. 3 UmwG zu einem Teil des Umwandlungsbeschlusses wird, unterfällt er auch den für diesen geltenden Formvorschriften.[511] Neben der nach § 193 Abs. 3 S. 1 UmwG erforderlichen notariellen Beurkundung, wird der Gesellschaftsvertrag also auch gemeinsam mit dem Beschluss zum Handelsregister eingereicht[512]. Hieraus ist allerdings nicht zu folgern, dass auch nach Vollzug des Formwechsels vorgenommene Änderungen am Gesellschaftsvertrag diesen Formerfordernissen unterliegen.[513] Um etwaigen Unsicherheiten entgegenzutreten, ist es dennoch ratsam, die Formfreiheit zukünftiger Änderungen im Gesellschaftsvertrag explizit festzuhalten.[514]

Sofern also interne Gesellschafterabsprachen nicht für die Öffentlichkeit einsehbar sein sollen, kann zunächst nur ein auf das Minimum reduzierter Gesellschaftsvertrag in den Beschluss aufgenommen, und nach Eintragung des Formwechsels dann formfrei eine entsprechende Änderung des Vertrages beschlossen werden.[515]

---

506 Gem. § 17 Abs. 1 ZPO bestimmt sich dieser nach dem Sitz. Das erkennend auch KK-UmwG/*Dauner-Lieb/Tettinger*, UmwG, § 234 Rn. 3, die dies jedoch mangels Bezug zu § 234 Nr. 1 UmwG für bedeutungslos erachten. Zum Gerichtsstand einer GbR siehe nur: *Pohlmann*, WM 2002, 1421 (1423).

507 Lutter/*Göthel*, UmwG, § 234 Rn. 15.

508 KK-UmwG/*Dauner-Lieb/Tettinger*, UmwG, § 234 Rn. 5; Lutter/*Göthel*, UmwG, § 234 Rn. 41; Semler/Stengel/*Ihrig*, UmwG, § 234 Rn. 17.

509 Vgl. KK-UmwG/*Dauner-Lieb/Tettinger*, UmwG, § 234 Rn. 5.

510 MüKo-BGB/*Schäfer*, BGB, § 705 Rn. 17; *Saenger*, GesR, Rn. 42.

511 KK-UmwG/*Dauner-Lieb/Tettinger*, UmwG, § 234 Rn. 7; HK-UmwG/*Rose*, UmwG, § 234 Rn. 10.

512 Kallmeyer/*Blasche*, UmwG, § 234 Rn. 8; HK-UmwG/*Rose*, UmwG, § 234 Rn. 12.

513 KK-UmwG/*Dauner-Lieb/Tettinger*, UmwG, § 234 Rn. 7.

514 KK-UmwG/*Dauner-Lieb/Tettinger*, UmwG, § 234 Rn. 7.

515 Vgl. hierzu HK-UmwG/*Rose*, UmwG, § 234 Rn. 12.

III. Fassung des Beschlusses

Der Beschluss selbst ist nach § 193 Abs. 1 S. 2 UmwG notwendigerweise in einer Versammlung der Anteilinhaber zu fassen. Eine Abweichung hiervon ist nicht möglich.[516]

Die für den Beschluss erforderlichen Mehrheiten sind in den Vorschriften des Besonderen Teils des Formwechselbuches geregelt. Bei einem Formwechsel aus der Kapitalgesellschaft in eine Gesellschaft bürgerlichen Rechts müssen nach § 233 Abs. 1 UmwG alle Gesellschafter dem Umwandlungsbeschluss zustimmen. Der Grund hierfür liegt in der eintretenden persönlichen und unbeschränkten Haftung der Gesellschafter.[517] Aus diesem Grund ist sogar eine Zustimmung der nicht stimmberechtigten Gesellschafter erforderlich.[518]

Nicht erforderlich ist hingegen, dass alle Anteilsinhaber an der entsprechenden Versammlung teilnehmen, es reicht letztlich aus, wenn nur ein einziger erscheint[519]. Die übrigen Gesellschafter können im Nachhinein ihre Zustimmung durch eine nach § 193 Abs. 3 S. 1 UmwG notariell zu beurkundende Erklärung abgeben.[520] Auch eine Stellvertretung ist möglich,[521] wobei hierfür nach § 47 Abs. 3 GmbHG eine in Textform erklärte Vollmachtserteilung ausreicht.

Fraglich ist, ob sich eine Zustimmungspflicht zur Beschlussfassung der Umwandlung für die Gesellschafter ergeben kann. In Betracht käme die Begründung einer solchen Verpflichtung allein aus der gesellschaftsrechtlichen Treuepflicht. Die Treuepflicht der Gesellschafter zur GmbH, sowie auch der Gesellschafter untereinander, ist allgemein anerkannt.[522] Ihre Funktion besteht darin, die Gesellschafter dazu zu bewegen, die gesellschaftlichen Interessen zu berücksichtigen.[523]

---

516 Kallmeyer/*Zimmermann*, UmwG, § 193 Rn. 3; Lutter/*Decher*/*Hoger*, UmwG, § 193 Rn. 1.

517 BT-Drucks. 12/6699, S. 154.

518 Kallmeyer/*Blasche*, UmwG, § 233 Rn. 2; Lutter/*Göthel*, UmwG, § 233 Rn. 4; Semler/Stengel/*Ihrig*, UmwG, § 233 Rn. 11; *Schäfer*, S. 226 f.; *Kiem*, ZIP 1997, 1627 (1630) – in Bezug auf den Formwechsel einer AG.

519 Kallmeyer/*Blasche*, UmwG, § 233 Rn. 2; Semler/Stengel/*Ihrig*, UmwG, § 233 Rn. 12.

520 Semler/Stengel/*Ihrig*, UmwG, § 233 Rn. 12.

521 KK-UmwG/*Dauner-Lieb*/*Tettinger*, UmwG, § 233 Rn. 9.

522 In Bezug auf die AG bereits: BGH, Urt. v. 05.06.1975 – II ZR 23/74, BGHZ 65, 15 (18 f.) = NJW 1976, 191 (191); RG, Urt. v. 22.01.1935 – II 198/34, RGZ 146, 385 (395); Baumbach/Hueck/*Fastrich*, GmbHG, § 13 Rn. 20; Roth/*Altmeppen*, GmbHG, § 13 Rn. 29; kritisch jedoch: *Flume*, ZIP 1996, 161 (161 ff.).

523 Henssler/Strohn/*Verse*, GmbHG, § 14 Rn. 98.

Letztlich also, die Gesellschafter dazu anzuhalten, dass sie ihre Rechte nicht zum Schaden der Gesellschafter oder der Gesellschaft ausüben.[524]

Bei einem Formwechsel in die GbR ist allerdings zu beachten, dass die Gesellschafter sich mit ihrer Zustimmung einer unbeschränkten persönlichen Haftung aussetzen. Eine Pflicht zur Zustimmung über die Treuepflicht zu bejahen, ist daher nach teilweise vertretener Auffassung allenfalls dann denkbar, wenn dem Gesellschafter noch vor Eintragung des Formwechsels die Möglichkeit geboten wird, gegen eine angemessene Abfindung aus der Gesellschaft auszuscheiden.[525]

Eine solche Ausprägung der Treueplicht ist dann allerdings mit einem Zwangsausschluss vergleichbar. Zwar kann der Gesellschafter noch frei entscheiden, ob er sich nicht doch mit einer persönlichen unbeschränkten Haftung abfindet. Entschließt er sich jedoch gegen diese Haftung, so hat er bei einer Zustimmungspflicht nur noch die Möglichkeit, eine Abfindungszahlung zu verlangen, und die Gesellschaft zu verlassen. Ein Zwangsausschluss ist jedoch abgesehen von den soeben behandelten Ausnahmen gerade nicht mehr im Sinne des Umwandlungsgesetzes.[526]

Entsprechend kann ein Gesellschafter grundsätzlich auch dann nicht über die Treuepflicht zu einer Zustimmung gezwungen werden, wenn dies nach Ansicht der übrigen Gesellschafter im Interesse der Gesellschaft stünde.[527] Die persönliche Haftungserweiterung soll vielmehr eine freie Entscheidung der einzelnen Gesellschafter bleiben.

Allenfalls in engen Sonderfällen könnte hiervon eine Ausnahme zu machen sein. Dazu müsste der hiesige Formwechsel jedoch aus objektiver Sicht unter Beachtung jeglicher anderweitiger Sanierungs- oder sonstiger Möglichkeiten unausweichlich, und im Vergleich dazu die Zustimmung des abweichenden Gesellschafters bzw. dessen Ausscheiden zumutbar sein.[528] In Anbetracht der persönlichen Haftung, wird dies jedoch – wenn überhaupt – nur in eng begrenzten und schwerwiegenden Ausnahmefällen zu bejahen sein. Eine verallgemeinernde Darstellung lässt eine solche Situation in jedem Fall nicht zu.[529] Es ist vielmehr eine Prüfung des Einzelfalls unter Abwägung jeglicher Interessen

524 Roth/*Altmeppen*, GmbHG, § 13 Rn. 30.

525 Kallmeyer/*Blasche*, UmwG, § 233 Rn. 5; Semler/Stengel/*Ihrig*, UmwG, § 233 Rn. 18.

526 Siehe hierzu bereits 2. Kapitel, B. II. 1. b) bb) (3) (b) (aa), S. 64 ff.

527 Gegen eine Zustimmungspflicht kraft Treuepflicht auch: KK-UmwG/*Dauner-Lieb/Tettinger*, UmwG, § 233 Rn. 15; HK-UmwG/*Rose*, UmwG, § 233 Rn. 11.

528 Vgl. BGH, Urt. v. 12.04.2016 – II ZR 275/14, NZG 2016, 781 (782); ebenso: *Zürbig*, S. 107.

529 So auch Kallmeyer/*Blasche*, UmwG, § 233 Rn. 5, § 217 Rn. 5.

geboten. Hinzu kommt zwingend, dass dem Gesellschafter die Möglichkeit des Ausscheidens noch vor dem Wirksamwerden des Formwechsels gegen Zahlung einer angemessenen Abfindung – nach dem Vorbild des § 207 UmwG[530] – angeboten wird.[531]

Sofern der Beschluss dann einstimmig unter Wahrung des sich aus § 194 UmwG und § 234 Nr. 1, 3 UmwG ergebenden Mindestinhalts gefasst wurde, ist dieser nach § 193 Abs. 3 S. 1 UmwG notariell zu beurkunden. Die Beurkundung richtet sich nach den §§ 36 ff. BeurkG.[532] Danach ist eine Niederschrift aufzunehmen, die durch den Notar unterzeichnet wird. Die Vorschriften sind sowohl auf den Beschluss selbst als auch für den anzufertigenden Gesellschaftervertrag anzuwenden, da dieser nach § 234 UmwG ebenfalls Teil des Beschlusses ist.[533] Sofern eine Zustimmungserklärung abgegeben wurde, richtet sich deren Beurkundung nach §§ 8 ff. UmwG.[534]

C. Die Eintragung ins Handelsregister

Als drittes Element des Formwechsels ist die Eintragung ins Handelsregister von besonderer Bedeutung, denn der Beschluss allein führt noch nicht zu einem Wechsel der Rechtsform. Dafür bedarf es nach § 202 UmwG der Eintragung des Formwechsels in das Handelsregister. Ob sich die Wirkung des Formwechsels nach § 202 Abs. 1 oder Abs. 2 UmwG richtet, hängt davon ab, wo die Gesellschaft bereits eingetragen ist. Bleibt das Register identisch, so richtet sich die Eintragung nach § 202 Abs. 1 UmwG i.V.m. § 198 Abs. 1 UmwG.[535] Sofern sich das Register ändert, treten die in § 202 Abs. 1 UmwG geregelten Wirkungen über § 202 Abs. 2 UmwG i.V.m. § 198 Abs. 2 ein, sobald die Eintragung in das neue Register erfolgt ist. Die Anmeldung des Formwechsels in das ursprüngliche Register ist dann zwar nach § 198 Abs. 2 S. 3 UmwG auch erforderlich, indes für die Wirkung nicht maß-

---

530 Eine direkte Anwendung von § 207 UmwG ist nicht möglich, da nicht gleichzeitig Widerspruch eingelegt und die Zustimmung erteilt werden kann. Siehe hierzu bereits 2. Kapitel, A. I. 3. a), S. 40.

531 KK-UmwG/*Dauner-Lieb*/*Tettinger*, UmwG, § 233 Rn. 15; vgl. auch Kallmeyer/*Blasche*, UmwG, § 233 Rn. 5; Semler/Stengel/*Ihrig*, UmwG, § 233 Rn. 18.

532 KK-UmwG/*Petersen*, UmwG, § 193 Rn. 19; Lutter/*Decher*/*Hoger*, UmwG, § 193 Rn. 10.

533 Kallmeyer/*Zimmermann*, UmwG, § 193 Rn. 28; Lutter/*Decher*/*Hoger*, UmwG, § 193 Rn. 10.

534 KK-UmwG/*Petersen*, UmwG, § 193 Rn. 19; Widmann/Mayer/*Vollrath*, UmwG, § 193 Rn. 13.

535 SHS/*Stratz*, UmwG, § 202 Rn. 3.

geblich.[536] Anders ist das bei dem Formwechsel in die GbR. Nachdem für die GbR kein Register besteht,[537] normiert § 235 Abs. 1 UmwG, dass der Formwechsel bei dem Register des formwechselnden Rechtsträgers eingetragen wird. Aus diesem Grund legt § 235 Abs. 2 UmwG fest, dass § 198 Abs. 2 UmwG keine Anwendung findet.[538] Somit tritt die Wirkung der Eintragung beim Formwechsel in eine GbR ebenfalls nach § 202 Abs. 1 UmwG – mithin mit Eintragung in das Register der ursprünglichen GmbH – ein.[539]

Wenn zum Teil vertreten wird, dass es möglich ist, im Innenverhältnis einen anderweitigen vordatierten Umwandlungsstichtag festzulegen,[540] so hat ein solcher Stichtag allerdings ausschließlich umwandlungssteuerrechtliche Auswirkungen.[541]

Vorzunehmen ist die Anmeldung gemäß § 235 Abs. 2 UmwG durch das Vertretungsorgan des formwechselnden Rechtsträgers, folglich durch die Geschäftsführer der GmbH in vertretungsberechtigter Anzahl.[542]

Dabei muss nach § 198 Abs. 3 UmwG i.V.m. § 16 Abs. 2 S. 1 UmwG durch die GmbH-Geschäftsführer[543] die Erklärung abgegeben werden, dass eine Klage gegen die Wirksamkeit des Umwandlungsbeschlusses nicht oder nicht fristgemäß erhoben, respektive eine solche Klage rechtskräftig abgewiesen oder zurückgenommen wurde. Die geforderte Erklärung bezieht sich auf Anfechtungs- und Nichtigkeitsklagen, sowie auch andere Klagearten, mit denen die Anfechtbarkeit oder auch Unwirksamkeit des Umwandlungsbeschlusses

---

536 Kallmeyer/*Meister/Klöcker*, UmwG, § 202 Rn. 9; Lutter/*Decher/Hoger*, UmwG, § 202 Rn. 5; SHS/*Stratz*, UmwG, § 202 Rn. 3.

537 Lutter/*Decher/Hoger*, UmwG, § 235 Rn. 10.

538 Semler/Stengel/*Ihrig*, UmwG, § 235 Rn. 11.

539 Kallmeyer/*Meister/Klöcker*, UmwG, § 202 Rn. 7; SHS/*Stratz*, UmwG, § 202 Rn. 3; Widmann/Mayer/*Vossius*, UmwG, § 202 Rn. 7.

540 So Lutter/*Decher/Hoger*, UmwG, § 202 Rn. 6; Semler/Stengel/*Bärwaldt*, UmwG, § 194 Rn. 36; Widmann/Mayer/*Vossius*, UmwG, § 202 Rn. 34; a.A.: Kallmeyer/*Meister/Klöcker*, UmwG, § 194 Rn. 9, § 202 Rn. 12.

541 § 9 Abs. 3 UmwStG; siehe hierzu: Lutter/*Decher/Hoger*, UmwG, § 202 Rn. 6; Semler/Stengel/*Bärwaldt*, UmwG, § 194 Rn. 36.

542 Widmann/Mayer/*Vossius*, UmwG, § 198 Rn. 26.

543 § 16 Abs. 2 UmwG fordert als Norm des Verschmelzungsrechts, dass „die Vertretungsorgane" die Anmeldung erklären. Offen bleibt dem Gesetzeswortlaut nach daher, welches Vertretungsorgan die Erklärung abzugeben hat. Dem Zweck der Norm nach muss es sich jedoch um das Vertretungsorgan des formwechselnden Rechtsträgers handeln – Widmann/Mayer/*Vossius*, UmwG, § 198 Rn. 33 f.

geltend gemacht oder festgestellt werden soll.[544] Hierbei handelt es sich um Klagen im Sinne von § 195 UmwG, sodass die Klagefrist des § 195 Abs. 1 UmwG Anwendung findet und entsprechend auch die Abgabe der geforderten Negativerklärung erst nach Ablauf der dort geregelten Monatsfrist erfolgen kann.[545] Liegt eine solche Negativerklärung nicht vor, ist der Formwechsel nicht eintragungsfähig.[546]

Eine Ausnahme besteht, wenn nach § 198 Abs. 3 UmwG i.V.m. § 16 Abs. 2 S. 2 UmwG durch notariell beurkundete Erklärungen aller Klageberechtigten auf die Klage verzichtet wurde,[547] womit das Eintragungsverfahren entsprechend beschleunigt werden kann.[548] Bei dem hier betrachteten Wechsel in eine GbR müssen bereits für den Umwandlungsbeschluss selbst alle Anteilsinhaber zugestimmt haben.[549] In einem solchen Fall ist daher nach überwiegender Ansicht eine Negativerklärung ebenso wie beim Vorliegen einer Verzichtserklärung nach § 198 Abs. 3 UmwG i.V.m. § 16 Abs. 2 S. 2 UmwG entbehrlich.[550] Zu bedenken ist jedoch, dass die Anteilsinhaber ihre Klagebefugnis bei nachträglicher Kenntniserlangung von bestehenden Mängeln nicht allein durch die Zustimmung zu dem Umwandlungsbeschluss verlieren, sodass eine Klageerhebung ihrerseits weiterhin möglich wäre.[551] Aus diesem Grund empfiehlt es sich nicht, die Zustimmung zum Beschluss einer Verzichtserklärung gleich zu setzen.[552] Auch bei dem Formwechsel in eine GbR sollten daher die Verzichtserklärungen eingefordert werden.[553]

544 Lutter/*Decher*/*Hoger*, UmwG, § 198 Rn. 34.

545 Lutter/*Decher*/*Hoger*, UmwG, § 198 Rn. 35.

546 Kallmeyer/*Marsch-Barner*, UmwG, § 16 Rn. 27; Semler/Stengel/*Schwanna*, UmwG, § 198 Rn. 18.

547 KK-UmwG/*Simon*, UmwG, § 16 Rn. 40; Kallmeyer/*Marsch-Barner*, UmwG, § 16 Rn. 29; Semler/Stengel/*Schwanna*, UmwG, § 198 Rn. 18.

548 Lutter/*Decher*/*Hoger*, UmwG, § 198 Rn. 35

549 § 233 Abs. 1 UmwG.

550 Henssler/Strohn/*Heidinger*, UmwG, § 16 Rn. 16; Kallmeyer/*Marsch-Barner*, UmwG, § 16 Rn. 29; Lutter/*Decher*, UmwG, § 16 Rn. 23; Semler/Stengel/*Schwanna*, UmwG, § 16 Rn. 20; Widmann/Mayer/*Fronhöfer*, UmwG, § 16 Rn. 91.

551 KK-UmwG/*Simon*, UmwG, § 16 Rn. 40; SHS/*Stratz*, UmwG, § 16 Rn. 26.

552 Ebenfalls kritisch: KK-UmwG/*Simon*, UmwG, § 16 Rn. 40; SHS/*Stratz*, UmwG, § 16 Rn. 26.

553 Dies geschieht in der Praxis wohl auch überwiegend: Lutter/*Decher*, UmwG § 16 Rn. 23; KK-UmwG/*Simon*, UmwG, § 16 Rn. 40.

I. Prüfung durch das Registergericht

Bevor das Registergericht die Eintragung vornimmt, hat es zu prüfen, ob die Eintragungsvoraussetzungen erfüllt sind.[554] Dabei findet die Prüfung sowohl in materieller als auch in formeller Hinsicht anhand der einzureichenden Unterlagen statt.[555]

Zuständig ist nach § 235 Abs. 1 S. 1 UmwG das bisherige Registergericht, bei dem das Register der ursprünglichen GmbH geführt wurde.[556] Zudem muss die Anmeldung zum Register durch den Anmeldeberechtigten, hier das Vertretungsorgan der formwechselnden Gesellschaft,[557] erfolgen.[558] Das Registergericht prüft, ob es sich bei den Anmeldenden um die Geschäftsführer der GmbH handelt.

Inhaltlich ist nach § 235 Abs. 1 S. 1 UmwG die Umwandlung der GmbH zur Eintragung anzumelden.[559] Weitere Inhalte der Anmeldung ergeben sich über § 197 UmwG aus den Gründungvorschriften des Rechtsträgers neuer Rechtsform.[560] Nachdem das Recht der GbR keine Eintragungsvorschriften enthält, bestehen somit auch keine weiteren Eintragungsinhalte.[561]

Die Anmeldung muss weiter formgerecht – also elektronisch in öffentlich beglaubigter Form nach § 12 Abs. 1 S. 1 HGB – eingereicht werden.[562] Zudem ist zu prüfen, ob die Negativerklärung nach §§ 198 Abs. 3, 16 Abs. 2 UmwG abgegeben wurde[563] und ob alle nach § 199 UmwG einzureichenden Anlagen vorliegen[564]. Bei der Umwandlung in die GbR bedarf es danach der Einreichung der Niederschrift

---

554 Kallmeyer/*Zimmermann*, UmwG, § 198 Rn. 17; Lutter/*Decher*/*Hoger*, UmwG, § 198 Rn. 24 f.

555 Kallmeyer/*Zimmermann*, UmwG, § 198 Rn. 17; HK-UmwG/*Quass*, UmwG, § 198 Rn. 29; Semler/Stengel/*Schwanna*, UmwG, § 198 Rn. 13 ff.

556 Siehe auch Widmann/Mayer/*Vossius*, UmwG, § 235 Rn. 39.

557 § 235 Abs. 2 UmwG.

558 Vgl. Semler/Stengel/*Schwanna*, UmwG, § 198 Rn. 14.

559 Kallmeyer/*Blasche*, UmwG, § 235 Rn. 2; Lutter/*Decher*/*Hoger*, UmwG, § 198 Rn. 11; Semler/Stengel/*Schwanna*, UmwG, § 198 Rn. 6.

560 Lutter/*Decher*/*Hoger*, UmwG, § 198 Rn. 12; Semler/Stengel/*Schwanna*, UmwG, § 198 Rn. 6.

561 Siehe die Tabelle bei Widmann/Mayer/*Vossius*, UmwG, § 198 Rn. 41; zu der Frage, ob sich aus einer Rechtsfortbildung Eintragungspflichten ergeben, sogleich 2. Kapitel, C. II. 1., S. 87 ff.

562 Semler/Stengel/*Schwanna*, UmwG, § 198 Rn. 14; Widmann/Mayer/*Vossius*, UmwG, § 198 Rn. 36; zu dem genauen Ablauf des vier-schrittigen Verfahrens: Henssler/Strohn/*Drinhausen*/*Kleinath*, UmwG, § 198 Rn. 10.

563 Lutter/*Decher*/*Hoger*, UmwG, § 198 Rn. 24.

564 Semler/Stengel/*Schwanna*, UmwG, § 198 Rn. 14.

des Umwandlungsbeschlusses in elektronisch beglaubigter Abschrift, der Zustimmungserklärungen der abwesenden Gesellschafter und des Umwandlungsberichts oder des Verzichts auf dessen Erstellung nach § 192 UmwG. Sofern ein Betriebsrat besteht, ist auch die an diesen erfolgte Zuleitung des Entwurfes des Umwandlungsbeschlusses nach § 194 Abs. 2 UmwG nachzuweisen. Sollte ein Mangel lediglich in der Unvollständigkeit der eingereichten Anlagen bestehen, so wird das Registergericht durch eine Zwischenverfügung nach § 382 Abs. 4 FamFG die Möglichkeit zur Ergänzung geben.[565] Das Beheben eines solchen Mangels ist bis zur Eintragung des neuen Rechtsträgers – hier also bis zur Eintragung der Umwandlung – möglich.[566]

Materiell-rechtlich prüft das Registergericht in erster Linie die Wirksamkeit des Beschlusses.[567] Sofern der Beschluss evident nichtig ist, wird die Eintragung durch den Richter abgelehnt.[568] Im Übrigen kann der Prüfungsumfang aus § 398 FamFG hergeleitet werden.[569]

Diese Norm bestimmt, wann ein eingetragener Beschuss als nichtig aus dem Register gelöscht werden kann. Der Registerrichter hat die potentielle Nichtigkeit des Beschlusses, aufgrund der grundsätzlich vorgesehenen Möglichkeit der unmittelbaren Löschung eines solchen Beschlusses nach Eintragung (§ 398 FamFG), deshalb im Voraus zu prüfen.[570] Er untersucht insofern, ob der Beschlussinhalt zwingende Vorschriften des Gesetzes verletzt, die auch dem Schutz von öffentlichen Interessen dienen.[571] Meist werden durch Fehler des Beschlusses jedoch nur die Individualinteressen der Anteilsinhaber betroffen sein, sodass die Eintragung nicht verweigert werden kann.[572]

---

565 Lutter/*Decher*/*Hoger*, UmwG, § 198 Rn. 24; HK-UmwG/*Quass*, UmwG, § 198 Rn. 29.

566 Kallmeyer/*Zimmermann*, UmwG, § 199 Rn. 9.

567 Nomos-UmwR/*Althoff*/*Narr*, UmwG, § 198 Rn. 13; Kallmeyer/*Zimmermann*, UmwG, § 198 Rn. 19; Lutter/*Decher*/*Hoger*, UmwG, § 198 Rn. 25; Semler/Stengel/*Schwanna*, UmwG, § 198 Rn. 15.

568 *Bork*, ZGR 1993, 343 (356); *Lutter*, NJW 1969, 1873 (1879); *Schmid*, ZGR 1997, 493 (498); hierzu auch *Baums*, S. 51 ff.

569 Lutter/*Decher*/*Hoger*, UmwG, § 198 Rn. 25; Lutter/*Decher*, UmwG, § 19 Rn. 5; noch zu § 144 Abs. 2 FGG: *Bork*, ZGR 1993, 343 (356); *Lüke*, ZGR 1990, 657 (669); *Schmid*, ZGR 1997, 493 (498).

570 Lutter/*Decher*, UmwG, § 19 Rn. 5; *Bork*, ZGR 1993, 343 (356 f.); *ders.*, Kölner Umwandlungsrechtstage, S. 261 (265); *Schmid*, ZGR 1997, 493 (498); abweichend *Bokelmann*, DB 1994, 1341 (1344 f.).

571 Lutter/*Decher*, UmwG, § 19 Rn. 5; ausführlich hierzu schon *Lutter*, NJW 1969, 1873 (1879 f.); *Sosnitza*, NZG 1999, 965 (973).

572 Lutter/*Decher*, UmwG, § 19 Rn. 5; vgl. zum Verweis Lutter/*Decher*/*Hoger*, UmwG, § 198 Rn. 25.

Der Umwandlungsbericht ist zwar ebenso als Anlage einzureichen; nachdem sein Zweck jedoch gerade der Schutz der Individualinteressen der Anteilsinhaber ist, findet hier eine Überprüfung durch den Registerrichter nicht statt.[573] Zudem prüft das Gericht die Einhaltung der jeweiligen Gründungsvorschriften.[574] Ob der Formwechsel angemessen ist und die unternehmerisch richtige Entscheidung darstellt, wird weder vom Registergericht[575] noch von sonst einem externen Sachverständigen geprüft[576].

II. Die Eintragung als solche

Gem. § 17 Nr. 1 lit. c) RPflG entscheidet der Registerrichter, ob die Eintragung des Formwechsels einer GmbH in eine GbR vorgenommen wird oder nicht. Hiernach kommt es für die Zuständigkeit darauf an, in welches Register die Umwandlung einzutragen ist.[577] Nachdem diese nach § 235 UmwG in das Register der GmbH einzutragen ist, greift der Richtervorbehalt des § 17 Nr. 1 lit. c) RPflG.[578] Sind alle Eintragungsvoraussetzungen erfüllt, wird der Richter – sofern er die Eintragung nicht selbst vornimmt – durch eine Eintragungsverfügung den genauen Wortlaut für die Eintragung nach § 27 Abs. 2 HRV festlegen. Auf ihrer Grundlage wird dann die Eintragung vorgenommen.[579]

Nach § 198 Abs. 1 UmwG ist dabei grundsätzlich die neue Rechtsform des Rechtsträgers in das Register einzutragen. Bei dem Formwechsel in eine GbR ordnet § 235 Abs. 1 S. 1 UmwG demgegenüber an, dass, statt der neuen Rechtsform, die Umwandlung der GmbH zur Eintragung in das bisherige Register einzutragen ist. Damit ist also, sofern man den Wortlaut von § 235 Abs. 1 S. 1 UmwG ernst nimmt, lediglich einzutragen, dass die GmbH durch Formwechsel erloschen ist.[580]

573 Lutter/*Decher*/*Hoger*, UmwG, § 198 Rn. 25.

574 Semler/Stengel/*Schwanna*, UmwG, § 198 Rn. 15.

575 Lutter/*Decher*/*Hoger*, UmwG, § 198 Rn. 25; Semler/Stengel/*Schwanna*, UmwG, § 198 Rn. 15.

576 BT-Drucks. 12/6699, S. 139.

577 OLG Hamm, Beschl. v. 27.11.2000 – 15 W 347/00, DB 2001, 85 (86); Arnold/Meyer-Stolte/*Rellermeyer*, RPflG, § 17 Rn. 26.

578 Vgl. auch Semler/Stengel/*Schwanna*, UmwG, § 198 Rn. 19.

579 Semler/Stengel/*Schwanna*, UmwG, § 198 Rn. 20; Widmann/Mayer/*Vossius*, UmwG, § 201 Rn. 21.

580 So Kallmeyer/*Blasche*, UmwG, § 235 Rn. 3; Lutter/*Göthel*, UmwG, § 235 Rn. 10; Semler/Stengel/*Ihrig*, UmwG, § 235 Rn. 9.

Problematisch ist insofern, dass sich dem Register dann weder der Name der GbR noch der ihrer Gesellschafter entnehmen lassen und die bestehenden Gläubiger nicht wissen, gegen wen sie ihre Ansprüche geltend machen müssen.[581]

1. *Eintragungspflichtige Tatsachen*

Aus diesem Grund wird teilweise vertreten, dass eine Eintragungspflicht bezüglich der genauen Bezeichnung der GbR und ihrer Gesellschafter besteht.[582]

Eine solche Eintragungspflicht wird von den Befürwortern unterschiedlich hergeleitet. Einig sind sie sich zunächst darin, dass die Vorschrift des § 235 Abs. 1 UmwG zu hinterfragen ist, da die Grundlage der bereits 1994 verabschiedeten Norm ein nach heutigen Maßstäben überholtes Verständnis der Gesellschaft bürgerlichen Rechts gewesen sei.[583]

Nach Ansicht *Becks* ist weder die Anwendung von § 235 UmwG noch deren Wegfall und damit die alleinige Anwendung von § 198 UmwG im Sinne des geltenden Rechts.[584] Würde allein § 198 UmwG angewendet, so müsste die GbR auf einem neuen Registerblatt eingetragen werden, was nach geltendem Handelsregisterrecht jedoch nicht möglich sei.[585] Bei wortgetreuer Anwendung des § 235 UmwG erhält der Geschäftsverkehr hingegen keine Auskunft über die Gesellschafter, was insofern nicht hinnehmbar sei und wohl auch nicht dem Sinn des Umwandlungsrechts entsprechen könne[586]. Seiner Ansicht nach muss daher auf einem Zwischenweg verfahren werden.

Der § 235 UmwG sei anzuwenden, sodass die Eintragung des Formwechsels auf dem Registerblatt der GmbH erfolgt, jedoch müsse zudem auch die GbR zusammen mit ihren Gesellschaftern dort eingetragen werden.[587] Es bedürfe einer klaren Auskunft über die Haftungsverhältnisse in der GbR, was sich bereits aus dem hinter § 162 Abs. 1 S. 2 HGB stehenden Sinn ergebe.[588]

Priester hingegen verwirft den Gedanken einer Heranziehung von § 162 Abs. 1 S. 2 HGB zur Auslegung des § 235 UmwG, da dieser lediglich die GbR als Kom-

---

581 *Priester*, GmbHR 2015, 1289 (1291): Hierin liege „ein Abschneiden der ihm zustehenden Gläubigerschutzrechte".

582 *Beck*, DNotZ 2017, 247 (258); *Liebscher*, ZGR 2017, 389 (399 ff.); *Melchior*, EWiR 2016, 41 (42), *Priester*, GmbHR 2015, 1289 (1291); *Vossius*, NotBZ 2017, 141 (142).

583 *Beck*, DNotZ 2017, 247 (255 f.); *Priester*, GmbHR 2015, 1289 (1291).

584 *Beck*, DNotZ 2017, 247 (255 f.).

585 *Beck*, DNotZ 2017, 247 (256).

586 *Beck*, DNotZ 2017, 247 (256).

587 *Beck*, DNotZ 2017, 247 (256 f.).

588 *Beck*, DNotZ 2017, 247 (257).

manditistin betreffe und nicht die GbR als solche in das Handelsregister aufgenommen werde.[589] Er geht hierbei allerdings anders als *Beck* von der Einfügung eines eigenständigen Registerblattes aus. Letztlich kommt aber auch er zu einer teleologischen Extension von § 235 UmwG, die dazu führt, dass die GbR mitsamt ihres Namens und ihrer Gesellschafter einzutragen ist.[590] Eine derartige Pflicht ergebe sich aus einer Analogie zu § 47 Abs. 2 GBO.[591] Die Eintragung soll als „Schlusseintragung" auf dem Registerblatt der GmbH erfolgen und damit nur den ersten Gesellschafterbestand der GbR wiedergeben.[592]

Die Rechtsprechung tritt dem entgegen. So entschied bereits das OLG Bremen, dass nur die „Umwandlung" als solche eintragungspflichtig ist. Es sei allein der Erlöschenstatbestand der GmbH, der im Handelsregister auszuweisen ist.[593] Die Gesellschaft bürgerlichen Rechts könne als solche nicht in das Handelsregister eingetragen werden, sodass § 235 UmwG dementsprechend allein die Anmeldung der Umwandlung fordere. Diese Entscheidung wurde so vom BGH bestätigt. In Abweichung von § 198 Abs. 1 UmwG müsse nach § 235 Abs. 1 UmwG nicht die GbR als neue Rechtsform, sondern bloß der Umstand der Umwandlung im Register der GmbH eingetragen werden.[594]

2. *Eigene Stellungnahme*

Zuzugeben ist den Auffassungen in der Literatur, dass die fehlende Eintragung von Informationen zur GbR, gerade in Bezug auf eine etwaig fehlende Transparenz, ein aus Gläubigersicht potenziell unbefriedigendes Ergebnis darstellt. Allerdings kann die Schaffung einer Eintragungspflicht weder über eine Analogie zu § 47 Abs. 2 GBO noch durch eine Heranziehung des Gedankens von § 162 Abs. 1 S. 2 HGB bei der Auslegung des § 235 UmwG überzeugend begründet werden.

Diesbezüglich ist zunächst ein Blick auf die Systematik des Umwandlungsgesetzes zu werfen. Nach § 198 Abs. 1 UmwG ist die „neue Rechtsform des Rechtsträgers" zur Eintragung im Register des formwechselnden Rechtsträgers anzumelden. Demnach ist allein die *neue Rechtsform* anzumelden. Über die Anmeldung der Gesellschafter, die Firma oder auch den Sitz der Gesellschaft enthält die Vorschrift keinerlei Aussage. Allein die Zuständigkeit des jeweiligen

589 *Priester*, GmbHR 2015, 1289 (1290 f.).
590 *Priester*, GmbHR 2015, 1289 (1291 f.).
591 Ebenso auch *Liebscher*, ZGR 2017, 389 (400 ff.).
592 *Priester*, GmbHR 2015, 1289 (1292).
593 OLG Bremen, Urt. v. 01.10.2015 – 5 U 21/14, DStR 2016, 489 (492 f.).
594 BGH, Versäumnisurt. v. 18.10.2016 – II ZR 314/15, NJW 2017, 559 (560).

Registers und die Anmeldung der Rechtsform wird in § 198 UmwG geregelt. Die anderen erforderlichen Inhalte der Anmeldung ergeben sich nicht aus genannter Vorschrift, sondern über § 197 UmwG aus dem Gründungsrecht der jeweiligen Gesellschaft.[595] Bei einem Formwechsel in eine OHG muss beispielsweise die Anmeldung nach § 197 UmwG, § 106 Abs. 2 HGB zusätzlich die Daten der Gesellschafter, die Firma und den Sitz der OHG, die Geschäftsanschrift, sowie Angaben zur Vertretungsmacht der Gesellschafter enthalten.

Das Umwandlungsgesetz enthält also keine allgemeingültige Vorschrift, die den Umfang des Inhalts der Anmeldung bestimmt. Würde man dem System des Umwandlungsgesetzes entsprechend zu einer Eintragung der Gesellschafter der GbR in das Handelsregister kommen wollen, so müsste dies nach § 197 UmwG über die Gründungsvorschriften der GbR erfolgen.

Die §§ 705 ff. BGB enthalten allerdings keine Vorschrift, die es der GbR auferlegt sich in das Handelsregister einzutragen. Das Handelsregister führt, wie sich § 3 Abs. 2, 3 HRV entnehmen lässt, vielmehr gar keine Abteilung, in die die GbR als solche eintragen werden kann,[596] womit eine Eintragung der GbR selbst ausscheidet.[597]

Wollte man also systemgerecht eine Eintragungspflicht bejahen, müsste eine allgemeine Eintragungspflicht der GbR und ihrer Gesellschafter in das Handelsregister begründet werden. Zwar wird die Frage nach dem Bedürfnis einer primären Registerpflicht[598] der GbR vielfach aufgeworfen und häufig auch bejaht,[599] jedoch ändert diese Diskussion, in der eine Registerpflicht ebenso häufig auch verneint[600] wird, nichts an der aktuell bestehenden Rechtslage. Dieser lässt sich

---

595 Lutter/*Decher*/*Hoger*, UmwG, § 198 Rn. 12; Semler/Stengel/*Schwanna*, UmwG, § 198 Rn. 9; Widmann/Meyer/*Vossius*, UmwG § 198 Rn. 41.

596 Dies anmerkend auch *Beck*, DNotZ 2017, 247 (254), weshalb dieser die Eintragung auf dem Blatt der GmbH fordert.

597 Vgl. nur BGH, Urt. v. 16.07.2001 – II ZB 23/00, BGHZ 148, 291 (294) = NZG 2001, 1132 (1132).

598 Es wird zwischen der primären und der sekundären Registerpflicht unterschieden, wobei sich die primäre Pflicht auf eine Eintragung der GbR als solche bezieht, während die sekundäre Pflicht beispielsweise die Eintragung der GbR als Kommanditistin einer KG im Handelsregister nach § 162 Abs. 1 S. 2 HGB meint. Zu den Begriffen auch *Scheuch*, S. 251.

599 *Heckschen*, EWiR 2011, 347 (348); *Münch*, DNotZ 2001, 535 (549); *K. Schmidt*, NJW 2001, 993 (1002); *Westermann*, FS Säcker, 543 (557); zu den Möglichkeiten der Einführung einer Registerpflicht: *Westermann*, NJW 2016, 2625 (2627).

600 *Altmeppen*, ZIP 2011, 1937 (1943 f.); *Hertel*, DNotZ 2009, 121, 129; *Lehmann*, DStR 2011, 1036 (1040 f.); *Weigl*, NZG 2010, 1053 (1055); *Kazemi*, S. 73 ff.

keine Registerpflicht entnehmen.[601] Damit kann de lege lata über § 197 UmwG keine Eintragung der Gesellschafter und der relevanten Informationen bezüglich der GbR erreicht werden.

Diese Gedanken vorweggenommen, kann auch der Aussage, dass die Gesetzesmaterialien in den Kontext zu setzen sind, dass 1994 die Rechtsfähigkeit der GbR noch nicht anerkannt war und damit das Umwandlungsgesetz aufgrund der neuen rechtlichen Wertungen anders ausgelegt werden muss,[602] nicht gefolgt werden.

Zwar ist es richtig, dass der BGH erst in seinem Grundsatzurteil von 2001 die Rechtsfähigkeit der GbR anerkannt hat,[603] jedoch bezieht sich die Gesetzesbegründung zu keiner Zeit auf die fehlende Rechtsfähigkeit der Gesellschaft bürgerlichen Rechts. Es wird vielmehr ausschließlich auf die fehlende Registerfähigkeit eingegangen. So soll die Eintragung der neuen Rechtsform bzw. des Rechtsträgers neuer Rechtsform (§ 198 Abs. 2 UmwG) nicht erfolgen, da eine Eintragung der Gesellschaft bürgerlichen Rechts in das Handelsregister nicht möglich ist.[604] Es wird daraufhin auf die Vorschriften, die sich bei anderen Gesellschaften auf die Eintragung ins Handelsregister beziehen – wie beispielsweise § 106 Abs. 1 HGB – verwiesen. Damit wird also lediglich ausgedrückt, dass die GbR als solche nicht in das Handelsregister eingetragen werden kann und aus diesem Grund auch nicht die neue Rechtsform, sondern allein der Umstand der Umwandlung zum Handelsregister anzumelden ist. An dieser Rechtslage hat sich auch durch die Anerkennung der GbR als rechtsfähig bis heute nichts geändert. Eine primäre Registerpflicht der GbR existiert nicht, dem steht vor allem die Handelsregisterverordnung in ihrer aktuellen Fassung entgegen und auch ein eigenes GbR-Register wurde nicht geschaffen. Wenn aber nicht bereits grundsätzlich Vorschriften im Gründungsrecht der GbR bestehen, die eine Eintragungspflicht vorsehen, dann führt auch § 197 UmwG nicht dazu, dass gewisse Inhalte anzumelden sind. Hinzukommt, dass die Eintragung der neuen Rechtsform handelsregisterrechtlich immer auf einem neuen Registerblatt unter einer neuen HR-Nummer erfolgt und das alte Registerblatt geschlossen wird.[605] Ein Registerblatt kann für die GbR

601 BGH, Urt. v. 16.07.2001 – II ZB 23/00, BGHZ 148, 291 (294) = NZG 2001, 1132 (1132); bestätigend: BGH, Versäumnisurt. v. 18.10.2016 – II ZR 314/15, NJW 2017, 559 (560); a.A. *Heinemann*, JR 2010, 31 (32), der bereits de lege lata von einer Eintragungsfähigkeit der GbR als solchen ausgeht.

602 *Beck*, DNotZ 2017, 247 (255 f.).

603 BGH, Urt. v. 29.01.2001 – II ZR 331/00, BGHZ 146, 341 (343) = NJW 2001, 1056 (1056).

604 BT-Drucks. 12/6699, S. 142, 155.

605 Semler/Stengel/*Schwanna*, UmwG, § 198 Rn. 2.

jedoch, wie bereits erläutert, nicht angelegt werden. Die Anordnung in § 235 Abs. 1 UmwG lediglich die Umwandlung zur Eintragung anzumelden ist damit auch heute noch konsequent.

Selbstverständlich hätte es dem Gesetzgeber frei gestanden, im Fall der Umwandlung in eine GbR eine entsprechende Sondervorschrift zu schaffen, die direkt eine Eintragungspflicht bezüglich der GbR und ihrer Gesellschafter vorschreibt, ohne dass es für die genauen zur Anmeldung einzureichenden Inhalte des Umwegs über § 197 UmwG bedürfte. Es ist davon auszugehen, dass sowohl *Priester* als auch *Beck* eine solche Ausnahmevorschrift in den § 235 UmwG hineinlegen wollen.

Diese Rechtsfortbildung geht jedoch zu weit. Zunächst bedürfte es für eine Analogie gleich aus welcher Vorschrift einer planwidrigen Regelungslücke. Wie nun mehrfach klargestellt, war dem Gesetzgeber indes bewusst, dass die GbR nicht in das Handelsregister eingetragen werden kann und daran hat sich durch die Anerkennung der Rechtsfähigkeit der GbR seitens des BGH auch nichts geändert. Auch die vielfach bemängelte Schutzlosigkeit der Gläubiger entstand nicht erst durch die Rechtsfähigkeit der GbR. Haftet die gesamthänderische Verbundenheit der Gesellschafter und nicht die GbR als solche, so ist es zur Geltendmachung von Ansprüchen ebenfalls notwendige Voraussetzung, dass der Gläubiger genau weiß, wer diese gesamthänderische Verbundenheit der Gesellschafter ist. Nachdem es damals wie heute kein Register für die GbR gab, bestand die Schwierigkeit der Kenntniserlangung für die Gläubiger also auch schon damals. Die bekannte Rechtslage hätte es dem Gesetzgeber jedoch unbenommen gelassen, bereits damals für den Fall des Formwechsels in eine GbR die Auflistung aller Gesellschafter in gesonderter Form vorzuschreiben.

Dieser Umstand steht der Annahme einer planwidrigen Regelungslücke entgegen.[606] Zudem sind nach dem Urteil des BGH von 2001 zwei Änderungsgesetze zum Umwandlungsgesetz erlassen worden,[607] sodass für den Gesetzgeber die Möglichkeit bestanden hätte, seine Anordnungen anzupassen.

Sofern als Änderung, die sich durch die Rechtsfähigkeit der GbR ergeben hat, auf die Pflicht zur Eintragung einer Kommanditisten-GbR mitsamt ihrer Gesellschafter nach § 162 Abs. 1 S. 2 HGB verwiesen wird, so ist diese Norm nicht mit der Rechtsfolge eines Formwechsels vergleichbar.[608] Bei Anwendung dieser Vorschrift ist primär eine Kommanditgesellschaft in das Register eingetragen.

---

606 Eine Regelungslücke verneinend auch *Otte-Gräbener*, BB 2017, 394 (396).

607 Zweites Gesetz zur Änderung des Umwandlungsgesetzes v. 19.04.2007, BGBl. I 2007, Nr. 15 S. 542 ff.; Drittes Gesetz zur Änderung des Umwandlungsgesetzes v. 11.07.2011, BGBl. I 2011, Nr. 35 S. 1338 ff.

608 So auch *Priester*, GmbHR 2015, 1289 (1290 f.).

Nach § 162 Abs. 1 S. 1 HGB sind zudem sämtliche Kommanditisten mitsamt ihrer Einlage in das Handelsregister einzutragen. Die GbR ist somit lediglich als deren Kommanditistin aufgeführt, wobei gemäß § 162 Abs. 1 S. 2 HGB auch ihre Gesellschafter zu benennen sind. Die Eintragungen betreffen also primär die Kommanditgesellschaft,[609] sodass es sich nicht um einen Fall handelt, in dem die GbR aus sich selbst heraus in ein Register einzutragen ist.

Bei der Eintragung einer durch Formwechsel entstehenden GbR handelt es sich zwar um eine Besonderheit in der Entstehung der Gesellschaft. Letztlich ist diese jedoch alleiniger Rechtsträger. Die Rechtsform der GmbH erlischt, sodass es sich bei der Eintragung der Gesellschafter der GbR auch nicht mehr um eine Angelegenheit der GmbH handelt.

Eine entsprechende Auslegung des § 235 UmwG ginge folglich zu weit. Die Eintragung von Informationen zu einer GbR auf dem Registerblatt einer GmbH kennt das Handelsregisterrecht nicht. Auch dem System des Umwandlungsgesetzes, nach dem sich die genauen Eintragungen nach den Gründungsvorschriften der neuen Rechtsform richten, würde dies zuwiderlaufen. Zu guter Letzt lässt der Wortlaut eine solche Gestaltung auch gar nicht zu, da nach § 235 Abs. 1 S. 1 UmwG bereits die neue Rechtsform nicht einzutragen ist, sondern allein die Umwandlung zur Eintragung angemeldet werden muss. In diese Norm eine originäre Pflicht zur Eintragung der GbR und ihrer Gesellschafter hineinzulesen, ist daher nicht möglich.

Dem BGH kann im Ergebnis darin zugestimmt werden, dass nach § 235 Abs. 1 S. 1 UmwG in Abweichung von § 198 UmwG die GbR als neue Rechtsform nicht einzutragen ist und damit erst recht ihre Gesellschafter keiner Eintragungspflicht unterliegen.[610] Es ist lediglich einzutragen, dass die Rechtsform der GmbH durch Formwechsel erloschen ist.[611]

III. Die Bestandskraft der Eintragung

Mit der Eintragung der Umwandlung der GmbH wird nach § 202 Abs. 1 Nr. 3 UmwG ein Mangel der notariellen Beurkundung des Umwandlungsbeschlusses, sowie der gegebenenfalls erforderlichen Zustimmungs- und Verzichtserklärun-

---

609 *Priester*, GmbHR 2015, 1289 (1291).

610 BGH, Versäumnisurt. v. 18.10.2016 – II ZR 314/15, NJW 2017, 559 (560); zustimmend ebenfalls: *Otte-Gräbener*, BB 2017, 394 (396); *Fuchs/Thilo*, WuB 2017, 338 (339).

611 Damit ist allerdings noch nicht gesagt, ob diese Rechtslage für den Gläubigerschutz zufriedenstellend ist. Hierauf wird an späterer Stelle noch einzugehen sein. Kapitel 5, S. 179 ff.

gen einzelner Anteilsinhaber geheilt. Diese Vorschrift normiert eine materiellrechtlich wirkende Heilung, sodass ein Beurkundungsmangel mit der Eintragung ex-tunc behoben ist.[612] Die Eintragung eines gänzlich nicht beurkundeten Beschlusses ist aufgrund der formellen Prüfung durch das Registergericht in praktischer Hinsicht eher unwahrscheinlich,[613] sodass diese Vorschrift vor allem für unvollständige Beurkundungen von Bedeutung ist[614].

Darüber hinaus bestimmt § 202 Abs. 3 UmwG, dass übrige Mängel die Wirkung der Eintragung unberührt lassen. Die Eintragung führt also zu einer Bestandskraft des Formwechsels, die seine Wirksamkeit endgültig feststellt.[615] Die Umwandlung kann daher nach der Eintragung grundsätzlich weder ex tunc noch ex nunc wieder aufgehoben werden.[616]

Diese Einschränkung ist vom Gesetzgeber bezweckt, da die Rückabwicklung mit erheblichen Schwierigkeiten für die Beteiligten, aber auch den Rechtsverkehr einhergehen kann.[617] Lediglich in engen Ausnahmefällen kommt daher eine teleologische Reduktion von § 202 Abs. 3 UmwG in Betracht,[618] welche dann ausnahmsweise dazu führt, dass die Eintragung des Formwechsels nicht zu dessen Wirksamkeit führt.[619] Angenommen werden solche Ausnahmen bei gänzlichem Fehlen eines Umwandlungsbeschlusses, sowie bei Vorliegen eines Formwechsels, der gegen den *numerus clausus* des Umwandlungsgesetzes[620] verstößt.[621] In einem solchen Fall ist insoweit die Umwandlung als solche bereits nicht existent res-

---

612 Kallmeyer/*Meister*/*Klöcker*, UmwG, § 202 Rn. 51.

613 Lutter/*Decher*/*Hoger*, UmwG, § 202 Rn. 50.

614 KK-UmwG/*Petersen*, UmwG, § 202 Rn. 23; Kallmeyer/*Meister*/*Klöcker*, UmwG, § 202 Rn. 50; Lutter/*Decher*/*Hoger*, UmwG, § 202 Rn. 50; Semler/Stengel/*Leonard*, UmwG, § 202 Rn. 32.

615 Lutter/*Decher*/*Hoger*, UmwG, § 202 Rn. 58.

616 Kallmeyer/*Meister*/*Klöcker*, UmwG, § 202 Rn. 57; Lutter/*Decher*/*Hoger*, UmwG, § 202 Rn. 58, *Kort*, DStR 2004, 185 (186); a.A. *Veil*, ZIP 1996, 1065 (1068), der eine „Rückgängigmachung des Rechtsformwechsels ex nunc prinzipiell [für] möglich" hält.

617 BT-Drucks. 12/6699, S. 144; BGH, Urt. v. 05.10.2006 – III ZR 283/05, WM 2006, 2173 (2176); Lutter/*Decher*/*Hoger*, UmwG, § 202 Rn. 52; Semler/Stengel/*Leonard*, UmwG, § 202 Rn. 34; kritisch hierzu: *Bork*, ZGR 1993, 343 (355); *Schöne*, DB 1995, 1317 (1321).

618 *Kort*, S. 275 f.

619 Henssler/Strohn/*Drinhausen*/*Keinath*, UmwG, § 202 Rn. 16; Semler/Stengel/*Leonard*, UmwG, § 202 Rn. 35 ff.

620 Hierzu bereits im 1. Kapitel, C. I., S. 7.

621 Kallmeyer/*Meister*/*Klöcker*, UmwG, § 202 Rn. 56; Semler/Stengel/*Leonard*, UmwG, § 202 Rn. 36 f.; *Kort*, AG 2010, 230 (236).

pektive nichtig.[622] Im Übrigen greift unabhängig von der Schwere des Mangels der Bestandsschutz nach § 202 Abs. 3 UmwG ein.[623] Damit ist die Rückgängigmachung des bereits eingetragenen Formwechsels grundsätzlich ausgeschlossen.[624]

Aufgrund der, mit der Eintragung in das Handelsregister eintretenden, Publizitätswirkungen ist eine Registererinnerung ebenso wenig statthaft wie ein Beschwerdeverfahren.[625] Selbst ein schwerwiegender Mangel führt nicht dazu, dass die Gesellschafter mittels einer Anfechtungs- oder auch Nichtigkeitsklage die Unwirksamkeit des Formwechsels herbeiführen können.[626] Daher kann auch die Zustimmung zur Löschung seitens aller Gesellschafter nicht zu einer Rückgängigmachung führen.[627]

Auch eine Amtslöschung von Seiten des Registergerichts nach § 398 FamFG ist mit Eintragung des Formwechsels grundsätzlich nicht mehr möglich.[628] Das in solchen Fällen normalerweise einschlägige Amtslöschungsverfahren wird ebenfalls über die in § 202 Abs. 3 UmwG normierte Bestandskraft erheblich beschränkt.[629] Der Rückgriff auf eine Löschung nach § 395 FamFG wird, sobald der Anwendungsbereich von § 398 FamFG eröffnet ist, ebenfalls grundsätzlich versperrt,[630] sodass auch hierüber eine Löschung der Eintragung in der Regel nicht in Betracht kommt.

Eine Verdrängung des § 395 FamFG durch § 398 FamFG kann jedoch dann ausnahmsweise nicht anzunehmen sein, wenn der Bestand des Formwechsels aufgrund von schwerwiegenden Verfahrensfehlern aus verfassungsrechtlichen

622 BGH, Urt. v. 29.06.2001 – V ZR 186/00, ZIP 2001, 2006 (2006) – zur Verschmelzung; SHS/*Hörtnagl*, UmwG, § 131 Rn. 96; *Kort*, AG 2010, 230 (236).

623 OLG Hamburg, Urt. v. 17.08.2007 – 11 U 277/05, RNotZ 2008, 37 (39); Kallmeyer/*Meister/Klöcker*, UmwG, § 202 Rn. 56; Lutter/*Decher/Hoger*, UmwG, § 202 Rn. 53; *Kort*, AG 2010, 230 (231); a.A. *K. Schmidt*, ZIP 1998, 181 (187).

624 Lutter/*Decher/Hoger*, UmwG, § 202 Rn. 52.

625 BayObLG, Beschl. v. 04.12.1984 – 3 Z 215/84, DNotZ 1986, 48 (48); BGH, Urt. v. 05.10.2006 – III ZR 283/05, WM 2006, 2173 (2176).

626 Kallmeyer/*Meister/Klöcker*, UmwG, § 202 Rn. 57; Lutter/*Decher/Hoger*, UmwG, § 202 Rn. 58.

627 OLG Frankfurt a. M., Beschl. v. 22.10.2002 – 20 W 299/02, NZG 2003, 236 (237) in Bezug auf die Parallelvorschrift im Verschmelzungsrecht (§ 20 Abs. 2 UmwG).

628 BGH, Urt. v. 05.10.2006 – III ZR 283/05, WM 2006, 2173 (2176); OLG Hamburg, Beschl. v. 20.08.2003 – 11 W 39/03 (jeweils zu den Vorgängernormen); Kallmeyer/*Meister/Klöcker*, UmwG § 202 Rn. 57; Lutter/*Decher/Hoger*, UmwG, § 202 Rn. 58.

629 BGH, Urt. v. 05.10.2006 – III ZR 283/05, WM 2006, 2173 (2176); *Kort*, DStR 2004, 185 (188) zu den Vorgängernormen.

630 MüKo-FamFG/*Krafka*, FamFG, § 398 Rn. 6; Keidel/*Heinemann*, FamFG, § 398 Rn. 4.

Erwägungen nicht geduldet werden kann.[631] Solch extreme Ausnahmefälle, die zu einer Möglichkeit der Löschung nach § 395 FamFG führen können, sind in denselben Fallgruppen zu bejahen, die auch zu einer Ausnahme von der Bestandskraft der Eintragung führen.[632] Der Bestandsschutz und die Möglichkeit einer Löschung laufen insofern parallel, was dazu führt, dass die umwandlungsrechtliche Anordnung nicht durch ein Löschungsverfahren unterlaufen werden kann.[633] Die tatsächliche Löschung des Formwechsels wird damit einen seltenen Ausnahmefall darstellen, da dieser in den aufgeführten Durchbrechungen des Bestandsschutzes vom Registergericht für gewöhnlich gar nicht erst eingetragen werden sollte.[634] Kein Bestandsschutz besteht allerdings bei Vorliegen einer nichtigen Gesellschaft, sodass dann eine Löschung nach § 397 FamFG möglich ist.[635] Da die GbR selbst jedoch nicht in das Register einzutragen ist,[636] kann und muss diese bei Nichtigkeit auch nicht aus dem Register gelöscht werden.

Im Großen und Ganzen wird in den meisten Fällen daher nur die Geltendmachung der durch den fehlerhaften Formwechsel eingetretenen Schäden im Rahmen eines Schadensersatzanspruchs in Betracht kommen.[637] Mangels materiell-rechtlicher Heilungswirkung des § 202 Abs. 3 UmwG[638] ist unbestritten, dass diese Vorschrift der Geltendmachung von Schadensersatzansprüchen nach §§ 205, 206 UmwG nicht entgegensteht.[639] Allerdings ist auch hier die Rückabwicklung des Formwechsels im Wege der Naturalrestitution nicht möglich.[640]

Im Unterschied hierzu soll die Geltendmachung von Schadensersatz bei einer Heilung nach § 202 Abs. 1 Nr. 3 UmwG nach teilweise vertretener Ansicht aus-

---

631 BVerfG, Beschl. v. 09.12.2009 – 1 BvR 1542/06, WM 2010, 170 (172); Lutter/*Decher/Hoger*, UmwG, § 202 Rn. 58.

632 *Kort*, AG 2010, 230 (236 f.).

633 Vgl. auch *Kort*, AG 2010, 230 (236 f.).

634 Lutter/*Decher/Hoger*, UmwG, § 202 Rn. 55.

635 Lutter/*Decher/Hoger*, UmwG, § 202 Rn. 56; vgl. auch KK-UmwG/*Petersen*, UmwG, § 202 Rn. 28; Semler/Stengel/*Leonard*, UmwG, § 202 Rn. 39; *Kort*, S. 268 f.

636 Siehe zuvor 2. Kapitel, C. II. 2., S. 88 ff.

637 Lutter/*Decher/Hoger*, UmwG, § 202 Rn. 58.

638 KK-UmwG/*Petersen*, UmwG, § 202 Rn. 26.

639 Vgl. nur KK-UmwG/*Petersen*, UmwG, § 202 Rn. 23; Kallmeyer/*Meister/Klöcker*, UmwG, § 202 Rn. 50; Lutter/*Decher/Hoger*, UmwG, § 202 Rn. 58; SHS/*Stratz*, UmwG, § 202 Rn. 11.

640 *Kort*, AG 2010, 230 (235); so auch zur Verschmelzung: *Paschos/Johannsen-Roth*, NZG 2006, 327 (330).

geschlossen sein.[641] Dagegen spricht jedoch, dass der Schaden gerade erst durch die Heilung des Mangels und der damit einhergehenden Unbegründetheit einer Klage gegen den Umwandlungsbeschluss entstanden sein kann.[642] Die Möglichkeit einen Schadensersatzanspruch gegen die Verantwortlichen geltend zu machen, kann daher nicht durch die Heilung des Mangels ausgeschlossen sein.[643]

Der Formwechsel vermag somit grundsätzlich nur durch einen erneuten Formwechsel unter Einhaltung aller einschlägigen Vorschriften rückgängig gemacht werden.[644] Die Umwandlung in eine GbR kann allein nach dem Umwandlungsgesetz damit nicht rückgängig gemacht werden, da die GbR nach § 191 Abs. 1 UmwG kein formwechselnder Rechtsträger ist. Möglich wäre dann allenfalls die Auflösung der Gesellschaft und Neugründung einer GmbH oder der Wechsel der GbR zu einer OHG und sodann die Vornahme eines umwandlungsrechtlichen Formwechsels zurück in eine GmbH.

Auf Mängel außerhalb des Formwechsels erstrecken sich die Wirkungen des § 202 Abs. 3 UmwG nicht.[645] Lagen also beispielsweise schon bei der ursprünglichen Gründung der GmbH Mängel vor, so hat die Bestandskraft des Formwechsels hierauf keinen Einfluss.[646] Auch vor dem Formwechsel vorgenommene Kapitalmaßnahmen werden hierdurch nicht wirksam.[647]

Anderes gilt nur, wenn die Kapitalmaßnahme zur Durchführung des Formwechsels erforderlich war.[648] In diesem Fall erstreckt sich der Bestandsschutz auch hierauf.[649]

---

641 KK-UmwG/*Petersen*, UmwG, § 202 Rn. 26; noch zu § 352a AktG a. F.: *K. Schmidt*, ZGR 1991, 373 (377).

642 So auch zu der Parallelnorm im Verschmelzungsrecht: Lutter/*Grunewald*, UmwG, § 20 Rn. 78.

643 Kallmeyer/*Meister*/*Klöcker*, UmwG, § 202 Rn. 54; Lutter/*Decher*/*Hoger*, UmwG, § 202 Rn. 58; Lutter/*Grunewald*, UmwG, § 20 Rn. 78; Semler/Stengel/*Leonard*, UmwG, § 202 Rn. 33; Widmann/Mayer/*Vossius*, UmwG, § 202 Rn. 186.

644 Lutter/*Decher*/*Hoger*, UmwG, § 202 Rn. 58.

645 Kallmeyer/*Meister*/*Klöcker*, UmwG, § 202 Rn. 58; Lutter/*Decher*/*Hoger*, UmwG, § 202 Rn. 59; Semler/Stengel/*Leonard*, UmwG, § 202 Rn. 40; SHS/*Stratz*, UmwG, § 202 Rn. 11.

646 Kallmeyer/*Meister*/*Klöcker*, UmwG, § 202 Rn. 58; Semler/Stengel/*Leonard*, UmwG, § 202 Rn. 40.

647 Kallmeyer/*Meister*/*Klöcker*, UmwG, § 202 Rn. 58; Lutter/*Decher*/*Hoger*, UmwG, § 202 Rn. 60.

648 So nach § 220 UmwG beim Formwechsel von Personenhandelsgesellschaften.

649 Kallmeyer/*Meister*/*Klöcker*, UmwG, § 202 Rn. 58; Lutter/*Decher*/*Hoger*, UmwG, § 202 Rn. 60; Semler/Stengel/*Leonard*, UmwG, § 202 Rn. 40.

Sofern sonstige Beschlüsse gefasst werden, hat die Eintragung auf deren Wirksamkeit ebenfalls keine Auswirkungen.[650] Das gilt beispielsweise für die Fassung eines Einziehungsbeschlusses im Rahmen des Austritts eines Gesellschafters[651] (zeitgleich) mit dem Formwechsel.[652] Mängel eines solchen Beschlusses können daher auch nach der Eintragung noch mit der Folge geltend gemacht werden, dass der Beschluss für nichtig erklärt wird.[653] Der Gesellschaftsvertrag ist hingegen nach § 234 Nr. 3 UmwG auch Teil des Umwandlungsbeschlusses, sodass hierin enthaltene Mängel nicht zur Nichtigkeit des Formwechsels führen können.[654]

D. Zwischenergebnis

Zusammenfassend ist festzuhalten, dass ein Ein- und Austritt zeitgleich mit dem Formwechsel zwar nicht durch diesen selbst, jedoch in Kombination mit den gesellschaftsrechtlichen Vorschriften möglich ist. Auch einem Ausscheiden nach Fassung des Umwandlungsbeschlusses noch vor Eintragung des Formwechsels steht nichts entgegen, wobei jedoch das Umwandlungsrecht nicht vorsieht, dass der Umwandlungsbeschluss entsprechend zu ändern ist. Weder die GbR als solche noch ihre Gesellschafter sind bei der Eintragung des Formwechsels in das Register der GmbH mit auf dem Registerblatt zu vermerken. Es wird ausschließlich der Umstand der Umwandlung eingetragen, was dazu führt, dass sich Schwierigkeiten in der Gewährleistung der Transparenz bezüglich der tatsächlich an der GbR beteiligten Gesellschafter aufdrängen.

Nach Eintragung des Formwechsels greift die Bestandskraft gemäß § 202 Abs. 3 UmwG, sodass eine Rückgängigmachung der Wirkungen grundsätzlich ausgeschlossen ist.

Bevor auf die aufgezeigten potentiellen Probleme der Transparenz des Formwechsels weiter einzugehen ist, sollen die haftungsrechtlichen Auswirkungen der Diskontinuität der Rechtsordnung untersucht werden.

---

650 Semler/Stengel/*Leonard*, UmwG, § 202 Rn. 40; Widmann/Mayer/*Vossius*, UmwG, § 20 Rn. 395.

651 Siehe hierzu oben 2. Kapitel, B. II. 1. b) bb) (4), S. 71 ff.

652 Lutter/*Decher*/*Hoger*, UmwG, § 202 Rn. 60; Widmann/Mayer/*Vossius*, UmwG, § 20 Rn. 395.

653 Kallmeyer/*Meister*/*Klöcker*, UmwG, § 202 Rn. 58.

654 Lutter/*Decher*/*Hoger*, UmwG, § 202 Rn. 60.

3. Kapitel: Die Haftung vor und nach dem Formwechsel

Mit der Eintragung entsteht der neue Rechtsträger, sodass aus der GmbH in Folge der Identitätsthese eine Gesellschaft bürgerlichen Rechts wird. Aufgrund der damit einhergehenden Diskontinuität der Rechtsordnung[655] ändert sich auch die gesamte Haftungsverfassung der Gesellschaft, was dazu führt, dass fortan allein die gesetzlichen Regelungen der Gesellschaft bürgerlichen Rechts Anwendung finden. Dabei dürfen die Gläubiger, welche bei einem Formwechsel nicht um ihr Einverständnis gebeten werden, nicht schlechter gestellt sein als zuvor. Um festzustellen, ob die gesetzlichen Regelungen dieser Aufgabe gerecht werden, sind zunächst die beiden Haftungssysteme gegenüberzustellen. Sodann ist zu prüfen, ob im Fall der Umwandlung Nachteile für die Gläubiger eintreten und, sofern dies der Fall ist, ob diese durch bestehende Vorschriften des Umwandlungsgesetzes ausreichend ausgeglichen werden.

A. Die GmbH

Bei der GmbH handelt es sich um eine juristische Person.[656] Sie besitzt eine eigene Rechtspersönlichkeit[657] und ist gemäß § 13 Abs. 1 GmbHG voll umfassend rechtsfähig.[658] Die GmbH nimmt somit selbst am Rechtsverkehr teil, wobei sie nach § 35 Abs. 1 S. 1 GmbHG durch ihre Geschäftsführer vertreten wird. Sie ist selbst Gläubigerin bzw. Schuldnerin der von ihr eingegangenen Verbindlichkeiten und steht ihren Gesellschaftern nach dem sog. Trennungsprinzip[659] als eigene Rechtspersönlichkeit gegenüber.[660] Gemäß § 13 Abs. 2 GmbHG haftet den Gläubigern gegenüber grundsätzlich nur die Gesellschaft mit ihrem Gesellschaftsvermögen.

---

655 1. Kapitel, D. II., S. 30 ff.

656 Ganz h.M. vgl. nur Baumbach/Hueck/*Fastrich*, GmbHG, § 13 Rn. 2; UHL/*Raiser*, GmbHG, § 13 Rn. 2; *K. Schmidt*, GesR, §33 I 2. a), S. 985.

657 MüKo-GmbHG/*Merkt*, GmbHG, § 13 Rn. 3; MHLS/*Lieder*, GmbHG, § 13 Rn. 1; Roth/*Altmeppen*, GmbHG, § 13 Rn. 1; Rowedder/Schmidt-Leithoff/*Pentz*, GmbHG, § 13 Rn. 4.

658 Ob sich aus dieser Norm auch die eigene Rechtspersönlichkeit der GmbH ergibt, ist strittig. Siehe hierzu nur MüKo-GmbHG/*Merkt*, GmbHG, § 13 Rn. 3.

659 Hierzu: Baumbach/Hueck/*Fastrich*, GmbHG, § 13 Rn. 2 ff.

660 Baumbach/Hueck/*Fastrich*, GmbHG, § 13 Rn. 2.

Eine persönliche Haftung der Gesellschafter ist – bis auf wenige Ausnahmen – ausgeschlossen.[661]

Nachdem den Gläubigern somit im Regelfall nur das Gesellschaftsvermögen als Haftungsmasse zur Verfügung steht, muss gewährleistet sein, dass die gesellschaftsrechtliche Strukturierung der GmbH genügend Schutz für die Gläubiger bietet. Bei der GmbH ruht dieser Gläubigerschutz auf zwei Säulen.[662] Die eine Säule bildet das feste Stammkapital[663] und die andere das Insolvenzrecht mit dessen Insolvenzantragspflicht.[664] Diese Säule umfasst darüber hinaus auch die bereits vor der Insolvenz eintretende Haftung des Geschäftsführers[665] sowie die Haftung aufgrund existenzvernichtenden Eingriffs seitens der Gesellschafter.[666]

I. Das feste Stammkapital

Nachdem die Haftungsstruktur der GmbH derart ausgestaltet ist, dass gemäß § 13 Abs. 2 GmbHG die Gesellschafter grundsätzlich nicht für Verbindlichkeiten der Gesellschaft einzustehen haben, bedarf es einer anderweitigen Absicherung der Gesellschaftsgläubiger. Das Gesetz versucht, diese Sicherung durch eine ausreichende Haftungsmasse der Gesellschaft zu realisieren.[667]

Um den Gläubigern ein entsprechendes Haftungskapital bieten zu können, muss die Gesellschaft zunächst mit einer gewissen Vermögensmasse ausgestattet sein und sodann sichergestellt werden, dass diese auch erhalten bleibt.[668] Dies zu gewährleisten, sucht das GmbHG durch entsprechende Kapitalaufbringungs-

661 Baumbach/Hueck/*Fastrich*, GmbHG, § 13 Rn. 7; MüKo-GmbHG/*Merkt*, GmbHG, § 13 Rn. 332; *Grunewald*, GesR, S. 394; zu den Ausnahmen von diesem Haftungsausschluss siehe nur Baumbach/Hueck/*Fastrich*, GmbHG, § 13 Rn. 43 ff.

662 Baumbach/Hueck/*Fastrich*, GmbHG, Einl. Rn. 7.

663 Baumbach/Hueck/*Fastrich*, GmbHG, Einl. Rn. 7; Michalski/*Michalski*, GmbHG, Syst. Darst. 1 Rn. 42.

664 Baumbach/Hueck/*Fastrich*, GmbHG, Einl. Rn. 11; MüKo-GmbHG/*Merkt*, GmbHG, § 13 Rn. 332; Michalski/*Michalski*, GmbHG, Syst. Darst. 1 Rn. 42; *Saenger*, GesR, Rn. 796; vgl. auch K. Schmidt-InsO/*K.Schmidt/Herchen*, InsO, § 15 a Rn. 1.

665 § 64 GmbHG.

666 Baumbach/Hueck/*Fastrich*, GmbHG, Einl. Rn. 11.

667 BGH, Urt. v. 24.06.2002 – II ZR 300/00, NZI 2002, 626 (628): „Allein dieses Zusammenspiel von Vermögenstrennung und Vermögensbindung einerseits sowie die Haftungsbeschränkung andererseits vermag das Haftungsprivileg des § 13 Abs. 2 GmbHG zu rechtfertigen."; *K. Schmidt*, GesR, §37 I 2, S. 1111 f.; *Wiedemann*, GesR I, § 10 IV 3, S. 565; *Saenger/Koch*, NZG 2004, 271 (271).

668 *Grunewald*, GesR, S. 394 f.

sowie Kapitalerhaltungsvorschriften.[669] Die Gesellschafter müssen sich nach § 3 Abs. 1 Nr. 3 GmbHG im Gesellschaftsvertrag auf die Höhe eines Stammkapitals einigen, welches nach § 5 Abs. 1 GmbHG 25.000 € nicht unterschreiten darf. Ein solcher Haftungsfonds ist im wirtschaftlichen Interesse der Gesellschaft zu errichten, und sollte daher individuell, je nach Größe und Art der GmbH angepasst werden.[670] Ein deutlich höheres Stammkapital als die vorgeschriebenen 25.000 € kann dementsprechend zwar erforderlich sein, eine tatsächliche Vereinbarung dahingehend ist gesetzlich jedoch nicht vorgeschrieben.[671]

Um das Stammkapital als stetiges Haftungskapital zu erhalten, ist selbiges etwaigen privatautonomen Entscheidungen der Gesellschafter durch Kapitalerhaltungsvorschriften entzogen.[672] Der § 30 Abs. 1 S. 1 GmbHG bestimmt, dass „das zur Erhaltung des Stammkapitals erforderliche Vermögen der Gesellschaft" nicht an die Gesellschafter ausgezahlt werden darf. Diese Vorschrift stellt zusammen mit der Einlagepflicht der Gesellschafter nach § 19 GmbHG das „Kernstück der Haftungsverfassung im GmbH-Recht" dar.[673] Sofern das Gesellschaftsvermögen, also die Aktiva nach Abzug aller Passiva, nicht über den Wert des Stammkapitals hinausgeht, darf eine Auszahlung an die Gesellschafter nicht erfolgen.[674] Dabei ist unter einer „Auszahlung" jedoch nicht nur eine Geldleistung zu verstehen. Vielmehr sind davon alle Leistungen erfasst, denen keine Gegenleistung mit gleichem Wert gegenüber steht.[675] Hierzu zählt beispielsweise die Abtretung einer der Gesellschaft zustehenden Forderung an einen der Gesellschafter.[676]

---

669 *Saenger/Koch*, NZG 2004, 271 (271).

670 Baumbach/Hueck/*Fastrich*, GmbHG, § 5 Rn. 5; *Roth*/Altmeppen, GmbHG, § 5 Rn. 12; sich für die Aufbringung eines angemessenen Eigenkapitals aussprechend auch: *Wiedemann*, ZGR 2003, 283 (295).

671 Baumbach/Hueck/*Fastrich*, GmbHG, § 5 Rn. 5; Rowedder/*Schmidt-Leithoff*, GmbHG, § 5 Rn. 8; Scholz/*Veil*, GmbHG, § 5 Rn. 15; *K. Schmidt*, GesR, § 9 IV 4, S. 240.

672 BGH, Urt. v. 24.06.2002 – II ZR 300/00, NZI 2002, 626 (627); MüKo-GmbHG/*Wicke*, GmbHG, § 3 Rn. 43.

673 So *K. Schmidt*, GesR, § 37 I 2, S. 1111; *Saenger*, GesR, Rn. 797 – „Zentralnorm"; UHL/*Habersack*, GmbHG, § 30 Rn. 1 „Eckpfeiler des GmbH-Rechts"; Lutter/*Hommelhoff*, GmbHG, § 30 Rn. 1 – „neben § 19 eine der wichtigsten Regelungen des GmbH-Rechts"; noch weiter gehend BGH, Urt. v. 30.06.1958 – II ZR 213/56, BGHZ 28, 77 (78) = NJW 1958, 1351 (1351) – „Kernstück des GmbH-Rechts".

674 *Grunewald*, S. 394 f.

675 BGH, Urt. v. 14.12.1959 – II ZR 187/57, BGHZ 31, 258 (276); Lutter/*Hommelhoff*, GmbHG, § 30 Rn. 8; Roth/*Altmeppen*, GmbHG, § 30 Rn. 2, 70.

676 OLG Düsseldorf, Urt. v. 31.05.2012 – I-16 U 53/11, GmbHR 2012, 793 (794).

Das Ziel der Vorschrift ist somit die Erhaltung einer Haftungsmasse zumindest in Höhe des im Gesellschaftsvertrag bestimmten Stammkapitals.[677] Eine Verringerung des Gesellschaftsvermögens durch geschäftliche Verluste wird durch die vorstehende Vorschrift jedoch nicht verhindert.[678] Sie führt in einem solchen Fall lediglich dazu, dass bei darauffolgenden Gewinnen zunächst das Stammkapital wieder gedeckt sein muss, bevor Gewinnausschüttungen an die Gesellschafter erfolgen können.[679] Dies führt dazu, dass die Gesellschafter an dem wirtschaftlichen Risiko der Gesellschaft auf gewisse Weise beteiligt werden.[680] Das feste Stammkapital dient entsprechend als Ausgleich für die mangelnde persönliche Haftung der Gesellschafter.[681]

Sofern dennoch ein Verstoß gegen dieses Auszahlungsverbot vorliegt, normiert § 31 Abs. 1 GmbHG die Rückerstattung der Zahlungen. In erster Linie gilt dieses Erstattungsgebot für den begünstigten Gesellschafter.[682] Sofern die Erstattung von diesem nicht zu erlangen ist, haften nach § 31 Abs. 3 S. 1 GmbHG die übrigen Gesellschafter im Verhältnis ihrer Geschäftsanteile, wenn der zurückzuzahlende Betrag zur Befriedigung der Gläubiger vonnöten ist. Ist die Rückforderung für die Gläubigerbefriedigung unerlässlich, so haftet nach § 31 Abs. 2 GmbHG insoweit auch ein gutgläubiger Empfänger. Ein Erlass der Rückerstattung ist gemäß § 31 Abs. 4 GmbHG nicht möglich. Die soeben genannten Vorschriften stellen allesamt zwingendes Recht dar,[683] sodass hierdurch die persönliche Haftung der Gesellschafter bei Nichteinhaltung des Verbots nach § 30 GmbHG gesichert ist[684]. Die Pflicht zur Rückerstattung entfällt nach neuerer Rechtsprechung auch dann nicht, wenn das Stammkapital auf andere Weise als durch Rückzahlung – beispielsweise durch eingetretene Gewinne – wieder aufgefüllt wurde.[685]

---

677 Baumbach/Hueck/*Fastrich*, GmbHG, § 30 Rn. 1; Henssler/Strohn/*Fleischer*, GmbHG, § 30 Rn. 1; *Roth*/Altmeppen, GmbHG, § 30 Rn. 1.

678 Baumbach/Hueck/*Fastrich*, GmbHG, § 30 Rn. 1; MüKo-GmbHG/*Schwandtner*, GmbHG, § 5 Rn. 29; *Roth*/Altmeppen, GmbHG, § 5 Rn. 10.

679 Baumbach/Hueck/*Fastrich*, GmbHG, Einl. Rn. 8, § 30 Rn. 1.

680 Baumbach/Hueck/*Fastrich*, GmbHG, § 30 Rn. 1.

681 *K. Schmidt*, GesR, § 37 I 2, S. 1111 f.

682 Baumbach/Hueck/*Fastrich*, GmbHG, § 31 Rn. 8; Bork/Schäfer/*Thiessen*, GmbHG, § 31 Rn. 17; MüKo-GmbHG/*Ekkenga*, GmbHG, § 31 Rn. 23; Henssler/Strohn/*Fleischer*, GmbHG, § 31 Rn. 9.

683 Henssler/Strohn/*Fleischer*, GmbHG, § 31 Rn. 1; Roth/*Altmeppen*, GmbHG, § 31 Rn. 1; UHL/*Habersack*, GmbHG, § 31 Rn. 3.

684 Roth/*Altmeppen*, GmbHG, § 31 Rn. 1.

685 BGH, Urt. v. 29.05.2000 – II ZR 118/98, BGHZ 144, 336 (340 f.) = NJW 2000, 2577 (2578); BGH, Urt. v. 23.04.2012 – II ZR 252/10, BGHZ 193, 96 (104) = ZIP 2012, 1071 (1073).

II. Insolvenzantragspflicht

Ist die Gesellschaft überschuldet oder zahlungsunfähig, so sind die Geschäftsführer nach § 15a Abs. 1 S. 1 InsO verpflichtet, einen Insolvenzantrag zu stellen. Durch die Eröffnung des Insolvenzverfahrens ist die GmbH nach § 60 Abs. 1 Nr. 4 GmbHG aufgelöst und wird fortan durch ein insolvenzrechtliches Liquidationsverfahren abgewickelt,[686] wobei Vorschriften wie der § 80 Abs. 1 InsO sicherstellen, dass eine gleichmäßige Befriedigung der Gesellschaftsgläubiger erfolgt[687].

Wird die GmbH aus anderen Gründen aufgelöst, so wird sie nach den §§ 66 ff. GmbHG liquidiert. Das Liquidationsverfahren dient ebenfalls vorrangig dem Schutz der Gesellschaftsgläubiger,[688] was sich auch an der Vorschrift des § 73 Abs. 1 GmbHG zeigt.[689] Zunächst ist es Aufgabe der Liquidatoren, die Verbindlichkeiten der Gesellschaft zu erfüllen. Erst wenn die Schulden getilgt sind und das nach § 73 Abs. 1 GmbHG einzuhaltende Sperrjahr abgelaufen ist, kann ein etwaig noch bestehendes Gesellschaftsvermögen an die Gesellschafter verteilt werden.[690] Die Einhaltung dieses Zeitraums steht nicht zur Disposition.[691]

B. Die GbR

Bei der GbR handelt es sich im Gegensatz zur GmbH nicht um eine juristische Person,[692] sondern um eine Gesamthandsgemeinschaft[693]. Auch wenn es sich bei der GbR um die Grundform der Personengesellschaften[694] handelt und ihre Vorschriften als normatives Grundgerüst herangezogen werden, war trotz der Rechtsfähigkeit der OHG und KG nach § 124 HGB mangels entsprechender Norm in den §§ 705 ff. BGB lange Zeit stark umstritten, ob auch die GbR ein Zuordnungs-

---

686 K. Schmidt-InsO/*K. Schmidt*, InsO, Einleitung Rn. 23.

687 K. Schmidt-InsO/*Sternal*, InsO, § 80 Rn. 1.

688 MüKo-GmbHG/*Müller*, GmbHG, § 66 Rn. 1.

689 Vgl. MüKo-GmbHG/*Müller*, GmbHG, § 73 Rn. 1.

690 MüKo-GmbHG/*Müller*, GmbHG, § 70 Rn. 10.

691 MüKo-GmbHG/*Müller*, GmbHG, § 73 Rn. 1.

692 MüKo-BGB/*Schäfer*, BGB, § 705 Rn. 160; aufgrund des zulässigen Formwechsels zwischen Kapital- und Personengesellschaften wurde teilweise die Frage gestellt, ob überhaupt noch eine Unterscheidung zwischen Gesamthandsgesellschaften und jur. Personen geboten ist. Hierzu siehe insbesondere *Raiser*, AcP 194 (1994), 495 (499 ff.), *Timm*, ZGR 1996, 247 (251 f.); sowie Staudinger/*Habermeier*, BGB, Vorbem zu §§ 705–740 Rn. 28 ff.

693 *K. Schmidt*, GesR, § 43 II 1, S. 1287.

694 Soergel/*Hading*/*Kießling*, BGB, Vor § 705 Rn. 25; Erman/*Westermann*, BGB, Vor § 705 Rn. 12; Staudinger/*Habermeier*, BGB, Vorbem zu §§ 705–740 Rn. 3.

subjekt von Rechten und Pflichten sein kann.[695] Mit der Grundsatzentscheidung des BGH „Weißes Roß"[696] ist diese Frage für die Praxis zunächst geklärt. Hiernach kann die BGB-Außengesellschaft „als Gesamthandsgemeinschaft ihrer Gesellschafter im Rechtsverkehr grundsätzlich, das heißt soweit nicht spezielle Gesichtspunkte entgegenstehen, jede Rechtsposition einnehmen"[697].

I. Persönliche unbeschränkte Gesellschafterhaftung

Nachdem die Außen-GbR als rechtsfähige Gesellschaft anzusehen ist, kann sie auch selbst Verpflichtungen eingehen, die zu Gesellschaftsschulden führen.[698] Davon ist die Gesellschafterhaftung zu unterscheiden.[699]

Ebenso wie bei der GmbH können die Gläubiger direkt gegen die Gesellschaft vorgehen.[700] In einem solchen Fall haftet den Gläubigern das Gesamthandsvermögen.[701] Im Unterschied zu dem festen Stammkapital der GmbH, enthält das Recht der GbR jedoch keine Kapitalaufbringungs- und -erhaltungsregeln, sodass das Vermögen der Gefahr einer jederzeitigen Aushöhlung ausgesetzt ist.[702] Die Dispositionsfreiheit der Gesellschafter geht selbst in der Auseinandersetzung der Gesellschaft so weit, dass die von § 733 BGB vorgesehene Tilgung von Gesellschaftsschulden vor der Verteilung des Restvermögens an die Gesellschafter gänzlich abbedungen werden kann.[703] Eine Auseinandersetzung des Vermögens

---

695 Weiterhin gegen die Rechtsfähigkeit der GbR: *Bachmayer*, BWNotZ 2009, 122 ff.; vgl. im Übrigen zu der Entwicklung die Darstellung in: MüKo-BGB/*Schäfer*, BGB, § 705 Rn. 296 ff.; ausführlich zur Rechtsfähig der GbR auch *Hadding*, ZGR 2001, 712 ff.

696 BGH, Urt. v. 29.01.2001 – II ZR 331/00, BGHZ 146, 341 = NJW 2001, 1056.

697 BGH, Urt. v. 29.01.2001 – II ZR 331/00, BGHZ 146, 341 (343) = NJW 2001, 1056 (1056).

698 Nomos-BGB/*Heidel*, BGB, § 705 Rn. 16; Ermann/*Westermann*, BGB, § 714 Rn. 1; *Grunewald*, GesR, S. 32.

699 MüKo-BGB/*Schäfer*, BGB, § 714 Rn. 32.

700 GbR ist zudem nach § 50 Abs. 1 ZPO auch parteifähig – BGH, Urt. v. 29.01.2001 – II ZR 331/00, BGHZ 146, 341 (347 ff.) = NJW 2001, 1056 (1058 f.).

701 Ermann/*Westermann*, BGB, § 718 Rn. 8; Soergel/*Hadding/Kießling*, BGB, § 718 Rn. 20.

702 Staudinger/*Habermeier*, BGB, Vorbem zu §§ 705–740 Rn. 32; siehe auch OLG Schleswig, Urt. v. 06.07.2015 – 14 U 5/15, NZG 2016, 179 (180) – „In einer GbR bestehen kraft Gesetzes keine Entnahmebeschränkungen für die Gesellschafter. [...] Nur gewinnunabhängige Entnahmen müssen zwischen den Gesellschaftern vereinbart sein."

703 Nomos-BGB/*Hanke*, BGB, § 733 Rn. 15; Staudinger/*Habermeier*, BGB, § 733 Rn. 4; *Saenger*, GesR, Rn. 254.

kann daher vollständig ohne vorherige Befriedigung der Gläubiger erfolgen.[704] Umso wichtiger ist entsprechend die persönliche unbeschränkte Haftung der Gesellschafter.[705]

Anders als bei der GmbH steht den Gläubigern nämlich nicht nur das Gesellschaftsvermögen, sondern auch das gesamte Privatvermögen eines jeden Gesellschafters zur Befriedigung zur Verfügung.[706] Eine solche Haftung für die Schulden der Gesellschaft wurde zunächst mit der Doppelverpflichtungstheorie zu begründen versucht.[707] Dieser liegt der Gedanke zugrunde, dass ein Gesellschafter, der ein Rechtsgeschäft abschließt, nicht nur die Gesellschaft vertritt, sondern zugleich für sich selbst und auch im Namen der übrigen Gesellschafter handelt.[708] Auf diese Weise entsteht zwar immer auch eine Verbindlichkeit für den jeweils handelnden Gesellschafter, durch Beschränkung der Vertretungsmacht kann jedoch das Entstehen einer Schuld für die übrigen Gesellschafter relativ leicht verhindert werden[709]. Zudem stellt diese Theorie letztlich auf lediglich fiktiv abgegebene Willenserklärungen ab.[710] Durchgesetzt hat sich daher die Akzessorietätstheorie.[711] In seinen Urteilen begründete der BGH die Haftung der Gesellschafter zunächst mit einem „allgemeinen Rechtsprinzip“,[712] welches besage, dass jeder, der Geschäftsbeziehungen eingehe – sei es allein oder mit anderen gemeinsam – immer auch persönlich für entsprechende Schulden hafte.[713]

---

704 Staudinger/*Habermeier*, BGB, § 733 Rn. 4.

705 Vgl. Staudinger/*Habermeier*, BGB, § 733 Rn. 4.

706 BGH, Urt. v. 29.01.2001 – II ZR 331/00, BGHZ 146, 341 (358) = BGH NJW 2001, 1056 (1061); MüKo-BGB/*Schäfer*, BGB, § 714 Rn. 37; Henssler/Strohn/*Servatius*, BGB, § 714 Rn. 12.

707 Vgl. nur MüKo-BGB/*Ulmer*, BGB, 3. Auflage (1997), § 714 Rn. 26 ff.; *Brandes*, WM 1994, 569 (571); *Habersack*, JuS 1993, 1 (2 f.); *Hadding*, FS Rittner, 133 (134).

708 *Mülbert*, AcP 199 (1999), 38 (68), der diese daher auch als „Theorie der Dreifachverpflichtung“ bezeichnet.

709 *Steding*, NZG 2001, 721 (724).

710 *Wiedemann*, WM 1994, Sonderbeilage 4, (1) 18; ebenso *Casper*, JZ 2002, 1112 (1112).

711 Mit dem Grundsatzurteil BGH, Urt. v. 29.01.2001 – II ZR 331/00, BGHZ 146, 341 (358) = NJW 2001, 1056 (1061) hat der BGH den Streit für die Praxis entschieden; die Akzessorietätstheorie ist dennoch bis heute nicht gänzlich unbestritten, siehe insbes.: *Canaris*, ZGR 2004, 69 (86 ff.) m.w.N.; *Wunderlich*, WM 2002, 271 ff.; *Hadding*, FS Raiser, 129 (137 ff.).

712 Siehe hierzu auch *Wiedemann*, GesR I, § 10 III 2, S. 543 ff.

713 BGH, Urt. v. 27.09.1999 – II ZR 371/98, BGHZ 142, 315 (319) = NJW 1999, 3483 (3484); in dem darauffolgenden Urteil: BGH, Urt. v. 29.01.2001 – II ZR 331/00, BGHZ 146, 341 (358) = NJW 2001, 1056 (1061) spricht der BGH von einer akzes-

Eine Ausnahme bestehe lediglich, wenn diese entweder gesetzlich vorgesehen oder vertraglich vereinbart ist.[714] Die überwiegende Anzahl der Vertreter der Akzessorietätstheorie begründet die persönliche Haftung jedoch mit einer Analogie zu § 128 S. 1 HGB.[715] Dieser Auffassung ist der Vorzug einzuräumen, da das vom BGH aufgeworfene Prinzip – sofern es denn existiert[716] – für das Handeln einer Personengesellschaft, in der alle Gesellschafter persönlich haften, in § 128 HGB Ausdruck gefunden hat[717]. Eine Analogie zu dieser Vorschrift ist der Anwendung eines ungeschriebenen Rechtsprinzips der Methodik nach vorzuziehen.[718] Aus gutem Grund folgt diesem Ansatz daher mittlerweile auch der BGH.[719] Als Folge der Anwendung von § 128 HGB ist auch § 129 HGB analog auf die GbR anwendbar.[720] Auch die analoge Anwendung des § 130 HGB wurde vom BGH nunmehr entschieden.[721]

---

sorischer Haftung, wendet § 128 HGB jedoch nicht ausdrücklich analog an, sondern ordnet nur eine, der Haftung in der OHG entsprechende, Akzessorietät an.

714 BGH, Urt. v. 27.09.1999 – II ZR 371/98, BGHZ 142, 315 (319) = NJW 1999, 3483 (3484).

715 Vgl. *K. Schmidt*, GesR, § 60 III 2, S. 1790 ff. (beschränkt auf die unternehmenstragende GbR); *Timm*, NJW 1995, 3209 (3215 ff.); *Wiedemann*, WM 1975, Sonderbeilage 4, 1 (42).

716 Kritisch: *Canaris*, ZGR 2004, 69 (91 f.); *Ulmer*, ZIP 1999, 554, (555 f.); *Westermann*, FS Konzen, 957 (962); das Prinzip bejahend hingegen: *Wiedemann*, GesR II § 7 III 4, S. 658; *Meyer*, S. 195 ff.

717 Erman/*Westermann*, BGB, § 714 Rn. 11; MüKo-BGB/*Schäfer*, BGB, § 714 Rn. 36; *Casper*, JZ 2002, 1112 (1112); *Schäfer*, ZIP 2003, 1225 (1226); a.A. *Wiedemann* GesR II § 7 III 4, S. 658.

718 *Casper*, JZ 2002, S. 1112 (1112 f.).

719 Vgl. nur BGH, Urt. v. 22.01.2004 – IX ZR 65/01, NJW 2004, 836 (837); BGH, Urt. v. 17.10.2006 – XI ZR 19/05, NZG 2007, 140 (141).

720 BGH, Urt. v. 03.04.2006 – II ZR 40/05, NJW-RR 2006, 1268 (1269); MünchHdb. GesR I/*Gummert*, § 18 Rn. 42; *K .Schmidt*, NJW 2001, 993 (999). Diese Vorschrift ermöglicht es, dem Gesellschafter Einwendungen, die der Gesellschaft zustehen, selbst auch geltend zu machen. Eines solchen Schutzes des Gesellschafters bedarf es auch bei der GbR, da Sinn der akzessorischen Haftung nicht ist, den Gläubiger zu privilegieren, sondern nur, diesen aufgrund der fehlenden Kapitalbindungsvorschriften ausreichend zu schützen.

721 BGH, Urt. v. 07.04.2003 – II ZR 56/02, BGHZ 154, 370 (373, 376) = BGH NJW 2003, 1803; BGH, Urt. v. 12.12.2005 – II ZR 283/03, NJW 2006, 765 (766); dem folgend *K. Schmidt*, NJW 2001, 993 (999); zu einer grundlegenden Auseinandersetzung mit der Frage der Anwendung der §§ 125–130 HGB auch in Bezug auf die Verfassungsmäßigkeit siehe *Canaris*, ZGR 2004, 69 ff.; kritisch hierzu *Altmeppen*, NJW 2004, 1563 (1563 f.).

II. Keine Insolvenzantragspflicht

Ein weiterer Unterschied im Gläubigerschutzkonzept der GbR im Vergleich zur GmbH besteht in dem Fehlen einer Insolvenzantragspflicht.[722] Haftet bei einer Personengesellschaft mindestens eine natürliche Person persönlich und unbeschränkt, so besteht nach §§ 15a Abs. 1, 2 InsO keine Insolvenzantragspflicht.[723]

C. Die Haftung nach dem Formwechsel

Das oben dargestellte Haftungssystem der GbR greift selbstverständlich ein, wenn von vornherein eine GbR gegründet wurde. Aber auch bei der Begründung von Neuverbindlichkeiten nach dem Formwechsel ist die Haftungsverfassung der GbR unproblematisch einschlägig,[724] sodass neben der GbR auch sämtliche Gesellschafter für die Verbindlichkeiten der Gesellschaft einzustehen haben. Fraglich ist hingegen, inwieweit die Haftung der GbR-Gesellschafter auch auf die Altverbindlichkeiten der ursprünglichen GmbH ausgedehnt ist.

Das Umwandlungsgesetz ordnet in § 202 Abs. 1 UmwG die mit dem Formwechsel einhergehende Diskontinuität der Rechtsordnung an. Ab seinem Wirksamwerden greifen also die für die neue Rechtsform vorgeschriebenen Rechtsnormen ein. Dass dabei die Rechte und Pflichten der GmbH fortbestehen und nun solche der GbR sind, wurde bereits im Rahmen der Ausführungen zur Identitätsthese erläutert.[725] Welche Auswirkungen die erst im Zeitpunkt des Formwechsels eintretende Diskontinuität der Rechtsordnung auf die persönliche Haftung der Gesellschafter für Altverbindlichkeiten der GmbH hat, lässt sich dem Gesetz nicht entnehmen, ist jedoch als relevanter Aspekt des Gläubigerschutzes zu verstehen.

In den Gesetzesmaterialien begründet der Gesetzgeber seine Entscheidung für das Erfordernis der Zustimmung aller Gesellschafter zum Umwandlungsbeschluss damit, dass die Gesellschafter „nach den für die neue Rechtsform geltenden Vorschriften persönlich unbeschränkt für deren Verbindlichkeiten einzustehen haben".[726] Dies könnte so ausgelegt werden, dass sich die o. g. Aussage explizit nur auf die Verbindlichkeiten der neu entstehenden Gesellschaft bezieht.[727] Allerdings

---

722 Vgl. K. Schmidt-InsO/*K. Schmidt/Herchen*, InsO, § 15 a Rn. 13.

723 K. Schmidt-InsO/*K. Schmidt/Herchen*, InsO, § 15 a Rn. 13.

724 Siehe zur Diskontinuität der Rechtsordnung: 1. Kapitel, D. II., S. 30 ff.

725 1. Kapitel, D., S. 21 ff.

726 BT-Drucks. 12/6699, S. 154.

727 So *Heidinger*, GmbHR 1996, 890 (894 f.), wobei er sich auf das Wort „deren" bezieht; ebenso *Glockemann*, S. 162; a.A. *Petersen*, S. 54 f., der die Gesetzesbegründung als

steht diese Aussage lediglich im Kontext der Begründung des Gesetzesentwurfs zu § 233 Abs. 1 UmwG, um den Umstand der Zustimmungsbedürftigkeit aller Gesellschafter zum Umwandlungsbeschluss zu erklären. Darüber hinaus wird zur Frage einer etwaigen Haftungsbegründung der Gesellschafter keinerlei Stellung bezogen. Das überrascht insbesondere deshalb, da der umgekehrte Fall des Formwechsels aus einer Personenhandelsgesellschaft heraus bedacht, und mit § 224 UmwG eine Norm geschaffen wurde, die die Fortdauer der persönlichen Haftung, sowie deren zeitliche Begrenzung regelt.[728] Das Nichtvorliegen einer gesetzlichen Regelung zur Haftungsbegründung muss jedoch nicht gleich dazu führen, dass eine persönliche Haftung der Gesellschafter für Altverbindlichkeiten vom Gesetzgeber nicht gewollt ist. Vielmehr kann die persönliche Haftung der Gesellschafter für Altverbindlichkeiten schlichtweg als problemlos gegeben angesehen worden sein.[729] Die Darstellung der unterschiedlichen Haftungsverfassungen der GmbH und der GbR hat gezeigt, dass mit dem Wechsel in die Rechtsform der GbR die vorherige Kapitalbindung entfällt. An ihre Stelle tritt fortan die persönliche Haftung der Gesellschafter. Sofern eine persönliche Haftung für Altverbindlichkeiten verneint würde, stünde den Altgläubigern als Haftungsmasse nur das Gesellschaftervermögen zur Verfügung, welches jedoch ohne weiteres an die Gesellschafter ausgezahlt werden kann.[730] Einem angemessenen Gläubigerschutz entspricht ein solches Verständnis keineswegs.

Anderes ergibt sich nur, wenn das Umwandlungsgesetz selbst einen ausreichenden Schutz der Gläubiger von Altverbindlichkeiten bietet, sodass eine persönliche Haftung der GbR-Gesellschafter für die, durch die GmbH begründeten, Verbindlichkeiten gar nicht erforderlich ist.[731]

Gemäß §§ 204, 22 UmwG besteht bei einem Formwechsel einer Kapitalgesellschaft in eine Personen(handels)gesellschaft für Altgläubiger die Möglichkeit, eine Sicherheitsleistung zu verlangen, sofern ihr Anspruch aufgrund der Umwandlung gefährdet ist und sie dies auch glaubhaft machen können.[732] Voraussetzung für

„äußerst dürftig und lückenhaft" bezeichnet, sodass sich hieraus keine sicheren Schlüsse ziehen lassen.

728 Vgl. *Petersen*, S. 54.

729 So *K. Schmidt*, ZGR 1990, 580 (583); Ebenso *Petersen*, S. 54, der sagt, dass eine Erstreckung der Haftung für Altverbindlichkeiten „so selbstverständlich [erscheine], daß eine diesbezügliche Regelung als überflüssig angesehen werden könnte.".

730 *Petersen*, S. 55 f.

731 Dies unter Berufung auf die Sicherheitsleistung annehmend: Lutter/*Happ*, UmwG, 2. Aufl., § 228 Rn. 18 f; *Heidinger*, GmbHR 1996, 890 (895); *Glockemann*, S. 160 f.

732 Zu Sicherheitsleistung siehe das 4. Kapitel, A., S. 125 ff.

die Sicherheitsleisung ist nach §§ 204, 22 Abs. 1 S. 1 a.E. UmwG jedoch, dass der Gläubiger bei Geltendmachung des Anspruchs noch keine Befriedigung erlangen kann. Die Forderung darf also noch nicht fällig sein.[733] Die Gefahr, dass die Gesellschafter der GbR Vermögen entziehen und damit das Gesellschaftsvermögen als Haftungsmasse nicht mehr ausreichend ist, besteht jedoch nicht nur für Gläubiger, deren Forderungen noch nicht fällig sind, sondern auch für Gläubiger mit bereits fälligen Ansprüchen.[734] Die Sicherheitsleistung nach §§ 204, 22 UmwG bietet somit keinen vollumfänglichen Schutz. Eine persönliche und unbeschränkte Haftung der GbR-Gesellschafter, sowohl für die Neu- als auch die Altverbindlichkeiten, ist für das Vorliegen eines lückenlosen Gläubigerschutzes mithin unumgänglich.

I. Haftung über § 128 HGB analog

Fraglich ist aber, wie diese Haftung dogmatisch zu begründen ist.[735] Unter gewöhnlichen Umständen würde die Gesellschaft eine Verbindlichkeit eingehen, für die die GbR-Gesellschafter dann nach § 128 HGB analog haften. Die Haftung nach § 128 HGB setzt allerdings voraus, dass die Gesellschaft – hier die GbR – in dem Zeitpunkt der Haftungsbegründung bereits existierte.[736] Im Zeitpunkt der Haftungsbegründung besteht die GbR allerdings noch nicht. Die GmbH-Geschäftsführer sind es, die im Namen der GmbH Verbindlichkeiten eingehen.[737] Zum maßgeblichen Zeitpunkt besteht allein die GmbH. Eine Anwendung des § 128 HGB analog auf die durch die GmbH begründeten Verbindlichkeiten kommt somit mangels bestehender GbR bei Begründung der Forderung nach allgemeinen Grundsätzen nicht in Betracht.

Die fehlende Voraussetzung lässt sich auch nicht durch die Identitätsthese überwinden. Nach dieser bleibt lediglich der abstrakte Kern der jeweiligen Gesellschaft als Zuordnungssubjekt der Rechte und Pflichten bestehen. Die rechtlichen Grundlagen, die diesen Kern als juristische Einheit prägen, ändern sich jedoch

733 §§ 204, 22 Abs. 1 S. 1 a.E.; die Fälligkeit richtet sich nach § 271 BGB.

734 *Mülbert*, AcP 199 (1999), 38 (84).

735 Diese Frage stellt sich nicht nur bei der GbR, sondern auch beim Formwechsel in die OHG bzw. KG (in Bezug auf die Komplementäre), da auch hier die persönliche Haftung erst ab Wirksamwerden des Formwechsels eintritt. Dies hervorhebend auch *Petersen*, S. 53 f.

736 EBJS/*Hillmann*, HGB, § 128 Rn. 6; Henssler/Strohn/*Steitz*, HGB, § 128 Rn. 3; MüKo-HGB/*K. Schmidt*, HGB, § 128 Rn. 7.

737 § 35 Abs. 1 S. 1 GmbHG.

mit dem Wechsel der anwendbaren Rechtsordnung.[738] Damit bleiben aufgrund der Identität der Rechtsträger zwar die Rechte und Pflichten der GmbH als solche der GbR fortbestehen, jedoch müsste, damit § 128 HGB eine Haftung der Gesellschafter auch für Altverbindlichkeiten begründen könnte, rückwirkend betrachtet, schon ab dem Zeitpunkt der Gründung der GmbH bereits die GbR bestanden haben.[739] Nur so könnte die Verbindlichkeitsbegründung als eine solche der GbR behandelt werden. Die Identität des Zuordnungssubjekts von Rechten und Pflichten löst dieses aber gerade nicht von den zugrunde liegenden Rechtsvorschriften, sodass eben zunächst eine GmbH besteht, deren abstrakter Kern dann durch den Eintritt des Formwechsels unter Geltung der neuen Rechtsvorschriften als GbR fortbesteht. Keineswegs bestand damit schon bei Gründung der GmbH – rückwirkend betrachtet – eine GbR.[740]

Zu bedenken ist zudem, dass als weitere Tatbestandsvoraussetzung des § 128 HGB auch der in Anspruch genommene Gesellschafter bereits im Zeitpunkt der Begründung der Verbindlichkeit persönlich haftender Gesellschafter der GbR gewesen sein muss.[741] Im Zeitpunkt der Begründung der Altverbindlichkeiten waren die Gesellschafter jedoch Gesellschafter der GmbH, welche – wie bereits festgestellt – nicht persönlich für Gesellschaftsschulden haften. Die Vorschriften der GbR finden nach § 202 Abs. 1 Nr. 1 UmwG erst mit dem Wirksamwerden des Formwechsels Anwendung. Damit liegt auch keine persönliche Haftung der Gesellschafter bei Schuldbegründung vor.

Insgesamt müsste rückwirkend also nicht nur das Bestehen einer GbR ab dem Zeitpunkt der Gründung der GmbH angenommen werden, sondern auch rückwirkend das Haftungssystem der GbR angewandt werden. Aus der Identitätsthese kann sich das nicht ergeben, und auch die Anordnung des Umwandlungsgesetzes, dass die Rechtsordnung der neuen Rechtsform erst mit dem Wirksamwerden des Formwechsels eingreift,[742] steht dem entgegen.

Zudem folgt aus dem Gesetzeswortlaut in § 202 Abs. 1 Nr. 1 UmwG, dass der formwechselnde Rechtsträger „weiterbesteht“. Das Wort „weiterbestehen“ ist in die

---

738 Zur Diskontinuität der Rechtsordnung bereits 1. Kapitel, D. II., S. 30 ff.

739 Vgl. *Heidinger*, GmbHR 1996, 890 (894 f.).

740 Zweifelnd ebenfalls: *Heidinger*, GmbHR 1996, 890 (894 f.), wenn dieser fragt, ob denn „wirklich – quasi rückwirkend – das Haftungssystem der GbR ab Gründung der ursprünglichen GmbH gelten“ soll.

741 Baumbach/Hopt/*Roth*, HGB, § 128 Rn. 3; EBJS/*Hillmann*, HGB, § 128 Rn. 7; Henssler/Strohn/*Steitz*, HGB, § 128 Rn. 6; MüKo-HGB/*K. Schmidt*, HGB, § 128 Rn. 8.

742 Lutter/*Decher*/*Hoger*, UmwG, § 202 Rn. 8; Semler/Stengel/*Leonard*, UmwG, § 202 Rn. 12.

Zukunft gerichtet und deutet nicht an, dass das Umwandlungsgesetz eine irgendwie geartete Rückwirkung umfassen soll. Eine persönliche Gesellschafterhaftung für die Altverbindlichkeiten lässt sich mit § 128 HGB analog somit nicht begründen.[743]

II. Haftung über § 130 HGB analog

Schlüssiger ließe sich die Haftung gegebenenfalls über § 130 HGB analog begründen.[744] Als Tatbestandsvoraussetzungen dieser Norm bedarf es der Gesellschaft im Zeitpunkt des Beitritts der Gesellschafter,[745] sowie einer bereits bestehenden Verbindlichkeit der Gesellschaft[746].

Für Gesellschafter, die erst nach dem Formwechsel der GbR beitreten, wird § 130 HGB analog auf die GbR angewandt.[747] Die grundsätzliche Anwendbarkeit von § 130 HGB auf die GbR steht hier also nicht in Zweifel.[748]

Fraglich ist allerdings, ob eine Anwendbarkeit auch für bereits an der GmbH beteiligte Gesellschafter bejaht werden kann. Genau genommen treten diese der GbR nicht erst bei,[749] sondern bleiben aufgrund der Identität der Gesellschaften als Gesellschafter bestehen. Ein klassisch zu verstehender Beitritt liegt beim Formwechsel also nicht vor. Allerdings bleiben durch die Identitätsthese auch die Rechte und Pflichten der ursprünglichen Gesellschaft bei der neuen Gesellschaft bestehen. Wo zuvor nur die Gesellschaft haftete, haften nun – zumindest für Neuverbindlichkeiten – auch die Gesellschafter. Nachdem auch für die Altverbindlichkeiten eine Haftung bestehen soll, treten die Gesellschafter nach *Ihrig* gewissermaßen in die nun bestehende Haftung für schon bestehende Verbindlichkeiten ein.[750] Der tatbestandlich geforderte Beitritt liege also nicht in dem Eintritt in die Gesellschaft, sondern in dem Eintritt in die Haftung.[751] Auf diesem Weg einen Beitritt zu konzipieren, wirkt

---

743 A.A. *Mülbert*, AcP 199 (1999), 38 (83), *Petersen*, S. 54, 57; *Markworth*, NJW 2017, 559 (561).

744 Sofern hier von „analog" gesprochen wird, bezieht sich das allein darauf, dass § 130 HGB nicht direkt auf die GbR anwendbar ist. Im Folgenden zitierte Literatur behandelt diese Frage anhand des Formwechsels in die OHG, sodass dort von einer direkten Anwendung des § 130 HGB gesprochen wird.

745 MüKo-HGB/*K. Schmidt*, HGB, § 130 Rn. 11.

746 § 130 Abs. 1 HGB.

747 BGH, Urt. v. 07.04.2003 – II ZR 56/02, BGHZ 154, 370 (373, 376) = BGH NJW 2003, 1803 (1804, 1805).

748 Zur Haftungsverfassung in der GbR bereits 3. Kapitel, B. I., S. 104 ff.

749 *Mülbert*, AcP 199 (1999), 38 (84); Semler/Stengel/*Ihrig*, UmwG, § 228 Rn. 41.

750 Semler/Stengel/*Ihrig*, UmwG, § 228 Rn. 41.

751 Semler/Stengel/*Ihrig*, UmwG, § 228 Rn. 41.

auf den ersten Blick sehr einleuchtend. Allerdings wird bei dieser Konstruktion die Haftung für Altverbindlichkeiten nach § 130 HGB bereits mit der Haftung für Altverbindlichkeiten begründet, sodass ein Zirkelschluss entsteht. Überzeugender ist es, bei dieser Argumentation darauf abzustellen, dass die Gesellschafter ab Wirksamwerden des Formwechsels für Neuverbindlichkeiten persönlich haften und damit der Eintritt in die unbeschränkte Haftung vorliegt. Unter Zugrundelegung des weiten Verständnisses des Eintrittsbegriffs[752] lässt sich dann ein Eintritt im Sinne des § 130 HGB begründen. Es bleibt dann jedoch weiterhin das gleiche Problem wie bei § 128 HGB analog bestehen. § 130 HGB (analog) setzt voraus, dass die Gesellschafter als persönlich haftende Gesellschafter in eine schon bestehende Gesellschaft – GbR, OHG oder KG – eintreten.[753] Das Entstehen der GbR und der „Eintritt" in die unbeschränkte Haftung erfolgen aber absolut zeitgleich.[754] Auch die Verbindlichkeit ist nicht bereits vorher in der GbR begründet worden, sondern richtet sich ebenfalls in dem gleichen Zeitpunkt gegen sie, wie die GbR überhaupt erst entsteht und die Gesellschafter persönlich zu haften beginnen.[755] Eine „direkte" Haftung aus § 130 HGB analog ergibt sich somit ebenfalls nicht.[756]

1. *Weitergehende Analogie zu § 130 HGB*

Es könnte jedoch eine weitergehende analoge Anwendung von § 130 HGB in Betracht kommen.[757] Weitergehend aus dem Grund, dass § 130 HGB auf die GbR ohnehin analog angewandt werden muss, sich nun aber die Frage stellt, ob der Anwendungsbereich von § 130 HGB über die bloße Anwendung auf die GbR hinaus, im Fall des Formwechsels zu erweitern ist.[758] Dazu müssten die hierfür

---

752 „Eintritt im haftungsrechtlichen Sinn" – MüKo-HGB/*K. Schmidt*, HGB, § 130 Rn. 12, 14.

753 MüKo-HGB/*K. Schmidt*, HGB, § 130 Rn. 11; EBJS/*Hillmann*, HGB, § 130 Rn. 3; Röhricht/Graf v. Westphalen/*Haas*, HGB, § 130 Rn. 4.

754 *Mülbert*, AcP 199 (1999), 38 (84).

755 *Mülbert*, AcP 199 (1999), 38 (84); daran ändert auch die Identitätsthese nichts, da diese nur dazu führt, dass die Verbindlichkeiten der GmbH sodann solche der GbR sind, nicht jedoch, dass diese auch als durch die GbR begründet anzusehen sind.

756 Dies vertretend jedoch: Widmann/Mayer/*Vossius*, UmwG, § 228 Rn. 30.

757 Die Haftung für Altverbindlichkeiten über § 130 HGB analog begründend: Lutter/*Göthel*, UmwG, § 228 Rn. 16; HK-UmwG/*Rose*, UmwG, § 228 Rn. 16; Semler/Stengel/*Ihrig*, UmwG, § 228 Rn. 41; *K. Schmidt*, ZGR 1990, 580 (583).

758 Bei einem Formwechsel aus einer GmbH in eine OHG wäre hier also ebenfalls zu prüfen, ob sich eine Haftung aus § 130 HGB analog ergibt. Dazu, dass sich das Haftungsproblem bei einem Formwechsel in die OHG genauso ergibt wie bei einem solchen in die GbR siehe: *Petersen*, S. 55 f.

erforderlichen Voraussetzungen – das Bestehen einer planwidrigen Regelungslücke bei vergleichbarer Interessenlage[759] – vorliegen.

a) *Planwidrige Regelungslücke*

Das Umwandlungsgesetz schweigt, wie bereits ausgeführt, zu der Haftung für die Altverbindlichkeiten, sodass grundsätzlich eine „Lücke" besteht.[760] Um die erforderliche planwidrige Regelungslücke handelt es sich jedoch nur dann, wenn die bestehende Frage, aufgrund der dem Gesetzgeber nach bestehenden Regelungsabsicht, einer Regelung bedurft hätte.[761] Nach dem „Plan" des Gesetzgebers sollten die Gläubiger nach einem Formwechsel nicht schlechter stehen als davor.[762] Das zeigt sich beispielsweise daran, dass bei dem Formwechsel einer Personenhandelsgesellschaft in eine Kapitalgesellschaft geregelt ist, dass die Gesellschafter nach § 224 Abs. 1 UmwG für die von der Personenhandelsgesellschaft begründeten Verbindlichkeiten persönlich forthaften. Der Sorge einer Schlechterstellung der Gläubiger will der Gesetzgeber hiermit Abhilfe verschaffen.[763] Auch einer unter Umständen eintretenden Schlechterstellung bei dem Wechsel von einer Kapitalbindung zur persönlichen Haftung hat er entgegenzuwirken versucht, indem er die Sicherungsleistung nach §§ 22, 204 UmwG normierte.[764] Diese greift jedoch, wie oben erläutert, bei bereits fälligen Altverbindlichkeiten nicht ein,[765] sodass einer Schlechterstellung dann nicht entgegengewirkt werden kann. Das widerspricht dem vom Gesetzgeber verfolgten Regelungsplan, der eine Schlechterstellung gerade verhindern wollte. Es liegt daher nahe, dass der Gesetzgeber die Haftung für Altverbindlichkeiten schlicht vorausgesetzt und aus diesem Grund keine klarstellende Regelung in das Gesetz aufgenommen hat.[766] In diese Richtung kann auch der oben schon angeführte Satz der Begründung zu § 233 UmwG gedeutet werden.[767] Wenn dort von „deren Verbindlichkeiten" gesprochen und dabei auf die neue Rechtsform Bezug genommen wird, so können unter Beach-

---

759 Siehe zu den Analogievoraussetzungen: *Larenz/Canaris*, Methodenlehre, S. 202 ff.

760 Die „Lückenhaftigkeit" der Regelungen zur Haftungsbegründung betonend auch: *Mülbert*, AcP 199 (1999), 38 (83); *K. Schmidt*, ZGR 1990, 580 (583); *Petersen*, S. 55.

761 *Larenz/Canaris*, Methodenlehre, S. 193 f.

762 BT-Drucks. 12/6699, S. 71; *Schröer*, DB 1999, 317 (320).

763 *Petersen*, S. 55.

764 BT-Drucks. 12/6699, S. 145.

765 Näher hierzu 4. Kapitel, A. II. 1. c), S. 141 ff.

766 *K. Schmidt*, ZGR 1990, 580 (583); *Petersen*, S. 54.

767 Siehe 3. Kapitel, C., S. 107; andere Auslegung durch: *Heidinger*, GmbHR 1996, 890 (894 f.); *Glockemann*, S. 162.

tung der Identitätsthese damit gerade auch die Altverbindlichkeiten gemeint sein. Die Rechte und Pflichten bleiben als Rechte und Pflichten der neuen Gesellschaft bestehen, sodass es sich nach Wirksamwerden des Formwechsels auch bei den Altverbindlichkeiten um Verbindlichkeiten der GbR und damit um „deren Verbindlichkeiten" handelt. Für den Gesetzgeber schien es mithin offensichtlich zu sein, dass eine Haftung für Altverbindlichkeiten besteht,[768] was eine Regelung seinerseits entbehrlich machte. Dass diese jedoch nicht so selbstverständlich ist, wie offenbar angenommen wurde, zeigt sich an der Diskussion um die eigentliche Haftungsbegründung[769] und vor allem daran, dass in der Vergangenheit zum Teil eine derartige Haftung abgelehnt wurde[770]. Die Frage nach der Haftung für die Altverbindlichkeiten fügt sich somit in die Regelungsabsicht des Gesetzgebers ein und hätte einer klärenden Regelung bedurft. Eine planwidrige Regelungslücke besteht.

b) Vergleichbare Interessenlage

Zudem müsste für die analoge Anwendung von § 130 HGB auch eine vergleichbare Interessenlage bestehen, weshalb zunächst der Sinn und Zweck des § 130 HGB zu hinterfragen ist.

Der § 130 HGB ist eine Gläubigerschutznorm.[771] Dass dies kein Alleinstellungsmerkmal darstellt, sondern auch auf § 128 HGB zutrifft, wird schon durch *K. Schmidt* klargestellt.[772] Sie ist vielmehr zusammen mit § 128 HGB zu betrachten und übt letztlich eine diesen ergänzende Funktion aus.[773] Dabei findet sich die Rechtfertigung für die Vorschrift des § 130 HGB ebenfalls in dem Prinzip der Ak-

---

768 *K. Schmidt*, ZGR 1990, 580 (583); *Petersen*, S. 54.

769 Die Haftung für Altverbindlichkeiten über § 128 HGB begründend: *Mülbert*, AcP 199 (1999), 38 (83), ebenso *Petersen*, S. 54, 57; die Haftung nach § 130 HGB annehmend: Widmann/Mayer/*Vossius*, UmwG, § 228 Rn. 30; für die analoge Anwendung des § 130 HGB plädierend: Lutter/*Göthel*, UmwG, § 228 Rn. 16; Semler/Stengel/*Ihrig*, UmwG, § 228 Rn. 41; sowie *K. Schmidt*, ZGR 1990, 580 (583).

770 Lutter/*Happ*, UmwG, 2. Aufl., § 228 Rn. 18 f.; *Heidinger*, GmbHR 1996, 890 (894 f.); *Glockemann*, S. 158 ff.

771 EBJS/*Hillmann*, HGB, § 130 Rn. 1; Henssler/Strohn/*Steitz*, HGB, § 130 Rn. 1; Röhricht/Graf v. Westphalen/*Haas*, HGB, § 130 Rn. 1; Staub/*Habersack*, HGB, § 130 Rn. 2.

772 MüKo-HGB/*K. Schmidt*, HGB, § 130 Rn. 1.

773 OLG Hamm, Urt. v. 22.11.2001 – 28 U 16/0, NJW-RR 2002, 495 (496); Henssler/Strohn/*Steitz*, HGB, § 130 Rn. 1; Schlegelberger/*K. Schmidt*, HGB, § 130 Rn. 1; *Ulmer*, ZIP 2001, 585 (598); a.A. *Dauner-Lieb*, FS Ulmer, 73 (75 f.).

zessorietät.[774] Die Personengesellschaften zeichnen sich gerade dadurch aus, dass die Gesellschafter in ihrer jeweiligen Zusammensetzung – mangels eines festen Kapitals – für alle Verbindlichkeiten der Gesellschaft persönlich und unbeschränkt haften.[775] Mit dem Eintritt in die Gesellschaft profitieren die Neugesellschafter ebenso wie die Altgesellschafter von dem bis dahin bereits erwirtschafteten und zudem ungebundenen Kapital, wie auch von dem Marktwert der Gesellschaft aufgrund ihrer bisherigen wirtschaftlichen Betätigung.[776] Neu- wie Altgesellschaftern stehen also unabhängig vom Beitrag des Einzelnen die gleichen Rechte zu. Die im Gegenzug eintretende Haftung auch für die Altverbindlichkeiten stellt dafür einen treffenden Ausgleich dar.[777] § 130 führt damit den Akzessorietätsgedanken nur zu Ende aus[778] und vervollständigt das dem Personengesellschaftsrecht zu Grunde liegende Prinzip „mitgefangen, mitgehangen“[779]. Dabei ist im Hinblick auf die Vorschriften zum Formwechsel auch zu bedenken, dass der Formwechselbeschluss bei einer Umwandlung in eine GbR gemäß § 233 Abs. 1 UmwG der Zustimmung aller Gesellschafter bedarf. Die Anordnung einer Haftung für Altverbindlichkeiten ist damit auch aus diesem Grund nicht unangemessen.[780]

Im Hinblick auf den Gläubigerschutz erleichtert § 130 HGB zudem die Inanspruchnahme der Gesellschafter, da nicht zur Debatte steht, ob der jeweilige Gesellschafter bei Begründung der Verbindlichkeit bereits beigetreten war oder nicht.[781] Zusammengefasst dient § 130 HGB also der Lückenlosigkeit der auf dem Akzessorietätsprinzip basierenden Haftungsverfassung der Personengesellschaften.[782] Zweck der Norm ist damit die Sicherstellung der akzessorischen Haftung

---

774 BGH, Urt. v. 07.04.2003 – II ZR 56/02, BGHZ 154, 370 (376) = BGH NJW 2003, 1803 (1805); OLG Hamm, Urt. v. 22.11.2001 – 28 U 16/01, NJW-RR 2002, 495 (496); *Ulmer*, ZIP 2001, 585 (598).

775 BGH, Urt. v. 07.04.2003 – II ZR 56/02, BGHZ 154, 370 (373) = BGH NJW 2003, 1803 (1804).

776 BGH, Urt. v. 07.04.2003 – II ZR 56/02, BGHZ 154, 370 (373 f.) = BGH NJW 2003, 1803 (1804).

777 BGH, Urt. v. 07.04.2003 – II ZR 56/02, BGHZ 154, 370 (374) = BGH NJW 2003, 1803 (1804); *Klimke*, ZGR 2006, 540, (543); *Schäfer*, ZIP 2003, 1225 (1230); dem BGH zustimmend *Ulmer*, ZIP 2003, 1113 (1115 f.).

778 BGH, Urt. v. 07.04.2003 – II ZR 56/02, BGHZ 154, 370 (373) = BGH NJW 2003, 1803 (1804); Baumbach/*Hopt*, HGB, § 130 Rn. 1.

779 *K. Schmidt*, GesR, § 49 IV 1. b), S. 1433.

780 HK-UmwG/*Rose*, UmwG, § 228 Rn. 16.

781 *Klimke*, ZGR 2006, 540 (544); *Habersack/Schürnbrand*, JuS 2003, 739 (741); *Habersack*, BB 2001, 477 (482).

782 Vgl. *K. Schmidt*, GesR, § 49 IV 1. b), S. 1432 f.

für jegliche Verbindlichkeit, egal ob diese vor oder nach einem Beitritt entstanden ist, um so ein in sich geschlossenes Haftungssystem zu erhalten.[783]

Auch nach dem Formwechsel in eine Personengesellschaft besteht kein gebundenes Kapital, sodass die Gesellschafter das Vermögen, welches in seiner konkreten Form erst durch die wirtschaftliche Betätigung der ursprünglichen GmbH besteht, jederzeit schmälern können. Gleichzeitig profitieren die Gesellschafter von der bereits aufgebauten Stellung der ursprünglichen GmbH in der Wirtschaft. Die Situation der durch Formwechsel neu bestehenden GbR-Gesellschafter ist insoweit mit der von Gesellschaftern vergleichbar, die in eine bereits existierende Personengesellschaft eintreten. Eine Haftung anzuordnen, die Altverbindlichkeiten mit umfasst, stellt damit auch hier lediglich einen angemessenen Ausgleich der konträren Interessen von Gläubigern und Neugesellschaftern dar.[784] Zudem wurde bereits dargestellt, dass die Altgläubiger bei Nichteingreifen einer persönlichen Gesellschafterhaftung für Altverbindlichkeiten aufgrund der fehlenden Kapitalbindung schlechter gestellt sind als vor dem Formwechsel, womit es auch bei der Umwandlung in eine GbR eines in sich geschlossenen, lückenlosen Haftungssystems bedarf, welches durch § 130 HGB gewährleistet wird. Das Bestehen einer vergleichbaren Interessenlage ist zu bejahen.

c) *Zwischenergebnis*

Nachdem somit sowohl eine planwidrige Regelungslücke besteht, als auch die Interessenlage vergleichbar ist, kann die Haftung der Gesellschafter für Altverbindlichkeiten bei einem Formwechsel aus einer Kapitalgesellschaft in eine Personengesellschaft mit einer weitergehenden Analogie zu § 130 HGB begründet werden.[785]

2. *Zeitgleich mit dem Formwechsel eintretende Gesellschafter*

Nichts anderes ergibt sich für die Gesellschafter, die zeitgleich mit dem Formwechsel in die Gesellschaft eintreten. Zwar liegt hier unproblematisch ein Eintritt in die Gesellschaft vor, jedoch findet dieser wiederum zeitgleich mit der Entstehung der GbR statt und auch die Verbindlichkeiten der GmbH richten

783 MüKo-HGB/*K. Schmidt*, HGB, § 130 Rn. 1.

784 Zu dem Interessenausgleich im Rahmen der klassischen Anwendung des § 130 HGB: BGH, Urt. v. 07.04.2003 – II ZR 56/02, BGHZ 154, 370 (374) = BGH NJW 2003, 1803 (1804).

785 So auch Lutter/*Göthel*, UmwG, § 228 Rn. 16; HK-UmwG/*Rose*, UmwG, § 228 Rn. 16.; Semler/Stengel/*Ihrig*, UmwG, § 228 Rn. 41; *K. Schmidt*, ZGR 1990, 580 (583).

sich erst im selben Moment gegen die GbR. Eine direkte Anwendung von § 130 HGB kommt also auch für zeitgleich beitretende Gesellschafter nicht in Betracht. Allerdings besteht aus den oben genannten Gründen auch hier eine planwidrige Regelungslücke bei vergleichbarer Interessenlage, sodass auch die hinzutretenden Gesellschafter über § 130 HGB analog für die Altverbindlichkeiten haften.

III. Zwischenergebnis

Damit bleibt festzuhalten, dass die Gesellschafter der neu bestehenden GbR sowohl für die Neuverbindlichkeiten (§ 128 HGB analog), als auch für bereits in der GmbH begründete Verbindlichkeiten (§ 130 HGB analog) haften. Das gilt sowohl für die Gesellschafter, die bereits solche der GmbH waren, als auch diejenigen, die erst zeitgleich mit dem Formwechsel in die Gesellschaft eintreten. Gesellschafter, die aus der GmbH noch vor dem Formwechsel oder zeitgleich mit diesem ausgeschieden sind, haften hingegen nicht persönlich, da diese zu keinem Zeitpunkt Gesellschafter der GbR geworden sind und eine persönliche, unbeschränkte Haftung der Gesellschafter in der GmbH nicht besteht.

D. Gleichwertigkeit von Kapitalbindung und persönlicher Haftung

Durch die persönliche Haftung der Gesellschafter für Altverbindlichkeiten ist sichergestellt, dass die Gläubiger möglichen Entnahmen der GbR-Gesellschafter nicht schutzlos ausgesetzt sind. Damit ist jedoch noch nicht geklärt, ob dieser den Gläubigern zukommende Schutz auch in der Form ausreichend ist, dass sie durch den Formwechsel und dem damit einhergehenden Wechsel der Haftungsregime faktisch nicht schlechter gestellt sind als zuvor.

Bei einem Formwechsel von einer Personenhandelsgesellschaft in eine Kapitalgesellschaft hat der Gesetzgeber zusätzlich zur Sicherheitsleistung nach §§ 204, 22 UmwG in § 224 Abs. 1 UmwG geregelt, dass die persönliche Haftung der ursprünglichen Gesellschafter der Personenhandelsgesellschaft für die bis dahin begründeten Verbindlichkeiten nach § 128 HGB bestehen bleibt.[786] Der Formwechsel führt damit nicht dazu, dass von einer Sekunde auf die andere die persönliche Haftung für die Altverbindlichkeiten entfällt. Im Fall des Formwechsels einer GmbH auf eine GbR entfallen die Kapitalbindungsvorschriften im Gegensatz dazu sofort mit dem Wirksamwerden der Umwandlung; eine dem § 224

786 Lutter/*Decher*/*Hoger*, UmwG, § 204 Rn. 3; Semler/Stengel/*Kalss*, UmwG, § 204 Rn. 3; Eine zeitliche Begrenzung dieser Haftung findet sich in § 224 Abs. 2 UmwG.

UmwG vergleichbare Regelung existiert nicht.[787] Der Altgläubiger ist also direkt mit der Möglichkeit eines schwindenden Gesellschaftskapitals konfrontiert, ohne dass ihm ein Zustimmungsrecht zustand.

Auf den ersten Blick lässt sich dieser Unterschied nur damit erklären, dass nach Ansicht des Gesetzgebers die persönliche Haftung die Kapitalbindung vollständig zu ersetzen vermag, während er im umgekehrten Fall nicht davon ausgeht, dass die Kapitalbindung den Gläubiger in gleichem Maße zufrieden stellt, wie die zuvor bestehende persönliche und unbeschränkte Haftung.[788] Eine solche Unterstellung ist jedoch nicht haltbar.

Darauf dass der Wegfall der Kapitalbindungsvorschriften zu Nachteilen für die Gläubiger führen kann, wird in der Gesetzesbegründung zu § 204 UmwG explizit hingewiesen.[789] Es waren ausweislich der amtlichen Begründung gerade diese potentiellen Nachteile, die ausschlaggebend für die Schaffung der Möglichkeit der Geltendmachung eines Anspruchs auf Sicherheitsleistung nach §§ 204, 22 UmwG waren.

Damit ist jedoch zu dem Verhältnis, in dem die persönliche Haftung zu den Kapitalbindungsvorschriften steht, nichts Ausdrückliches gesagt.[790] Dieses Verhältnis gilt es zu klären. Sofern nämlich die persönliche Haftung den Wegfall der Kapitalersatzvorschriften nicht zu kompensieren vermag,[791] bestünde allein durch die Änderung des Haftungsregimes eine Gefährdung der Altgläubiger, die es durch umwandlungsrechtliche Vorschriften auszugleichen gilt. Stehen sich die Haftungsverfassungen hingegen grundsätzlich gleichwertig gegenüber,[792] so ist nur in Sonderfällen eine zusätzliche Gläubigersicherung erforderlich.[793]

Die in der Gesetzesbegründung angesprochene Möglichkeit, einer Personengesellschaft zum Nachteil der Gläubiger Vermögen zu entziehen, ergibt sich bezogen

---

787 Vgl. *Petersen*, S. 53.

788 *Petersen*, S. 57; *Soldierer*, S. 82.

789 BT-Drucks. 12/6699, S. 145.

790 Zur Frage der Gleichwertigkeit auch *Petersen*, S. 35 ff.

791 Die Frage in diese Richtung zu stellen mag zunächst verwundern, da grundsätzlich die Haftungsbeschränkung einer gesetzlichen Rechtfertigung bedarf und sich somit meist die Frage gestellt wurde, ob das Gesellschaftskapital einen ausreichenden Ersatz für die sonst persönliche unbeschränkte Haftung darstellen kann. Vorliegend stellt sich jedoch die, ebenso problematische, umgekehrte Frage. Vgl. hierzu: *K. Schmidt*, GesR, § 18 IV 2. c), S. 542 f.; *ders.*, JZ 1985, 301 (302 f.).

792 So *Petersen*, S. 39; zweifelnd *Mülbert*, AcP (199) 1999, 38 (83 Fn. 145).

793 *Petersen*, S. 40: „Wenn [...] [die] persönliche Haftung ausnahmsweise keinen hinreichenden Ersatz bereitstellt."

auf die GbR daraus, dass hinsichtlich der Vermögenssicherung keine zwingenden gesetzlichen Regelungen existieren.[794]

Bestehende Normen dienen lediglich als Gestaltungsvorschlag.[795] Zudem wird weder ein Mindestkapital[796] noch eine Mindestleistung der Gesellschafter[797] zur Sicherung der gesellschaftlichen Vermögensverhältnisse normiert. Die Begründung für das Fehlen derartiger Regelungen, ist in der persönlichen Haftung der Gesellschafter zu suchen.[798] Sofern der Gesellschaft Kapital durch die Gesellschafter entzogen wird, befindet sich dieses daraufhin lediglich in einer anderen Haftungsmasse, welche dem Zugriff der Gläubiger ebenso ausgesetzt ist wie das Gesellschaftsvermögen.[799] Ein derartiger Vermögensentzug könnte also als bloße Umverteilung betrachtet werden.[800] Diese Sichtweise tendiert jedoch dazu, die persönliche Haftung zu überschätzen.[801] Es ist zu beachten, dass auch die persönliche Haftung eine Leistungsfähigkeit nicht garantiert. So sprach schon *K. Schmidt* von der kapitalersetzenden Haftung als rechtspolitischem Problem und zeigte anhand von zwei Beispielen[802] auf, dass die sehr hohe Einschätzung der persönlichen Haftung nicht zu überzeugen vermag.[803] Problematisch ist bei der hohen Wertschätzung der unbeschränkten persönlichen Haftung, dass auch das Privatvermögen der Gesellschafter keiner Sicherung unterliegt.[804] Die Gesellschafter können also nicht nur die Entnahmen re-

---

794 Die §§ 718 ff. BGB sind allesamt dispositiv – vgl. *Wiedemann*, FS Odersky, 925 (926); zudem BGH, Urt. v. 07.04.2003 – II ZR 56/02, BGHZ 154, 370 (373) = BGH NJW 2003, 1803 (1804) – „[…] die Gesellschaft [besitzt] kein eigenes, zu Gunsten ihrer Gläubiger gebundenes garantiertes Haftkapital […]. Ihr Gesellschaftsvermögen steht dem Zugriff der Gesellschafter jederzeit uneingeschränkt und sanktionslos offen."

795 *Wiedemann*, FS Odersky, 925 (926).

796 Siehe zu dem Fehlen von Vorschriften: *K. Schmidt*, GesR, § 18 IV 2 c), S. 542.

797 § 706 BGB normiert zwar eine Beitragspflicht, jedoch kommt es hierbei nicht darauf an, ob diese einen Geldwert hat – MüKo-BGB/*Schäfer*, HGB, § 706 Rn. 2.

798 *Wiedemann*, FS Odersky, 925 (926).

799 *K. Schmidt*, JZ 1985, 301 (302).

800 Vgl. *K. Schmidt*, JZ 1985, 301 (302).

801 Diese Annahme in der bisherigen Diskussion zu der Frage vorsichtig unterstellend auch *Petersen*, S. 37; vgl. ebenso *K. Schmidt*, GesR, § 18 IV 2 c), S. 543, *ders.*, JZ 1985, 301 (303); auch *Priester*, ZHR 160 (1996), 250 (258) erklärt, dass die wirtschaftlichen Verhältnisse einer Kapitalgesellschaft durchaus besser sein können, als die einer natürlichen Person, da „eine GmbH […] bekanntlich weder Spielleidenschaften noch eine kostspielige Freundin [hat]."

802 Siehe *K. Schmidt*, GesR § 18 IV 2 c), S. 542; *ders.*, JZ 1985, 301 (302).

803 *K. Schmidt*, GesR § 18 IV 2 c), S. 542 f.

804 *K. Schmidt*, JZ 1985, 301 (302).

geln wie es ihnen beliebt,[805] sie sind darüber hinaus auch nicht verpflichtet, gewisse Vorkehrungen bezüglich des Erhalts ihres Privatvermögens zu treffen. Sofern die Gesellschafter also auch ihr Privatvermögen, aus welchen Gründen auch immer,[806] verlieren, nützt es den Gläubigern nicht, dass grundsätzlich die Möglichkeit besteht, hierauf zuzugreifen. Hinzu kommt, dass die Gläubiger, sofern sie einen Gesellschafter persönlich in Anspruch nehmen, mit den Privatgläubigern dieses Gesellschafters konkurrieren, während bei einem Zugriff auf das Gesellschaftsvermögen nur die übrigen Gesellschaftsgläubiger in Konkurrenz stehen.[807]

Auf der anderen Seite ist jedoch auch das bei der GmbH obligatorisch zu erbringende Stammkapital kein Garant für eine bestehende Haftungsmasse. Wie bereits erörtert, kann auch dieses Kapital durch die Geschäftstätigkeit aufgezehrt sein.[808] Zudem sieht das Gesetz keine, dem tatsächlichen Eigenkapitalbedarf der Gesellschaft entsprechende, Höhe des Mindestkapitals vor.[809] Das Stammkapital der GmbH allein führt also nicht zu einer angemessenen Sicherung der Gläubiger und kann daher auch allein nicht das Fehlen der persönlichen Haftung rechtfertigen. Der Gläubigerschutz in der GmbH muss allerdings als Ganzes betrachtet werden. Erst das Zusammenspiel der Kapitalaufbringung mit der Kapitalerhaltung sowie der Insolvenzantragspflicht und dem Verbot der Unterkapitalisierung rechtfertigen eine beschränkte Haftung der Gesellschafter.[810] *K. Schmidt* spricht deshalb von einem „Wechselspiel" insofern, als nur die strenge Kapitalsicherung die beschränkte Haftung legitimiert und umgekehrt.[811] So kann zwar das Stammkapital im Vergleich zu der Vorstellung einer unbeschränkten Haftung recht beschaulich wirken,[812] jedoch gibt es, wie schon dargestellt,

805 *K. Schmidt*, GesR § 18 IV 2 c), S. 542 f.; vgl. hierzu auch *Soldierer*, S. 82 f.

806 Ein sehr drastisches, jedoch treffendes Beispiel lieferte *K. Schmidt*, JZ 1985, 301 (302): „Ist das Geld morgen in Wiesbaden verspielt, so werten wir dies als das persönliche Pech des Gesellschafters, damit allerdings auch seiner Gläubiger."

807 *K. Schmidt*, Wege zum Insolvenzrecht, S. 94; *Mülbert*, AcP 199 (1999), 38 (84 Fn. 149). Zur Trennung von Privatgläubigern und Gesellschaftsgläubigern in Bezug auf das Gesellschaftsvermögen: *Wiedemann*, FS Odersky, 925 (926 f.).

808 Siehe oben 3. Kapitel, A. I., S. 100 ff.

809 Vgl. BGH, Urt. v. 14.12.1959, BGHZ 31, 258 (269) = NJW 1960, 285 (287); MHLS/*Leitzen*, GmbHG, § 5 Rn. 15; *K. Schmidt*, GesR, § 9 IV 4.a), S. 240; *Drygala*, ZGR 2006, 587 (590); *Grunewald/Noack*, GmbHR 2005, 189 (190). Zu beachten ist jedoch, dass eine sogenannte materielle Unterkapitalisierung zu einer Haftung der Gesellschafter nach § 826 BGB führen kann. – Siehe hierzu nur: MüKo-GmbHG/*Schwandtner*, GmbHG, § 5 Rn. 37.

810 *K. Schmidt*, GesR, § 18 IV 3. b), S. 540.

811 *K. Schmidt*, GesR, § 18 IV 3. c), S. 541.

812 *Petersen*, S. 37.

keinerlei Sicherungen für das Privatvermögen der Gesellschafter. Es besteht damit das Risiko, dass sich das Privatvermögen als noch viel beschaulicher als das Stammkapital erweist,[813] welches demgegenüber durch strenge Kapitalerhaltungsregeln vor dem Verzehr geschützt werden soll. Festzuhalten bleibt, dass weder Kapitalerhaltungsvorschriften noch eine persönliche Haftung den Gläubiger gänzlich vor etwaigen Gefahren des Verlustes bewahren. Die Kapitalerhaltungsvorschriften schützen nicht vor einem Deckungsverlust, der durch den Betrieb des Unternehmens entsteht, und die persönliche Haftung ist ebenfalls nur dann ausreichend gläubigerschützend, wenn das Privatvermögen der Gesellschafter eine entsprechende Höhe aufweist und auch ohne ausdrückliche Vorschriften auf dessen Erhaltung geachtet wird. Auch die zum Teil angeführte spezialpräventive Funktion der persönlichen Haftung, die Gesellschafter aufgrund der drohenden Einstandspflicht zu einer ordnungsgemäßen Geschäftsführung anzuhalten,[814] kann ins Gegenteil verkehrt werden, denn gerade die Sorge vor dieser Haftung, kann zu einem eher zurückhaltenden Verhalten führen, welches die Wahrnehmung von Geschäftschancen, die mit einem gewissen Risiko behaftet sind, verhindert[815].

Nicht außer Acht zu lassen sind die Gläubigerkonkurrenzen. Das Hinzutreten der Privatgläubiger bei Inanspruchnahme der Gesellschafter kann im Falle einer Privatinsolvenz immer dazu führen, dass die Quote der einzelnen Gläubiger geringer ausfällt als bei einem Zugriff allein auf das Gesellschaftsvermögen.[816] Nachdem bei besonders vermögenden Gesellschaftern die persönliche Haftung den Gläubigern jedoch auch Vorteile verschaffen kann, ist das Vorliegen einer Gleichwertigkeit von persönlicher Haftung und Kapitalerhaltungsvorschriften weder zu bejahen noch zu verneinen.

Letztlich kann der Gläubiger bei Vorliegen einer persönlichen Haftung genauso gut oder sogar noch besser geschützt sein als durch die Haftungsverfassung der GmbH.[817] Umgekehrt ist es aber ebenso möglich, dass er bei einer persönlichen Haftung schlechter steht, womit es letztlich auf die konkreten Umstände des Einzelfalls ankommt.[818]

---

813 Vgl. *Petersen*, S. 37

814 *Wiedemann*, GesR I, § 10 III 1 a) bb), S. 536; *K. Schmidt*, GesR, § 18 IV 3. b) S. 542; *ders.*, JZ 1985, 301 (302).

815 *Hopt*, FS Mestmäcker, 909 (914).

816 Auf die eintretende Konkurrenz zu anderen Privatgläubigern hinweisend: *K. Schmidt*, Wege zum Insolvenzrecht, S. 94; *Mülbert*, AcP 199 (1999), 38 (84 Fn. 149).

817 Vgl. auch *Otte-Gräbener*, BB 2017, 394 (396).

818 Vgl. *Soldierer*, S. 83 f.

Beachtet werden muss zudem, dass die Altgläubiger keine vertraglichen Verbindlichkeiten mit einer GbR eingegangen sind. Der von ihnen ausgewählte Vertragspartner war eine GmbH, sodass sie sich auf deren Kapitalaufbringung und Kapitalerhaltungsmaßnahmen verlassen konnten sowie um das Eingreifen von Insolvenzantragspflichten wussten. Bei einer Umwandlung in eine Gesellschaft bürgerlichen Rechts wird ein entsprechendes Vertrauen in den Geschäftspartner enttäuscht.[819]

Nach all dem soeben Gesagten kann also aufgrund der jeweiligen Vor- und Nachteile wohl von einer gewissen Gleichwertigkeit gesprochen werden.[820] Dies scheint auch dem gesetzgeberischen Grundgedanken zu entsprechen.[821] So ordnet er sowohl für die Umwandlung einer Kapitalgesellschaft in eine Personengesellschaft als auch für den umgekehrten Fall die Sicherheitsleistung nach §§ 204, 22 UmwG an. Dass im zweiten Fall gem. § 224 Abs. 1 UmwG auch die Nachhaftung der persönlich haftenden Gesellschafter angeordnet wird, dient allein Klarstellungsgründen und entspricht letztlich dem personengesellschaftsrechtlichen System.[822] Auch bei einem gewöhnlichen Austritt aus der Personengesellschaft bleibt die Haftung nach § 128 HGB für bis dahin begründete Verbindlichkeiten bestehen und ist lediglich durch § 160 HGB begrenzt.[823] Der Gesetzgeber hätte zwar auch beim Wechsel einer Kapitalgesellschaft in eine Personengesellschaft Vorkehrungen treffen können, sodass eine Kapitalbindung über den Formwechsel hinaus – zumindest für eine gewisse Zeit – bestehen bleibt,[824] hat dies jedoch nicht getan.[825] Eine Aussage gegen eine Gleichachtung der unterschiedlichen Haftungs-

---

819 Von einer großen Enttäuschung spricht *Petersen*, S. 38 bei einer beispielhaften Umwandlung einer AG in eine GbR.

820 *Petersen*, S. 38; *Soldierer*, S. 83; *Veith*, S. 193; a.A. Semler/Stengel/*Seulen*, UmwG, § 22 Rn. 26, die die persönliche Haftung nicht als gleichwertigen Ersatz ansehen.

821 „Gesetzliche Leitidee" – *Petersen*, S. 39; wohl auch *Mülbert*, AcP 199 (1999), 38 (83 f.), wenn dieser davon spricht, dass die persönliche Haftung vom Gesetzgeber beim Formwechsel einer Kapitalgesellschaft in eine Personengesellschaft wohl als ausreichend angesehen wird.

822 BT-Drucks. 12/6699, S. 151.

823 MüKo-HGB/*K. Schmidt*, HGB, § 160 Rn. 1.

824 Dies über die analoge Anwendung von § 225 Abs. 2 AktG erreichen wollend: *Naraschewski*, GmbHR 1998, 356 (360).

825 Ob entgegen der momentanen Regelungen eine Kapitalbindung für einen gewissen Zeitraum nach dem Formwechsel bestehen müsste, dazu siehe später 4. Kapitel, A. II. 3. a) aa) (1) (a) (bb), S. 151 ff.

systeme lässt sich hierin nicht erblicken.[826] Entsprechend kann allein der Wegfall der Kapitalbindungsvorschriften auch nicht grundsätzlich zu einem Anspruch auf Sicherheitsleistung führen.[827] Es ist vielmehr zu prüfen, ob in der konkreten Gläubigersituation der Wegfall der Kapitalerhaltungsvorschriften durch eine entsprechend werthaltige persönliche Haftung der Gesellschafter aufgefangen wird. Ist dies nicht gegeben, so muss durch Anordnungen des Umwandlungsgesetzes der Gläubigerschutz auf andere Weise gewährleistet werden, namentlich mit der im Formwechsel vorgesehenen Sicherheitsleistung nach §§ 204, 22 UmwG.[828]

826 Vgl. auch *Petersen*, S. 39, der nicht davon ausgeht, dass der Gesetzgeber in die Debatte zu dem Verhältnis von persönlicher Haftung zur Kapitalbindung eingreifen wollte.
827 Lutter/*Decher*/*Hoger*, UmwG, § 204 Rn. 13.
828 So auch: *Petersen*, S. 40.

4. Kapitel: Der umwandlungsrechtliche Gläubigerschutz

Das Umwandlungsrecht selbst sieht einen gewissen Gläubigerschutz vor. Dieser ist durch die Möglichkeit, eine Sicherheitsleistung zu verlangen, gekennzeichnet. Insofern soll §§ 204, 22 UmwG nachfolgend spezielle Aufmerksamkeit zukommen. Der Begriff der Gefährdung ist hierbei in den Fokus zu stellen. Er wird insbesondere auf die Problemstellung des Wegfalls der Kapitalerhaltungsvorschriften und die nunmehr gegebene persönliche Haftung, sowie den Wegfall der Bindungen rechtsformspezifischer Ansprüche hin untersucht werden.

A. Die Sicherheitsleistung

Die zentrale Vorschrift des Formwechsels, die den Gläubigerschutz sicherstellen soll, ist § 204 UmwG,[829] welcher wiederum auf § 22 UmwG verweist. Hiernach ist den Altgläubigern Sicherheit zu leisten, wenn sie binnen sechs Monaten nach Bekanntmachung der Eintragung des Formwechsels ihren Anspruch nach Grund und Höhe schriftlich anmelden und glaubhaft machen, dass durch den Formwechsel die Erfüllung ihrer Forderung gefährdet wird.

Der Formwechsel wird mit seiner Eintragung in das Handelsregister der GmbH wirksam.[830] Zu diesem Zeitpunkt entsteht auch der Anspruch auf Sicherheitsleistung, der dann unmittelbar fällig ist.[831]

I. Sinn und Zweck der Sicherheitsleistung

Der Wechsel von Kapitalbindungsvorschriften zu einem völlig ungebundenen Gesellschaftsvermögen mit stattdessen eintretender persönlicher Haftung der

829 Zudem bestimmt § 205 UmwG einen Schadensersatzanspruch der Gläubiger, auf diesen wird im 4. Kapitel, B., S. 176 ff. noch einzugehen sein.

830 § 202 Abs. 1 Nr. 1 UmwG.

831 KK-UmwG/*Simon*, UmwG, § 22 Rn. 49; Lutter/*Decher*/*Hoger*, UmwG, § 204 Rn. 17; Semler/Stengel/*Seulen*, UmwG, § 22 Rn. 42. In Bezug auf § 22 UmwG ist strittig, ob nicht der Anspruch auf Sicherheitsleistung bereits bei Eintragung der Verschmelzung in das Register desjenigen Rechtsträgers, dessen Anspruch geltend gemacht wird, entsteht. Nachdem bei einem Formwechsel einer GmbH in eine GbR jedoch nur ein Register existiert, in welches eine Eintragung vorgenommen werden kann, ist diese Frage hier nicht von Relevanz. In Bezug auf die Verschmelzung siehe u. a. SHS/*Stratz*, UmwG, § 22 Rn. 8; Widmann/Mayer/*Vossius*, UmwG, § 22 Rn. 19.

Gesellschafter kann zu Nachteilen für die Gläubiger führen, auf die diese keinen Einfluss haben.[832] Dieser Umstand beruht auf dem von der Gläubigerzustimmung völlig unabhängigen Wechsel der Rechtsform, der immer mit einem entsprechenden Eingriff in die freie Wahl des Vertragspartners einhergeht.[833] Auch wenn bei der Spaltung und der Verschmelzung die vom Umwandlungsgesetz angeordnete Universalsukzession die Rechte der Außenstehenden beeinträchtigen, kann auch beim Formwechsel trotz der „Identität der Rechtsträger"[834] kein anderer Schluss gezogen werden. Die Identität führt nur zu einer Fortexistenz des subjektiven Zuordnungssubjekts, was jedoch nichts daran ändert, dass den bestehenden Vertragspartnern ein Rechtsträger mit einer Haftungsverfassung aufgezwungen wird, mit dem sie keine vertragliche Beziehung eingegangen sind und es vielleicht auch nie wären.[835] Das Vertrauen der Vertragspartner in die finanzielle Ausstattung einer GmbH kann freilich ein anderes sein, als das Vertrauen in die Haftung einer Gesellschaft bürgerlichen Rechts.[836] Dem Altgläubiger wird organisationsrechtlich insgesamt ein völlig anderer Vertragspartner gegenübergestellt. Etwas anderes gilt im Rahmen der gesetzlich geregelten Einzelübertragung. Hier ist der Vertragspartner vor einem Eingriff in sein Recht auf die freie Vertragspartnerwahl geschützt.[837] Sowohl die Schuldübernahme, wie auch die Vertragsübernahme[838] können nach den §§ 414 ff. BGB nur mit Zustimmung des Gläubigers wirksam vollzogen werden. Auch vor der Übertragung von Forderungen kann sich der Vertragspartner durch Vereinbarung eines Abtretungsverbots schützen, § 399 2. Alt. BGB. Vergleichbare Vorschriften existieren für den Formwechsel nicht.[839] Das ist auch sinnvoll, will man erreichen, dass ein Unternehmen sich seinen wandelnden Verhältnissen in erleichterter Form anpassen kann.[840] Gerade das ist Sinn des Umwandlungsrechtes.[841] Den Unternehmen soll eine großzügige Organisationsfreiheit gegeben werden, die die Umstrukturierungsmaßnahme

---

832 Siehe zu dem Vergleich der Haftungsverfassungen 3. Kapitel, D., S. 117 ff.

833 „Eingriff in die negative Vertragsfreiheit": *Rieble*, ZIP 1997, 301 (304 f.).

834 Zur Identitätsthese: 1. Kapitel, D., S. 21 ff.

835 Vgl. *Rieble*, ZIP 1997, 301 (304 f.).

836 *Petersen*, S. 38.

837 *Kleindiek*, ZGR 1992, 513 (518).

838 Auf diese werden die Regelungen der §§ 414 ff. BGB entsprechend angewandt – vgl. nur BeckOGK/*Heinig*, BGB, § 414 Rn. 44.

839 Eben diesen Unterschied im Rahmen des Spaltungsrechts darstellend: *Kleindiek*, ZGR 1992, 513 (518); ebenso *Rieble*, ZIP 1997, 301 (304 f., 308) in Bezug auf die Universalsukzession bei Spaltung und Verschmelzung.

840 *Keindiek*, ZGR 1992, 513 (519).

841 BT-Drucks. 12/6699, S. 71.

nicht von einer Zustimmung der Gläubiger abhängig macht.[842] Entsprechend existieren auch anderweitige Maßnahmen der Gläubiger zur Verhinderung des Formwechsels, wie beispielsweise die Erhebung einer Anfechtungsklage, nicht.[843]

Zu bedenken ist insofern auch, dass den Vertragspartnern bewusst sein muss, dass eine Gesellschaft einem ständigen Wandel unterliegen kann.[844] Allein die Möglichkeit der Gesellschafter, jederzeit ihre Anteile zu veräußern, zeigt, dass die Gläubiger keinen Anspruch auf einen unveränderten Fortbestand ihres Schuldners – der Gesellschaft – haben.[845] Aus diesem Grund ist der freien Umwandelbarkeit der Gesellschaften Vorrang vor dem Recht der Vertragspartner auf ihre negative Vertragsfreiheit einzuräumen ist.[846]

Das heißt jedoch im Umkehrschluss nicht, dass die Gläubigerinteressen vollends hinter solchen der Gesellschaft zurückzutreten haben. Mit der Sicherheitsleistung hat der Gesetzgeber eine Norm geschaffen, deren Ziel es ist, die Altgläubiger vor möglicherweise eintretenden Nachteilen zu schützen.[847] Unter systematischen Gesichtspunkten handelt es sich hierbei um eine Vorschrift aus dem Bereich des individuellen Gläubigerschutzes.[848]

Bei der Anwendung der §§ 204, 22 UmwG muss allerdings stets darauf geachtet werden, dass die Wertung des Gesetzgebers in Bezug auf die freie Entscheidung zur Umstrukturierung der Gesellschaft, nicht ausgehebelt wird. Die Einforderung einer Sicherheitsleistung darf gerade nicht dazu führen, dass der Formwechsel wirtschaftlich nicht mehr zu vertreten ist.[849] Die Verursachung einer Insolvenz aufgrund der Kapitalbindung durch Sicherheitsleistung und daraufhin eintretender Zahlungsunfähigkeit muss gerade vermieden werden.[850] Andernfalls führt die Sicherheitsleistung zu dem Umstand, den sie eigentlich verhindern soll – zur Gefährdung der Gläubiger.[851] Beide Interessen müssen in einem ausgewogenen Verhältnis zueinander stehen.[852] Letztlich muss im

---

842 So *Rieble*, ZIP 1997, 301 (304).

843 Hierzu bezüglich der Verschmelzung und der Spaltung: *Rieble*, ZIP 1997, 301 (302).

844 *Rieble*, ZIP 1997, 301 (305).

845 *Rieble*, ZIP 1997, 301 (305).

846 *Rieble*, ZIP 1997, 301 (304 f.); *Petersen*, S. 4; *Soldierer*, S. 29.

847 *Henssler*/Strohn, UmwG, § 204 Rn. 1; Semler/Stengel/*Kalss*, UmwG, § 204 Rn. 1; SHS/*Stratz*, UmwG, § 204 Rn. 1.

848 *K. Schmidt*, ZGR 1993, 366 (377 f.); *Petersen*, S. 27.

849 *Schröer*, DB 1999, 317 (320).

850 Semler/Stengel/*Seulen*, UmwG, § 22 Rn. 5.

851 Semler/Stengel/*Seulen*, UmwG, § 22 Rn. 5.

852 Vgl. auch *Schröer*, DB 1999, 317 (320).

Rahmen der Anwendung von §§ 204, 22 UmwG dem Gläubigerschutz soweit wie möglich Rechnung getragen werden, ohne dabei der Sinnhaftigkeit der Umwandlungsmaßnahme entgegenzuwirken,[853] womit die Vorschrift im Ergebnis zurückhaltend anzuwenden ist[854]. Ob dies einem lückenlosen Gläubigerschutz gerecht wird, gilt es zu untersuchen.

II. Entstehen des Anspruchs

1. Anspruchsberechtigte Gläubiger

Die Norm des § 204 UmwG spricht, ebenso wie § 22 UmwG, lediglich von „Gläubigern" und bestimmt keine weiteren Einschränkungen. Einen Anspruch auf Sicherheitsleistung haben dennoch nur die Altgläubiger.[855] Nur diese haben ihre unternehmerischen Entscheidungen im Vertrauen auf eine andere Gesellschaftsverfassung getroffen, welches aufgrund des Formwechsels erschüttert sein kann und eine Sicherheitsleistung erforderlich macht.[856] Die Verbindlichkeit besteht zwar weiterhin, jedoch ist ihr Schuldner nun eine Gesellschaft in einer Rechtsform, mit der der Gläubiger sich nie ausgesucht hat zu kontrahieren.[857] Genau hieraus ergibt sich die Schutzbedürftigkeit der Altgläubiger, denn Neugläubiger wissen, dass sie eine Geschäftsbeziehung mit einer GbR eingehen und sind daher nicht schutzbedürftig. Sie können sich entsprechend nicht auf §§ 204, 22 UmwG berufen. Damit bleibt aber noch zu klären, wann von Neuschulden, die nicht mehr über §§ 204, 22 UmwG gesichert werden können, die Rede ist.

Es stellt sich die Frage, ob erforderlich ist, dass bereits alle Voraussetzungen erfüllt sind und der Anspruch damit bereits entstanden ist oder ob ausreicht, dass der Anspruch zunächst nur vor dem Formwechsel begründet ist. Zudem ist fraglich, auf welchen Zeitpunkt genau abzustellen ist, weshalb zu klären ist, ob der entsprechende Anspruch vor Eintragung des Formwechsels entstanden bzw. begründet sein muss oder ob es reicht, wenn dies bis zur Bekanntmachung der Eintragung geschieht.

---

853 *Schröer*, DB 1999, 317 (320); *Petersen*, S. 4; *Soldierer*, S. 29.

854 KK-UmwG/*Simon*, UmwG, § 22 Rn. 8; Semler/Stengel/*Seulen*, UmwG, § 22 Rn. 5; vgl. auch *Schröer*, DB 1999, 317 (320 ff.).

855 Lutter/*Decher*/*Hoger*, UmwG, § 204 Rn. 6; Semler/Stengel/*Kalss*, UmwG, § 204 Rn. 3.

856 Vgl. *Petersen*, S. 38.

857 KK-UmwG/*Simon*, UmwG, § 22 Rn. 1.

a) *Maßgeblicher Zeitpunkt*

Ob im Rahmen des §§ 204, 22 UmwG als maßgeblicher Zeitpunkt auf die Eintragung oder erst die Bekanntmachung des Formwechsels abzustellen ist, wird nicht einheitlich bewertet. Teilweise wird vertreten, dass es ausreichend sei, wenn die Forderung zwar nach der Eintragung aber noch vor der Bekanntmachung der Umwandlung begründet wird.[858] Dagegen ist nach anderer Auffassung die Eintragung des Formwechsels maßgeblich.[859] Danach begründete Ansprüche fielen dann nicht mehr unter §§ 204, 22 UmwG.

Der Wortlaut von § 22 UmwG ist insofern wenig aufschlussreich. Hier heißt es nur, dass „den Gläubigern […] [Sicherheit zu leisten] ist, wenn sie binnen sechs Monaten nach dem Tag, an dem die Eintragung der Verschmelzung in das Register des Sitzes desjenigen Rechtsträgers, dessen Gläubiger sie sind, nach § 19 Abs. 3 bekannt gemacht worden ist […][den Anspruch anmelden].“ Zu bedenken ist aber insoweit, dass der Formwechsel mit der Eintragung ins Register wirksam wird.[860] Ab dem Zeitpunkt der Eintragung existiert also die GmbH nicht mehr, sondern stattdessen die GbR. Somit kann sich eine Forderung, die erst nach der Eintragung begründet wird, gar nicht mehr gegen die GmbH richten.[861] Der Anspruch auf Sicherheitsleistung erfordert jedoch gerade, dass es sich um einen Altgläubiger handelt,[862] da §§ 204, 22 Abs. 1 S. 2 UmwG eine Gefährdung des Anspruchs *durch* den Formwechsel voraussetzt.[863] Der Formwechsel kann aber nur dann zu einer Gefährdung führen, wenn der Anspruch zunächst gegen den ursprünglichen Rechtsträger bestand.[864] Nach der Eintragung kann ein solche Gefährdung nicht mehr eintreten, sodass der maßgebliche Zeitpunkt im Rahmen von §§ 204, 22 UmwG die Eintragung sein muss.[865]

---

858 Henssler/Strohn/*Drinhausen/Keinath*, UmwG, § 204 Rn. 5; Kallmeyer/*Marsch-Barner*, UmwG, § 22 Rn. 3; Semler/Stengel/*Kalss*, UmwG, § 204 Rn. 3.

859 Henssler/Strohn/*Müller*, UmwG, § 22 Rn. 4; Kallmeyer/*Meister/Klöcker*, UmwG, § 204 Rn. 4; Lutter/*Decher/Hoger*, UmwG, § 204 Rn. 6; SHS/*Stratz*, UmwG, § 22 Rn. 6; Widmann/Mayer/*Vossius*, UmwG, § 204 Rn. 14; *Soldierer*, S. 53.

860 § 202 Abs. 1 Nr. 1 UmwG.

861 Vgl. *Soldierer*, S. 52.

862 Lutter/*Decher/Hoger*, UmwG, § 204 Rn. 6.

863 Vgl. Semler/Stengel/*Seulen*, UmwG, § 22 Rn. 9.

864 Zur Verschmelzung: HK-UmwG/*Maulbetsch*, UmwG, § 22 Rn. 7; Semler/Stengel/*Seulen*, UmwG, § 22 Rn. 9; *Soldierer*, S. 52 f.

865 Henssler/Strohn/*Müller*, UmwG, § 22 Rn. 4; Kallmeyer/*Meister/Klöcker*, UmwG, § 204 Rn. 4; Lutter/*Decher/Hoger*, UmwG, § 204 Rn. 6; SHS/*Stratz*, UmwG, § 22 Rn. 6; Widmann/Mayer/*Vossius*, UmwG, § 204 Rn. 14; *Soldierer*, S. 53.

Die Frage, die sich darauf aufbauend stellt, ist, wie Ansprüche zu behandeln sind, die zwischen der Eintragung und der Bekanntmachung des Formwechsels begründet werden und ob ein etwaiger Schutz der davon betroffenen (Neu-) Gläubiger erreicht werden kann und sollte.

Insofern könnte die negative Publizität des Handelsregisters nach § 15 Abs. 1 HGB herangezogen werden und damit eine gleiche Behandlung dieser Neugläubiger gerechtfertigt sein.[866] Nach § 15 Abs. 1 HGB kann eine noch nicht bekanntgemachte – eintragungspflichte – Tatsache einem Dritten nicht entgegengesetzt werden, solange dieser keine tatsächliche Kenntnis von dieser Tatsache hatte.[867] Der Formwechsel ist eine nach § 198 UmwG eintragungspflichtige Tatsache, sodass diese über die Registerpublizität einem unwissenden Dritten bis zu deren Bekanntmachung entsprechend nicht entgegengesetzt werden kann.[868] Für die Sicherheitsleistung bedeutet das, dass der Gläubiger bis zur Bekanntmachung des Formwechsels nicht auf die bereits erfolgte Eintragung verwiesen werden kann, auch wenn es sich bei dem Gläubiger rein faktisch um einen Neugläubiger handelt. Der Gläubiger steht über § 15 Abs. 1 HGB, sofern ihm der Formwechsel bis dahin nicht positiv bekannt war, also so, als wäre die Eintragung noch nicht erfolgt und somit auch der Formwechsel noch nicht wirksam.[869] Das führt letztlich dazu, dass auch die durch diesen, zwischen Eintragung und Bekanntmachung, begründete Forderung für die Anwendung der §§ 204, 22 UmwG (über § 15 Abs. 1 HGB) rechtzeitig erfolgt.[870]

Gegen diese Auffassung wird angeführt, dass das Gefährdungspotential für die Gläubiger ab dem Zeitpunkt der eingetragenen Umwandlung aufgrund der bereits eingetretenen Rechtsfolgen nicht mehr steigt.[871]

Vor Bekanntmachung kann, wie die Anordnung von § 15 Abs. 1 HGB auch ausdrücklich zeigt, nicht erwartet werden, dass Dritte von der eingetragenen Tatsache Kenntnis nehmen. Es ist also nicht zu erwarten, dass ein potentieller Gläubiger von dem Formwechsel vor dessen Bekanntmachung erfährt. Damit stellt sich die

---

866 So HK-UmwG/*Maulbetsch*, UmwG, § 22 Rn. 7; Semler/Stengel/*Seulen*, UmwG, § 22 Rn. 12; *Soldierer*, S. 54; a.A. SHS/*Stratz*, UmwG, § 22 Rn. 6.

867 Hierzu nur Staub/*Koch*, HGB, § 15 Rn. 2.

868 Dagegen spricht auch nicht die konstitutive Wirkung des § 198 UmwG. Zwar wird teilweise vertreten, dass § 15 Abs. 1 HGB konstitutive Eintragungen nicht erfasst (vgl. nur *K. Schmidt*, HR, § 14 Rn. 22). Diese Ansicht ist jedoch richtigerweise abzulehnen. Siehe hierzu: Staub/*Koch*, HGB, § 15 Rn. 32 ff.

869 Vgl. *Soldierer*, S. 54.

870 Vgl. Semler/Stengel/*Seulen*, UmwG, § 22 Rn. 12; *Soldierer*, S. 54.

871 SHS/*Stratz*, UmwG, § 22 Rn. 6 – dieser lehnt entsprechend eine Anwendung von § 15 Abs. 1 HGB ab.

Situation eines solchen Neugläubigers jedoch nicht anders dar, als die eines Altgläubigers. Der Dritte kontrahiert mit dem Rechtsträger in dem Glauben, dass dieser eine GmbH sei und erfährt erst nachträglich davon, dass es sich bei seinem Schuldner um eine GbR handelt. Das für den Vertragsschluss möglicherweise ausschlaggebende Vertrauen auf eine bestimmte Haftungsverfassung des Schuldners kann hier genauso erschüttert werden wie in den Fällen, in denen die Wirksamkeit des Formwechsels erst nach Vertragsschluss eintritt.[872] Zudem wird bei einer hier vorliegenden konstitutiven Eintragung der Zeitraum zwischen Eintragung und Bekanntmachung nur recht kurz sein[873] und die Möglichkeit der Entstehung neuer Verbindlichkeiten, die potentiell eine Sicherheitsleitung erfordern, für den Rechtsträger damit überschaubar.

Da es zudem für das Eingreifen des § 15 Abs. 1 HGB darauf ankommt, dass der Dritte keine positive Kenntnis von dem Formwechsel hat, können die Organe des Rechtsträgers einem Eingreifen des Vertrauensschutzes selbstständig entgegenwirken.

Ist ein Angebot vonseiten der GmbH noch vor der Eintragung abgegeben worden, so kann bei einer bis zur Eintragung noch nicht erfolgten Annahme – noch vor dieser – die Auskunft, dass zwischenzeitlich ein Formwechsel vollzogen wurde, erteilt werden. Wird das Angebot erst nach der Eintragung erteilt, so kann bereits in dem Angebot deutlich auf die Umwandlung hingewiesen werden. Umgekehrt gilt nichts anderes. Bei einem Angebot vonseiten des Dritten, kann ebenfalls darauf hingewiesen werden, dass ein Vertragsschluss nun nur noch mit der GbR und nicht mehr der GmbH möglich ist. Wollen die Gesellschafter der GbR also dringend vermeiden, dass auch für nach der Eintragung entstandene Ansprüche noch eine Sicherheitsleistung verlangt werden kann, so kann dem vorgebeugt werden. Sobald die Kenntnis des Dritten besteht, ist ein Eingreifen der §§ 204, 22 UmwG über § 15 Abs. 1 HGB nicht mehr möglich.

Im Falle einer deliktsrechtlichen Haftung des Rechtsträgers ist die Schutzwürdigkeit des Dritten anders zu beurteilen, da es sich um einen bloßen Zufall handelt, in welcher wirtschaftlichen Situation sich sein Schädiger befindet.[874] Der Geltungsbereich des § 15 Abs. 1 HGB ist allerdings ohnehin auf Vorgänge im Geschäftsverkehr beschränkt,[875] sodass ein Anspruch über diese Norm gar nicht in Betracht kommt.

872 *Soldierer*, S. 53.

873 MüKo-HGB/*Krebs*, HGB, § 15 Rn. 6.

874 Vgl. auch *Soldierer*, S. 53.

875 Baumbach/*Hopt*, UmwG, § 15 Rn. 8; EBJS/*Gehrlein*, HGB, § 15 Rn. 3; Röhricht/Graf v. Westphalen/Haas/*Ries*, HGB, § 15 Rn. 3.

Auch über § 15 Abs. 1 HGB besteht damit nur dann die Möglichkeit eines Anspruchs auf Sicherheitsleistung, wenn der Gläubiger tatsächlich schutzwürdig ist. Der Sinn und Zweck der §§ 204, 22 UmwG, die Gläubiger aufgrund des ihnen aufgezwungenen Rechtsträgers vor einer Verschlechterung ihrer Lage zu schützen,[876] bleibt damit gewahrt. Die Erweiterung des Schutzes über die Publizität des Handelsregisters widerspricht auch nicht dem Gebot der zurückhaltenden Anwendung der Sicherheitsleistung, da sich diese zunächst nur auf den maßgeblichen Zeitpunkt bezieht, jedoch noch nichts über die tatsächliche Gefährdungslage aussagt. Die Anwendung von § 15 Abs. 1 HGB in den o. g. Fällen ist somit zu bejahen.[877]

Insofern bleibt festzuhalten, dass der maßgebliche Zeitpunkt für die Anwendung von §§ 204, 22 UmwG die Eintragung ist. Über § 15 Abs. 1 HGB kann es jedoch bis zur Bekanntmachung auch für Neugläubiger zu einer den Altgläubigern gleichgestellten Möglichkeit des Anspruchs auf Sicherheitsleistung kommen.

Dasselbe gilt innerhalb der „Schonfrist" nach § 15 Abs. 2 S. 2 UmwG.[878] Sofern vertragliche Handlungen innerhalb der Frist von 15 Tagen nach der Bekanntmachung ohne Kenntnis und ohne Kennenmüssen des Formwechsels vorgenommen werden, so werden die Neugläubiger wie Altgläubiger behandelt und §§ 204, 22 UmwG angewendet.

b) Begründung des Anspruchs

Nachdem der maßgebliche Zeitpunkt bestimmt ist, muss weiter geklärt werden, ob der Anspruch bis dahin bereits entstanden sein muss oder ob allein seine Begründung bis zur Eintragung des Formwechsels ausreichend ist.

Die herrschende Meinung stellt, meist sogar ohne nähere Erläuterung, auf die Begründung des Anspruchs ab.[879] Im Vergleich zu dem Verlangen eines entstandenen Anspruchs verringert dies die Anforderungen und erweitert somit die Gläubigerrechte.[880]

---

876 Henssler/Strohn/*Drinhausen*/*Keinath*, UmwG, § 204 Rn. 1; Lutter/*Decher*/*Hoger*, UmwG, § 204 Rn. 1; Semler/Stengel/*Kalss*, UmwG, § 204 Rn. 1.

877 Henssler/Strohn/*Müller*, UmwG, § 22 Rn. 4; Lutter/*Grunewald*, UmwG, § 22 Rn. 7; Semler/Stengel/*Seulen*, UmwG, § 22 Rn. 12; *Soldierer*, S. 54; a.A. SHS/*Stratz*, UmwG, § 22 Rn. 6.

878 Semler/Stengel/*Seulen*, UmwG, § 22 Rn. 13; ebenso: KK-UmwG/*Simon*, UmwG, § 22 Rn. 21; Lutter/*Grunewald*, UmwG, § 22 Rn. 7.

879 Kallmeyer/*Meister*/*Klöcker*, UmwG, § 204 Rn. 4; Kallmeyer/*Marsch-Barner*, UmwG, § 22 Rn. 3; Lutter/*Decher*/*Hoger*, UmwG, § 204 Rn. 6; Semler/Stengel/*Kalss*, UmwG, § 204 Rn. 3; Semler/Stengel/*Seulen*, UmwG, § 22 Rn. 8; *Schröer*, DB 1999, 317 (317).

880 Semler/Stengel/*Seulen*, UmwG, § 22 Rn. 9.

Nach allgemeinem Verständnis entsteht ein Anspruch sobald jegliche anspruchsbegründende Voraussetzungen erfüllt sind.[881] Hierzu gehört, dass der Anspruch „nach Inhalt, Gläubiger und Schuldner" bestimmt ist.[882] Zudem ist aber von Bedeutung, dass der Bestand des Anspruchs nicht noch von nicht vorhersehbaren Faktoren, wie beispielsweise einer Kündigung abhängt.[883] Der Anspruch ist in diesem Fall erst entstanden, wenn die Möglichkeit der Kündigung verstrichen ist.[884] Bei einem Dauerschuldverhältnis dann aber eben auch nur für den Zeitraum, für den die Frist abgelaufen ist.[885] Im Gegensatz dazu reicht es für die Begründung eines Anspruchs aus, wenn dessen Rechtsgrundlage bereits vor dem maßgeblichen Zeitpunkt gelegt wurde.[886]

Worauf nun im Rahmen der §§ 204, 22 UmwG tatsächlich abzustellen ist, macht zumindest der Wortlaut nicht deutlich. Es ist nur normiert, dass die „Erfüllung […] [der] Forderung gefährdet" sein muss.[887] Der Sinn und Zweck der Vorschrift ist allerdings darin zu sehen, einen angemessenen Schutz der Gläubiger vor möglicherweise aufgrund des Formwechsels eintretenden Nachteilen zu gewährleisten.[888] Würde ein bereits entstandener Anspruch verlangt, so würde dies dem eigentlichen Ziel der Norm gerade entgegenwirken. Bei einem aufschiebend bedingten Anspruch, dessen Rechtsgrundlage bereits vor dem Formwechsel gelegt wurde,[889] wäre der Gläubiger bereits an seine Erklärung gebunden. Sein Anspruch

881 BeckOGK/*Piekenbrock*, BGB, § 199 Rn. 16; somit entsteht also beispielsweise bei einem unter einer aufschiebender Bedingung abgeschlossenen Vertrag nicht direkt der Anspruch. Dieser entsteht erst mit dem Eintritt der Bedingung – MüKo-BGB/*Westermann*, BGB, § 158 Rn. 1.

882 BGH, Urt. v. 16.04.2014 – IV ZR 153/13, NJW 2014, 2342 (2343); Staudinger/*Peters/Jacoby*, BGB, § 194 Rn. 8.

883 *Honsell/Harrer*, ZIP 1986, 341 (344); in Bezug auf die Prämienansprüche aus einem Versicherungsvertrag auch BGH, Urt. v. 16.04.2014 – IV ZR 153/13, NJW 2014, 2342 (2343).

884 BGH, Urt. v. 16.04.2014 – IV ZR 153/13, NJW 2014, 2342 (2343).

885 Vgl. BGH, Urt. v. 16.04.2014 – IV ZR 153/13, NJW 2014, 2342 (2343).

886 BGH, Urt. v. 21.12.1970 – II ZR 258/67, BGHZ 55, 267 (269 f.) = NZG 2015, 1277 (1280); Lutter/*Grunewald*, UmwG, § 22 Rn. 7; BeckOK/*Klimke*, HGB, § 128 Rn. 12; *K. Schmidt*, GesR § 51 I 2, S. 1493; *Habersack*, FS Koppensteiner, 31 (37).

887 § 22 Abs. 1 S. 2 UmwG.

888 Siehe nur Semler/Stengel/*Seulen*, UmwG, § 22 Rn. 1; siehe oben 4. Kapitel, A. I., S. 125.

889 Zu der Frage, wann ein aufschiebend bedingter Anspruch begründet ist, siehe genauer unten: 4. Kapitel, A. II. 1. b) aa) (1) (b), S. 137 f.

selbst entstünde jedoch erst mit dem Eintritt der Bedingung,[890] sodass er für eine solche Forderung keine Sicherheitsleistung verlangen könnte. Im Hinblick darauf, dass der zukünftige Gläubiger bereits an seine Erklärung gebunden ist, würde das für ihn einen nicht hinzunehmenden Nachteil darstellen.[891] Sofern durch diese niedrigere Anforderung an den Anspruch die Gefahr besteht, dass durch sehr viele noch zu erwartende Forderungen die Sicherheitsleistung so hoch ausfällt, dass dies einen Formwechsel wirtschaftlich geradezu unsinnig machen würde, so kann dem durch eine entsprechende Anpassung der Höhe der Sicherheitsleistung entgegengewirkt werden.[892] Für das Abstellen auf die Begründung des Anspruchs spricht auch, dass so bereits die Vorgängernorm zu § 22 UmwG (§ 347 AktG a. F.) ausgelegt wurde,[893] denn der § 347 AktG a. F.[894] war fast wortgleich und stellte ebenso nur auf die Gefährdung der Forderung ab. Würde diese Auslegung nicht dem Willen des Gesetzgebers entsprechen, so wäre eine Wortlautänderung bei Erlass des § 22 UmwG ohne weiteres möglich gewesen.[895]

Mithin muss der Anspruch des Gläubigers für das Recht auf Sicherheitsleistung bis zum Wirksamwerden des Formwechsels begründet gewesen sein. Auf sein Entstehen kommt es nicht an.

Für einen begründeten Anspruch ist es, wie bereits erläutert, ausreichend wenn der Rechtsgrund für den Anspruch gelegt ist. Wann das im Einzelnen der Fall ist, bedarf jedoch noch näherer Ausführungen. Sowohl in der Literatur als auch in der Rechtsprechung wurde sich mit diesem Merkmal überwiegend im Rahmen des § 133 UmwG sowie im Rahmen der §§ 128, 160 HGB auseinander gesetzt.[896]

aa) Schuldrechtliche Ansprüche

(1) Vertragliche Ansprüche

Bei vertraglichen schuldrechtlichen Ansprüchen ist der Anspruch in dem Moment begründet, in dem der Vertrag abgeschlossen wird und keine weiteren rechtsgeschäftlichen Handlungen notwendig sind, damit die Verbindlichkeit

890 MüKo-BGB/*Westermann*, BGB, § 158 Rn. 1.

891 Vgl. Semler/Stengel/*Seulen*, UmwG, § 133 Rn. 14; *Soldierer*, S. 39.

892 *Soldierer*, S. 38.

893 Semler/Stengel/*Seulen*, UmwG, § 22 Rn. 9; vgl. zur Vorgängerregelung nur GHEK/*Grunewald*, AktG, § 347 Rn. 3.

894 § 347 AktG a. F. – Rechtsstand 01.01.1983–31.12.1994.

895 Vgl. *Soldierer*, S. 37.

896 So auch *Schröer*, DB 1999, 317 (318) m.w.N.

entstehen kann.[897] Teilweise wird die Anspruchsbegründung aber sogar so weit vorverlagert, dass auch der Umstand, dass der Gläubiger selbst noch entscheiden kann, ob der Vertrag überhaupt zustande kommt, die Begründung des Anspruchs nicht ausschließen soll,[898] denn der Gläubiger habe bei einem bindenden Angebot der Gesellschaft ein Recht darauf, den Vertrag abzuschließen.[899] Da er zu diesem Zeitpunkt aber keine Möglichkeit mehr habe, den Anspruch abzusichern, sei er entsprechend schutzbedürftig.[900] Der Unsicherheitsfaktor, ob der Anspruch überhaupt entsteht, sei dann bei der Höhe der Sicherheitsleistung zu berücksichtigen.[901] Ein solches Verständnis geht jedoch zu weit.[902] Entscheidet sich der Gläubiger erst nach Wirksamwerden des Formwechsels – bzw. über § 15 Abs. 1, 2 S. 2 HGB mehr als 15 Tage nach der Bekanntmachung des Formwechsels – dafür, das Angebot anzunehmen, so ist vorauszusetzen, dass er weiß, dass keine GmbH mehr besteht, und er handelt entsprechend nicht im Vertrauen auf die Haftungsverfassung der GmbH. Ein bindendes Angebot der GmbH reicht damit für die Begründung des Anspruchs nicht aus.[903] Anders ist dies zu bewerten, wenn der Gläubiger selbst bereits vor dem Formwechsel ein bindendes Angebot abgegeben hat und dieses dann erst nach dem Formwechsel vonseiten der GbR angenommen wird.[904] In diesem Fall wird dem Gläubiger aufgrund der Identitätsthese des Formwechsels mit der Annahme des Angebots ein Vertragspartner

---

897 BGH, Urt. v. 12.12.2005 – II ZR 283/03, NJW 2006, 765 (765); KK-UmwG/*Simon*, UmwG, § 133 Rn. 22 f.; Kallmeyer/*Sickinger*, UmwG, § 133 Rn. 8; SHS/*Hörtnagl*, UmwG, § 133 Rn. 11; Müko-HGB/*K. Schmidt*, HGB, § 128 Rn. 50; Staub/*Habersack*, HGB, § 128 Rn. 63; MüKo-AktG/*Altmeppen*, AktG, § 303 Rn. 16.

898 Lutter/*Grunewald*, UmwG, § 22 Rn. 8; zu §§ 128, 160 HGB ebenso *Lüneborg*, ZIP 2012, 2229 (2233).

899 Lutter/*Grunewald*, UmwG, § 22 Rn. 8.

900 Lutter/*Grunewald*, UmwG, § 22 Rn. 8.

901 Lutter/*Grunewald*, UmwG, § 22 Rn. 8.

902 Vgl. Semler/Stengel/*Seulen*, UmwG, § 133 Rn. 14; siehe auch MüKo-HGB/*K .Schmidt*, HGB, § 128 Rn. 50 zu einer ebenso weiten Ansicht bezogen auf die Nachhaftung eines ausgeschiedenen Gesellschafters. Auch hier wird vertreten, dass ein erst nach dem Ausscheiden angenommenes Angebot nicht mehr dazu führt, dass mit der Haftung dieses Gesellschafters gerechnet werden konnte. Ebenso: Staub/*Habersack*, HGB, § 128 Rn. 63.

903 Vgl. zur Spaltung ebenso Semler/Stengel/*Seulen*, UmwG, § 22 Rn. 14.

904 KK-UmwG/*Simon*, UmwG § 22 Rn. 20; Semler/Stengel/*Seulen*, UmwG, § 22 Rn. 15; im Rahmen der Spaltung: Lutter/*Schwab*, UmwG, § 133 Rn. 82; zur Nachhaftung bei den Personengesellschaften auch: Staub/*Habersack*, HGB, § 128 Rn. 63.

anderer Rechtsform aufgezwungen.[905] Diese unfreiwillige Änderung, die mit einer Gefährdung der Gläubiger einhergehen kann, war gerade Grund für die Schaffung eines Anspruchs auf Sicherheitsleistung.[906]

Der Rechtsgrund eines vertraglichen Anspruchs ist daher vor dem Formwechsel gelegt, sofern vor der Eintragung ein Vertrag geschlossen wurde oder der Gläubiger ein nach den §§ 145 ff. BGB bindendes Angebot abgegeben hat.

Gleichzeitig von der Sicherheitsleistung miterfasst sind Sekundäransprüche, die das Erfüllungsinteresse betreffen.[907] Sofern jedoch Schutzpflichten verletzt werden, betreffen diese grundsätzlich das Integritätsinteresse.[908] Ansprüche hieraus sind somit nicht zugleich mit dem Vertragsschluss begründet, sondern erst bei einer tatsächlichen Verletzung etwaiger Pflichten.[909]

(a) Dauerschuldverhältnisse

Ansprüche aus Dauerschuldverhältnissen weisen im Kontext des Anspruchs auf Sicherheitsleistung Besonderheiten auf. Im Rahmen eines solchen Vertrages verpflichtet sich eine Partei fortlaufend, eine gewisse Leistung zu erbringen, der eine entsprechend wiederkehrende Gegenleistung – im Regelfall eine Zahlungspflicht – der anderen Partei gegenübersteht.[910] Die Besonderheit besteht also darin, dass aus dem Vertrag noch Jahre nach dessen Abschluss sukzessive zu erfüllende Verbindlichkeiten entstehen.[911] Trotz dieser sehr unsicheren Entwicklung sind auch die aus einem Dauerschuldverhältnis resultierenden Ansprüche bereits mit Vertragsschluss begründet.[912] Zwar ist vereinzelt vertreten worden, dass bei einem Dauerschuldverhältnis die Teilleistungen nur sukzessive begründet werden,[913] diese Ansicht ist jedoch seit Erlass des Nachhaftungsbegrenzungsgesetzes[914] als überholt anzusehen.[915]

---

905 Vgl. *Soldierer*, S. 43.

906 Lutter/*Decher*/*Hoger*, UmwG, § 204 Rn. 1. Siehe auch bereits 4. Kapitel, A. I., S. 125.

907 Semler/Stengel/*Seulen*, UmwG, § 22 Rn. 15; Staub/*Habersack*, HGB, § 128 Rn. 68.

908 BeckOK-BGB/*Sutschet*, § 241 Rn. 89; HK-BGB/*Schulze*, BGB, § 241 Rn. 4.

909 Semler/Stengel/*Seulen*, UmwG, § 133 Rn. 13; *Soldierer*, S. 43.

910 Vgl. nur *Schröer*, DB 1999, 317 (317).

911 Vgl. *Soldierer*, S. 44.

912 Kallmeyer/*Marsch-Barner*, UmwG, § 22 Rn. 3; Semler/Stengel/*Seulen*, UmwG, § 22 Rn. 19; Widmann/Mayer/*Vossius*, UmwG, § 22 Rn. 16; *Schröer*, DB 1999, 317 (318 ff.).

913 *Honsell*/*Harrer*, ZIP 1986, 341 (344).

914 Gesetz zur zeitlichen Begrenzung der Nachhaftung von Gesellschafterm v. 18.03.1994, BGBl. I 1994, Nr. 18, S. 560 ff.

915 In der Begründung des Gesetzesentwurfs wird ausdrücklich darauf eingegangen, dass sich insbesondere bei Dauerschuldverhältnisse das Bedürfnis einer Enthaftungs-

Resultiert aus diesen schlicht unzähligen potentiell entstehenden Ansprüchen die Gefahr einer immens hohen Sicherheitsforderung, welche den Formwechsel aus wirtschaftlicher Sicht in Frage stellen könnte, so ist dem durch Anpassung der Höhe der Sicherheitsleistung entgegenzuwirken.[916] Nicht mit dem Schutzzweck von §§ 204, 22 UmwG vereinbar, wäre es hingegen, bei Ansprüchen aus Dauerschuldverhältnissen, abweichend von den übrigen Ansprüchen, einen bereits entstandenen Anspruch zu verlangen. Auch im Hinblick auf zukünftig entstehende Ansprüche können von Seiten des Gläubigers bereits Dispositionen getroffen worden sein, sodass er ein schutzwürdiges Interesse an einer Sicherheitsleistung haben kann.[917] Die Regulierung hat damit vielmehr in der Rechtsfolge der Höhe der Sicherheitsleistung zu erfolgen.[918]

Bei Dauerschuldverhältnissen sind somit sämtliche Teilansprüche ebenso wie bei anderen vertraglichen Ansprüchen mit Vertragsschluss oder mit Abgabe eines bindenden Angebots des Gläubigers begründet.[919]

(b) Befristete und bedingte Rechtsgeschäfte

Befristete Ansprüche sind ebenso wie auflösend und aufschiebend bedingte Ansprüche mit Vertragsschluss begründet.[920] Während befristete und auflösend bedingte Ansprüche entsprechend auch allgemein als sicherungsfähig anerkannt werden,[921] wird die Frage nach der Sicherungsfähigkeit von aufschiebend bedingten Ansprüchen nicht einheitlich beantwortet.

Zum Teil wird ein Anspruch auf Sicherheitsleistung für aufschiebend bedingte Ansprüche gänzlich abgelehnt.[922] Andere stellen auf die Höhe der Wahrscheinlich-

---

regelung ergebe – BT-Drucks. 12/1868, S. 1, 8. Da § 160 HGB in seiner Fassung seit dem Nachhaftungsbegrenzungsgesetz auf „bis dahin begründete Verbindlichkeiten" abstellt, muss also auch ein Dauerschuldverhältnis bereits bei Vertragsschluss begründet sein.

916 *Soldierer*, S. 38.

917 *Soldierer*, S. 45.

918 *Schröer*, DB 1999, 317 (320); ebenso *Soldierer*, S. 46.

919 Lutter/*Grunewald*, UmwG, § 22 Rn. 7; Kallmeyer/*Marsch-Barner*, UmwG, § 22 Rn. 3; Semler/Stengel/*Seulen*, UmwG, § 22 Rn. 19; *Soldierer*, S. 46.

920 Henssler/Strohn/*Müller*, UmwG, § 22 Rn. 4; Lutter/Grunewald, UmwG, § 22 Rn. 7; Semler/Stengel/*Seulen*, UmwG, § 22 Rn. 16; Widmann/Mayer/*Vossius*, UmwG, § 22 Rn. 20; a.A. *Schröer*, DB 1999, 317 (319) in Bezug auf auflösend bedingte Ansprüche.

921 Henssler/Strohn/*Müller*, UmwG, § 22 Rn. 4; Lutter/*Grunewald*, UmwG, § 22 Rn. 7; Semler/Stengel/*Seulen*, UmwG, § 22 Rn. 16; SHS/*Stratz*, UmwG, § 202 Rn. 7; Widmann/Mayer/*Vossius*, UmwG, § 22 Rn. 20.

922 SHS/*Stratz*, UmwG, § 22 Rn. 7; *Heiss*, S. 124.

keit des Entstehens der Forderung ab, wobei bei einer geringen Wahrscheinlichkeit eine Sicherheitsleistung mangels Gefährdung ausscheiden soll.[923]

Ein Anspruch ist – wie oben festgestellt – bereits dann begründet, wenn der Rechtsgrund für seine Entstehung gelegt ist. Hierfür bedarf es einer gewissen „Festigkeit“, sodass sich ein schutzwürdiges Vertrauen bilden kann.[924] Auch bei einem aufschiebend bedingten Anspruch ist der Gläubiger an seine Erklärung gebunden, sodass die geforderte Festigkeit besteht. Der Rechtsgrund für die Entstehung eines aufschiebend bedingten Anspruchs ist daher ebenso mit dem Vertragsschluss gelegt, wie bei jedem anderen Anspruch.[925]

Der Sinn, lediglich die Begründung des Anspruchs zu fordern, liegt gerade darin, den Gläubiger soweit wie möglich zu schützen.[926] Da es für das tatsächliche Bestehen des Sicherheitsanspruchs noch weiterer Voraussetzungen, wie etwa der von Seiten des Gläubigers glaubhaft zu machenden, konkreten Gefährdung des Anspruchs[927] bedarf, ist es aufgrund dieses Zwecks nicht sinnvoll, aufschiebend bedingte Ansprüche bereits von vornherein aus dem Anwendungsbereich von §§ 204, 22 UmwG auszuschließen[928].

Aber auch eine Negierung des Anspruchs auf Sicherheitsleistung bei lediglich geringer Wahrscheinlichkeit des Bedingungseintritts, ist nicht zu befürworten. Selbst wenn die Entstehungswahrscheinlichkeit gering ist, kann der Anspruch dennoch, sofern er denn entsteht, konkret gefährdet sein. Den Gläubiger in dieser Situation in Anbetracht einer Gefährdung und des insofern möglichen Ausfalls seiner Forderung schutzlos zu stellen, widerspricht dem Sinn eines umfänglichen Gläubigerschutzes.[929]

Die Wahrscheinlichkeit des Bedingungseintritts ist daher vielmehr bei der Höhe der Sicherheitsleistung zu berücksichtigen.[930] Ist die Wahrscheinlichkeit des Bedingungseintritts nur sehr gering, ist auch das Risiko des Ausfalls der

---

923 KK-UmwG/*Simon*, UmwG, § 22 Rn. 22; Semler/Stengel/*Seulen*, UmwG, § 22 Rn. 16.

924 *Schröer*, DB 1999, 317 (319).

925 Semler/Stengel/*Seulen*, UmwG, § 133 Rn. 15.

926 Vgl. Semler/Stengel/*Seulen*, UmwG, § 22 Rn. 9.

927 Zur Glaubhaftmachung der Gefährdung siehe 4. Kapitel, A. II. 3., S. 145 ff.

928 Entsprechend erkennt auch die h.M. aufschiebend bedingte Ansprüche als sicherungsfähig an: Lutter/*Grunewald*, UmwG, § 22 Rn. 7; HK-UmwG/*Maulbetsch*, UmwG, § 22 Rn. 9; Widmann/Mayer/*Vossius*, UmwG, § 22 Rn. 20; mit abweichender Berücksichtigung der Wahrscheinlichkeit des Bedingungseintritts: KK-UmwG/*Simon*, UmwG, § 22 Rn. 22; Semler/Stengel/*Seulen*, UmwG, § 22 Rn. 16.

929 Ähnlich *Soldierer*, S. 39 f.

930 Ebenso Lutter/*Grunewald*, UmwG, § 22 Rn. 7; vgl. auch HK-UmwG/*Maulbetsch*, UmwG, § 22 Rn. 31.

Forderung nur ein sehr kleines.[931] Je nach vereinbarter Bedingung wird also das berechtigte Vertrauen des Gläubigers in unterschiedlichem Maße schutzwürdig sein, sodass die Höhe der Sicherheitsleistung hieran anzupassen ist.[932] Aufschiebend bedingte Ansprüche sind somit ebenfalls sicherungsfähig.

(2) Deliktische Ansprüche

Auch deliktische Ansprüche sind von §§ 204, 22 UmwG erfasst.[933] Diese sind mit dem haftungsbegründenden Verhalten begründet.[934] Sofern der Schaden erst später eintritt, ändert dies an der Anspruchsbegründung nichts, sondern kann allenfalls zu Schwierigkeit im Rahmen der Glaubhaftmachung der geforderten Höhe der Sicherheitsleistung führen.[935]

bb) Dingliche Ansprüche

Die Anwendung des §§ 204, 22 UmwG auf dingliche Ansprüche wird unterschiedlich beurteilt. Während zum Teil die Sicherungsfähigkeit von dinglichen Ansprüchen gänzlich verneint wird,[936] wird überwiegend nur ein Anspruch bezüglich der dinglichen Sicherheiten abgelehnt, da diese auch nach der Umwandlung unverändert bestehen blieben[937]. Letztlich muss auch bezüglich dieser Frage wieder der Sinn und Zweck der §§ 204, 22 UmwG herangezogen werden. Der Gläubiger soll vor einer Verschlechterung seiner Situation durch die Umwandlung geschützt werden. Wenn ihm also ein Recht zusteht, welches vor und nach der Umwandlung – hier des Formwechsels – gleichermaßen besteht, so ist der Anspruch tatsächlich nicht von der Anwendung der §§ 204, 22 UmwG erfasst. Ein solch gleichbleibendes Recht liegt bei Ansprüchen, die auf der Überlassung dinglicher Sicherheiten beruhen, in der Tat vor. Sofern dem Gläubiger eine Grundschuld an einem Grundstück der Gesellschaft eingeräumt wurde, so

---

931 KK-UmwG/*Simon*, UmwG, § 22 Rn. 22.

932 Zur Höhe der Sicherheitsleistung siehe 4. Kapitel, A. II. 4., S. 168 ff.

933 Semler/Stengel/*Seulen*, UmwG, § 22 Rn. 17.

934 KK-UmwG/*Simon*, UmwG, § 22 Rn. 24; Semler/Stengel/*Seulen*, UmwG, § 22 Rn. 17.

935 KK-UmwG/*Simon*, UmwG, § 22 Rn. 24.

936 Nomos-UmwR/*Schulte*, UmwG, § 22 Rn. 5; GKT/*Bermel*, UmwG, § 22 Rn. 10; Kallmeyer/*Meister*/*Klöcker*, UmwG, § 204 Rn. 3; HK-UmwG/*Maulbetsch*, UmwG, § 22 Rn. 6; SHS/*Stratz*, UmwG, § 22 Rn. 7.

937 KK-UmwG/*Simon*, UmwG, § 22 Rn. 15 f.; Lutter/*Grunewald*, UmwG, § 22 Rn. 4, 29; auch Widmann/Mayer/*Vossius*, UmwG, § 22 Rn. 17 zieht eine differenzierende Betrachtungsweise vor und erklärt § 22 UmwG daher nur für *grundsätzlich* nicht anwendbar.

ist mit dem Formwechsel aufgrund der Identität der Rechtsträger die neue Gesellschaft Eigentümerin des Grundstücks. Die an diesem erteilte Grundschuld bleibt dadurch unverändert bestehen.[938] Aufgrund des völlig gleichbleibenden Rechts ist eine Anwendung der §§ 204, 22 UmwG hier also nicht angezeigt. Gleiches gilt für Pfand- oder auch Nießbrauchsrechte.[939]

Nicht alle dinglichen Ansprüche sind jedoch solche, die ein von dem Formwechsel unberührtes Recht darstellen.[940] So besteht zwar ein Beseitigungsanspruch nach § 1004 BGB gegen den jeweiligen Störer und steht dem Berechtigten damit auch gegen den Zielrechtsträger zu, jedoch ist ein solcher Anspruch nicht bereits durch sich selbst abgesichert.[941]. Vielmehr können bei der Beseitigung, je nach Art der Vornahme, erhebliche Kosten anfallen, wobei die Fähigkeit des Rechtsträgers diese zu übernehmen, jedoch nicht garantiert ist.[942] Eine Rechtfertigung, wieso ein derartiger Anspruch anders zu behandeln sein soll als ein gewöhnlicher Zahlungsanspruch, ist nicht ersichtlich, und die allgemeine Ablehnung einer Sicherung von dinglichen Ansprüchen somit nicht angebracht.

Lediglich bei dinglichen Ansprüchen, die aus der Überlassung von dinglichen Sicherheiten entstehen, ist damit die Gewährung einer Sicherheitsleistung nach §§ 204, 22 UmwG per se auszuschließen.

Davon zu unterscheiden sind die durch eine dingliche Sicherheit geschützten Ansprüche. Diese sind von §§ 204, 22 UmwG unabhängig von der bereits bestehenden Sicherung erfasst. Allerdings ist diese Sicherheit und der durch sie erzielbare Erlös bei der Bewertung in welcher Höhe über §§ 204, 22 UmwG Sicherheit verlangt werden kann, mit einzubeziehen,[943] sodass es letztlich dazu kommen kann, dass keine weitere Sicherheit erforderlich ist und somit auch nicht gewährt wird.[944]

cc) Zwischenergebnis

Insgesamt lässt sich damit zunächst festhalten, dass möglicherweise gefährdete Ansprüche umfassend von der Sicherheitsleistung nach §§ 204, 22 UmwG erfasst

938 Vgl. nur Semler/Stengel/*Seulen*, UmwG, § 22 Rn. 7.

939 KK-UmwG/*Simon*, UmwG, § 22 Rn. 15 f.; auch Widmann/Mayer/*Vossius*, UmwG, § 22 Rn. 17.

940 Vgl. zum Begriff dinglicher Ansprüche: *Habersack*, FS Koppensteiner, 31 (33 f.).

941 *Soldierer*, S. 34.

942 Ebenso *Habersack*, FS Koppensteiner, 31 (34); Vgl. zudem *Soldierer*, S. 34, in Bezug auf einen Anspruch aus § 985 BGB.

943 Semler/Stengel/*Seulen*, UmwG, § 22 Rn. 7.

944 Siehe hierzu näher 4. Kapitel, A. II. 4., S. 168 ff.

sind. Dabei ist es ausreichend, wenn der Rechtsgrund des Anspruchs bereits vor dem Formwechsel gelegt wurde, da anderenfalls eine Schutzlücke, beispielsweise bei aufschiebend bedingten Ansprüchen oder auch solchen aus Dauerschuldverhältnissen, entstehen würde. Wusste der Gläubiger mangels Bekanntmachung nichts von dem Formwechsel, so ist er über § 15 Abs. 1 HGB ebenfalls berechtigt, einen Anspruch auf Sicherheitsleistung geltend zu machen, sofern auch die übrigen Voraussetzungen erfüllt sind.

c) Keine Möglichkeit der Befriedigung

Ein negatives Tatbestandsmerkmal sieht das Gesetz in § 22 Abs. 1 S. 1 a.E. UmwG vor. Danach wird Sicherheit nur gewährt, soweit der Gläubiger nicht Befriedigung verlangen kann. Ist die zu sichernde Forderung also bereits fällig,[945] scheidet ein Anspruch aus §§ 204, 22 UmwG aus.[946] Der Gläubiger ist dann darauf verwiesen, seinen Anspruch, zur Not klageweise, geltend zu machen.[947]

Sofern der formwechselnde Rechtsträger nicht alleiniger Schuldner der Forderung ist, sondern beispielsweise eine gesamtschuldnerische Haftung besteht, stellt sich die Frage, ob auch dann die Fälligkeit gegenüber dem formwechselnden Rechtsträger erforderlich ist,[948] oder ob es für das Vorliegen des negativen Tatbestandsmerkmals aus §§ 204, 22 UmwG ausreicht, wenn der Anspruch gegenüber dem Dritten (Gesamtschuldner) fällig ist[949].

Der Regelungsinhalt der Gesamtschuld wird durch § 421 BGB bestimmt. Hiernach ist Sinn der Gesamtschuld gerade, dass der Gläubiger sich aussuchen kann, welchen Schuldner er in Anspruch nimmt.[950] Dabei kann er sich zudem entscheiden, ob er die gesamte Leistung oder nur einen Teil dieser von dem gewählten Schuldner verlangt.[951] Der Gläubiger hat also eine gewisse juristische „Pascha-

945 § 271 BGB.

946 Lutter/*Decher*/*Hoger*, UmwG, § 204 Rn. 8.

947 Semler/Stengel/*Seulen*, UmwG, § 22 Rn. 36; SHS/*Stratz*, UmwG § 22 Rn. 16.

948 So Henssler/Strohn/*Müller*, UmwG, § 22 Rn. 7; Kallmeyer/*Meister*/*Klöcker*, § 204 Rn. 4; Lutter/*Decher*/*Hoger*, UmwG, § 204 Rn. 9; Lutter/*Grunewald*, UmwG, § 22 Rn. 9; Semler/Stengel/*Seulen*, UmwG, § 22 Rn. 36.

949 So HK-UmwG/*Maulbetsch*, UmwG, § 22 Rn. 40; Kallmeyer/*Marsch-Barner*, UmwG, § 22 Rn. 8; SHS/*Stratz*, UmwG, § 22 Rn. 17; Widmann/Mayer/*Vossius*, UmwG, § 22 Rn. 37; vgl. KK-UmwG/*Simon*, UmwG, § 22 Rn. 36 – der jedoch eine Ausnahme zulässt, sofern die Geltendmachung dem Dritten gegenüber nicht zumutbar ist.

950 § 421 Abs. 1 S. 1, 1. Hs. BGB; MüKo-BGB/*Bydlinski*, BGB, § 421 Rn. 1; vgl. auch *Soldierer*, S. 60.

951 § 421 Abs. 1 S. 1, 2. Hs. BGB; MüKo-BGB/*Bydlinski*, BGB, § 421 Rn. 1.

stellung“[952] inne, die es ihm erlaubt die Fälligkeit gegenüber dem Rechtsträger abzuwarten, und ihn sodann in Anspruch zu nehmen. Ist der Anspruch aufgrund des Formwechsels aber gefährdet, würde diese Wahlfreiheit des Gläubigers bei Nichtgewährung einer Sicherheitsleistung eingeschränkt. Sofern der Dritte derzeit solvent ist, wird es sich der Gläubiger nicht leisten können, die Fälligkeit der gefährdeten und ungesicherten Forderung gegenüber dem Rechtsträger abzuwarten. Von der Einschränkung der Wahlfreiheit einmal abgesehen, besteht jedoch eine erhebliche Belastung des Gläubigers, wenn hinzukommt, dass der Dritte nicht leistungsfähig ist. Die bereits vor dem Formwechsel bestehende Fälligkeit gegenüber dem Dritten nützt dem Gläubiger dann nichts.[953] Für die Inanspruchnahme des Rechtsträgers bliebe dann lediglich die Möglichkeit, die Fälligkeit abzuwarten, und zu hoffen, dass sich die konkrete Gefährdung unerwarteter Weise nicht realisiert.

Der Gläubiger würde bei einem derartigen Verständnis des Tatbestandsmerkmals mithin schlechter gestellt, als wäre der Rechtsträger lediglich ihm gegenüber verpflichtet. Auch die Ansicht von *Simon*, dass ein Anspruch auf Sicherheitsleistung dann ausnahmsweise bestehen kann, wenn dem Gläubiger die Geltendmachung der Forderung gegenüber dem Dritten nicht zuzumuten ist,[954] belastet den Gläubiger in unbilliger Weise. Der Gläubiger hätte in einem solchen Fall nämlich die Beweislast[955] dafür zu tragen, dass eine Zumutbarkeit im konkreten Fall nicht besteht.

Dafür besteht jedoch kein Grund, denn nachdem die Sicherheitsleistung ohnehin nur gewährt wird, wenn die Gefährdung auf der Umwandlung beruht und nicht schon in gleicher Form vorher bestand,[956] führt der – von der Fälligkeit gegenüber einem Dritten – unabhängige Sicherungsanspruch lediglich dazu, dass die zuvor bereits bestehende Wahlmöglichkeit aus § 421 Abs. 1 S. 1 BGB in gleicher Weise fortgeführt wird.[957]

---

952 Zum „juristischen Pascha“ *Heck*, SchuldR S. 234; vgl. auch MüKo-BGB/*Bydlinski*, § 421 Rn. 2 Fn. 1.

953 So schon *Soldierer*, S. 61.

954 KK-UmwG/*Simon*, UmwG, § 22 Rn. 36.

955 Vgl. *Stein*, JuS 2016, 896 (897). Es ist sind die Voraussetzungen der Norm, die für die Partei günstig ist, zu beweisen. Damit also auch den Umstand, dass die Fälligkeit gegenüber dem Dritten mangels Zumutbarkeit der Geltendmachung des §§ 204, 22 UmwG nicht im Weg steht.

956 Siehe hierzu nachfolgend: 4. Kapitel, A. II. 3. a) aa) (2), S. 162 f.

957 Ähnl. Lutter/*Grunewald*, UmwG, § 22 Rn. 9, die darauf abstellt, dass es an einer Verpflichtung des Gläubigers den Dritten in Anspruch zu nehmen fehlt.

Allein die Fälligkeit einem Dritten gegenüber kann also nicht dazu führen, dass der Anspruch aus §§ 204, 22 UmwG ausgeschlossen ist.[958] Dazu bedarf es auch hier einer Fälligkeit dem formwechselnden Rechtsträger gegenüber.

Sofern der Anspruch zwar noch nicht fällig ist, aber durch den Gläubiger jederzeit fällig gestellt werden kann, ist der Gläubiger nicht schutzwürdiger als wäre die Forderung ohnehin bereits fällig – ein Anspruch auf Sicherheitsleistung besteht nicht.[959] Das ist beispielsweise der Fall, wenn die Fälligkeit nur von der Erbringung einer Leistung vonseiten des Gläubigers abhängt.[960] Er kann die Leistung dann nach § 320 BGB Zug-um-Zug verlangen.[961] Nichts anderes gilt bei Vorliegen eines Zurückbehaltungsrechts aus § 273 BGB, da hiervon die Fälligkeit der Forderung unberührt bleibt.[962]

Hängt die Fälligkeit von einer Kündigung ab, so kann die Sicherheit, sofern die Kündigung dem Gläubiger zumutbar ist, nur bis zum ersten möglichen Eintritt der Kündigungswirkung verlangt werden.[963]

Denkbar ist zudem, dass der Anspruch zwar zunächst noch nicht fällig ist, jedoch noch vor Ablauf der von §§ 204, 22 UmwG gesetzten sechs-monatigen Ausschlussfrist fällig wird. Das Recht auf die Sicherheitsleistung entsteht, wie oben bereits dargelegt, mit dem Wirksamwerden des Formwechsels.[964] Damit entsteht der Anspruch unabhängig davon, ob die Forderung noch innerhalb der sechs Monate fällig wird, oder nicht.[965]

Fraglich ist aber, ob dem Gläubiger verwehrt werden kann, den Anspruch auf Sicherheitsleistung geltend zu machen, wenn er stattdessen auch abwarten und sodann direkt auf Leistung klagen könnte.[966]

---

958 Kallmeyer/*Meister*/*Klöcker*, UmwG, § 204 Rn. 4; Lutter/*Decher*/*Hoger*, UmwG, § 204 Rn. 9; Lutter/*Grunewald*, UmwG, § 22 Rn. 9; Semler/Stengel/*Seulen*, UmwG, § 22 Rn. 36; Henssler/Strohn/*Müller*, UmwG, § 22 Rn. 7.

959 KK-UmwG/*Simon*, UmwG, § 22 Rn. 35; Kallmeyer/*Marsch-Barner*, UmwG, § 22 Rn. 8; Lutter/*Grunewald*, UmwG, § 22 Rn. 9; HK-UmwG/*Maulbetsch*, UmwG, § 22 Rn. 40; a.A. Henssler/Strohn/*Müller*, UmwG, § 22 Rn. 7.

960 *Soldierer*, S. 55.

961 Lutter/*Decher*/*Hoger*, UmwG, § 204 Rn. 8; HK-UmwG/*Maulbetsch*, UmwG, § 22 Rn. 40; Semler/Stengel/*Seulen*, UmwG, § 22 Rn. 36; SHS/Stratz, UmwG, Rn. 17; Widmann/Mayer/*Vossius*, UmwG, § 22 Rn. 39.

962 KK-UmwG/*Simon*, UmwG, § 22 Rn. 35, SHS/*Stratz*, UmwG, § 22 Rn. 17.

963 KK-UmwG/*Simon*, UmwG, § 22 Rn. 35; Semler/Stengel/*Seulen*, UmwG, § 22 Rn. 36; vgl. auch Lutter/*Grunewald*, UmwG, § 22 Rn. 9.

964 4. Kapitel: Der umwandlungsrechtliche Gläubigerschutz, S. 125.

965 Semler/Stengel/*Seulen*, UmwG, § 22 Rn. 42.

966 Vgl. zur Sicherheitsleistung bei Kapitalherabsetzung im Aktienrecht: MüKo-AktG/*Oechsler*, AktG, § 225 Rn. 25; Großkomm.AktG/*Sethe*, AktG, § 225 Rn. 40 f.

Zu bedenken ist diesbezüglich, dass sich in sechs Monaten die finanzielle Situation sowohl des Rechtsträgers als auch der Gesellschafter erheblich verändern kann.[967] Wird der Gläubiger also darauf verwiesen, den Eintritt der Fälligkeit seiner Forderung abzuwarten, so wird er mit einer Unsicherheit belastet, welche durch die Sicherheitsleistung gerade vermieden werden soll.[968] Das Abwarten kann ihm daher nicht zugemutet werden.[969]

Somit hat auch der Gläubiger, dessen Forderung im Zeitpunkt der Geltendmachung noch nicht fällig ist, aber im Laufe der Ausschlussfrist noch fällig wird, einen Anspruch auf Sicherheitsleistung. Wird die Forderung dann nach Erfüllung der Sicherheitsleistung fällig, ergeben sich keinerlei Unterschiede zu der Situation, in der die Fälligkeit erst nach Ablauf der Sechs-Monatsfrist eintritt. Die Sicherheitsleistung stellt bis zur tatsächlichen Erfüllung der Forderung die Sicherheit für eben diese Leistungserbringung dar und ist erst danach freizugeben.[970] Anders wird dies aber zum Teil beurteilt, sofern der geltend gemachte Anspruch auf Leistung der Sicherheit vor Eintritt der Fälligkeit der Primärleistung noch nicht erfüllt wurde. In einem solchen Fall soll dieser Auffassung nach der Anspruch auf Sicherheitsleistung entfallen.[971]

Begründet werden kann dies allenfalls damit, dass der Sicherungszweck entfallen ist und der Sicherheitsleistung deshalb die Grundlage entzogen wurde.[972]

Diese Sichtweise öffnet allerdings Tür und Tor dafür, dass der Rechtsträger die Erfüllung des Sicherheitsanspruchs absichtlich hinauszögert, sofern der Anspruch noch innerhalb der Sechs-Monatsfrist fällig wird.[973] Das widerspräche jedoch gerade der zuvor erörterten Möglichkeit des Bestsehens eines Anspruchs auf Sicherheitsleistung, selbst wenn bereits feststeht, dass die Fälligkeit noch innerhalb der Ausschlussfrist eintritt. Wie bereits festgestellt, ist der Gläubiger auch in diesen Fällen schutzbedürftig. Würde nun allein die Nichterfüllung vor Fälligkeitseintritt dazu führen, dass der Anspruch entfällt, so liefe dies dem Zweck völlig zuwider. Darüber hinaus läge darin ein deutlicher Widerspruch zur Systematik

967 MüKo-AktG/*Oechsler*, AktG, § 225 Rn. 25.

968 Vgl. MüKo-AktG/*Oechsler*, AktG, § 225 Rn. 25.

969 MüKo-AktG/*Oechsler*, AktG, § 225 Rn. 25; Großkomm.AktG/*Sethe*, AktG, § 225 Rn. 40.

970 Semler/Stengel/*Seulen*, UmwG, § 22 Rn. 42; siehe auch MüKo-AktG/*Oechsler*, AktG, § 225 Rn. 24; Großkomm.AktG/*Sethe*, AktG, § 225 Rn. 40.

971 Henssler/Strohn/*Müller*, UmwG, § 22 Rn. 7; Semler/Stengel/*Seulen*, UmwG, § 22 Rn. 42; Großkomm.AktG/*Sethe*, § 225 Rn. 40.

972 So Henssler/Strohn/*Müller*, UmwG, § 22 Rn. 7.

973 Vgl. zu diesem Gedanken Lutter/*Grunewald*, UmwG, § 22 Rn. 10; vgl. auch *Soldierer*, S. 58.

der Sicherheitsleistung,[974] denn eine bereits geleistete Sicherheit ist ebenfalls nicht bei bloßem Fälligkeitseintritt der Primärleistung zurück zu gewähren, sondern erst bei Erfüllung eben dieser Forderung.[975]

Der Gläubiger hat somit auch im Fall der Fälligkeit vor Stellung der Sicherheit weiterhin einen Anspruch auf Erfüllung seines Anspruchs aus §§ 204, 22 UmwG.[976] Sofern der Rechtsträger nicht gewillt ist, Sicherheit zu stellen, kann er die eigentliche Forderung durch Erfüllung zum Erlöschen bringen, und damit auch den Anspruch auf Sicherheitsleistung ausschließen.[977] Den Interessen beider Parteien ist somit ausreichend Rechnung getragen.

2. *Anspruchsgegner*

Der Anspruch auf Sicherheitsleistung entsteht, wie bereits dargelegt, mit der Eintragung des Formwechsels in das Handelsregister und damit mit wirksamer Umwandlung. Nachdem mit dem Wirksamwerden des Formwechsels nur noch der durch die identitätswahrende Umwandlung fortgeführte Rechtsträger in neuer Rechtsform existiert, kann auch nur dieser – damit also die GbR – der Anspruchsgegner sein.[978]

3. *Glaubhaftmachung der Gefährdung*

Weiterhin muss der Gläubiger gegenüber dem Anspruchsgegner – der GbR – die Gefährdung seines Anspruchs darlegen. Dabei muss nach §§ 204, 22 Abs. 1 S. 2 UmwG die Gefährdung auf dem Formwechsel beruhen und durch den Gläubiger innerhalb der Frist des § 22 Abs. 1 S. 1 UmwG formgerecht glaubhaft gemacht werden. Eine Gefährdung kann sich dabei aus vielerlei Gründen ergeben.

a) Glaubhaftmachung

Um die Gefährdung der Forderung glaubhaft zu machen, müssen die Tatsachen aufgrund derer sie bestehen soll, überwiegend wahrscheinlich sein.[979] Dies ist vom Gläubiger darzulegen. Nicht bloß glaubhaft zu machen, sondern vielmehr zu beweisen, ist der Bestand der Forderung, die gesichert werden

974 Hierzu auch *Soldierer*, S. 57 f.

975 Semler/Stengel/*Seulen*, UmwG, § 22 Rn. 42.

976 So auch Lutter/*Grunewald*, UmwG, § 22 Rn. 10; *Soldierer*, S. 58.

977 Lutter/*Grunewald*, UmwG, § 22 Rn. 10.

978 Vgl. nur Lutter/*Decher*/*Hoger*, UmwG, § 204 Rn. 18.

979 Lutter/*Decher*/*Hoger*, UmwG, § 204 Rn. 12; HK-UmwG/*Maulbetsch*, UmwG, § 22 Rn. 17; Semler/Stengel/*Seulen*, UmwG, § 22 Rn. 35; SHS/*Stratz*, UmwG, § 22 Rn. 13.

soll.[980] Der Anspruch auf Sicherheitsleistung kann zwar auch für eine strittige sicherungsbedürftige Forderung geltend gemacht werden,[981] sodann ist jedoch inzident zu prüfen, ob der entsprechende Anspruch besteht oder nicht.[982]

aa) Gefährdung

Bei der Gefährdung des Anspruchs wird überwiegend eine konkrete Gefahr verlangt.[983] Es muss also in dem spezifischen Einzelfall die Gefahr eines Schadenseintritts drohen[984]. Zwar ist dies dem Wortlaut des § 22 UmwG nicht direkt zu entnehmen, ergibt sich jedoch aus einer Zusammenschau mit der fast wortgleichen Vorschrift des § 225 Abs. 1 AktG, die eine Sicherheitsleistung bei Kapitalherabsetzung jedoch ohne das Erfordernis einer Glaubhaftmachung der Gefährdung gewährt.[985] Nach § 225 Abs. 3 AktG kommt es für einen Anspruch aus § 225 Abs. 1 AktG nicht einmal darauf an, ob tatsächlich eine Auszahlung an die Aktionäre erfolgt. Hieraus lässt sich entnehmen, dass im Rahmen des § 225 AktG die abstrakte Gefahr der Verschlechterung der Gläubigersituation durch die Kapitalherabsetzung zur Anspruchsbegründung ausreichend ist.[986] Im Umkehrschluss drückt der Gesetzgeber durch das Verlangen der Glaubhaftmachung einer Gefährdung im Rahmen des § 22 UmwG also aus, dass es bei der Umwandlung nicht ausreicht, wenn eine Gefahr für die Gläubiger nur rein abstrakt besteht.[987]

---

980 OLG Celle,Urt. v. 02.11.1988 – 9 U 54/88, MittRHNotK 1989, 197 (197); KK-UmwG/*Simon*, UmwG, § 22 Rn. 48; Kallmeyer/*Meister/Klöcker*, UmwG, § 204 Rn. 6; Lutter/*Decher/Hoger*, UmwG, § 204 Rn. 16; Lutter/*Grunewald*, UmwG, § 22 Rn. 15; Semler/Stengel/*Seulen*, UmwG, § 22 Rn. 37; SHS/*Stratz*, UmwG, § 22 Rn. 14.

981 Lutter/*Grunewald*, UmwG, § 22 Rn. 15; Semler/Stengel/*Seulen*, UmwG, § 22 Rn. 37; SHS/*Stratz*, UmwG, § 22 Rn. 14; Widmann/Mayer/*Vossius*, UmwG, § 22 Rn. 59 f.

982 Semler/Stengel/*Seulen*, UmwG, § 22 Rn. 37; Widmann/Mayer/*Vossius*, UmwG, § 22 Rn. 59.

983 BGH, Urt. v. 26.04.2002 – LwZR 20/01, BGHZ 150, 365 (370), NJW 2002, 2168 (2169); KK-UmwG/*Simon*, UmwG, § 22 Rn. 25; Kallmeyer/*Marsch-Barner*, UmwG, § 22 Rn. 7; Lutter/*Decher/Hoger*, UmwG, § 204 Rn. 13; Lutter/*Grunewald*, UmwG, § 22 Rn. 12; HK-UmwG/*Maulbetsch*, UmwG, § 22 Rn. 11; Semler/Stengel/*Seulen*, UmwG, § 22 Rn. 32; a.A. *Veil*, S. 243, der eine abstrakte Gefahr– unter dem Vorbehalt, dass diese durch die Gesellschaft widerlegbar ist – für ausreichend befindet; *Lenz*, S. 285.

984 Lutter/*Grunewald*, UmwG, § 22 Rn. 12.

985 Semler/Stengel/*Seulen*, UmwG, § 22 Rn. 32 Fn. 85.

986 MüKo-AktG/*Oechsler*, AktG, § 225 Rn. 22; Hüffer/*Koch*, AktG, § 225 Rn. 8.

987 Semler/Stengel/*Seulen*, UmwG, § 22 Rn. 32 Fn. 85; sich diesbezüglich auf die Vorgängernormen zu § 22 UmwG, wie beispielsweise § 26 KapErhG, beziehend: *Simon*, Der Konzern 2004, 191 (195).

Würde allein die abstrakt bestehende Gefährdung der Gläubiger zu einem begründeten Verlangen einer Sicherheitsleistung führen, so bestünde die Gefahr ausufernder Sicherheitsverlangen, die in wirtschaftlicher Hinsicht letztlich zu einer Einschränkung der Umwandlungsmöglichkeiten der Gesellschaft führen könnte und damit dem Ziel des Gesetzgebers, die Umwandlungsmöglichkeiten zu erweitern,[988] zuwiderliefe.[989] Entsprechend der geforderten restriktiven Handhabung der Sicherheitsleistung,[990] ist der Begriff der „Gefährdung" in § 22 UmwG damit als konkrete Erfüllungsgefährdung zu verstehen.

(1) Konkrete Gefährdung

Um das Vorliegen einer konkreten Gefährdung zu bejahen, muss es überwiegend wahrscheinlich sein, dass die Gesellschaft zumindest teilweise nicht in der Lage sein wird, die Forderungen der Altgläubiger zu erfüllen.[991] Wann eine derartige Wahrscheinlichkeit vorliegt, lässt sich abstrakt nur sehr schwer beantworten und ist vielmehr eine Frage der Prüfung im Einzelfall.[992]

Nachdem die Forderung erst in Zukunft – mit Eintritt ihrer Fälligkeit – erfüllt werden muss, ist die Frage, die sich stellt, diejenige, ob der Rechtsträger – oder ansonsten dessen Gesellschafter – zum Zeitpunkt des Fälligkeitseintritts voraussichtlich in der Lage sein wird, die Forderung zu erfüllen.[993] Für eine solche in die Zukunft gerichtete Prognose ist die Vermögenslage der Gesellschaft von erheblicher Bedeutung, aber auch die Ertragslage ist in großem Umfang zu berücksichtigen.[994] Je später die Fälligkeit eintritt, desto aussagekräftiger wird die Ertragskraft in Bezug auf eine künftige Leistungsfähigkeit sein.[995] Aufgrund der mit dem Formwechsel eintretenden persönlichen Haftung der GbR-Gesellschafter ist deren persönliche Vermögenslage ebenfalls von erhöhter Wichtigkeit für die Wahrscheinlichkeit des Ausfalls der Forderung.[996]

---

988 BT-Drucks. 12/6699, S. 71.

989 So auch schon *Soldierer*, S. 69.

990 Hierzu bereits 4. Kapitel, A. I., S. 125 f.

991 Henssler/Strohn/*Müller*, UmwG, § 22 Rn. 10; Lutter/*Decher*/*Hoger*, UmwG, § 204 Rn. 13.

992 SHS/*Stratz*, UmwG, § 204 Rn. 1; vgl auch KK-UmwG/*Simon*, UmwG, § 22 Rn. 28.

993 Lutter/*Grunewald*, UmwG, § 22 Rn. 12; vgl. KK-UmwG/*Simon*, UmwG, § 22 Rn. 29.

994 KK-UmwG/*Simon*, UmwG, § 22 Rn. 29; Lutter/*Grunewald*, UmwG, § 22 Rn. 12; Semler/Stengel/*Seulen*, § 22 Rn. 33.

995 KK-UmwG/*Simon*, UmwG, § 22 Rn. 29; Semler/Stengel/*Seulen*, § 22 Rn. 33.

996 Widmann/Mayer/*Vossius*, UmwG, § 204 Rn. 23 f.

Auch wenn eine abstrakte Klärung der Frage der Ausfallwahrscheinlichkeit nur schwer möglich ist, sollen einige Fallgruppen, die im Allgemeinen dazu geeignet sind, eine konkrete Gefährdung zu begründen, nachfolgend aufgegriffen werden. Dies soll dazu dienen, zu überprüfen, ob die Sicherheitsleistung in ihrer derzeitigen rechtlichen Ausgestaltung überhaupt geeignet ist, einen umfassenden Gläubigerschutz zu gewährleisten.

(a) Wegfall der Kapitalerhaltung

Problematisch ist die Glaubhaftmachung der Gefährdung insbesondere bei der Möglichkeit von Kapitalentnahmen. Bekanntermaßen entfällt beim Formwechsel einer GmbH in eine GbR die Kapitalbindung der §§ 30, 31 GmbHG. Diesen Wegfall der Kapitalbindungsvorschriften führt auch der Gesetzgeber in seiner Gesetzesbegründung als Grund für den Verweis des § 204 UmwG auf den § 22 UmwG an.[997]

Keinesfalls soll damit aber gesagt werden, dass allein der Wechsel in eine Rechtsform mit weniger strengen oder gar keinen Kapitalbindungsvorschriften ausreichend ist, um eine konkrete Gefährdung zu begründen.[998] Vielmehr zeigt bereits der Vergleich der jeweiligen Haftungsverfassungen,[999] dass der Formwechsel in die GbR sowohl zu einer Gefährdung als auch zu einer Verbesserung der Gläubigerstellung führen kann und der Gesetzgeber entsprechend zunächst von einer Gleichachtung der persönlichen Haftung und der Kapitalbindungsvorschriften ausging[1000].

Dies wird im darauffolgenden Satz der Gesetzesbegründung auch dadurch deutlich, dass betont wird, dass dieser Wegfall zu der Ermöglichung einer, für die Gläubiger nachteiligen, Vermögensentnahme führen *kann.*[1001] Auch *Decher* und *Hoger* gehen davon aus, dass eine konkrete Gefährdung im Einzelfall bei dem Wechsel in eine Personengesellschaft nahe liegt, das allein jedoch zumeist nur eine „abstrakte und (noch) keine konkrete Gefährdung der Erfüllung zur Folge haben“ wird.[1002] Fraglich ist also, wann bei einem Wegfall der Kapitalbindungsvorschriften die Anforderungen an die Glaubhaftmachung einer konkreten Gefährdung erfüllt sind.

---

997 BT-Drucks. 12/6699, S. 145.

998 Lutter/*Decher*/*Hoger*, UmwG, § 204 Rn. 13; „Einzelfallprüfung“ SHS/*Stratz*, UmwG, § 204 Rn. 1; *Veil*, S. 242.

999 3. Kapitel, D., S. 117 ff.

1000 Hierzu oben 3. Kapitel, D., S. 122.

1001 BT-Drucks. 12/6699 S. 145.

1002 Lutter/*Decher*/*Hoger*, UmwG, § 204 Rn. 13.

Sofern man unterstellt, dass alle Tatsachen feststehen und beweisbar sind, wird kein Zweifel an einer konkreten Gefährdung bestehen, wenn die Gesellschafter von der Möglichkeit der Kapitalentnahme bereits umfassend Gebrauch gemacht haben und die persönliche Haftung im konkreten Fall als geringwertiger einzustufen ist, als es die vorherige Kapitalbindung war.[1003]

Für die Bewertung der persönlichen Haftung kommt es dann darauf an, wie viele Privatgläubiger die einzelnen Gesellschafter zu bedienen haben, sowie auf die Vermögensmasse, die sich im Privatvermögen der einzelnen Gesellschafter befindet,[1004] wobei auch hier eine Zukunftsprognose für den Zeitpunkt der Fälligkeit der Forderung zu erstellen ist. Kommt man zu dem Ergebnis, dass der Verlust an Liquidität seitens der Gesellschaft nicht durch eine entsprechend werthaltige persönliche Haftung der Gesellschafter aufgefangen wird, so besteht eine konkrete Gefahr.[1005]

Andersherum kommt es zu keiner konkreten Erfüllungsgefährdung, wenn die Kapitalbindung durch ein hohes Privatvermögen der Gesellschafter und damit durch eine werthaltige persönliche Haftung ersetzt wird,[1006] da die GbR-Gesellschafter auch für alle Altverbindlichkeiten der ursprünglichen GmbH nach § 130 HGB analog einzustehen haben[1007].

Unklar ist der Fall, in dem zwar durch den Wechsel in die Rechtsform der GbR die Möglichkeit der Kapitalentnahmen geschaffen wurde, hiervon jedoch noch kein Gebrauch gemacht wurde[1008] oder die Gläubiger vielmehr keine Kenntnis haben, ob und wann Kapitalentnahmen stattfinden[1009]. Insofern ist fraglich, ob allein das Fehlen einer werthaltigen persönlichen Haftung im konkreten Fall in Verbindung mit der Möglichkeit der Entnahme ausreicht, um die Annahme einer konkreten Gefährdung zu rechtfertigen.[1010] Denn es besteht auch die Möglich-

---

1003 Vgl. Widmann/Mayer/*Vossius*, UmwG, § 204 Rn. 19.

1004 Auch die Haftung mit dem Privatvermögen nützt nichts, wenn dieses vielen Privatgläubigern mit hohen Forderungen gegenübersteht, da die Gesellschaftsgläubiger im Rahmen der Haftung nach § 130 HGB mit den Privatgläubigern konkurrieren müssen. Vgl. auch *Mülbert*, AcP 199 (1999), 38 (84); Widmann/Mayer/*Vossius*, UmwG, § 204 Rn. 23.

1005 Widmann/Mayer/*Vossius*, UmwG, § 204 Rn. 20 ff. „Schmälerung der Eigenkaitalbasis" sei der Hauptfall der Gefährdung, wobei es an einer Gefährdung fehle, wenn eine werthaltige persönliche Haftung besteht.

1006 Widmann/Mayer/*Vossius*, UmwG, § 204 Rn. 23 f.

1007 Siehe hierzu 3. Kapitel, C. II., S. 111 ff.

1008 *Schneider*, NZG 2007, 888 (892).

1009 Zu diesem Problem auch *Veil*, S. 242 f.

1010 Allein die Möglichkeit einer Ausschüttung nicht als konkrete Gefahr betrachtend, *Veil*, S. 242; für den Fall der Verschmelzung ebenso Semler/Stengel/*Seulen*, UmwG,

keit, darin eine bloß abstrakte Gefahr zu sehen, die geeignet ist, in eine konkrete Gefahr umzuschlagen.[1011]

Nachdem mit dem Formwechsel in eine GbR das Kapital der GmbH frei wird, haben die Gesellschafter jederzeit die entsprechende Möglichkeit, Gesellschaftsvermögen abzuziehen[1012]. Solange eine solche Entnahme nicht erfolgt, steht die Gesellschaft selbst aber finanziell ebenso dar wie vor dem Formwechsel, sodass, solange das Kapital unangetastet bleibt, durchaus zu vertreten ist, dass das Fehlen einer werthalthaltigen persönlichen Haftung allein nicht zu einer konkreten Gefährdung der Forderung durch den Wegfall der Kapitalbindung führt.[1013]

Problematisch ist in diesem Fall, dass die Tatsache, die zur Begründung der konkreten Gefährdung führt, nämlich die tatsächliche Entnahme von Kapital, für die Gläubiger nicht ersichtlich ist und auch die Darlegung einer überwiegenden Wahrscheinlichkeit, dass diese eintreten wird, kaum mehr als eine reine Behauptung darstellt.[1014] Würde dennoch gefordert, dass die Gläubiger die überwiegende Wahrscheinlichkeit der Kapitalentnahme schlüssig darlegen, so wird der Möglichkeit eines Sicherheitsverlangen aufgrund des Wegfalls der Kapitalbindung letztlich der Boden entzogen; eine Glaubhaftmachung nur in äußersten Ausnahmesituationen, in denen der Gläubiger vollständigen Einblick in die Interna der Gesellschaft hat, denkbar. Das wiederum kann nicht im Interesse des Gesetzgebers gewesen sein, zumal auch die Gesetzesbegründung gerade auf das Entfallen der Kapitalbindungsvorschriften als Grund für die Schaffung der Sicherheitsleistung hinweist[1015].

(aa) Maßstab der Anforderungen an die Glaubhaftmachung

Möglicherweise ist unter diesem Gesichtspunkt, das Erfordernis der Glaubhaftmachung einer konkreten Gefährdung weiter zu verstehen. Es könnte genügen, dass der Gläubiger darlegt, dass die durch den Formwechsel ermöglichte Kapital-

---

§ 22 Rn. 25, 26; *Soldierer*, S. 90; zweifelnd auch *Lutter*, ZGR 1990, 392 (412); a.A wohl Kallmeyer/*Meister*/*Klöcker*, UmwG, § 204 Rn. 6; Widmann/Mayer/*Vossius*, UmwG, § 22 Rn. 36.1 f.

1011 Vgl. hierzu *Soldierer*, S. 91.

1012 Vgl. zur Möglichkeit der Entnahme in einer GbR nur OLG Schleswig, Urt. v. 06.07.2015 – 14 U 5/15, NZG 2016, 179 (180).

1013 Vgl. *Veil*, S. 242 f.; zweifelnd auch *Lutter*, ZGR 1990, 392 (412); Ebenso zur Verschmelzung auf eine Personengesellschaft Semler/Stengel/*Seulen*, UmwG, § 22 Rn. 25, 26; *Soldierer*, S. 89 f.

1014 *Veil*, S. 242 f.

1015 BT-Drucks. 12/6699, S. 145.

entnahme, bei deren Vornahme, mangels werthaltiger persönlicher Haftung zu einer konkreten Gefährdung seiner Forderung führt.[1016]

Auf diese Weise würden die Anforderungen an den Gläubiger nicht überspannt. Für diese Art der Auslegung der Anforderungen an die Glaubhaftmachung der Gefährdung spricht insbesondere auch der Vergleich der heutigen Regelung mit der im alten Recht. Nach § 347 Abs. 2 AktG a. F. musste die Gefährdung noch bewiesen werden.[1017] Da dieser Beweis bekanntermaßen nur sehr schwierig zu führen war, hat sich der Gesetzgeber dafür entschieden, die Beweisführung zum Vorteil der Gläubiger zu vereinfachen. Dieses Bestreben weist die Gesetzesbegründung explizit aus.[1018] Führt aber auch das Erfordernis der Glaubhaftmachung einer konkreten Gefährdung in bestimmten Konstellationen zu dem Ergebnis, dass diese schlicht nicht zu erbringen ist, so kann dies nicht im Interesse des Gesetzgebers liegen. Allerdings gilt es auch zu beachten, dass hierdurch eine Sicherheitsleistung bereits dann eingefordert werden könnte, wenn die Entnahme von Kapital durch die Gesellschafter gar nicht beabsichtigt ist.[1019] Da die Sicherheitsleistung beispielsweise durch die Hinterlegung von Geld[1020] indes zu einer Bindung liquider Mittel der Gesellschaft führen kann,[1021] bietet es sich an, festzustellen, ob auch eine andere Möglichkeit besteht, den Gläubigerschutz ausreichend zu wahren.

(bb) Möglichkeit einer Entnahmesperre

Zur Begründung des Erfordernis einer konkreten Gefährdung wurde bereits auf die Regelungen des § 225 Abs. 1, 3 AktG hingewiesen, wonach bei einer Kapitalherabsetzung eine Sicherheitsleistung allein aufgrund der hierdurch abstrakt entstehenden Gefährdung zu erbringen ist, unabhängig davon, ob eine Ausschüttung an die Aktionäre erfolgt oder nicht.[1022] Darüber hinaus bestimmt § 225 Abs. 2

1016 Vgl. Widmann/Mayer/*Vossius*, UmwG, § 22 Rn. 36.1, der für die Glaubhaftmachung „Indizien" ausreichen lassen will, welche z. B. bei einer Verringerung des gebundenen Kapitals durch Verschmelzung auf eine Personenhandelsgesellschaft vorliegen; ebenso wohl auch; Kallmeyer/*Meister*/*Klöcker*, UmwG, § 204 Rn. 6; im Rahmen der Verschmelzung andenkend aber wieder verwerfend auch *Soldierer*, S. 91 f.

1017 § 347 AktG a. F. – Rechtsstand 01.01.1983–31.12.1994.

1018 BT-Drucks. 12/6699, S. 92.

1019 Ebenso *Soldierer*, S. 92.

1020 § 232 BGB; zu den Arten der Sicherheitsleistung 4. Kapitel, A. II. 5., S. 175 f.

1021 Semler/Stengel/*Seulen*, UmwG, § 22 Rn. 5, 31; *Schröer*, DB 1999, 317 (320); *Soldierer*, S. 92.

1022 Hierzu bereits 4. Kapitel, A. II. 3. a) aa), S. 146 f.

AktG, dass eine Ausschüttung an die Aktionäre erst dann erfolgen darf, wenn die sechs-monatige Frist zur Anmeldung der Forderungen für die Gläubiger verstrichen ist und dann auch nur, wenn jedem Gläubiger, der sich rechtzeitig gemeldet hat, entweder Sicherheit geleistet wurde, oder dessen Forderung bis dahin beglichen ist. Bei der Kapitalherabsetzung einer Aktiengesellschaft besteht damit eine mindestens sechs-monatige Auszahlungssperre.

Einen ebenso umfassenden Gläubigerschutz bietet § 58 GmbHG. Dieser gewährt den Gläubigerschutz anders als § 22 UmwG und § 225 AktG allerdings bereits vor dem Wirksamwerden der Kapitalherabsetzung[1023]. Zwar haben die Gläubiger hier keinen einklagbaren Anspruch auf Befriedigung oder Sicherheitsleistung,[1024] jedoch besteht die Möglichkeit, durch das Verlangen der Befriedigung respektive der Stellung einer Sicherheit, die Kapitalherabsetzung zu verhindern.[1025] Erst wenn seit der Aufforderung an die Gläubiger, sich zu melden, die mit Bekanntmachung des Kapitalherabsetzungsbeschlusses abzugeben ist, ein Jahr abgelaufen ist, darf die Kapitalherabsetzung eingetragen werden.[1026] Das gilt nach § 58 Abs. 1 Nr. 4 GmbHG aber wiederum nur, wenn bis dahin auch alle Gläubiger, die Ansprüche erhoben haben, befriedigt oder abgesichert sind.

Eine solche, auf einer lediglich abstrakten Gefährdung beruhende, Ausschüttungssperre bis zur Erbringung der Sicherheitsleistung existiert in § 22 UmwG nicht. Teilweise wird daher vertreten, dass bei einer Umwandlung,[1027] die zur Freisetzung von zuvor gebundenem Kapital führt, die §§ 58 GmbHG, 225 AktG entsprechend anzuwenden sind, wenn eine mögliche, noch nicht vorgenommene Kapitalentnahme zu einer konkreten Gefährdung der Forderung führen würde.[1028] Die §§ 58 GmbHG, 225 AktG seien dann in der Form analog anzuwenden, dass eine Ausschüttung des freigewordenen Kapitals solange nicht möglich ist, wie

---

1023 *Rodewald*, GmbHR 1997, 19 (20).

1024 § 58 Abs. 1 Nr. 4 GmbHG; MüKo-GmbHG/*Vetter*, GmbHG, § 58 Rn. 83, 103; MHLS/*Waldner*, GmbHG, § 58 Rn. 18; *Rittner*, FS Oppenhoff, 317 (330).

1025 MüKo-GmbHG/*Vetter*, GmbHG, § 58 Rn. 103; MHLS/*Waldner*, GmbHG, § 58 Rn. 18.

1026 § 58 Abs. 1 Nr. 1–3 GmbHG.

1027 Die Analogie wird überwiegend bei der Verschmelzung thematisiert. Die Gefährdungslage durch das Freiwerden von Kapital ist bei einer Verschmelzung jedoch vergleichbar mit der bei einem Formwechsel. Lediglich die Erhöhung der Gläubigerzahlen ist bei der Verschmelzung noch mit zu berücksichtigen. Für den Formwechsel geht *Veith*, S. 192 f. auf die Analogie ein, lehnt eine solche mangels planwidriger Regelungslücke jedoch ab.

1028 Semler/Stengel/*Seulen*, UmwG, § 22 Rn. 25; *Schneider*, NZG 2007, 888 (892); *Soldierer*, S. 92.

die Gesellschaft den Gläubigern, die innerhalb der von § 22 UmwG gesetzten Sechs-Monatsfrist ihre Forderungen angemeldet haben, nicht Sicherheit geleistet hat.[1029] Nachdem diese Grundsätze nicht nur bei einer Kapitalgesellschaft als Zielrechtsträger eingreifen, sondern ebenso bei einer Personengesellschaft Geltung beanspruchen sollen,[1030] ist dieser Lösungsansatz genauer zu untersuchen. Könnte dieser Ansicht nämlich gefolgt werden, so müsste in der Rechtsfolge keine Bindung liquider Mittel befürchtet werden, die die Gesellschaft in wirtschaftliche Schwierigkeiten bringen könnte, da dann vielmehr auch von der Gewährung einer Sicherheitsleistung unter Duldung der Ausschüttungssperre abgesehen werden kann[1031].

Damit eine Analogie zu den §§ 58 GmbHG, 225 AktG überhaupt in Betracht kommen kann, bedürfte es zunächst einer planwidrigen Regelungslücke. Eine Gesetzeslücke besteht allerdings immer nur dann, wenn das Gesetz einen bestimmten Sachverhalt nicht erfasst[1032] und ist planwidrig, wenn dieser nach der Regelungsabsicht des Gesetzgebers einer Regelung bedurft hätte[1033]. Nachdem der Wortlaut die Grenze der Auslegung bildet, legt dieser auch die Grenze zur ergänzenden Rechtsfortbildung fest.[1034] Der § 22 UmwG stellt wörtlich indes nur darauf ab, dass der Gläubiger die Gefährdung seiner Forderung glaubhaft machen muss.[1035] Lediglich durch die Zusammenschau mit § 225 AktG und die Interpretation der Bedeutung von „glaubhaft machen", wird überwiegend gefordert, dass eine konkrete Gefährdung bestehen muss.[1036] Zwingend ist dieses Verständnis aber nicht.[1037] Entsprechend kann auch, wie oben vorgeschlagen, das Verständnis, wann von einer solchen konkreten Gefährdung auszugehen ist, ein anderes sein,

1029 Semler/Stengel/*Seulen*, § 22 Rn. 57; *Schneider*, NZG 2007, 888 (892).

1030 Semler/Stengel/*Seulen*, UmwG, § 22 Rn. 26; eine Analogie der Ausschüttungssperre allgemein diskutierend und auch bei der Personengesellschaft für erforderlich, aber kaum durchsetzbar haltend: *Hommelhoff/Priester*, Podiumsdiskussion am 25. Deutschen Notartag 1998, Sonderheft DNotZ 1998, 197 (208 ff.).

1031 Vgl. Semler/Stengel/*Seulen*, UmwG, § 22 Rn. 57, der betont, dass eine Ausschüttungssperre so lange besteht, wie die Sicherheit nicht geleistet ist; vgl. zu diesem Vorteil auch *Soldierer*, S. 92.

1032 *Bydlinski*, Juristische Methodenlehre, S. 472 ff.

1033 *Larenz/Canaris*, Methodenlehre, S. 193 f.

1034 *Bydlinski*, Juristische Methodenlehre, S. 441.

1035 § 22 Abs. 1 S. 2 UmwG.

1036 Hierzu siehe 4. Kapitel, A. II. 3. a) aa), S. 146.

1037 So geht *Veil*, S. 243 davon aus, dass im Rahmen einer Sicherheitsleistung nach §§ 204, 22 UmwG für die Glaubhaftmachung eine abstrakte Gefährdung ausreicht.

was dazu führen kann, dass der Gläubiger nur darlegen muss, dass die Vornahme der möglichen Kapitalentnahme zu einer konkreten Gefährdung führen würde.

Für dieses Verständnis spricht die Neufassung des § 54 UmwG im Rahmen des Zweiten Gesetzes zur Änderung des Umwandlungsgesetzes von 2007[1038].

Der § 54 UmwG regelt die Verschmelzung ohne Kapitalerhöhung. Da § 22 UmwG eine Norm aus dem Verschmelzungsrecht ist, auf die für den Formwechsels durch § 204 UmwG lediglich verwiesen wird, erschließt es sich auch, verschmelzungsrechtliche Normen für die Auslegung des Erfordernis der Glaubhaftmachung in § 22 UmwG heranzuziehen.

Vor der Neufassung des § 54 UmwG war eine Verschmelzung ohne Kapitalerhöhung nur in den ausdrücklich geregelten Sonderfällen möglich.[1039] In der Gesetzesbegründung wurde explizit darauf hingewiesen, dass eine Verschmelzung, die ohne Kapitalerhöhung vorgenommen wird, eine erhebliche Gefahr für die Gläubiger darstellt, sodass auf das Erfordernis der Kapitalerhöhung im Übrigen nicht verzichtet werden könne.[1040] Im Jahr 2007 führte der Gesetzgeber dann § 54 Abs. 1 S. 3 UmwG ein, der es nun ermöglicht, auf eine Gewährung von Geschäftsanteilen zu verzichten. Der Verzicht auf die Gewährung von Anteilen macht eine Kapitalerhöhung dann nicht mehr nötig.[1041] Auf die hieraus resultierenden Gefahren wurde in der Gesetzesbegründung nicht erneut eingegangen.[1042] Dieser Entscheidung des Gesetzgebers wird sich aber wohl kaum entnehmen lassen, dass ihm der Gläubigerschutz im Rahmen der Verschmelzung neuerdings gleichgültig ist. Vielmehr scheint er davon ausgegangen zu sein, dass die aus einer Verschmelzung ohne Kapitalerhöhung folgenden Gefahren ausreichend über § 22 UmwG abgesichert sind.[1043] Wie bereits aufgezeigt, ergibt sich bei einem engen Verständnis der konkreten Gefährdung jedoch das Problem, dass eine bloß mögliche, noch nicht erfolgte, Ausschüttung oder Entnahme des freigewordenen Kapitals nicht ausreicht, um einen Anspruch auf Sicherheitsleistung zu begründen. Mangels

1038 BGBl. I 2007, Nr. 15 S. 542 ff.

1039 § 54 UmwG a. F.

1040 BT-Drucks. 12/6699, S. 101.

1041 Lutter/*Winter*/*Vetter*, UmwG, § 54 Rn. 63; Semler/Stengel/*Reichert*, UmwG, § 54 Rn. 24; vgl. auch HK-UmwG/*Maulbetsch*, UmwG, § 22 Rn. 13; hierzu auch *Weiler*, NZG 2008, 527 (528).

1042 Vgl. BT-Drucks. 16/2919, S. 13.

1043 Vgl. auch *Soldierer*, S. 91, der dies allerdings dahin deutet, dass der Gesetzgeber das Problem der „potentiellen Kapitalentnahme" nicht erkannt hat und somit eine planwidrige Regelungslücke besteht; vgl. auch Semler/Stengel/*Reichert*, UmwG, § 54 Rn. 24.

Möglichkeiten, die überwiegende Wahrscheinlichkeit des Eintritts einer solchen darzulegen, würde in diesen Fällen also eine Schutzlücke entstehen.[1044] Entsprechend kann dieses Verständnis nicht mit dem des Gesetzgebers übereinstimmen.

Wird ein weiteres Verständnis der konkreten Gefährdung angenommen, so ergibt sich eine solche Schutzlücke nicht. Gegen dieses Verständnis lässt sich auch nicht der zu § 225 AktG abweichende Wortlaut anbringen. Der Gesetzgeber wollte im Rahmen des Umwandlungsrechts offenkundig nicht durch jede abstrakt bestehende Gefährdung eine Sicherheitsleistung ausgelöst wissen.[1045] Eine solche bestünde bereits, wenn man die persönliche Haftung nach einem Formwechsel grundsätzlich nicht als gleichwertig mit einer vorherig bestehenden Kapitalbindung ansieht[1046] oder die Verschmelzung beispielsweise mit einem Freiwerden von zuvor gebundenem Kapital einhergeht. Um deutlich zu machen, dass das allein nicht ausreichen soll, bedurfte es einer entsprechend anderen Formulierung in § 22 UmwG als in § 225 AktG.

Das weniger strenge Verständnis einer konkreten Gefährdung setzt die Anforderungen jedoch nicht soweit herab, dass bloß eine abstrakte Gefahr für die Gefährdung ausreicht. Der Gläubiger muss glaubhaft machen, dass die Vornahme der Ausschüttung oder Entnahme des Kapitals in der konkreten Situation zu einer konkreten Gefährdung führen würde. Damit kann nicht allein auf den Wegfall der Kapitalbindung abgestellt werden, sondern es bedarf der überwiegenden Wahrscheinlichkeit, dass die persönliche Haftung die Kapitalentnahme nicht auszugleichen vermag. Somit ist allein der Begriff der „konkreten Gefährdung" etwas eng und leicht missverständlich, als dass dadurch die Anforderungen an die Glaubhaftmachung der Gefährdung leicht überspannt werden können. Der Gesetzgeber wollte durch die Entscheidung von der Beweispflicht nach § 347 AktG a. F. Abstand zu nehmen jedoch eine Erleichterung der Geltendmachung eines Anspruchs auf Sicherheitsleistung erreichen.[1047] Besser erscheint es insofern, die Gefährdung i.S.d. § 22 UmwG als hinreichend konkretisierte Gefährdung zu verstehen.

Sofern eine Analogie zu den §§ 58 GmbHG, 225 AktG also darauf gestützt wird, dass bei einer potentiellen Kapitalentnahme ein Anspruch auf Sicherheitsleistung noch nicht besteht,[1048] ist dem durch Auslegung des § 22 UmwG

1044 *Soldierer*, S. 91; wohl auch Semler/Stengel/*Seulen*, UmwG, § 22 Rn. 25.

1045 Hierzu bereits 4. Kapitel, A. II. 3. a) aa), S. 146.

1046 So Semler/Stengel/*Seulen*, UmwG, § 22 Rn. 26.

1047 BT-Drucks. 12/6699, S. 92.

1048 Semler/Stengel/*Seulen*, UmwG, § 22 Rn. 25 (mit Fn. 68); *Soldierer*, S. 98 ff.; wohl auch *Schneider*, NZG 2007, 888 (892).

entgegenzutreten und eine Analogie abzulehnen. Soll darüber hinaus, auch bei Annahme des Vorliegens eines Sicherheitsanspruchs, über §§ 58 GmbHG, 225 AktG eine Ausschüttungssperre bis zur Leistung dieser Sicherheit oder Befriedigung des Gläubigers erreicht werden,[1049] um das „Gefälle" im Kapitalschutz zu beseitigen,[1050] so ist dies ebenso abzulehnen[1051]. Eine planwidrige Regelungslücke hinsichtlich dieses „Gefälles" ist nicht ersichtlich.[1052] Letztlich ergibt sich zumindest bei einem Formwechsel in eine Gesellschaft mit persönlich haftenden Gesellschaftern bereits durch die Sicherheitsleistung eine Art Kapitalschutz.[1053] Kann nämlich die Gefährdung durch (potentielle) Kapitalentnahmen glaubhaft gemacht werden, so muss die Gesellschaft Sicherheit leisten. Auf diese Weise wird auch auf die Gesellschafter insoweit Druck ausgeübt, als der Gesellschaft das unter Umständen bereits entnommene Kapital zurückzuführen ist, damit diese den Anspruch auf Sicherheitsleistung erfüllen kann. Andernfalls könnte der Gesellschaft die Insolvenz drohen, die dann aufgrund der persönlichen Haftung aus §§ 128, 130 HGB analog auch auf die Gesellschafter durchschlagen könnte.[1054]

1049 *Ihrig*, ZHR 160 (1996), 317 (337); ebenso wohl: *Naraschewski*, GmbHR 1998, 356 (360); *Koppensteiner*, FS Westermann, 1157 (1164).

1050 Von einem Schutzgefälle der umwandlungsrechtlichen Sicherheitsleistung im Verhältnis zu den aktienrechtlichen Regelungen sprechend: *Ihrig*, ZHR 160 (1996), 317 (337).

1051 Eine Analogie allgemein ablehnend: KK-UmwG/*Simon*, UmwG, § 22 Rn. 60; Kallmeyer/*Marsch-Barner*, UmwG, § 22 Rn. 12 m.w.N.; Lutter/*Grunewald*, UmwG, § 22 Rn. 25; *Rodewald*, GmbHR 1997, 19 (21); *Petersen*, S. 197 ff.

1052 So enthielt schon die Vorläuferregelung von § 22 UmwG (§ 347 AktG a. F.) keine Ausschüttungssperre, was in Anbetracht der Regelung in unmittelbarer Nähe zu § 225 AktG wohl kaum als unbewusste Entscheidung zu verstehen ist, *Rodewald*, GmbHR 1997, 19 (21 Fn. 19); zudem enthielt der damalige § 8 UmwG für die Verschmelzung die Pflicht einer übergangsweisen getrennten Vermögensverwaltung. Diese Regelung existiert heute nicht mehr und zeigt entsprechend, dass die Sicherheitsleistung als ausreichender Schutz angesehen wurde, *Veith*, S. 193; vgl. auch *Heidinger*, GmbHR 1996, 890 (895).

1053 Der Frage nachzugehen, ob der Anspruch auf Sicherheitsleistung nach § 22 UmwG bei einer Verschmelzung auf eine Kapitalgesellschaft ohne Vornahme einer Kapitalerhöhung ausreichend ist, oder stattdessen ein erhöhter Kapitalschutz angebracht wäre, dem beispielsweise durch eine *de lege ferenda* erforderliche Ausschüttungssperre Rechnung getragen werden könnte, würde in Anbetracht der in dieser Arbeit verfolgten Fragestellung den Bogen überspannen.

1054 *Petersen*, S. 42.

(cc) Zwischenergebnis

Damit kommt eine Ausschüttungssperre also nicht in Betracht, um den Gläubigerschutz zu gewährleisten. Es ist vielmehr davon auszugehen, dass für die Glaubhaftmachung ausreichend ist, wenn der Gläubiger darlegen kann, dass eine potentielle Kapitalentnahme zur konkreten Gefährdung seiner Forderung führt, sich die Gefährdung also hinreichend konkretisiert hat. Gleichzeitig ist der Gesellschaft aber die Möglichkeit zu geben, diese Gefährdung zu widerlegen.[1055]

Dieses Verständnis widerspricht auch nicht der restriktiven Anwendung der Sicherheitsleistung,[1056] denn die Anforderungen an die Glaubhaftmachung der Gefährdung sind damit keineswegs soweit herabgesenkt, dass die Gläubiger allein als Vorsichtsmaßnahme eine solche werden geltend machen können. Letztlich sind an die Gläubiger die gleichen Anforderungen für die Glaubhaftmachung gestellt, wie bei einer bereits vorgenommenen Kapitalentnahme. Es erfolgt somit lediglich eine „Vorverlagerung" auf die Möglichkeit des Eintritts der konkreten Gefahr.

Problematisch kann aber bereits die Glaubhaftmachung des Fehlens einer werthaltigen persönlichen Haftung sein. Der Gläubiger bedarf hierzu weiterer Informationen in Bezug auf die Gesellschafter selbst. Bei dem Formwechsel in eine GbR fehlt es jedoch bereits an einer Eintragungspflicht bezüglich der an ihr beteiligten Gesellschafter,[1057] sodass diese Informationen auf anderem Wege gefunden werden müssen.

Zwar hat der Gläubiger nach § 9 Abs. 1 HGB die Möglichkeit, alle bei der Registeranmeldung einzureichenden Unterlagen einzusehen,[1058] diese enthalten jedoch – selbst wenn die Gesellschafterdaten mangels vor- bzw. gleichzeitigen Austritts weiterhin korrekt sind[1059] – keine Informationen über das Privatvermögen oder die Privatgläubiger der Gesellschafter.

Da eine restriktive Handhabung nicht bedeuten kann, den Anspruch auf eine Sicherheitsleistung nahezu unmöglich zu machen, ist auch in Bezug hierauf nichts dagegen einzuwenden, die Glaubhaftmachung einer hinreichend konkretisierten Gefährdung ausreichen zu lassen.

Insgesamt dürfen an die Glaubhaftmachung aufgrund der häufig bestehenden Problematik, dass die Gläubiger die wirtschaftliche Verfassung der Gesellschaft

---

1055 Widmann/Mayer/*Vossius*, UmwG, § 22 Rn. 36.1; ebenso *Veil*, S. 243, der jedoch bereits eine abstrakte Gefahr ausreichen lässt.

1056 Hierzu bereits 4. Kapitel, A. I., S. 125 f.

1057 2. Kapitel, C. II. 2., S. 88 ff.

1058 Vgl. auch *Soldierer*, S. 106.

1059 Hierzu siehe 2. Kapitel, B. II. 1. b) cc), S. 75 f.

und ihrer Gesellschafter nicht ausreichend einsehen können, daher nicht allzu hohe Anforderungen gestellt werden.[1060] Insofern kann nicht verlangt werden, dass der Gläubiger über die gängige Informationsgewinnung hinausgehende Ermittlungen anstellt.[1061] Eine schlichte Behauptung kann dennoch auch bei fehlenden Informationen nicht genügen.[1062] Dem Gläubiger können aber beispielsweise aus einer langjährigen Geschäftsbeziehung Umstände bekannt sein, die es ihm ermöglichen, die Gefährdung schlüssig zu begründen.[1063]

Nach § 294 ZPO kann der Gläubiger zur Glaubhaftmachung alle Beweismittel heranziehen.[1064] Letztlich wird es ihm aber dennoch häufig schwer fallen, auch nur eine hinreichend konkretisierte Gefährdung glaubhaft zu machen.[1065] Eine Sicherheitsleistung kann der Gläubiger dann nicht beanspruchen.

(b) Wegfall der Bindungen rechtsformspezifischer Ansprüche

Aufgrund der Diskontinuität der Rechtsordnung entfallen mit dem Wirksamwerden des Formwechsels auch die Bindungen der rechtsformspezifischen Ansprüche.[1066] So ist für den Beschluss des Formwechsels nicht weiter erheblich, ob alle Einlagen durch die Gesellschafter vollständig erbracht wurden.[1067]

In der GmbH besteht bei Nichterbringung der Resteinlage die Möglichkeit, dem Gesellschafter gemäß § 21 Abs. 1 GmbHG eine Frist unter Androhung der Einziehung des Anteils zu setzen. Verstreicht die Frist erfolglos, so haften – bei Einziehung – für die weiterhin bestehende Einlageforderung die Rechtsvorgänger des Ausgeschlossenen nach § 22 Abs. 1 GmbHG. Ist auch auf diesem Wege die Forderung nicht einzuziehen, so kann der Gesellschaftsanteil öffentlich versteigert oder mit Zustimmung des Ausgeschlossenen sonst verwertet werden (§ 23 GmbHG). Führt all dies weiterhin nicht zum Erfolg, so haften schließlich nach

1060 Lutter/*Grunewald*, UmwG, § 22 Rn. 17; Widmann/Mayer/*Vossius*, UmwG, § 22 Rn. 36.1.

1061 Vgl. auch Widmann/Mayer/*Vossius*, UmwG, § 22 Rn. 36.1; *Soldierer*, S. 106 f.

1062 So auch *Soldierer*, S. 108.

1063 *Soldierer*, S. 106

1064 Lutter/*Decher*/*Hoger*, UmwG, § 204 Rn. 15; SHS/*Stratz*, UmwG, § 22 Rn. 13.

1065 In Bezug auf die konkrete Gefahr, was jedoch bzgl. der Schwierigkeit der Glaubhaftmachung der Gefährdung abgesehen von der Vorverlagerung keinen Unterschied macht: KK-UmwG/*Simon*, UmwG, § 22 Rn. 7; Henssler/Strohn/*Drinhausen*/*Keinath*, UmwG, § 204 Rn. 3; HK-UmwG/*Rebel*, UmwG, § 204 Rn. 5; SHS/*Stratz*, UmwG, § 204 Rn. 1.

1066 1. Kapitel, D. III. 2., S. 31 ff.

1067 Widmann/Mayer/*Vossius*, § 202 Rn. 89.

§ 24 GmbHG die übrigen Gesellschafter. Das GmbHG setzt mithin alles daran, dass die Einlage gedeckt wird, während im Recht der GbR diese Verpflichtung einfach erlöschen kann[1068].

Da es sich bei der Resteinlageforderung um eine Forderung gegen einen Gesellschafter handelt und dieser nun persönlich haftet, ist dagegen zunächst nichts einzuwenden. Eine Gefährdung ergibt sich hieraus wiederum nur dann, wenn die persönliche Haftung der Gesellschafter insgesamt nicht werthaltig ist und sich damit die Ausfallwahrscheinlichkeit des Gläubigeranspruchs aus Mangel an hinreichendem Eigenkapital der GbR erhöht.[1069]

Gleiches gilt für Ansprüche der Gesellschaft gegen einen Gesellschafter aus § 31 GmbHG. Der Anspruch bleibt erhalten, unterliegt fortan jedoch dem Recht der GbR und kann somit erlassen werden.[1070] Auch hier kommt es dann auf die konkreten Umstände des Einzelfalls an. Ist die persönliche Haftung nicht werthaltig, so kann der Gläubiger seinen Anspruch auf Sicherheitsleistung geltend machen.

(c) Abfindungszahlungen

Neben dem Wegfall der Kapitalbindungsvorschriften werden auch die Abfindungszahlungen der Gesellschaft an die Gesellschafter aufgrund des Vermögensabflusses als mögliche Ursache für eine konkrete Gefährdung thematisiert.[1071] Eine solche Abfindung würde sich beim Formwechsel regelmäßig aus § 207 UmwG ergeben. Da die Umwandlung in die GbR nach § 233 Abs. 1, 1. Var. UmwG jedoch einstimmig erfolgen muss, kann keine derartige Abfindungszahlung entstehen, da diese an den Widerspruch gegen den Umwandlungsbeschluss anknüpft.[1072] Es besteht allerdings die Möglichkeit, dass ein Gesellschafter zeitgleich mit dem Formwechsel austritt.[1073] Geht der Gesellschaftsanteil nicht auf einen Dritten respektive einen anderen Gesellschafter über,[1074] so entsteht mit der insofern gegebenenfalls

---

1068 Siehe hierzu bereits 1. Kapitel, D. III. 2. a), S. 31 f.

1069 Vgl. auch Widmann/Mayer/*Vossius*, UmwG, § 204 Rn. 20, 23, der für den Fall der Gefährdung durch Schmälerung der Eigenkapitalbasis u. a. auf die Möglichkeit des Erlasses von Einlageforderungen verweist.

1070 *Habersack/Schürnbrand*, NZG 2007, 81 (84).

1071 Semler/Stengel/*Seulen*, UmwG, § 22 Rn. 30; *Petersen*, S. 27 ff.; *Soldierer*, S. 92 f.

1072 Hierzu siehe 2. Kapitel, A. I. 3. a), S. 40.

1073 2. Kapitel, B. II. 1. b) bb) (3) (c), S .70.

1074 In diesem Fall ist der Gesellschafter oder der Dritte zur Zahlung eines Entgeltes für den Gesellschaftsanteil verpflichtet, MüKo-GmbHG/*Strohn*, GmbHG, § 34 Rn. 206. Die Gesellschaft hat dann allerdings dafür Sorge zu tragen, dass diese Zahlung erfolgt

erforderlichen Einziehung des Anteils ein Anspruch des Ausscheidenden gegen die Gesellschaft auf Abfindungszahlung[1075].

Dieser Anspruch entsteht jedoch anders als die Abfindungszahlung nach § 207 UmwG nicht direkt durch den Formwechsel. Da der Austritt noch aus der GmbH erfolgt, ergibt sich dieser vielmehr aus den GmbH-rechtlichen Vorschriften. Der Austritt erfolgt somit nur im Augenblick des Formwechsels aber nicht durch diesen,[1076] sodass allein hierdurch auch kein Anspruch auf Sicherheitsleistung besteht.

Zu bedenken ist allerdings, dass die GmbH auch bei einer Abfindungszahlung den Kapitalerhaltungsvorschriften unterliegt und die Abfindung entsprechend nur aus freiem Vermögen zahlen darf.[1077] Dies wird in § 33 Abs. 2 GmbHG für den Erwerb eigener Anteile explizit geregelt und auch § 34 Abs. 3 GmbHG weist im Fall der Einziehung durch einen Verweis auf § 30 Abs. 1 GmbHG darauf hin, dass das Stammkapital nicht berührt werden darf.

Mit dem Formwechsel entfällt diese Bindung, sodass der Anspruch auf Abfindungszahlung nach dem Formwechsel allein dem Recht der GbR unterliegt. Aufgrund der fehlenden Kapitalbindung kann hier also, wie auch sonst, aufgrund des Wegfalls dieser Regelungen, durch die Auszahlung der Abfindung eine Gefährdung eintreten, sofern keine werthaltige persönliche Haftung der verbleibenden Gesellschafter besteht.

Zu bedenken ist insofern aber, dass ein Einziehungsbeschluss der GmbHG nichtig ist, sofern bereits bei Fassung des Beschlusses feststand, dass eine Zahlung der Abfindung aus dem freien Vermögen nicht möglich ist.[1078] Dass dies bei Beschlussfassung noch nicht klar war, sich die Finanzlage der Gesellschaft dann aber bis zur Eintragung des Formwechsels noch dahin entwickelt, ist äußerst

---

und haftet notfalls subsidiär, MüKo-GmbHG/*Strohn*, GmbHG, § 34 Rn. 202, 206; *Klöckner*, GmbHR 2012, 1325 (1328).

1075 MüKo-GmbHG/*Strohn*, GmbHG, § 34 Rn. 205.

1076 Zu der rechtlichen Gestaltung des Austritts siehe 2. Kapitel, B. II. 1. b) bb) (4), S. 71 ff.

1077 MüKo-GmbHG/*Strohn*, GmbHG, § 34 Rn. 207; MHLS/*Sosnitza*, GmbHG, § 34 Rn. 54.

1078 BGH, Urt. v. 24.01.2012 – II ZR 109/11, NZG 2012, 259 (259); MüKo-GmbHG/*Strohn*, GmbHG, § 34 Rn. 110; a.A. *Löwe/Thoß*, NZG 2003, 1005 (1007); stand dies jedoch nicht fest, so ist der Einziehungsbeschluss wirksam und die am Beschluss beteiligten Gesellschafter haften, sofern die Gesellschaft die Schuld bis zum vereinbarten Zeitpunkt nicht begleichen kann, persönlich auf die Abfindungszahlung – BGH, Urt. v. 24.01.2012 – II ZR 109/11, NZG 2012, 259 (261); siehe zu dieser Rechtsfolge auch *Altmeppen*, NJW 2013, 1025 (1026 ff.).

unwahrscheinlich. Andernfalls besteht jedoch keine durch den Formwechsel eingetretene Gefährdung.[1079] Hätte die Abfindung nämlich in der GmbH durch freies Kapital ausgezahlt werden können, so würde die Verringerung des Gesellschaftsvermögens der GbR nicht erst durch den Formwechsel ermöglicht.

Eine Gefährdung der Gläubiger durch die Pflicht zur Zahlung einer Abfindung ist daher äußerst unwahrscheinlich, jedoch im Einzelfall potentiell möglich. Die daraus resultierende Gefährdung müsste dann glaubhaft gemacht werden. Letztlich stellt dies aber keinen Sonderfall der Abfindungszahlung dar, sondern ist lediglich eine weitere Auswirkung des Wegfalls der Kapitalbindung.

(d) Leistung der Sicherheitsleistung selbst

Die Geltendmachung des Anspruchs auf Sicherheitsleistung durch einen oder mehrere Gläubiger führt zu einer Bindung von gewissen Kapitalsummen.[1080] Die finanzielle Situation des Rechtsträgers kann damit durch die Sicherheitsleistungen selbst erheblich beeinträchtigt werden.[1081] Dennoch sind die Zahlungen von Sicherheiten nicht für die Ermittlung einer hinreichend konkretisierten Gefährdung zu berücksichtigen.[1082] Das wird teilweise damit begründet, dass sich die Sicherheitsleistung nicht unmittelbar aus dem Formwechsel ergebe.[1083] Letztlich könnte aber auch hier argumentiert werden, dass die Sicherheitsleistung als Folge einer Gefährdung, die auf dem Formwechsel beruht, zumindest mittelbar auf die Umwandlung zurückzuführen ist und dies ausreiche, da ohnehin die Leistungsfähigkeit des Rechtsträgers unabhängig vom Rechtsgrund der Gefährdung maßgeblich sei.[1084] Bedacht werden muss aber, dass die Sicherheitsleistung lediglich einen Schutzmechanismus für die Gläubiger darstellen soll. Wenn nun aber der Schutzmechanismus selbst wiederum eine Schutzsituation auslösen würde, der

---

1079 Es fehlt an der erforderlichen Kausalität, siehe hierzu sogleich: 4. Kapitel, A. II. 3. a) aa) (2), S. 162 f.

1080 Semler/Stengel/*Seulen*, UmwG, § 22 Rn. 5, 31; *Schröer*, DB 1999, 317 (320); *Soldierer*, S. 92.

1081 Semler/Stengel/*Seulen*, UmwG, § 22 Rn. 31.

1082 LG Köln, Urt. v. 30.01.2004 – 82 O 139/03, Der Konzern 2004, 806 (808); KK-UmwG/*Simon*, UmwG, § 22 Rn. 31; Kallmeyer/*Marsch-Barner*, UmwG, § 22 Rn. 7; HK-UmwG/*Maulbetsch*, UmwG, § 22 Rn. 15; Semler/Stengel/*Seulen*, UmwG, § 22 Rn. 31; SHS/*Stratz*, UmwG, § 22 Rn. 19; a.A. Lutter/*Grunewald*, UmwG, § 22 Rn. 13; *Soldierer*, S. 94 f.

1083 HK-UmwG/*Maulbetsch*, UmwG, § 22 Rn. 15, Semler/Stengel/*Seulen*, UmwG, § 22 Rn. 31.

1084 So *Soldierer*, S. 94 f.; zur erforderlichen Kausalität sogleich.

mit demselben Schutzmechanismus begegnet werden müsste, so käme es zu einer ausufernden Kettenreaktion.[1085] Die Sicherheitsleistung ist jedoch gerade restriktiv zu gewähren, sodass das o. g. Verständnis dem Sinn des § 22 UmwG zuwiderläuft. Die Sicherheitsleistung ist somit nicht im Rahmen der Prüfung einer Gefährdung zu berücksichtigen.

(2) Kausalität

Die vorstehend problematisierten möglichen Gefährdungen müssen zur Begründung eines Sicherheitsleistungsanspruchs auch *durch* den Formwechsel entstanden sein.[1086]

Insbesondere wurde die Entnahme von Kapital als hinreichend konkretisierte Gefährdung problematisiert. Diese stellt eine nach dem Formwechsel vollzogene weitere Handlung dar, die sodann zu einer Gläubigergefährdung führen kann. Ausschlaggebend ist insofern, dass eine solche Kapitalentnahme vor dem Formwechsel aufgrund der Kapitalbindungsvorschriften nicht in gleichem Umfang möglich war.[1087] Erst der Formwechsel und die aus diesem Grund geltenden neuen Regelungen ermöglichen derartige Entnahmen, sodass der Formwechsel die Ursache für die unter Umständen bestehende hinreichend konkretisierte Gefahr bildet. Dies genügt den Anforderungen, die an die geforderte Kausalität gestellt werden.[1088]

Ist die Forderungserfüllung bereits vor dem Formwechsel konkret gefährdet, so muss sich die Gefährdung aufgrund des Formwechsels erhöht haben, damit ein Anspruch auf Sicherheitsleistung besteht.[1089] Dabei wird zum Teil eine erhebliche Erhöhung der Gefahr verlangt.[1090] Dem ist zuzugeben, dass eine bloß geringe Erhöhung der Gefährdung den Gläubiger unter Umständen bevorteilen kann.[1091] Nämlich dann, wenn die Forderung in einem Szenario ohne Formwechsel aus-

---

1085 Dies als Sicherungslawine bezeichnend: KK-UmwG/*Simon*, UmwG, § 22 Rn. 31.

1086 Semler/Stengel/*Seulen*, § 22 Rn. 34.

1087 Vgl. *Soldierer*, S. 89.

1088 *Soldierer*, S. 89. Dies ergibt sich auch daraus, dass in der Gesetzesbegründung selbst die Kapitalentnahme als Bespiel für eine Gefährdung angeführt wird, BT-Drucks. 12/6699, S. 145.

1089 Einfache Erhöhung: LG Augsburg, Urt. v. 29.03.2011 – 2 HK O 363/08, BeckRS 2011, 18537; Lutter/*Grunewald*, UmwG, § 22 Rn. 13; SHS/*Stratz*, UmwG, § 22 Rn. 13; erhebliche Erhöhung: Semler/Stengel/*Seulen*, UmwG, § 22 Rn. 34.

1090 Semler/Stengel/*Seulen*, UmwG, § 22 Rn. 34

1091 Vgl. Semler/Stengel/*Seulen*, UmwG, § 22 Rn. 49.

gefallen wäre, der Gläubiger nun jedoch eine Sicherheitsleistung erhält und die für ihn bestehende Gefahr sich damit deutlich verringert hat.

Auf der anderen Seite hätte ein Gläubiger, der sich darüber bewusst ist, dass der Schuldnerwechsel zu einer Verschlechterung seiner Situation führen wird, einem solchen Wechsel niemals zugestimmt,[1092] was wohl auch gelten würde, wenn es sich nur um eine sehr geringe Verschlechterung der Ausfallwahrscheinlichkeit handeln würde.[1093]

Indes besteht für die Gläubiger keine Möglichkeit, den Formwechsel zu verhindern. Daher ist es Sinn der Sicherheitsleistung, die sich daraus ergebende Verschlechterung aufzufangen und die Gläubiger so vor einem Nachteil, vor dem sie sich nicht selbst schützen können, zu bewahren.[1094] Dann ist es jedoch nicht angezeigt, den Gläubigern eine weitere, nicht in ihrer Macht stehende Hürde, in den Weg zu stellen. Es reicht damit jede objektive Erhöhung der Ausfallwahrscheinlichkeit aus.[1095] Diese muss aber wie jede sonstige Gefährdung durch den Gläubiger glaubhaft gemacht werden. Dabei hat *Soldierer* bereits richtig erkannt, dass eine Erhöhung der Gefährdung aus diesem Grund zumindest in gewisser Weise feststellbar sein muss. Letztlich wird in der Praxis daher immer ein gewisser Rahmen an Gefahrerhöhung überschritten sein, bevor eine erhöhte Gefährdung tatsächlich glaubhaft gemacht werden kann.[1096]

(3) Zwischenergebnis

Insgesamt ist festzuhalten, dass immer eine Prognoseentscheidung im Einzelfall zu treffen ist,[1097] sodass eine allgemeingültige Aussage, wann genau eine Gefährdung i.S.d. §§ 204, 22 UmwG vorliegt, nur schwer zu treffen ist. Herausgebildet hat sich, dass einer Gefährdung durch potentielle Kapitalentnahmen mit dem Ausreichenlassen der Glaubhaftmachung einer hinreichend konkretisierten Gefahr begegnet werden kann.

1092 Ein gewöhnlicher Schuldnerwechsel würde die Zustimmung nach § 415 Abs. 1 BGB voraussetzen.

1093 So auch schon *Soldierer*, S. 102.

1094 Vgl. *Soldierer*, S. 102; zum Sinn und Zweck der Sicherheitsleistung bereits 4. Kapitel, A., I., S. 125 ff.

1095 LG Augsburg, Urt. v. 29.03.2011 – 2 HK O 363/08, BeckRS 2011, 18537; Lutter/*Grunewald*, UmwG, § 22 Rn. 13; SHS/*Stratz*, UmwG, § 22 Rn. 13; *Soldierer*, S. 102; a.A. Semler/Stengel/*Seulen*, UmwG, § 22 Rn. 34; wohl auch *Engelmeyer*, S. 381.

1096 *Soldierer*, S. 102.

1097 So zur Verschmelzung: *Soldierer*, S. 71 f.

Problematisch ist allerdings weiterhin, dass auch diese hinreichend konkretisierte Gefährdung häufig schwierig glaubhaft zu machen sein wird, sodass der Sicherheitsleistung praktisch bisher wenig Bedeutung zukommt.[1098] Besonders relevant ist daher nicht nur für die Ermittlung der Gefährdung, sondern auch für die Geltendmachung der Forderung an sich, dass eine zuverlässige Quelle besteht, über die die persönlich haftenden Gesellschafter zu ermitteln sind.

bb) Form- und Fristgerechtigkeit

Ist es dem Gläubiger möglich, die Gefährdung glaubhaft zu machen, so muss der Anspruch auf Sicherheitsleistung gemäß § 22 Abs. 1 S. 1 UmwG innerhalb der Ausschlussfrist von sechs Monaten nach dem Tag der nach § 19 Abs. 3 UmwG erfolgten Bekanntmachung angemeldet werden. Dabei handelt es sich um eine materielle Ausschlussfrist, sodass nach Fristablauf eine Wiedereinsetzung in den vorherigen Stand nicht möglich ist.[1099] Wurde trotz Fristablaufs eine Sicherheit geleistet, so kann diese, sofern nicht aufgrund der Kenntnis der mangelnden Verpflichtung § 814 BGB eingreift, über § 812 Abs. 1 S. 1 Alt. 1 BGB kondiziert werden.[1100] Die Fristberechnung erfolgt mangels besonderer umwandlungsrechtlicher Vorschriften nach den allgemeinen zivilrechtlichen Vorschriften, §§ 187 ff. BGB.[1101] Dabei hängt der Fristbeginn nicht von der Kenntnis der Gläubiger ab.[1102] Selbst wenn der nach § 22 Abs. 1 S. 3 UmwG durch das Registergericht vorzunehmende Hinweis auf die Möglichkeit der Beanspruchung einer Sicherheitsleistung nicht erfolgt, so beginnt die Frist zu laufen.[1103] Damit die Frist gewahrt bleibt, kommt es auf den Zugangszeitpunkt der Anmeldung an (§ 130 Abs. 1 S. 1 BGB).[1104] Die Glaubhaftmachung selbst muss dabei nicht innerhalb der Frist erfolgen.[1105] Für die Anmeldung ist indes erforderlich, dass der Anspruch, für den

---

1098 KK-UmwG/*Simon*, UmwG, § 22 Rn. 7; Henssler/Strohn/*Drinhausen*/*Keinath*, UmwG, § 204 Rn. 3; SHS/*Stratz*, UmwG, § 204 Rn. 1; *Petersen*, S. 56; *Veith*, S. 192.

1099 KK-UmwG/*Simon*, UmwG, § 22 Rn. 47; Kallmeyer/*Marsch-Barner*, UmwG, § 22 Rn. 5; SHS/*Stratz*, UmwG, § 22 Rn. 12.

1100 Lutter/*Grunewald*, UmwG, § 22 Rn. 21.

1101 Vgl. KK-UmwG/*Simon*, UmwG, § 22 Rn. 47.

1102 SHS/*Stratz*, UmwG, § 22 Rn. 12; Henssler/Strohn/*Müller*, UmwG, § 22 Rn. 11.

1103 Henssler/Strohn/*Müller*, UmwG, § 22 Rn. 12; Kallmeyer/*Marsch-Barner*, UmwG, § 22 Rn. 5; Semler/Stengel/*Seulen*, UmwG, § 22 Rn. 44; Widmann/Mayer/Vossius, UmwG, § 22 Rn. 62.

1104 KK-UmwG/*Simon*, UmwG, § 22 Rn. 47; Lutter/*Grunewald*, UmwG, § 22 Rn. 19.

1105 Kallmeyer/*Meister*/*Klöcker*, UmwG, § 204 Rn. 6; Lutter/*Decher*/*Hoger*, UmwG, § 204 Rn. 15; Widmann/Mayer/*Vossius*, UmwG, § 204 Rn. 38.

Sicherheit geleistet werden soll, präzisiert wird. Dies soll dem Rechtsträger die weitere wirtschaftliche Behandlung erleichtern.[1106] Es bedarf also der Darlegung, um welche Forderung es sich handelt und auf welchem Rechtsgrund diese beruht.[1107] Der § 22 Abs. 1 S. 1 UmwG fordert neben dem Grund auch die Anmeldung der Höhe der Forderung. Sofern ausnahmsweise die Höhe der Forderung noch nicht feststeht, was beispielsweise bei einem Schadensersatzanspruch der Fall sein kann, so ist in einem solchen Fall auch die Schätzung der ungefähren Höhe ausreichend.[1108]

Die Anmeldung bedarf nach § 22 Abs. 1 S. 1 UmwG der Schriftform und hat gegenüber dem neuen Rechtsträger, der GbR, zu erfolgen.

cc) Ausschluss der Sicherheitsleistung

Der Anspruch auf Sicherheitsleistung ist, wie schon oben erwähnt, gemäß § 22 Abs. 1 S. 1 2. Hs. UmwG ausgeschlossen, wenn die Forderung bereits fällig ist.[1109] Der Gläubiger kann dann direkt auf Befriedigung klagen.

Darüber hinaus ist der Anspruch nach § 22 Abs. 2 UmwG ausgeschlossen, wenn dem Gläubiger im Insolvenzfall von Gesetzes wegen ein Recht auf vorzugsweise Befriedigung aus einer staatlich überwachten Deckungsmasse zusteht.[1110]

Auch wenn eine solch gesicherte Vermögensmasse nicht besteht, so besteht dann kein Anspruch auf Sicherheitsleistung, wenn der Gläubiger bereits nach der Art des § 232 BGB oder anderweitig, wirtschaftlich gleichwertig, durch den Rechtsträger abgesichert ist.[1111] Das ist beispielsweise der Fall, wenn der Rechtsträger dem Gläubiger eine Grundschuld in Höhe der bestehenden Forderung eingeräumt hat.[1112] Der § 22 UmwG soll das Insolvenzrisiko der Gläubiger ver-

1106 BT-Drucks. 12/6699, S. 92.

1107 Widmann/Mayer/*Vossius*, UmwG, § 204 Rn. 36, § 22 Rn. 51.

1108 KK-UmwG/*Simon*, UmwG, § 22 Rn. 44;Lutter/*Grunewald*, UmwG, § 22 Rn. 18; HK-UmwG/*Maulbetsch*, UmwG, § 22 Rn. 18; Semler/Stengel/*Seulen*, UmwG, § 22 Rn. 41; SHS/*Stratz*, UmwG, § 22 Rn. 8.

1109 4. Kapitel, A. II. 1. c), S. 141 ff.

1110 Für eine Aufzählung, um welche Vermögensmassen es sich hierbei handelt, siehe Widmann/Mayer/*Vossius*, UmwG, § 22 Rn. 42, sowie Lutter/*Grunewald*, UmwG, § 22 Rn. 26.

1111 KK-UmwG/*Simon*, UmwG, § 22 Rn. 40; Kallmeyer/*Marsch-Barner*, UmwG, § 22 Rn. 10; Lutter/*Grunewald*, UmwG, § 22 Rn. 27 ff.; Semler/Stengel/*Seulen*, UmwG, § 22 Rn. 60 f.; Widmann/Mayer/*Vossius*, UmwG, § 22 Rn. 43 ff.; *Krieger*, FS Nirk, 551 (558).

1112 Zu diesem Beispiel siehe Widmann/Mayer/*Vossius*, UmwG, § 22 Rn. 44.

ringern.[1113] Ist der Gläubiger schon ausreichend gesichert, so kommt § 22 UmwG kein darüber hinausgehender Zweck zu, was eine Sicherheitsleistung sodann nicht mehr notwendig macht.[1114] Unabhängig davon, dass § 22 UmwG ohnehin aufgrund der teleologischen Reduktion nicht anwendbar ist, könnte der Gläubiger bei Bestehen einer solchen Sicherung gar nicht glaubhaft machen, dass der Formwechsel nun zu einer konkreten Gefährdung seiner (gesicherten) Forderung geführt hat.[1115] Reicht die anderweitige Sicherheit nicht zur vollständigen Deckung der gefährdeten Forderung, so kann eine zusätzliche Absicherung über § 22 UmwG in Betracht kommen.[1116]

Fraglich ist allein, ob auch eine durch einen Dritten bestellte Sicherheit ausreicht, um einen Anspruch nach § 22 UmwG auszuschließen. Überwiegend wird diese Frage bejaht.[1117] Nach Ansicht *Müllers* müsste diese Frage parallel zu der des Ausschlusses einer Sicherheitsleistung bei Fälligkeit gegenüber einem Gesamtschuldner beantwortet werden.[1118] Dies müsste nach der oben vertretenen Ansicht[1119] dazu führen, dass die Sicherheit eines Dritten nicht zu einem Ausschluss einer Sicherheit nach § 22 UmwG führt. Dem ist nicht zuzustimmen. Bei der Fälligkeitsfrage der Gesamtschuld ist die Ausgangslage bereits eine andere. Der Gläubiger hat im Falle der Gesamtschuld eine gewisse juristische „Paschastellung" und darf sich daher aussuchen gegen wen er vorgehen möchte. Würde ihm diese Stellung genommen, widerspräche das den Grundsätzen der Gesamtschuld.[1120] Bei einer durch eine andere Person bereits bestellten Sicherheit stellt sich die Situation jedoch anders dar. Der Gläubiger hat einen Anspruch gegen den Rechtsträger und diesem gegenüber ist der Anspruch auch geltend zu machen. Wenn aber der Rechtsträger ausfällt, so springt an dessen Stelle der Dritte durch die von ihm gewährte Sicherheit ein. Dabei kann natürlich durch den Formwechsel die Gefahr erhöht werden, dass die Sicherheit des Dritten in Anspruch genommen

---

1113 HK-UmwG/*Maulbetsch*, UmwG, § 22 Rn. 38; Widmann/Mayer/*Vossius*, UmwG, § 22 Rn. 43.

1114 HK-UmwG/*Maulbetsch*, UmwG, § 22 Rn. 38; SHS/*Stratz*, UmwG, § 22 Rn. 19; Widmann/Mayer/*Vossius*, UmwG, § 204 Rn. 29.

1115 Vgl. Lutter/*Grunewald*, UmwG, § 22 Rn. 27.

1116 Lutter/*Grunewald*, UmwG, § 22 Rn. 27; HK-UmwG/*Maulbetsch*, UmwG, § 22 Rn. 38.

1117 KK-UmwG/*Simon*, UmwG, § 22 Rn. 41; HK-UmwG/*Maulbetsch*, UmwG, § 22 Rn. 39; Semler/Stengel/*Seulen*, UmwG, § 22 Rn. 62; *Veil*, S. 244; *Zürbig*, S. 126; einschränkend *Lenz*, S. 288 ff.; a.A. Henssler/Strohn/*Müller*, § 22 Rn. 9; Lutter/*Grunewald*, UmwG, § 22 Rn. 28.

1118 Henssler/Strohn/*Müller*, § 22 Rn. 9; ebenso KK-UmwG/*Simon*, UmwG, § 22 Rn. 41.

1119 Siehe zu dieser Frage 4. Kapitel, A. II. 1. c), S. 141 ff.

1120 Siehe hierzu ausführlicher a. a. O.

werden muss,[1121] aber gerade für die Situation eines Ausfalls des Rechtsträgers wird die Sicherheit letztendlich gewährt. Folglich würde die Gewährung eines Anspruchs nach §§ 204, 22 UmwG damit den Dritten und nicht den Gläubiger schützen. Dieser ist, sofern die Sicherheit des Dritten wirtschaftlich ausreichend ist, ja keineswegs konkret gefährdet.[1122] Dritte fallen aber nicht unter den Schutzzweck des § 22 UmwG.[1123] Das Risiko der Stellung einer Sicherheit ist dieser bewusst eingegangen. Einen Anspruch auf Sicherheitsleistung hat der Gläubiger damit solange nicht, wie er aufgrund der durch den Dritten gestellten Sicherheit ausreichend geschützt ist.[1124] Erfolgte die Übernahme der Sicherheit aber im Auftrag der ursprünglichen GmbH und besteht aus diesem Verhältnis ein Regressanspruch, der nun aufgrund des Formwechsels konkret gefährdet ist, so kann der Dritte natürlich selbst einen Anspruch aus §§ 204, 22 UmwG gegen die Gesellschaft geltend machen.[1125] Für den Dritten gelten dann dieselben Voraussetzungen, wie für jeden anderen Gläubiger.

Für den Gläubiger der ursprünglichen Forderung besteht mit den vorgenannten Gründen jedoch kein Anspruch auf Sicherheitsleistung. Damit führt auch eine von einem Dritten übernommene Sicherheit zu einem Ausschluss von §§ 204, 22 UmwG. Aufgrund des unterschiedlichen rechtlichen Hintergrunds ist es somit zutreffend, die Frage in Abweichung zur Problematik bei der Fälligkeit gegenüber einem Dritten, zu beantworten.[1126]

b) Wegfall des Sicherungsbedürfnisses

Entfällt das Sicherungsbedürfnis, ist die Sicherheit zurück zu gewähren.[1127] Das ist unabhängig vom Grund des Wegfalls der Gefährdung der Fall.[1128] Gleiches gilt, wenn nachträglich eine anderweitige Sicherheit erbracht wird.[1129]

1121 Vgl. hierzu *Soldierer*, S. 48.

1122 HK-UmwG/*Maulbetsch*, UmwG, § 22 Rn. 39.

1123 Vgl. Semler/Stengel/*Seulen*, UmwG, § 22 Rn. 62.

1124 KK-UmwG/*Simon*, UmwG, § 22 Rn. 41; HK-UmwG/*Maulbetsch*, UmwG, § 22 Rn. 39; Semler/Stengel/*Seulen*, UmwG, § 22 Rn. 62;.

1125 Semler/Stengel/*Seulen*, UmwG, § 22 Rn. 63; *Soldierer*, S. 52.

1126 Ebenfalls abweichend voneinander entscheidend: Semler/Stengel/*Seulen*, UmwG, § 22 Rn. 36, Rn. 62.

1127 Lutter/*Grunewald*, UmwG, § 22 Rn. 30.

1128 Lutter/*Grunewald*, UmwG, § 22 Rn. 30; HK-UmwG/*Maulbetsch*, UmwG, § 22 Rn. 41.

1129 HK-UmwG/*Maulbetsch*, UmwG, § 22 Rn. 41; Semler/Stengel/*Seulen*, UmwG, § 22 Rn. 65.

4. Höhe der Sicherheitsleistung

Der Wortlaut von §§ 204, 22 UmwG trifft über die Höhe der zu leistenden Sicherheit keine direkt Aussage. In welcher Höhe eine etwaige Sicherheit verlangt werden kann, hängt daher von dem mit ihr verfolgten Zweck ab.[1130] Die §§ 204, 22 UmwG wollen dem Gläubiger über die Sicherheitsleistung einen gewissen Vermögenswert verschaffen, auf den dieser bei Ausfall seiner Forderung zurückgreifen kann,[1131] wobei immer nur dann einen Anspruch auf Sicherheitsleistung gewährt wird, wenn der Gläubiger auch tatsächlich schutzbedürftig ist.[1132] Dies zeigt sich vor allem an § 22 Abs. 2 UmwG,[1133] in dessen Begründung auch explizit auf den dahinter stehenden Gedanken hingewiesen wird, dass es einer Sicherheitsleistung nicht bedarf, wenn der Gläubiger anderweitig ausreichend gesichert ist.[1134] Damit hängt nach allgemeiner Meinung auch die Höhe der Sicherheitsleistung vom konkreten Sicherungsinteresse, also dem Schutzbedürfnis der jeweiligen Gläubiger ab.[1135] Nicht geklärt ist aber, wie das konkrete Sicherungsinteresse zu ermitteln ist.

Als Ausgangspunkt der Ermittlung der Höhe der Sicherheitsleistung muss zunächst der Betrag der Forderung gelten,[1136] da Ziel der Sicherheitsleistung ist, den Erfüllungsanspruch des Gläubigers zu schützen.[1137] Dabei soll der Gläubiger im Fall der Wahrnehmung der Sicherheit vollumfänglich abgesichert sein.[1138]

Für die Feststellung des Erfüllungsinteresses kommt es auf die Vereinbarungen zwischen Schuldner und Gläubiger an. Wenn die Leistung einen höheren Wert aufweist, als im konkreten Fall vereinbart, so ist dies bei der Erfüllung durch den

---

1130 Vgl. Erman/*Wagner*/*Schmidt-Räntsch*, BGB, Vor § 232 Rn. 2; Soergel/*Fahse*, BGB, Vor § 232 Rn. 9.

1131 Semler/Stengel/*Seulen*, UmwG, § 22 Rn. 48; *Schröer*, DB 1999, 317 (321).

1132 *Soldierer*, S. 118 f.

1133 „Hauptfall des fehlenden Sicherungsinteresses" – *Soldierer*, S. 119.

1134 BT-Drucks. 12/6699, S. 92.

1135 Nach Ansicht des BGH ist diese Wertung ausdrücklich in § 22 UmwG niedergelegt: BGH, Urt. v. 18.03.1996 – II ZR 299/94, AG 1996, 321 (322); LG Augsburg, Urt. v. 29.03.2011 – 2 HK O 363/08, BeckRS 2011, 18537; Kallmeyer/*Marsch-Barner*, UmwG, § 22 Rn. 12; Semler/Stengel/*Seulen*, UmwG, § 22 Rn. 50; SHS/*Stratz*, UmwG, § 22 Rn. 21; Widmann/Mayer/*Vossius*, UmwG, § 204 Rn. 34; *Schröer*, DB 1999, 317 (321).

1136 Semler/Stengel/*Seulen*, UmwG, § 22 Rn. 48; SHS/*Stratz*, UmwG, § 22 Rn. 21.

1137 Henssler/Strohn/*Müller*, § 22 Rn. 13; Semler/Stengel/*Seulen*, UmwG, § 22 Rn. 48.

1138 Semler/Stengel/*Seulen*, UmwG, § 22 Rn. 50; *Rittner*, FS Oppenhoff, 317 (321); *Soldierer*, S. 120; a.A. Lutter/*Grunewald*, UmwG, § 22 Rn. 24.

Rechtsträger nicht von Belang.[1139] Entsprechend kann dieser Wert auch bei der Ermittlung der Höhe der Sicherheitsleistung, die ja nur den konkreten Erfüllungsanspruch absichern soll, keine Rolle spielen.[1140] Der Betrag der Forderung oder die Summe der entstehenden Teilforderungen bei einem Dauerschuldverhältnis, stellt damit zunächst die äußerste Grenze der Sicherheitsleistung dar.[1141] Da es jedoch nur auf das konkrete Schutzbedürfnis des Gläubigers ankommt, kann dieser Betrag hierdurch noch weiter eingegrenzt werden.[1142]

Bei einem einzelnen Zahlungsanspruch ist die Höhe der Sicherheitsleistung noch am einfachsten zu bestimmen. Hier wird sie sich regelmäßig mit dem Nennwert der Forderung decken.[1143] Zu berücksichtigen sind bei der Höhe der Sicherheitsleistung auch etwaige Nebenansprüche, wie Zinsen[1144] und auch bereits anderweitig bestehende Sicherheiten[1145]. Zudem wird häufig auch die Berücksichtigung der Gegenleistung befürwortet.[1146] Insoweit ist zu bedenken, dass es bei der Sicherheitsleistung darum geht, dass der Gläubiger keinen Ausfall seiner Forderung erleidet. Anders als im Schadensersatzrecht ist es hier auf Seiten des Schuldners noch nicht zu einem Fehlverhalten gekommen, sondern es kann lediglich prognostiziert werden, dass der Eintritt eines solchen wahrscheinlich ist oder nicht und in welcher Höhe der Gläubiger dann zu befriedigen wäre, um einen Ausfall seinerseits zu verhindern.[1147]

Wie hoch das Erfüllungsinteresse des Gläubigers bei einem solchen Ausfall wäre, ist aus der Sicht eines sorgfältigen und gewissenhaften Geschäftsmannes zu bewerten.[1148] Dabei ist der Sinn der Sicherheitsleistung nicht, den Gläubiger besserzustellen, da in dem Umfang einer solchen Besserstellung dann schlichtweg

---

1139 Vgl. Semler/Stengel/*Seulen*, UmwG, § 22 Rn. 48; SHS/*Stratz*, UmwG, § 22 Rn. 21.

1140 Semler/Stengel/*Seulen*, UmwG, § 22 Rn. 48.

1141 Vgl. Semler/Stengel/*Seulen*, UmwG, § 22 Rn. 48 ff.; *Soldierer*, S. 125.

1142 BGH, Urt. v. 18.03.1996 – II ZR 299/94, NJW 1996, 321 (322); Kallmeyer/*Marsch-Barner*, § 22 Rn. 12; Semler/Stengel/*Seulen*, UmwG, § 22 Rn. 48 ff.; SHS/*Stratz*, UmwG, § 22 Rn. 21; *Soldierer*, S. 120.

1143 *Schröer*, DB 1999, 317 (321).

1144 Kallmeyer/*Marsch-Barner*, UmwG, § 22 Rn. 12; Lutter/*Grunewald*, UmwG, § 22 Rn. 24; Semler/Stengel/*Seulen*, UmwG, § 22 Rn. 51.

1145 Kallmeyer/*Marsch-Barner*, UmwG, § 22 Rn. 12; Semler/Stengel/*Seulen*, UmwG, § 22 Rn. 50.

1146 Kallmeyer/*Marsch-Barner*, UmwG, § 22 Rn. 12; Lutter/*Grunewald*, UmwG, § 22 Rn. 24; a.A. Lenz, S. 295.

1147 Vgl. hierzu bereits *Soldierer*, S. 121 Fn. 481.

1148 Semler/Stengel/*Seulen*, UmwG, § 22 Rn. 48; *Schröer*, DB 1999, 317 (321) m.w.N.; *Soldierer*, S. 122.

keine Schutzbedürftigkeit bestünde. Sofern der Gläubiger also ebenfalls noch eine Gegenleistung zu erbringen hat, so ist diese in die Berechnung mit einzubeziehen.[1149] Handelt es sich bei der Gegenleistung beispielsweise um ein Werk, so bleibt dieses dem Gläubiger als Vermögenswert erhalten, wenn die Möglichkeit einer anderweitigen Liquidation verbleibt.[1150] In Höhe des hierdurch erzielbaren Erlöses ist der Gläubiger nicht schutzbedürftig, sodass sich das konkrete Sicherungsinteresse um den realistisch zu erwirtschaftenden Betrag der Gegenleistung mindert.[1151]

Auch für eine unter einer Bedingung stehende Forderung kann grundsätzlich eine Sicherheitsleistung verlangt werden.[1152] Hier ist bei der Höhe des Erfüllungsinteresses des Gläubigers die Wahrscheinlichkeit des Bedingungseintritts mit einzubeziehen.[1153] So ist im Rahmen einer aufschiebenden Bedingung zu prognostizieren, wie wahrscheinlich der Bedingungseintritt und damit die Entstehung der Forderung erscheinen.[1154] Ist die Wahrscheinlichkeit sehr gering, so kann dies bei Bewertung des Sicherungsinteresses zu einer erheblichen Verringerung der Höhe der Sicherheitsleistung führen.[1155] Bei einer weit überwiegenden Wahrscheinlichkeit ist die Höhe der Sicherheitsleistung jedoch wie bei jeder sonstigen Forderung zu berechnen.[1156]

Schwierig gestaltet sich die Festlegung des konkreten Sicherungsinteresses und damit der Höhe der Sicherheitsleistung vor allem bei Dauerschuldverhältnissen. Gerade bei unbefristeten Dauerschuldverhältnissen kann aufgrund der ungewissen Häufigkeit der wiederkehrenden Teilleistungen ein Gesamtwert für

---

1149 Kallmeyer/*Marsch-Barner*, UmwG, § 22 Rn. 12; Lutter/*Grunewald*, UmwG, § 22 Rn. 24; KK-UmwG/*Simon*, UmwG, § 22 Rn. 52; *Soldierer*, S. 121; a.A. *Lenz*, S. 295.

1150 *Soldierer*, S. 121.

1151 Kallmeyer/*Marsch-Barner*, UmwG, § 22 Rn. 12; Lutter/*Grunewald*, UmwG, § 22 Rn. 24; Semler/Stengel/*Seulen*, UmwG, § 22 Rn. 50; siehe zu der Behandlung von Wertveränderungen ausführlich: *Soldierer*, S. 121 ff.

1152 4. Kapitel, A. II. 1. b) aa) (1) (b), S. 137 f.

1153 Lutter/*Grunewald*, UmwG, § 22 Rn. 7; HK-UmwG/*Maulbetsch*, UmwG, § 22 Rn. 31; vgl. auch SHS/*Stratz*, UmwG, § 22 Rn. 21; die Wahrscheinlichkeit bereits bei der Gefährdung berücksichtigend: Semler/Stengel/*Seulen*, UmwG, § 22 Rn. 16.

1154 *Soldierer*, S. 126.

1155 Lutter/*Grunewald*, UmwG, § 22 Rn. 7; *Soldierer*, S. 126, der die Sicherheitsleistung dann mangels Sicherungsinteresse auch gänzlich verwehrt; a.A. Semler/Stengel/*Seulen*, UmwG, § 22 Rn. 48, der die Sicherheitsleistung bereits mangels Gefährdungslage entfallen lässt.

1156 Vgl. auch Semler/Stengel/*Seulen*, UmwG, § 22 Rn. 48.

die zu sichernden Ansprüche nicht ohne weiteres ermittelt werden.[1157] Selbst wenn das Dauerschuldverhältnis befristet ist und somit bei Zahlungsansprüchen grundsätzlich die Möglichkeit bestünde, alle künftig fällig werdenden Teilansprüche aufzusummieren, so stellt die dabei entstehende Summe lediglich den Höchstbetrag dar, der dann durch das konkrete Sicherungsinteresse begrenzt wird.[1158] Die Addition aller über Jahre hinweg möglicherweise entstehenden Forderungen wird gewöhnlich nicht das Schutzbedürfnis des Gläubigers repräsentieren[1159] und würde zudem der restriktiven Handhabung der Sicherheitsleistung widersprechen.

Bei den Dauerschuldverhältnissen ist, wie bei den Einzelverbindlichkeiten auch, die Gegenleistung in die Ermittlung des konkreten Sicherungsinteresses mit einzubeziehen.[1160] Allerdings ist hier zu beachten, dass die Größenordnung der abzuziehenden Summe deutlich schwieriger zu ermitteln ist. Da Dauerschuldverhältnisse über einen sehr langen Zeitraum bestehen können und der Markt ständigen Schwankungen unterliegt, kann der realistisch erzielbare Wert der Gegenleistung ebenfalls solchen Schwankungen unterliegen, die wiederum nur prognostiziert werden können.[1161]

Fraglich ist, ob die einzubeziehende Zeitspanne auch der Prognose und damit den Einzelumständen unterliegt oder ob von einer festen zeitlichen Grenze auszugehen ist, nach deren Ablauf die Ansprüche nicht mehr für die Höhe der Sicherheitsleistung maßgeblich sind. So vertritt *Jaeger* die Ansicht, dass es, um eine einheitliche Bemessung der Sicherheitsleistung bei Dauerschuldverhältnissen zu gewährleisten, der Heranziehung der Fünfjahresfrist des § 160 HGB bedarf.[1162] Diese Ansicht kann jedoch nicht überzeugen.[1163] Es wurde bereits festgestellt, dass

1157 *Schröer*, DB 1999, 317 (321).

1158 Vgl. auch *Soldierer*, S. 125.

1159 Dies zum Ausdruck bringend auch der BGH in seinem Urteil v. 18.03.1996, AG 1996, 321 (322); zu § 303 AktG: OLG Hamm, Urt. v. 18.02.2008 – 8 U 235/06, AG 2008, 898 (898 f.); ebenso Lutter/*Grunewald*, UmwG, § 22 Rn. 24; SHS/*Stratz*, UmwG, § 22 Rn. 21; *Schröer*, DB 1999, 317 (321).

1160 Undifferenziert für jeglichen Anspruch davon ausgehend, vgl. nur: Lutter/*Grunewald*, UmwG, § 22 Rn. 24; Semler/Stengel/*Seulen*, UmwG, § 22 Rn. 50.

1161 „beträchtliche[…] Unsicherheiten" bezüglich beider Leistungen annehmend: *Soldierer*, S. 125.

1162 *Jaeger*, DB 1996, 1069 (1070); ebenso *Ries*, S. 51 ff.; zu § 303 AktG so nun auch BGH, Urt. v. 07.10.2014 – II ZR 361/13, BGHZ 202, 317 (320 ff) = NZG 2014, 1340 (1340 f.).

1163 So auch die h.M.: Henssler/Strohn/*Müller*, UmwG, § 22 Rn. 13; Lutter/*Grunewald*, UmwG, § 22 Rn. 24 Fn. 3; Semler/Stengel/*Seulen*, UmwG, § 22 Rn. 46; SHS/*Stratz*, UmwG, § 22 Rn. 21; *Schröer* DB 1999, 317 (322).

sich die Sicherheitsleistung an dem konkreten Sicherungsinteresse des jeweiligen Gläubigers zu bemessen hat. Die Höhe der Leistung kann damit nur von den Umständen des jeweiligen Einzelfalls abhängen.[1164] Eine einheitliche Bemessung – wenn auch nur zeitlich – würde dem widersprechen.[1165]

In Betracht käme aber die Anwendung von Gedanken der Kündigungstheorie.[1166] Diese wurde vor Erlass des Nachhaftungsbegrenzungsgesetzes in Bezug auf die Beschränkung der Nachhaftung ausgeschiedener Gesellschafter für Ansprüche aus Dauerschuldverhältnissen vertreten und ist seither in diesem Kontext obsolet.[1167] Im Fall des Umwandlungsrechts würde das Aufgreifen der dieser Theorie zugrunde liegenden Gedanken[1168] dann bedeuten, dass nur Ansprüche, die vor dem Zeitpunkt einer möglichen Kündigung des Dauerschuldverhältnisses entstanden sind, in die Ermittlung der Höhe der Sicherheitsleistung mit einzubeziehen sind. Die Frage ist daher, ob eine solche Kappung der Sicherheitsleistung berechtigt ist oder ob eine Anwendung zu einem zu pauschalen Ausschluss führen würde.

Nach Ansicht von *Seulen* besteht ein schutzwürdiges Sicherungsinteresse nur bis zum Ablauf des Zeitpunkts, zu dem sowohl der Gläubiger als auch der Schuldner das Schuldverhältnis haben kündigen können.[1169] Alle zu einem späteren Zeitpunkt entstehenden Forderungen sind danach nicht mehr in die Sicherheitsleitung einzubeziehen. Hiergegen wird vorgebracht, dass das Ziel des Umwandlungsgesetzes gerade nicht sei, den Gläubiger zu einer Kündigung zu zwingen, was jedoch die unvermeidbare Folge wäre, sofern eine Gefährdung der Forderungen auch nach Ablauf des soeben genannten Zeitpunktes besteht.[1170] Das Ausfallrisiko würde dann nämlich allein der Gläubiger tragen.[1171] Wird also nicht gekündigt, so bliebe nach teilweiser Ansicht auch das Sicherungsinteresse weiter bestehen.[1172] Richtig ist, dass der Sinn des Umwandlungsgesetzes nicht

---

1164 LG Augsburg, Urt. v. 29.03.2011 – 2 HK O 363/08, BeckRS 2011, 18537.

1165 Vgl. auch *Schröer* DB 1999, 317 (322).

1166 Semler/Stengel/*Seulen*, UmwG, § 22 Rn. 47.

1167 Nach der Kündigungstheorie sollten ausgeschiedene Gesellschafter nur für Ansprüche aus dem Dauerschuldverhältnis haften, die noch vor dem Zeitpunkt, zu dem erstmalig eine Kündigung möglich gewesen wäre, entstanden sind. Siehe hierzu: Heymann/*Emmerich* § 128 Rn. 66 ff.

1168 Dem steht nichts entgegen: Semler/Stengel/*Seulen*, UmwG, § 22 Rn. 47.

1169 Semler/Stengel/*Seulen*, UmwG, § 22 Rn. 47.

1170 Henssler/Strohn/*Müller*, UmwG, § 22 Rn. 13; Lutter/*Grunewald*, UmwG, § 22 Rn. 24; *Soldierer*, S. 134.

1171 *Soldierer*, S. 134.

1172 Lutter/*Grunewald*, UmwG, § 22 Rn. 24.

ist, die Vertragsbeziehungen mit dem formgewechselten Rechtsträger einer Beendigung zuzuführen.[1173] Vielmehr soll sich der Rechtsträger in seiner Rechtsform so leicht wie möglich anpassen können, um wirtschaftlich sinnvoll agieren zu können,[1174] was damit auch den Gläubigern zu Gute kommen soll. Allerdings ist es auch nicht sinnvoll, eine Sicherheitsleistung dann auf potentiell unendlich viele entstehende Teilleistungen auszudehnen. Eine Prognose, wie weit in die Zukunft das Sicherungsinteresse im jeweiligen Fall besteht, unterliegt nämlich sehr vielen Unsicherheiten und kann deshalb keinen befriedigenden Lösungsansatz liefern. Zudem soll der Anspruch auf Sicherheitsleistung gerade nicht zu sehr ausufern, um den Rechtsträger nicht von der Wahrnehmung der Umwandlung abzuhalten.[1175] Nachdem die Gläubiger aber gleichzeitig größtmöglich geschützt werden müssen, bedarf es insofern eines Kompromisses.

Die Höhe der Sicherheitsleistung bemisst sich am konkreten Sicherungsinteresse,[1176] sodass sich die Anwendung einer pauschalen Kündigungslösung, die keinen Spielraum für die Betrachtung des Einzelfalls lässt, verbietet. Die Zugrundelegung des konkreten Sicherungsinteresses zeigt schon für sich genommen, dass die Bewertung im Einzelfall das maßgebliche Kriterium sein muss. Allerdings bedarf es im Hinblick auf die Rechtssicherheit auch anerkannter Rahmenbedingungen, unter denen diese Einzelfallbewertung vorzunehmen ist.[1177] Somit ist die Kündigungstheorie nicht allgemein zu verwerfen, sondern vielmehr mit dem Sicherungsinteresse der Gläubiger in Einklang zu bringen.

Maßgebend ist also das konkret zu betrachtende Dauerschuldverhältnis. Sofern es sich hierbei um ein solches handelt, welches der Gläubiger zu gleichen Konditionen auch mit jeder anderen Person schließen könnte, so markiert der Zeitpunkt der möglichen Kündigung seitens des Gläubigers die Grenze seiner Schutzbedürftigkeit.[1178] Denn wenn der Gläubiger den Vertrag kündigen und ohne weitere Probleme mit einem direkten Nachfolger den inhaltlich gleichen Vertrag abschließen könnte, so entscheidet er sich beim Verstreichenlassen der Kündigungsmöglichkeit bewusst dafür, das Vertragsverhältnis mit dem Rechtsträger neuer Rechtsform fortlaufen zu lassen. Er geht das bestehende Risiko damit

1173 So auch *Soldierer*, S. 129.

1174 Vgl. nur BT-Drucks. 12/6699, S. 71.

1175 Vgl. Semler/Stengel/*Seulen*, UmwG, § 22 Rn. 5.

1176 Kallmeyer/*Marsch-Barner*, UmwG, § 22 Rn. 12; SHS/*Stratz*, UmwG, § 22 Rn. 21.

1177 Ebenso, jedoch allgemein und nicht nur zu Dauerschuldverhältnissen, *Soldierer*, S. 117.

1178 Ähnlich *Soldierer*, S. 134, der dann mangels hinreichender Wahrscheinlichkeit des Entstehens der Forderungen das Sicherungsinteresse entfallen lassen will.

bewusst ein und ist folglich nicht schutzbedürftig.[1179] Auf eine Kündigungsmöglichkeit des Rechtsträgers kann es für die Bestimmung der Einbeziehungsgrenze jedoch nicht ankommen.[1180] Der Gläubiger geht hier das Risiko nicht selbst ein. Besteht allerdings eine hohe Wahrscheinlichkeit, dass der Rechtsträger von dem Kündigungsrecht Gebrauch machen wird, so ist dies in die allgemeine Prognose und damit in die Höhe der Sicherheitsleistung mit einzubeziehen.[1181]

Einer anderen Bewertung bedarf es, wenn für den Gläubiger nicht die Möglichkeit besteht, ein vergleichbares Schuldverhältnis ohne weiteres auch mit einem anderen Vertragspartner einzugehen. In dem Fall ist der Gläubiger auch über den Zeitpunkt der Kündigungsmöglichkeit hinaus schutzwürdig.[1182] Andernfalls würde er lediglich vor die Wahl gestellt, zunächst ohne ein derartiges Vertragsverhältnis weiter zu verfahren, oder das Risiko des Forderungsausfalls ohne Sicherheiten hinzunehmen. Den Gläubiger vor diesen Unsicherheiten zu schützen, ist jedoch gerade Aufgabe der §§ 204, 22 UmwG,[1183] und auch dem Gläubiger das Erfordernis einer Kündigung faktisch aufzudrängen, ist in derartigen Fällen nicht sachgerecht[1184]. Nachdem grundsätzlich nach Maßgabe des konkreten Sicherungsinteresse und damit nach dem Einzelfall zu entscheiden ist, wie hoch die Sicherheitsleistung auszufallen hat,[1185] würde die Anwendung der Gedanken der Kündigungstheorie hier dem Sicherungsbedürfnis des Gläubigers widersprechen und damit dem Sinn und Zweck der §§ 204, 22 zuwiderlaufen[1186].

Insofern ist das Schuldverhältnis zunächst zu bewerten und sodann zu überprüfen, ob eine potentielle Kündigung zur Beschränkung der Höhe der Sicherheitsleistung in Betracht kommt oder nicht. Im Gegensatz zu einer pauschalen

---

1179 Dieser Zeitraum bildet dann aber weiterhin nur die äußerste Grenze. Der konkrete Einzelfall kann ebenso ergeben, dass der Gläubiger nur für eine kürzere Dauer schutzbedürftig ist. So auch KK-UmwG/*Simon*, UmwG, § 22 Rn. 23, der die Kündigungstheorie allerdings ablehnt.

1180 Lutter/*Grunewald*, UmwG, § 22 Rn. 24, die dies als „evident" bezeichnet, jedoch auch die Einbeziehung der Kündigungsmöglichkeit des Gläubigers ablehnt; wie hier zur Sicherheitsleistung nach § 225 AktG: MüKo-AktG/*Oechsler*, AktG, § 225 Rn. 10.

1181 *Soldierer*, S. 127.

1182 So auch *Soldierer*, S. 133 f.

1183 Hierzu bereits 4. Kapitel, A. I., S. 125.

1184 Dies allgemein vertretend: Lutter/*Grunewald*, UmwG, § 22 Rn. 24; *Soldierer*, S. 134.

1185 Kallmeyer/*Marsch-Barner*, UmwG, § 22 Rn. 12; SHS/*Stratz*, UmwG, § 22 Rn. 21; Semler/Stengel/*Seulen*, UmwG, § 22 Rn. 50; Widmann/Mayer/*Vossius*, UmwG, § 204 Rn. 34; *Schröer*, DB 1999, 317 (321).

1186 Vgl. grds. zur Kündigung Henssler/Strohn/*Müller*, § 22 Rn. 13; Lutter/*Grunewald*, § 22 Rn. 24; *Soldierer*, S. 134.

Anwendung ist damit ermöglicht, dass auf der Seite der Gläubiger eine interessenwahrende Einzelbetrachtung erfolgt, jedoch für den Rechtsträger auch sichergestellt, dass er durch die Begrenzung nicht mit unnötig hohen Sicherheitsleistungen belastet wird.

Im Ergebnis hängt damit die Höhe der Sicherheitsleistung von vielen im Einzelfall zu bewertenden und zu prognostizierenden Faktoren ab.[1187] Eine pauschale Festlegung auf einzelne Kriterien, die dann zu einer bestimmten Höhe führen, kann es bei einer so komplexen Bewertungsprognose nicht geben und würde auch dem Grundsatz der Bemessung anhand des konkreten Sicherungsinteresses widersprechen. Anhand der – zumindest in vielen Fällen – anwendbaren Kündigungstheorie kann jedoch bei Dauerschuldverhältnissen eine zeitliche Eingrenzung für die Berechnungsgrundlage vorgenommen werden.

5. *Art der Sicherheitsleistung*

Die Sicherheitsleistung ist in den in §§ 232 ff. BGB bezeichneten Formen zu gewähren.[1188] So kann beispielsweise eine Hinterlegung von Geld oder Wertpapieren erfolgen oder auch Forderungen beziehungsweise bewegliche Sachen verpfändet werden.[1189] Auch die Bestellung einer Hypothek an einem inländischen Grundstück kann nach § 232 Abs. 1 BGB als Sicherheit gestellt werden. Sofern es dem Rechtsträger nicht möglich ist, eine der in § 232 Abs. 1 BGB aufgeführten Sicherheiten zu leisten, so ist nach § 232 Abs. 2 BGB auch die Stellung eines Bürgen möglich. Den Beweis, dass die Stellung einer anderweitigen Sicherheit nicht möglich ist, hat der Rechtsträger zu erbringen.[1190] Dieser hat als Schuldner auch die Wahl, welche Sicherheit gemäß § 232 Abs. 1 BGB er leistet.[1191] Nachdem also die Stellung eines Bürgen nicht primär erfolgen kann, führt die Stellung von Sicherheiten in der Regel zu einer Bindung eines gewissen Kapitals,[1192] was noch einmal zeigt, dass es sehr wichtig ist, die Sicherheitsleistung der Höhe nach nicht

---

1187 *Schröer*, DB 1999, 317 (322).

1188 Kallmeyer/*Marsch-Barner*, UmwG, § 22 Rn. 12; Lutter/*Grunewald*, UmwG, § 22 Rn. 24; HK-UmwG/*Maulbetsch*, UmwG, § 22 Rn. 28; Semler/Stengel/*Seulen*, UmwG, § 22 Rn. 52; SHS/*Stratz*, UmwG, § 22 Rn. 20; Widmann /Mayer/*Vossius*, UmwG, § 204 Rn. 33.

1189 § 232 Abs. 1 BGB sowie § 233 und § 234 BGB.

1190 Palandt/*Ellenberger*, BGB, § 232 Rn. 4.

1191 Palandt/*Ellenberger*, BGB, § 232 Rn. 1; MüKo-BGB/*Grothe*, BGB, § 232 Rn. 2; Kallmeyer/*Marsch-Barner*, UmwG, § 22 Rn. 12; HK-UmwG/*Maulbetsch*, UmwG, § 22 Rn. 28.

1192 Vgl. nur Semler/Stengel/*Seulen*, UmwG, § 22 Rn. 5, 31; *Schröer*, DB 1999, 317 (320).

ausarten zu lassen. Eine Begrenzung unter anderem mit Hilfe der Kündigungstheorie ist unerlässlich, um die Handlungsfähigkeit des Unternehmens nicht zu gefährden.

B. Der Anspruch aus § 205 UmwG

Nach § 205 UmwG haften die Organmitglieder – also die Geschäftsführer der GmbH[1193] – unter anderem[1194] den Gläubigern gegenüber auf Ersatz der durch den Formwechsel entstandenen Schäden. Die Norm stellt also eine Abweichung zu sonstigen Regelungen des allgemeinen Gesellschaftsrechts dar, die gewöhnlich nur der Gesellschaft einen Anspruch gegen die Organe gewähren.[1195] Für die Eigenschaft als Organmitglied kommt es auf den Zeitpunkt der schädigenden Handlung an.[1196]

Anders als der Wortlaut zunächst nahe legen könnte, erfasst § 205 Abs. 1 UmwG jedoch nicht jede Art der Pflichtverletzung.[1197] § 205 Abs. 1 S. 2 UmwG verweist auf § 25 Abs. 1 S. 2 UmwG, wonach eine Befreiung von der Ersatzpflicht erfolgt, sofern die Organmitglieder bei der Prüfung der Vermögenslage der Rechtsträger sowie beim Abschluss des Verschmelzungsvertrags ihre Sorgfaltspflicht nicht verletzt haben. Dieser Verweis ist nicht vollumfänglich passend, da sich die Pflichten bei einer Verschmelzung von denen beim Formwechsel unterscheiden.[1198]

Die Prüfung der Vermögenslage des Rechtsträgers stellt insofern gar keine Pflicht des Formwechsels dar; die nach § 192 Abs. 2 UmwG a. F. erforderliche Erstellung einer Vermögensaufstellung zur Aufnahme in den Umwandlungsbericht wurde aufgehoben[1199]. Dennoch ist aufgrund des Verweises auf § 25 UmwG da-

---

1193 Lutter/*Decher*/*Hoger*, UmwG, § 205 Rn. 2.

1194 § 205 UmwG spricht auch der Gesellschaft selbst sowie den Anteilseignern einen Schadensersatzanspruch zu.

1195 Lutter/*Decher*/*Hoger*, UmwG, § 205 Rn. 6; Semler/Stengel/*Leonard*, UmwG, § 205 Rn. 1.

1196 Lutter/*Decher*/*Hoger*, UmwG, § 205 Rn. 3; Semler/Stengel/*Leonard*, UmwG, § 205 Rn. 6.

1197 Lutter/*Decher*/*Hoger*, UmwG, § 205 Rn. 13; *Zürbig*, S. 129.

1198 Lutter/*Decher*/*Hoger*, UmwG, § 205 Rn. 12.

1199 Zweites Gesetz zur Änderung des UmwG v. 25.04.2007, BGBl. I 2007, Nr. 15 S. 542 ff.; Lutter/*Decher*/*Hoger*, UmwG, § 205 Rn. 14 sieht die Möglichkeit einer vergleichbaren Prüfungspflicht daher allenfalls bei der Einhaltung der Stammkapitaldeckung nach § 220 UmwG. Eine derartige Vorschrift existiert mangels erforderlichen Stammkapitals beim Formwechsel in eine GbR jedoch nicht, sodass auch keine vergleichbaren Prüfpflichten auf Seiten der GmbH-Geschäftsführer bestehen.

von auszugehen, dass sich die schadensersatzauslösende Pflichtverletzung bei einem Formwechsel nur auf vergleichbare Missachtungen der Sorgfaltspflichten beziehen soll.[1200]

Im Rahmen des Formwechsels ist der Entwurf des Umwandlungsbeschlusses mit dem Abschluss des Verschmelzungsvertrags vergleichbar,[1201] wobei der Umwandlungsbericht dazu dient, den Gesellschaftern bereits vor der Beschlussfassung die hierfür wichtigen Informationen zukommen zu lassen,[1202] sodass auch der Umwandlungsbericht in den Pflichtenkreis mit einzubeziehen ist[1203]. Der Umwandlungsbericht dient jedoch ausschließlich dem Schutz der Anteilsinhaber,[1204] sodass eine Sorgfaltspflicht gegenüber den Gläubigern in diesem Zusammenhang nicht besteht und die Gläubiger auch keinen Anspruch auf Schadensersatz nach § 205 UmwG erlangen können.[1205]

In Bezug auf einen Schadensersatzanspruch der Gläubiger kommt also nur eine Pflichtverletzung bei der Erstellung des Entwurfes des Umwandlungsbeschlusses in Betracht. Von Relevanz ist insbesondere die Beachtung der Sorgfaltspflicht hinsichtlich der Wirtschaftlichkeit des Formwechsels. Der Versuch den Beschluss eines, in wirtschaftlicher Hinsicht erkennbar nachteiligen, Formwechsels zu verhindern, wird zu den Pflichten der Organe gezählt.[1206] Erfolgt ein solcher Beschluss dennoch, so ist dieser für die Gläubiger vor allem dann erheblich, wenn der Rechtsträger neuer Rechtsform ein höheres Verlustrisiko mit sich bringt.[1207] Dieses Risiko soll jedoch durch die Sicherheitsleistung nach §§ 204, 22 UmwG abgeschirmt werden.[1208] Damit lässt sich also bereits grundsätzlich hinterfragen, ob ein solches Risiko überhaupt vom Schutzzweck des § 205 UmwG erfasst sein soll.[1209]

1200 Lutter/*Decher*/*Hoger*, UmwG, § 205 Rn. 13; Semler/Stengel/*Leonard*, UmwG, § 205 Rn. 8 ff.

1201 Lutter/*Decher*/*Hoger*, UmwG, § 205 Rn. 14; Semler/Stengel/*Leonard*, UmwG, § 205 Rn. 11.

1202 2. Kapitel, A. I., S. 37 f.

1203 Lutter/*Decher*/*Hoger*, UmwG, § 205 Rn. 16.

1204 2. Kapitel, A. I. 2., S. 39.

1205 Ebenso Semler/Stengel/*Leonard*, UmwG, § 205 Rn. 6; *Petersen*, S. 62.

1206 Lutter/*Decher*/*Hoger*, UmwG, § 205 Rn. 15; Semler/Stengel/*Leonard*, UmwG, § 205 Rn. 11; Widmann/Mayer/*Vossius*, UmwG, § 205 Rn. 21.

1207 Semler/Stengel/*Leonard*, UmwG, § 205 Rn. 17.

1208 Kallmeyer/*Meister*/*Klöcker*, UmwG, § 205 R n. 12; Semler/Stengel/*Leonard*, UmwG, § 205 Rn. 17.

1209 Ablehnend: Semler/Stengel/*Leonard*, UmwG, § 205 Rn. 17.

Ohnehin muss der Gläubiger zunächst die Sicherheit verlangen und versuchen, sich aus dieser zu befriedigen. Nach §§ 206 S. 3, 26 Abs. 1 S. 3 UmwG ist der Gläubiger nämlich nur dann antragsbefugt, wenn er von dem formgewechselten Rechtsträger keine Befriedigung erlangen konnte.[1210]

Lediglich dann, wenn bereits bei Erstellung des Entwurfs erkennbar war, dass mangels Vermögensmasse die Leistung einer Sicherheit nicht möglich sein wird, ist ein Schadensersatzanspruch aus § 205 UmwG denkbar.[1211] Der Anspruch beruht dann weiterhin auf der Pflichtverletzung der Organe, einen erkennbar unzweckmäßigen Formwechsel beschließen zu lassen und nicht auf dem Ausfall der Sicherheitsleistung selbst.[1212] Allein die später eintretende Unfähigkeit, die Sicherheitsleistung zu erbringen, führt folglich nicht zur Haftung der Organe, da allein die Nichterbringung der Sicherheitsleistung keine Pflichtverletzung im Zusammenhang mit dem Entwurf des Umwandlungsbeschlusses darstellt.[1213] Der Anspruch auf Sicherheitsleistung entsteht vielmehr erst nach dem Umwandlungsbeschluss, sodass auch dann, wenn bei der Prüfung des Anspruchs Fehler unterlaufen, lediglich eine Pflichtverletzung nach der Beschlussfassung vorliegt, die aufgrund des Verweises aus § 25 Abs. 1 S. 2 UmwG nicht von § 205 Abs. 1 UmwG erfasst[1214] ist.[1215]

Die Bedeutung des Schadensersatzanspruchs der Gläubiger aus § 205 UmwG ist dementsprechend gering.[1216]

1210 Kallmeyer/*Meister*/*Klöcker*, UmwG, § 205 Rn. 12; Lutter/*Decher*/*Hoger*, UmwG, § 205 Rn. 12, § 206 Rn. 6; *Lenz*, S. 297; *Petersen*, S. 60.

1211 Lutter/*Decher*/*Hoger*, UmwG, § 205 Rn. 12; vgl. auch *Petersen*, S. 60.

1212 Davon ausgehend wohl *Zürbig*, S. 130 f., der einen Anspruch deswegen ablehnt.

1213 Insofern ist *Zürbig* zuzustimmen, S. 130 f.; ebenso wohl auch Widmann/Mayer/*Vossius*, UmwG, § 205 Rn. 22; anders SHS/*Stratz*, UmwG, § 205 Rn. 10, nach dessen Ansicht zumindest bei Geltendmachung der Sicherheitsleistung vor Eintragung des Formwechsels eine unsorgfältige Prüfung seitens der Organe zu einer Haftung aus § 205 UmwG führen soll.

1214 „Pflichtverletzungen im Nachgang zur Beschlussfassung […] nicht erfasst": Lutter/*Decher*/*Hoger*, UmwG, § 205 Rn. 17; ebenso *Zürbig*, S. 129.

1215 Anders SHS/*Stratz*, UmwG, § 205 Rn. 10, der zumindest bei einer unsorgfältigen Prüfung seitens der Organe bei Geltendmachung der Sicherheitsleistung vor Eintragung des Formwechsels eine Haftung aus § 205 UmwG annimmt.

1216 Lutter/*Decher*/*Hoger*, UmwG, § 205 Rn. 12; Semler/Stengel/*Leonard*, UmwG, § 205 Rn. 17, 22; SHS/*Stratz*, UmwG, § 205 Rn. 10; *Veil*, S. 239; *Zürbig*, S. 130.

5. Kapitel: Transparenz und Gläubigerschutz

Die vorherigen Ergebnisse kurz zusammengefasst, wird der Altgläubigerschutz bei einem Formwechsel in die GbR dadurch erreicht, dass die Gesellschafter künftig auch persönlich für die vor diesem begründeten Verbindlichkeiten haften. Sofern trotz des Eintretens dieser Haftung eine Gefährdung entsteht, soll dieser über die Gewährung einer Sicherheitsleistung entgegengewirkt werden.

Um eine Sicherheitsleistung überhaupt glaubhaft machen zu können, muss der Gläubiger jedoch darlegen, dass die persönliche Haftung der Gesellschafter mit überwiegender Wahrscheinlichkeit die zuvor bestehende Kapitalbindung nicht ausgleichen kann. Sowohl zur Darlegung solcher Wahrscheinlichkeiten wie auch zur Geltendmachung des Anspruchs gegen die Gesellschafter bedürfen die Gläubiger zumindest der Information, wer die Gesellschafter ihres Schuldners in neuer Rechtsform sind.

Hier ist insoweit problematisch, dass bei Eintragung des Formwechsels nach § 235 Abs. 1 UmwG lediglich das Erlöschen der GmbH durch Umwandlung eingetragen wird. Eine Eintragung der GbR oder ihrer Gesellschafter erfolgt, wie oben festgestellt, hingegen nicht.[1217]

Die Gläubiger müssen mithin auf anderem Wege Kenntnis von den Gesellschaftern erlangen. Zu klären ist damit, welche Optionen den Gläubigern offen stehen und ob die bisherige Rechtslage auch in Bezug auf diese Frage eine ausreichende Sicherung der Gläubigerrechte bietet oder ob insofern Handlungsbedarf besteht.

A. Gesellschafterliste

Auf dem Registerblatt ist lediglich die Löschung der GmbH aufgrund ihrer Umwandlung anzugeben.[1218] Nach Ansicht des BGH ist dies auch ausreichend, da die Problematik, die Namen der Gesellschafter der GbR nicht zu kennen, eine generelle Schwierigkeit in Zusammenhang mit der GbR und keine Besonderheit des Formwechsels ist.[1219] Im Gegenteil bestehe hier sogar eine Erleichterung für die Gläubiger, da diese die letzte Gesellschafterliste der ursprünglichen GmbH

1217 2. Kapitel, C. II. 2., S. 88 ff.

1218 § 235 Abs. 1 UmwG.

1219 BGH, Versäumnisurt. v. 18.10.2016 – II ZR 314/15, NJW 2017, 559 (560).

anfordern und so „in der Regel" die Gesellschafter der durch Formwechsel entstandenen GbR in Erfahrung bringen können.[1220]

Der BGH vergleicht also eine durch Formwechsel entstandene GbR mit einer solchen, die bereits zu Beginn als GbR gegründet wurde und sieht hierin sogar Vorteile der Gläubiger. Der Faktor des Formwechsels und damit, aus welcher Gesellschaft die GbR entstanden ist, wird nicht in die Überlegungen mit einbezogen.[1221] Dieser Blickwinkel erscheint jedoch zu eng.

Wenn eine Person mit einer GbR eine Geschäftsbeziehung eingeht, so ist dieser bewusst, dass diese Gesellschaftsform keiner Registerpflicht unterliegt und seine Rechtsverfolgung sich unter Umständen schwieriger gestalten kann.[1222] In Bezug auf Neugläubiger wird man eben dieses Bewusstsein nach einem Formwechsel auch annehmen können, aber in Anbetracht der Altgläubiger liegt eine vergleichbare Situation mit der einer freiwilligen Einlassung auf eine GbR nicht vor.[1223]

Der Gläubiger ist in diesem Fall seine „ursprüngliche" Geschäftsbeziehung mit einer GmbH eingegangen. Dabei ist die GmbH als Kapitalgesellschaft registerpflichtig. Das Handelsregister übernimmt diesbezüglich verschiedene Funktionen. So dient es neben dem Verkehrsschutz insbesondere der Information Dritter.[1224] Zweck ist damit die Schaffung einer hohen Transparenz in Bezug auf die Gesellschaft und deren Gesellschafter.[1225] So können potentielle Geschäftspartner nicht nur die Höhe des Grundkapitals oder allgemeine Informationen zu der Gesellschaft, wie beispielsweise deren Sitz in Erfahrung bringen, sondern auch nach § 9 HGB die Gesellschafterliste abrufen und sich so ein Bild davon machen, wer sich hinter der Gesellschaft verbirgt[1226]. Die Gläubiger sind damit in der Lage, relevante Daten einfach und vor allem sicher zu erlangen.[1227] Daraus ergibt sich für sie die Möglichkeit, die wirtschaftliche Situation ihres Geschäftspartners besser einschätzen zu können.[1228]

1220 BGH, Versäumnisurt. v. 18.10.2016 – II ZR 314/15, NJW 2017, 559 (560).

1221 Kritisierend auch *Liebscher*, ZGR 2017, 389 (398); *Melchior* GmbHR 2017, 145 (146).

1222 Zu der allgemeinen Schwierigkeit der Kenntniserlangung vgl. Staudinger/*Habermeier*, BGB, Vorbem. zu §§ 705–740 Rn. 24; zu der bereits im Ausgangspunkt anderen Situation bei einem Vertragsschluss mit einer GbR siehe *Liebscher*, ZGR 2017, 389 (398).

1223 So auch *Melchior*, EWiR 2016, 41 (42); *Liebscher*, ZGR 2017, 389 (398).

1224 EBJS/*Schaub*, HGB, § 8 Rn. 46; MüKo-HGB/*Krafka*, HGB, § 8 Rn. 3.

1225 EBJS/*Schaub*, HGB, § 8 Rn. 44; *Melchior*, EWiR 2016, 41 (42).

1226 Zur Transparenz für Außenstehende: BT-Drucks. 16/6140, S. 26; im Übrigen *Damm*, BWNotZ 2017, 2 (2).

1227 MüKo-HGB/*Krafka*, HGB, § 8 Rn. 3.

1228 BT-Drucks. 16/6140, S. 26; *Damm*, BWNotZ 2017, 2 (2).

Selbstverständlich besteht ebenso wenig eine Garantie, dass das Kapital noch erhalten und nicht durch unwirtschaftliche Geschäftstätigkeiten aufgezehrt ist,[1229] wie dafür, dass die Gesellschafter allesamt in der Gesellschaft verbleiben[1230]. Dennoch können diese Informationen zu einer besseren Einschätzung des Gegenübers führen und vor allem, was im hiesigen Fall viel bedeutender ist, kann sich ein bestehender Gläubiger jederzeit alle wichtigen Informationen, die zur Einreichung einer Klage benötigt werden, verschaffen. Die Informationen über die Gesellschaft sind ohnehin im Register verzeichnet, aber auch wenn die Möglichkeit besteht, Ansprüche der Gesellschaft gegen die Gesellschafter zu pfänden,[1231] oder im Ausnahmefall eine Durchgriffshaftung auf die Gesellschafter möglich scheint,[1232] so ist anhand der stets zu aktualisierenden Gesellschafterliste der entsprechende Gesellschafter mit allen nötigen Informationen ohne erheblichen Aufwand zu erkennen.

Die Gläubiger gehen hier also unter gänzlich anderen Bedingungen eine Geschäftsbeziehung ein, als wenn sie sich mit der nicht registerpflichtigen GbR einlassen. Neben der Änderung der Haftungsverhältnisse, der eintretenden Dispositionsfreiheit in Bezug auf die Liquidationsvorschriften und dem Wegfall der Insolvenzantragspflichten,[1233] muss der Gläubiger auch die fortan nicht mehr bestehende Registerpflicht hinnehmen. Die Schwierigkeit, Kenntnis von den Namen und Anschriften der Gesellschafter nach dem Formwechsel in die Gesellschaft bürgerlichen Rechts zu erhalten, als ein allgemeines Problem dieser Gesellschaftsform darzustellen, greift damit zu kurz.[1234] Dem BGH ist zwar grundsätzlich zuzustimmen, dass diese Intransparenz keine allein durch den Formwechsel auftretende Besonderheit ist, jedoch ist dem besonderen Umstand Rechnung zu tragen, dass einem Gläubiger ohne jegliche Entscheidungsmöglichkeit derartige Schwierigkeiten aufgezwungen werden.

Für einen vollumfänglichen Gläubigerschutz ist es daher unerlässlich, dass nicht bloß materiell-rechtliche Gläubigerschutzvorschriften bestehen, sondern auch, dass die sich daraus ergebenden Ansprüche ohne rechtlich auferlegte Schwierigkeiten von den Gläubigern geltend gemacht werden können.[1235]

1229 Baumbach/Hueck/*Fastrich*, GmbHG, § 30 Rn. 1; MüKo-GmbHG/*Schwandtner*, GmbHG, § 5 Rn. 29; *Roth*/Altmeppen, GmbHG, § 5 Rn. 10; Hierzu schon 3. Kapitel, A. I., S. 100 ff.

1230 Vgl. nur § 15 Abs. 1 GmbHG.

1231 Vgl. *Wicke*, GmbHG, § 40 Rn. 19.

1232 Hierzu nur Baumbach/Hueck/*Fastrich*, GmbHG, § 13 Rn. 43 ff.

1233 Siehe zu diesen Folgen bereits 3. Kapitel, S.99 ff.

1234 Ebenso *Liebscher*, ZGR 2017, 389 (398); *Melchior*, GmbHR 2017, 145 (146).

1235 Vgl. *Melchior*, EWiR 2016, 41 (42); ebenso *Priester*, GmbHR 2015, 1289 (1291).

In diesem Zusammenhang geht der BGH davon aus, dass die Gesellschafterliste eine Erleichterung der Kenntniserlangung darstellt.[1236] Ob es nun eine Erleichterung im Vergleich zu einer üblichen GbR ist oder nicht, kann nach dem oben Gesagten dahinstehen.[1237] Von Interesse ist jedoch, ob die Einsicht in die letzte Gesellschafterliste das Informationsbedürfnis der Gläubiger zu befriedigen vermag, oder vielmehr die nach Ansicht des BGH „in der Regel"[1238] bestehende Möglichkeit der Kenntniserlangung zu vielen Ausnahmen unterliegt, sodass ein ausreichender Altgläubigerschutz nicht gesichert ist. Dieser Frage wird im Folgenden nachgegangen.

I. Zur Gesellschafterliste im Allgemeinen

Sofern eine GmbH gegründet wird, haben die Gesellschafter nach § 8 Abs. 1 Nr. 3 GmbHG bereits bei der Anmeldung der Gesellschaft zum Handelsregister eine Gesellschafterliste einzureichen. Treten nach Einreichung dieser Liste Änderungen im Gesellschafterbestand ein, so sind die Geschäftsführer nach § 40 Abs. 1 S. 1 GmbHG dazu verpflichtet, unverzüglich nach deren Wirksamwerden eine geänderte Gesellschafterliste zum Handelsregister einzureichen. Hat an dieser Veränderung ein Notar mitgewirkt, so ist dieser nach § 40 Abs. 2 S. 1 GmbHG zur Einreichung der Liste verpflichtet. Damit haben die Geschäftsführer vor allem im Falle der gesetzlichen Erbfolge, der Einziehung oder auch der Kaduzierung von Gesellschaftsanteilen, eine entsprechende Liste zu erstellen.[1239] Der Regelfall in der Praxis ist jedoch, dass ein Notar an der Veränderung mitgewirkt hat, den insofern die Verpflichtung nach § 40 Abs. 2 S. 1 GmbHG trifft.[1240] So wirkt der Notar zum Beispiel nach § 15 Abs. 3 GmbHG zwingend bei Anteilsübertragungen und nach § 53 Abs. 2 S. 1 GmbHG bei Kapitalerhöhungs- oder auch Kapitalherabsetzungsbeschlüssen mit.

Um die vollständige Bedeutung dieser Aktualisierungspflicht für die Rechtsverhältnisse in der Gesellschaft zu erfassen, bedarf es auch einer Betrachtung

1236 BGH, Versäumnisurt. v. 18.10.2016 – II ZR 314/15, NZG 2017, 559 (560); dem folgend *Otte-Gräbener*, BB 2017, 394 (396).

1237 Vgl. zu der bereits im Ausgangspunkt völlig anderen Situation des direkten Vertragsschlusses mit einer GbR *Liebscher*, ZGR 2017, 389 (398).

1238 So wörtlich der BGH, Versäumnisurt. v. 18.10.2016 – II ZR 314/15, NZG 2017, 559 (560).

1239 MüKo-GmbHG/*Heidinger*, GmbHG, § 40 Rn. 87; UHL/*Paefgen*, GmbHG, § 40 Rn. 68; *Mayer*, DNotZ 2008, 403 (412).

1240 Müko-GmbHG/*Heidinger*, GmbHG, § 40 Rn. 138.

des § 16 GmbHG.[1241] Während die §§ 40 Abs. 1, 2 GmbHG zunächst die Pflicht der Einreichung einer aktualisierten Liste normieren, ergibt sich aus § 16 Abs. 1 GmbHG deren Legitimationswirkung[1242]. Hiernach gilt gegenüber der Gesellschaft nur derjenige als Gesellschafter, der in der Gesellschafterliste, die dem Handelsregister vorliegt, auch als solcher eingetragen ist. Dabei ist irrelevant, auf welche Art und Weise die Veränderung des Gesellschafterbestandes vollzogen wurde.[1243] Denn § 16 GmbHG gilt beispielsweise auch bei einer Gesamtrechtsnachfolge.[1244]

Die Eintragung in der dem Handelsregister eingereichten Gesellschafterliste führt damit zu einer unwiderleglichen Vermutung der Gesellschafterstellung,[1245] hat auf die materiell-rechtlich bestehende Rechtslage indes keine Auswirkungen.[1246] Die Abtretung eines Gesellschaftsanteils beispielsweise richtet sich nach den allgemeinen Vorschriften, wobei § 15 Abs. 1 GmbHG die grundsätzlich freie Veräußerbarkeit der Gesellschaftsanteile normiert und § 15 Abs. 3 GmbHG die notarielle Beurkundung der Abtretung vorschreibt. Sofern alle – unter Umständen auch gesellschaftsvertraglichen – Abtretungsvoraussetzungen erfüllt sind, ist die Abtretung unabhängig von der Änderung der Gesellschafterliste materiellrechtlich wirksam vollzogen.[1247] Der neue Gesellschafter ist jedoch bis zu seiner Eintragung und der Aufnahme der Liste ins Handelsregister an der Wahrnehmung seiner Rechte und Pflichten als Gesellschafter gehindert,[1248] da sich die formellrechtliche Legitimationswirkung allein aus der Gesellschafterliste ergibt[1249]. Die formelle und die materielle Rechtslage sind also nicht zwingend identisch.[1250]

Gegenüber der Gesellschaft gilt nur derjenige als Gesellschafter, der auch in der Liste eingetragen ist. In diesem Kontext kann etwa ein Beschluss auch von

---

1241 Betrachtung im Zusammenhang: Scholz/*Seibt*, GmbHG, § 40 Rn. 2; Heckschen/*Heidinger*, § 13 Rn. 250a.; *Damm*, BWNotZ 2017, 2 (2).

1242 Baumbach/Hueck/*Fastrich*, GmbHG, § 16 Rn. 1.

1243 Siehe nur *Götze/Bressler*, NZG 2007, 894 (894); *Heckschen*, DStR 2007, 1442 (1450).

1244 Baumbach/Hueck/*Fastrich*, GmbHG, § 16 Rn. 9; MüKo-GmbHG/*Heidinger*, GmbHG, § 16 Rn. 3.

1245 Baumbach/Hueck/*Fastrich*, GmbHG, § 16 Rn. 11; *Wicke*, GmbHG, § 16 Rn. 3; zur Abgrenzung zur gesetzlichen Fiktion siehe MüKo-GmbHG/*Heidinger*, GmbHG, § 16 Rn. 14.

1246 BT-Drucks. 16/6140, S. 37; Baumbach/Hueck/*Fastrich*, GmbHG, § 16 Rn. 2.

1247 Baumbach/Hueck/*Fastrich*, GmbHG, § 16 Rn. 2; UHL/*Löbbe*, GmbHG, § 16 Rn. 15.

1248 BT-Drucks. 16/6140, S. 37; Baumbach/Hueck/*Fastrich*, GmbHG, § 16 Rn. 14; MüKo-GmbHG/*Heidinger*, GmbHG, § 16 Rn. 6.

1249 MüKo-GmbHG/*Heidinger*, GmbHG, § 16 Rn. 5.

1250 Heckschen/*Heidinger*, § 13 Rn. 250.

der Zustimmung eines materiell-rechtlich nicht mehr zugehörigen Gesellschafters abhängen, sofern dieser weiterhin formell legitimiert ist.[1251] Umgekehrt kann auch der neue Gesellschafter keines seiner Rechte wahrnehmen, da diese formell weiterhin dem (materiell-rechtlich) ursprünglichen Gesellschafter zustehen.[1252] Nimmt der neue Gesellschafter dennoch eine gesellschaftsrechtliche Rechtshandlung vor, gilt diese nach § 16 Abs. 1 S. 2 GmbHG als ex tunc wirksam, sofern die Liste unverzüglich nach dieser Handlung in das Register aufgenommen wird. Andernfalls ist die Handlung endgültig unwirksam.[1253]

Ziel der Pflicht zur Führung einer aktuellen Gesellschafterliste in Kombination mit deren Legitimationswirkung ist letztlich die Erhöhung der Transparenz sowie der Rechtssicherheit der GmbH im Rechtsverkehr.[1254]

II. Die Gesellschafterliste beim Formwechsel

Fraglich ist, welche Auswirkungen der Formwechsel auf diese Pflicht zur Erstellung und Aktualisierung einer Gesellschafterliste, die sich aus den gesetzlichen Regelungen zur GmbH ergeben, hat.

Dabei ist zunächst ein Blick auf die Möglichkeit des Auseinanderfallens von formeller und materieller Rechtslage zu werfen, da gerade in diesen Fällen ein erhöhtes Risiko für die Gläubiger besteht, falsche Informationen zu erhalten.

Mit Blick auf das Umwandlungsrecht werden nach § 202 Abs. 1 Nr. 3 UmwG diejenigen Personen Gesellschafter der neuen Gesellschaft, die im Zeitpunkt des Formwechsels Gesellschafter des ursprünglichen Rechtsträgers sind.[1255] Das wiederum richtet sich nach der materiellen Rechtslage und nicht nach der formellrechtlichen Legitimation.[1256] Demnach werden nur diejenigen zu Gesellschaftern der GbR, die materiell-rechtlich eine Gesellschafterstellung bei der GmbH in-

---

1251 Baumbach/Hueck/*Fastrich*, GmbHG, § 16 Rn. 14.

1252 OLG Zweibrücken, Beschl. v. 15.12.2011 – 3 W 144/11, NZG 2012, 471 (471); Baumbach/Hueck/*Fastrich*, GmbHG, § 16 Rn. 14.

1253 Baumbach/Hueck/*Fastrich*, GmbHG, § 16 Rn. 18 ff.

1254 BT-Drucks. 16/6140, S. 26; Baumbach/Hueck/*Fastrich*, GmbHG, § 16 Rn. 1; Henssler/Strohn/*Verse*, GmbHG, § 16 Rn. 1; Lutter/Hommelhoff/*Bayer*, GmbHG, § 16 Rn. 5; UHL/*Löbbe*, GmbHG, § 16 Rn. 6.

1255 BGH, Versäumnisurt. v. 18.10.2016 – II ZR 314/15, NJW 2017, 559 (559 f.); OLG Bremen, Urt. v. 01.10.2015 – 5 U 21/14, DStR 2016, 489 (492); BayObLG, Beschl. v. 02.04.2003 – 3Z BR 57/03, DB 2003, 1377 (1377); Kallmeyer/*Meister*/*Klöcker*, UmwG, § 194 Rn. 25.

1256 Vgl. auch BGH, Versäumnisurt. v. 18.10.2016 – II ZR 314/15, NJW 2017, 559 (559 f.).

nehaben. Ob eine Eintragung in der Gesellschafterliste vorliegt und damit eine formell-rechtliche Legitimation besteht oder nicht, ist irrelevant.

Daraus folgt, dass die Möglichkeit besteht, dass in Anwendung der umwandlungsrechtlichen Vorschriften Personen Gesellschafter werden, die als solche nicht auf der Gesellschafterliste der GmbH eingetragen sind, oder bei konträrer Sachlage solche nicht Gesellschafter der GbR werden, die auf der Gesellschafterliste der GmbH vermerkt sind. Eine Vorschrift, wie die des § 16 GmbHG, existiert in den Vorschriften zur GbR nicht. Die GbR ist weder registerpflichtig,[1257] noch muss bei ihr eine Gesellschafterliste geführt werden[1258].

Nachdem also bereits keine Legitimationsgrundlage existiert, kann es auch nicht dazu kommen, dass formelle und materielle Rechtslage auseinanderfallen. Die Gesellschafter, die durch den Formwechsel nunmehr der „neu" bestehenden GbR angehören, sind folglich ohne weiteres aus ihrer Gesellschafterstellung selbst berechtigt und verpflichtet. Dies gilt auch dann, wenn sie zuvor nach dem GmbHG nicht formell legitimiert waren und davon ihre Handlungsmöglichkeiten als Gesellschafter abhingen. Das Auseinanderfallen von formeller und materieller Rechtslage und damit auch die durch die §§ 16, 40 GmbHG bezweckte Rechtssicherheit hat insofern mit Wirksamwerden des Formwechsels keine Bedeutung mehr.

1. *Pflicht zur Fortführung*

Nimmt man diese Erkenntnis als Ausgangspunkt, erscheint es zunächst sehr fraglich, dass die Gesellschafterliste eine ausreichende Quelle zur Befriedigung des Informationsbedürfnisses der Gläubiger darstellt.

So würde, falls mit Wirksamwerden des Formwechsels eine Pflicht zur Einreichung oder auch Nachreichung einer aktualisierten Gesellschafterliste der GmbH nicht (mehr) besteht, die potentielle Diskrepanz zwischen der materiellen und der aus dem Handelsregister einsehbaren formellen Gesellschafterstellung fortbestehen. Bestünde jedoch für die Veränderungen am Bestand der Gesellschafter der sich formwechselnden GmbH, die bis zum Formwechsel oder

---

1257 BGH, Urt. v. 16.07.2001 – II ZB 23/00, BGHZ 148, 291 (294) = NZG 2001, 1132 (1132); bestätigend: BGH, Versäumnisurt. v. 18.10.2016 – II ZR 314/15, NJW 2017, 559 (560); siehe hierzu bereits 2. Kapitel, C. II., S. 86 ff.

1258 Eine Pflicht zur Auflistung und Aktualisierung aller an der GbR beteiligten Gesellschafter ergibt sich nur sekundär. Dies ist der Fall, wenn die GbR Gesellschafterin einer KG (§ 162 Abs. 1 S. 2 HGB) oder – neuerdings auch – einer GmbH ist (§ 40 Abs. 1 S. 2 GmbHG n. F.).

zeitgleich mit diesem eintreten, auch nach dem Wirksamwerden des Formwechsels noch die Pflicht, diese in einer Gesellschafterliste festzuhalten, und dem Handelsregister zur Einstellung in den Registerordner zuzuleiten, so könnte die oben in den Raum gestellte Bewertung zu korrigieren sein. Die Möglichkeit, durch eine letzte Gesellschafterliste zuverlässig den Bestand der ersten GbR-Gesellschafter zu entnehmen, wäre dann zumindest nicht von vornherein ausgeschlossen. Das gilt insbesondere dann, wenn sich aus dem schlichten Umstand des Formwechsels selbst eine Pflicht ergibt, eine „letzte" Gesellschafterliste einzureichen.

Im Rahmen der Beantwortung der Frage, ob eine Pflicht besteht, die Gesellschafterliste der GmbH zu aktualisieren, sind verschiedene Fälle voneinander zu unterscheiden. Zum einen kann der Gesellschafterwechsel bereits vor dem Formwechsel vollzogen worden sein – was zu einem Abweichen der materiellen von der formellen Gesellschafterstellung führen kann –, zum anderen kann dieser auf den Formwechselzeitpunkt bestimmt gewesen sein und somit zeitgleich erfolgen. Insofern könnte aber auch der Formwechsel selbst eine Listeneinreichungspflicht auslösen. Ob derartige Pflichten bestehen und wen die jeweilige Pflicht dann trifft, ist zu klären.

a) Pflicht zur Einreichung einer „letzten" Gesellschafterliste

Zunächst ist unabhängig von etwaigen Ein- oder Austrittszeitpunkten zu untersuchen, ob der Formwechsel selbst zur Pflicht der Erstellung und Einreichung einer „letzten" Gesellschafterliste führt.

Eine Vorschrift im Umwandlungsgesetz, die festlegt, dass bei einem Formwechsel einer GmbH eine letzte Gesellschafterliste einzureichen ist, existiert nicht. Insofern kann sich diese Pflicht – sofern sie denn besteht – nur aus der Anwendung von § 40 GmbHG ergeben.

aa) Einreichungspflicht aus § 40 GmbHG

Der § 40 GmbHG ist damit in Bezug auf die aufgeworfene Fragestellung auszulegen, wobei sowohl der Wortlaut, wie auch die Einfügung dieser Norm in den Kontext des Umwandlungsrechts zu beachten sind.

Unproblematisch ist zunächst die nach § 40 Abs. 2 GmbHG geforderte Mitwirkung eines Notars, denn gemäß § 193 Abs. 3 S. 1 UmwG besteht die Pflicht, den Umwandlungsbeschluss notariell beurkunden zu lassen. Darüber hinaus müssen die Geschäftsführer der GmbH den Formwechsel nach § 235 UmwG beim Handelsregister zur Eintragung anmelden. Dabei bedürfen die Unterschriften der

Anmeldepflichtigen nach § 12 Abs. 1 S. 1 HGB der öffentlichen Beglaubigung,[1259] sodass die Mitwirkung eines Notars unweigerlich gegeben ist.

Fraglich ist hingegen, ob die übrigen Voraussetzungen erfüllt sind. § 40 Abs. 2 GmbHG bestimmt, dass der Notar, der an Veränderungen mitgewirkt hat, verpflichtet ist, die geänderte Gesellschafterliste unverzüglich *nach* dem Wirksamwerden der Veränderung zum Handelsregister einzureichen. Im Falle des Formwechsels erlischt die GmbH als solche jedoch mit der Eintragung der Umwandlung und besteht fortan als GbR fort.[1260] Damit ist fraglich, ob eine Einreichungspflicht des Notars, die § 40 GmbHG explizit nur für die Rechtsform der GmbH bestimmt, in diesem Moment überhaupt noch bestehen kann.[1261]

Aufschluss könnte zunächst der Wortlaut der Norm bringen. Der § 40 Abs. 2 S. 1 GmbHG bezieht sich auf die Mitwirkung an einer Veränderung nach § 40 Abs. 1 S. 1 GmbHG, also auf jegliche Veränderung in den Personen der Gesellschafter oder auch nur des Beteiligungsumfanges. Ob sich die Person, die den GmbH-Anteil hält, diese betreffende Informationen oder auch nur die Höhe der Beteiligung ändert, ist irrelevant.[1262] Zwingend ist lediglich, dass es sich um eine Änderung in Bezug auf den GmbH-Anteil handelt.[1263]

Auf eine solche Veränderung würde sich auch eine letzte, durch den Formwechsel ausgelöste, Gesellschafterliste beziehen. Der Formwechsel in die GbR führt mit dessen Eintragung dazu, dass der Rechtsträger als abstraktes Zuordnungssubjekt von Rechten und Pflichten erhalten bleibt und in der Rechtsform einer GbR weitergeführt wird. Nach § 202 Abs. 1 Nr. 2 UmwG gehen zudem die GmbH-Anteile in eine Mitgliedschaft an der GbR über. Entsprechend erlöschen die Rechtsform der GmbH und die hieran bestehenden GmbH-Anteile als solche.[1264] Folglich führt der Eintritt des Formwechsels zu einer Veränderung

---

1259 Baumbach/*Hopt*, HGB, § 12 Rn. 1; MüKo-HGB/*Krafka*, HGB, § 12 Rn. 13.

1260 Vgl. Widmann/Mayer/*Vossius*, UmwG, § 201 Rn. 20; zu diesem „Erlöschenstatbestand" auch *Liebscher*, ZGR 2017, 389 (395).

1261 *Melchior*, GmbHR 2017, 145 (145 f.) verneint ab dem Zeitpunkt des Formwechsels die Möglichkeit, eine Gesellschafterliste der GmbH einzureichen.

1262 Vgl. MüKo-GmbHG/*Heidinger*, GmbHG, § 40 Rn. 46.

1263 Vgl. MüKo-GmbHG/*Heidinger*, GmbHG, § 40 Rn. 46. Hier wird, wie in vielen anderen Kommentaren, auch der Formwechsel erwähnt, jedoch ist darin ausschließlich auf den Formwechsel einer, einen GmbH-Anteil haltenden, Gesellschaft Bezug genommen.

1264 So auch UHL/*Paefgen*, GmbHG, § 40 Rn. 116; *ders.* in Ulmer, GmbHG Erg.-Band, § 40 Rn. 61; vgl. zudem *Liebscher*, ZGR 2017, 389 (395).

an den GmbH-Anteilen.[1265] Weiterhin bedarf es des Wirksamwerdens dieser Veränderung, was mit der Eintragung des Formwechsels der Fall ist.

Gleichzeitig erlischt damit aber eben auch die Rechtsform der GmbH und der Rechtsträger besteht fortan nur noch als GbR weiter. Der Wortlaut des § 40 GmbHG steht einer gleichwohl eintretenden Handlungspflicht des Notars jedoch nicht entgegen, da dieser lediglich verlangt, dass die Veränderung des Gesellschafterbestandes der GmbH, an der der Notar mitgewirkt hat, auch tatsächlich wirksam wird. Das ist hier der Fall.

Aus systematischen Gesichtspunkten könnte die Frage nach der Einreichungspflicht des Notars jedoch anders zu beantworten sein. Die Vorschriften zum Formwechsel einer Kapitalgesellschaft in eine Personengesellschaft enthalten zunächst keine Regelungen zur Einreichung einer Gesellschafterliste, und auch das GmbHG selbst enthält keine Vorschrift zu den Auswirkungen eines Formwechsels auf diese Verpflichtung. Im Verschmelzungsrecht hingegen existierte bei einer Verschmelzung durch Aufnahme bis zur Änderung des § 52 UmwG mit Wirkung vom 15.07.2011[1266] in dessen – nunmehr gestrichenem – Absatz 2 eine Pflicht der Geschäftsführer, zusammen mit der Anmeldung der Verschmelzung eine aktualisierte Gesellschafterliste einzureichen.

Die Existenz einer derartigen Vorschrift könnte gegen eine Einreichung nach einem Formwechsel sprechen. Während der Gesetzgeber die Einreichungspflicht im Verschmelzungsrecht, sowie durch einen Verweis auf § 52 UmwG in § 125 UmwG auch im Falle der Spaltung, für erforderlich hielt und entsprechend normierte, wurde für den Formwechsel weder ein Verweis auf entsprechende Vorschrift noch eine eigene Einreichungspflicht geschaffen. Hierin könnte zum Ausdruck kommen, dass im Formwechselfall eine Listeneinreichungspflicht nicht vorgesehen sein soll.

Zu beachten ist jedoch, dass das Umwandlungsgesetz mit den soeben genannten Vorschriften bereits 1994 in Kraft getreten ist. Im Jahr 1994 bestand die Aktualisierungspflicht der Gesellschafterliste einer GmbH in heutiger Ausformung jedoch noch nicht. Die Änderungen waren lediglich jährlich im Januar einzureichen.[1267] Anders als beim Formwechsel ist an der Verschmelzung mehr als nur eine Gesellschaft beteiligt, sodass es bei Vorliegen eines unterschiedlichen Gesellschafterstammes der Gesellschaften unweigerlich zu Änderungen

1265 Vgl. UHL/*Paefgen*, GmbHG, § 40 Rn. 116.

1266 BGBl. I 2011, Nr. 35 S. 1338.

1267 Zur Entwicklung des § 40 GmbHG – MüKo-GmbHG/*Heidinger*, GmbHG, § 40 Rn. 2.

im Gesellschafterbestand der aufnehmenden Gesellschaft kommt[1268]. Diese Änderungen am Gesellschafterbestand der GmbH direkt aufzuzeigen, diente § 52 Abs. 2 UmwG.[1269]

Bei einem Formwechsel sind über § 197 UmwG die Gründungsvorschriften der neuen Rechtsform anzuwenden, sodass nach § 197 S. 1 UmwG, § 8 Abs. 1 Nr. 3 GmbHG ohnehin eine Gesellschafterliste eingereicht werden muss.[1270] Einer expliziten umwandlungsrechtlichen Regelung bedurfte es daher für den Fall des Formwechsels in eine GmbH nicht.

Nachdem durch das MoMiG der § 40 GmbHG neugefasst und darin die Pflichten des Notars erweitert wurden,[1271] ergibt sich heute aus § 40 Abs. 2 GmbHG eine Pflicht des an der Veränderung mitwirkenden Notars zur unverzüglichen Einreichung einer neuen Gesellschafterliste. Nach § 6 UmwG bedarf der Verschmelzungsvertrag und nach § 13 Abs. 3 S. 1 UmwG der Verschmelzungsbeschluss der notariellen Beurkundung, sodass der Notar an der Veränderung im Gesellschafterkreis der übernehmenden Gesellschaft mitgewirkt hat und somit zur Einreichung einer Gesellschafterliste nach § 40 Abs. 2 GmbHG verpflichtet ist.[1272]

Einer zusätzlichen Verpflichtung der Geschäftsführer bedurfte es daneben nicht, sodass § 52 Abs. 2 UmwG gestrichen wurde.[1273] Seitdem ergibt also jegliche Pflicht zur Änderung der Gesellschafterliste, auch bei einer Veränderung durch das Umwandlungsgesetz, aus § 40 GmbHG.

Insoweit ist hervorzuheben, dass sich die Pflicht in § 52 Abs. 2 UmwG a. F. lediglich auf die übernehmende Gesellschaft bezog und es bei einem Formwechsel auch nach damaliger Rechtslage in Bezug auf die entstehende Rechtsform keiner Regelung bedurfte, da bereits das anwendbare Gründungsrecht zu einer Einreichungspflicht führt.

1268 Vgl. nur Lutter/*Lutter*/*Drygala*, UmwG, § 5 Rn. 20; eine Ausnahme besteht lediglich bei der Verschmelzung einer 100 %igen Tochtergesellschaft auf die Muttergesellschaft.

1269 Vgl. nur Semler/Stengel/*Reichert*, UmwG, 2. Aufl, § 52 Rn. 12.

1270 MüKo-GmbHG/*Heidinger*, GmbHG, § 40 Rn. 167; UHL/*Paefgen*, GmbHG, § 40 Rn. 117; *Link*, RNotZ 2009, 193 (196); *Meister*, NZG 2008, 767 (770).

1271 Bereits 1998 wurde § 40 GmbHG dahingehend geändert, dass die Liste unverzüglich zu aktualisieren war, jedoch war der Notar nach damaliger Fassung nur bei einer Anteilsübertragung nach § 15 Abs. 3 GmbHG zuständig. Hierzu m.w.N. MüKo-GmbHG/*Heidinger*, GmbHG, § 40 Rn. 2.

1272 Vgl. auch BT-Drucks. 17/3122, S. 11.

1273 BT-Drucks. 17/3122, S. 11.

Deutlich interessanter, da mit dem vorliegenden Problem viel eher vergleichbar, ist aber die Frage, ob der Notar auch verpflichtet ist, für die übertragende Gesellschaft eine letzte Gesellschafterliste einzureichen. Diese erlischt nämlich nach § 20 Abs. 1 Nr. 2 UmwG mit Eintragung der Verschmelzung. Bezüglich dieser Frage, enthielt auch § 52 Abs. 2 UmwG a. F. keine Regelung.

In dem Fehlen einer derartigen Regelung, sowohl in der heutigen als auch in der damaligen Fassung des Umwandlungsgesetzes, eine bewusste Entscheidung des Gesetzgebers gegen die Einreichungspflicht zu sehen, ginge jedoch zu weit. Das Umwandlungsgesetz soll allgemeine gesellschaftsrechtliche Regelungen ausweislich der Gesetzesbegründung nicht berühren, sondern sich vielmehr in das bestehende System einfügen.[1274] Da das Umwandlungsgesetz keine Spezialregelungen enthält, bestimmt sich der Pflichtenkreis für den Fall, dass eine GmbH ihre Rechtsform wechselt, daher allein nach dem GmbHG.

bb) Erlöschen der Anteile als Grund der Einreichungspflicht

Dass der Wortlaut von § 40 GmbHG für eine Einreichungspflicht spricht, wurde bereits erläutert. Einzig der mit der Liste verfolgte Zweck könnte durch das Erlöschen der Rechtsform der GmbH gegen eine solche Pflicht sprechen.

In der Literatur findet sich in Bezug auf die Einreichungspflicht einer Gesellschafterliste, die durch einen Formwechsel aus einer GmbH ausgelöst wird, wenig.[1275] Zwar wird im Rahmen des § 40 GmbHG auf den Umwandlungsbeschluss als Auslöser einer Listeneinreichungspflicht Bezug genommen, jedoch wird sodann allein von der Veränderung im Gesellschafterbestand durch Anteilsgewährung im Rahmen der Verschmelzung oder Spaltung gesprochen.[1276] In Bezug auf den Formwechsel wird fast ausschließlich nur auf einen Formwechsel in die Rechtsform der GmbH eingegangen.[1277] Einzig *Paefgen* bezieht sich direkt auf die übertragende Gesellschaft bei der Verschmelzung und den Formwechsel aus einer GmbH.[1278]

Seiner Ansicht nach wirkt der Notar bei der Verschmelzung sowohl bei Änderungen im Gesellschafterbestand der übertragenden, als auch der aufnehmen-

---

1274 BT-Drucks. 12/6699, S. 80.

1275 Soweit ersichtlich äußern sich einzig UHL/*Paefgen*, GmbHG, § 40 Rn. 116 und *Melchior*, GmbHR 2017, 145 (145 f.) zu dieser Frage.

1276 MüKo-GmbHG/*Heidinger*, GmbHG, § 40 Rn. 167; Rowedder/Schmidt-Leithoff/*Görner*, GmbHG, § 40 Rn. 27; Scholz/*Seibt*, GmbHG, § 40 Rn. 58.

1277 Vgl. nur MüKo-GmbHG/*Heidinger*, GmbHG, § 40 Rn. 167; Rowedder/Schmidt-Leithoff/*Görner*, GmbHG, § 40 Rn. 26.

1278 UHL/*Paefgen*, GmbHG, § 40 Rn. 115 f.; *ders.* in Ulmer, GmbHG Erg.-Band, § 40 Rn. 60.

den Gesellschaft mit. Durch das Erlöschen der übertragenden GmbH erlöschen auch die Anteile an dieser Gesellschaft, was der Notar durch eine letzte Gesellschafterliste auszuweisen hat.[1279] Folgerichtig nimmt er auch beim Formwechsel eine Pflicht des Notars zur Einreichung einer letzten Gesellschafterliste an, da die Gesellschaftsanteile an der Rechtsform der GmbH erlöschen und die Gesellschafter stattdessen nach den Regeln der neuen Rechtsform beteiligt sind.[1280]

Paefgen bezieht sich dabei allerdings ausschließlich darauf, dass eine Veränderung im Gesellschafterbestand durch Erlöschen der Anteile stattfindet und entsprechend eine letzte Erstellungs- und Einreichungspflicht besteht. Darauf, dass mit dem Wirksamwerden der Veränderung, nämlich der Eintragung des Formwechsels, die GmbH als solche gelöscht und dies auch in das Register eingetragen wird, geht er hingegen nicht ein.

Gegen die Möglichkeit eine Gesellschafterliste nach Wirksamwerden des Formwechsels einzureichen, spricht sich *Melchior* aus. Dieser bezieht sich zwar nicht auf die Pflicht, eine durch den Formwechsel selbst ausgelöste letzte Liste abzugeben, lehnt jedoch bereits das Nachschieben einer Liste ab, die aufgrund einer vor dem Formwechsel erfolgten Anteilsabtretung hätte eingereicht werden müssen.[1281] Auch er betont, dass die Eintragung zur Löschung und damit zur Beendigung der GmbH und mithin auch der Geschäftsanteile hieran führe. Dies stellt für ihn allerdings keinen Grund dar, eine letzte Gesellschafterliste einzureichen. Er sieht in dem Formwechsel vielmehr einen Entschluss der Gesellschafter, die konkrete Ausformung ihrer Mitgliedschaft und der Wirkungen des § 16 GmbHG aufzugeben. Diese Aufgabe schließe ein Nachschieben der Gesellschafterliste nach Löschung der GmbH aus.[1282]

Es erscheint in der Tat zunächst ungewöhnlich, wenn selbst nach der Löschung der GmbH noch eine Einreichungspflicht bestehen soll. So ist es nachvollziehbar, auf den Verzicht der Wirkungen des § 16 GmbHG abzustellen. Der § 16 GmbHG ist insofern, wie schon oben erläutert, in Zusammenhang mit § 40 GmbHG zu sehen und regelt letztlich die Rechtswirkungen der Liste. Nachdem bei der GbR eine solche Gesellschafterliste nicht existiert, kann die Einreichung einer letzten Gesellschafterliste bereits nach Wirksamwerden des Formwechsels auch nicht mehr die ihr im GmbH-Recht zukommende Legitimations- und Rechtsschein-

---

1279 UHL/*Paefgen*, GmbHG, § 40 Rn. 115; so anscheinend auch *Berninger*, GmbHR 2009, 679 (681 f.), indem er von Veränderungen bei einer der beteiligten GmbH spricht und damit wohl auch die übertragende Gesellschaft meint.

1280 UHL/*Paefgen*, GmbHG, § 40 Rn. 116.

1281 *Melchior*, GmbHR 2017, 145 (145 f.).

1282 *Melchior*, GmbHR 2017, 145 (146).

wirkung,[1283] entfalten. Allerdings sind die Funktionen der Liste nicht erschöpfend in § 16 GmbHG geregelt; sie soll auch den Gesellschafterbestand Dritten gegenüber transparenter gestalten.[1284] Diese Wirkung entfaltet die Liste bei einer Einreichung nach dem Formwechsel weiterhin.

Ihr kommt in Anbetracht des Formwechsels in eine GbR sogar noch viel größere Bedeutung zu, als im Fall der Einreichung bei einer bestehenden GmbH. Bei der GmbH dient die Transparenz gegenüber Dritten hauptsächlich dazu, diesen zu ermöglichen, sich ein Bild über die Gesellschaft zu machen und diese so besser einschätzen zu können.[1285] Bei der GbR hingegen haften die Gesellschafter persönlich und unbeschränkt, jedoch existiert kein Register, in dem die Gesellschaft offenbaren muss, wer die an ihr beteiligten Gesellschafter sind. Zur Geltendmachung der Ansprüche und der Ermittlung, ob eine Gefährdung der Forderung glaubhaft gemacht werden kann, ist diese Information jedoch von erheblicher Bedeutung.[1286] Führte, wie von *Melchior*[1287] vertreten, allein das Erlöschen der GmbH dazu, dass Gesellschafterlisten schlicht nicht mehr einzureichen sind, so würde damit auch ein vor dem Formwechsel oder zeitgleich mit diesem erfolgter Ein- oder Austritt nicht mehr durch die Gesellschafterliste nach außen hin verdeutlicht. Besonders in einer solchen Situation ist aber die Transparenz für die Altgläubiger der GmbH, die sich nun einer GbR gegenüber sehen, von enormer Bedeutung.

Dabei ist insbesondere zu beachten, dass die Löschung der GmbH aufgrund des Formwechsels nicht die gleiche Situation darstellt, wie eine sonstige Löschung der GmbH. Wird eine GmbH gelöscht, weil diese vermögenslos ist oder wird das Geschäft aufgegeben und sodann nach der Liquidation die GmbH im Register gelöscht, so bedarf es keiner Transparenz gegenüber Außenstehenden mehr. Beim Formwechsel existiert die GmbH jedoch mit all ihren Rechten und Pflichten in einer anderen Rechtsform fort. Hinzu kommt, dass auch in der Liquidation, also bis zum Stadium der tatsächlichen Löschung nach §§ 69, 40 GmbHG jede Ver-

---

1283 Gemeint ist damit allein die Rechtscheinwirkung des § 16 Abs. 3 GmbHG – hierzu bereits 5. Kapitel, A. I., S. 182 ff. Die Liste kann darüber hinaus Rechtsscheinträger im Rahmen der allgemeinen Rechtsscheinhaftung sein. Hierzu 5. Kapitel, B. I. 1., S. 210 ff.

1284 BT-Drucks. 16/6140, S. 26; MüKo-GmbHG/*Heidinger*, GmbHG, § 40 Rn. 3; Scholz/*Seibt*, GmbHG, § 40 Rn. 3; *Damm*, BWNotZ 2017, 2 (2 f.).

1285 BT-Drucks. 16/6140, S. 26; *Damm*, BWNotZ 2017, 2 (2).

1286 Vgl. zur Geltendmachung der Ansprüche *Priester*, GmbHR 2015, 1289 (1291); *Vossius*, NotBZ 2017, 141 (142).

1287 *Melchior*, GmbHR 2017, 145 (145 f.).

änderung im Gesellschafterbestand mittels einer neuen Gesellschafterliste zum Handelsregister – sodann von den Liquidatoren – eingereicht werden muss.[1288]

Die Eintragung der Löschung der GmbH im Handelsregister führt somit nicht dazu, dass eine Gesellschafterliste nicht mehr einzureichen ist. Entsprechend dem Wortlaut, dass der Notar nach Wirksamwerden der Veränderung im Gesellschafterbestand die Liste einzureichen hat, ist dieser also auch verpflichtet, nach Eintragung des Formwechsels dem Handelsregister eine letzte, durch den Formwechsel selbst ausgelöste, Gesellschafterliste zuzuleiten.[1289]

cc) Zuständigkeit

Haben die Gesellschafter mit der Beurkundung des Umwandlungsbeschlusses und der Einreichung der Handelsregisteranmeldung unterschiedliche Notare betraut, so ist derjenige Notar zuständig, der die Handelsregisteranmeldung eingereicht hat.[1290]

Der Notar, der lediglich den Umwandlungsbeschluss beurkundet hat, erhält nicht ohne weiteres Kenntnis davon, ob der Formwechsel zum Handelsregister angemeldet wurde. Anders ist dies bei dem für die Handelsregisteranmeldung zuständigen Notar.[1291] Dieser erhält über § 383 Abs. 1 FamFG Kenntnis davon, ob der Formwechsel eingetragen und somit die Veränderungen im Gesellschafterkreis wirksam geworden sind.[1292] Darüber hinaus werden dem einreichenden Notar jegliche Anlagen vorliegen, die aufgrund des Formwechsels einzureichen sind und zu denen auch der Umwandlungsbeschluss gehört.[1293] Ihm ist es somit unproblematisch möglich, sich über jegliche Veränderungen in Kenntnis zu setzen und sodann eine letzte Gesellschafterliste zu erstellen und einzureichen.[1294]

Zudem erklärt die Regierungsbegründung die Zuständigkeit des Notars mit einer Vereinfachung des Vorgangs der Listeneinreichung, da dieser ohnehin mit

---

1288 Baumbach/Hueck/*Haas*; GmbHG, § 69 Rn. 15; MüKo-GmbHG/*Müller*, GmbHG, § 69 Rn. 30; Scholz/*K. Schmidt*, GmbHG, § 69 Rn. 34.

1289 Ebenso UHL/*Paefgen*, GmbHG, § 40 Rn. 115 f.; *ders.* in Ulmer, GmbHG Erg.-Band, § 40 Rn. 60.

1290 UHL/*Paefgen*, GmbHG, § 40 Rn. 138; *Hasselman*, NZG 2009, 449 (455); a.A. MHLS/*Terlau*, GmbHG, § 40 Rn. 25.

1291 UHL/*Paefgen*, GmbHG, § 40 Rn. 138; *Hasselman*, NZG 2009, 449 (455); nur ausnahmsweise bei einem Gesamtüberblick des Notars hiervon ausgehend: Baumbach/Hueck/*Noack*; GmbHG, § 40 Rn. 54.

1292 Vgl. UHL/*Paefgen*, GmbHG, § 40 Rn. 138.

1293 § 199 UmwG, zu den erforderlichen Anlagen siehe 2. Kapitel, C. I., S. 84 f.

1294 *Hasselman*, NZG 2009, 449 (455).

der Veränderung befasst sei.[1295] Diese Nähe zur Veränderung der Gesellschaft trifft vor allem auf den für die Einreichung zuständigen Notar zu. Mithin ist bei Beteiligung unterschiedlicher Notare derjenige für die Einreichung der Gesellschafterliste zuständig, der die sich unter der Handelsregisteranmeldung befindlichen Unterschriften beglaubigt hat.[1296]

b) Einreichungspflicht bei anderweitiger Änderungen im Gesellschafterbestand

Nachdem geklärt wurde, dass der Formwechsel generell eine Listeneinreichungspflicht auslöst und diese somit auch nach dem Formwechsel noch in den Registerordner aufzunehmen ist, ist weiter zu klären, wie diesbezüglich Veränderungen zu dokumentieren sind, die vor dem Formwechsel oder zeitgleich mit diesem eingetreten sind.

aa) Veränderung vor dem Formwechsel

Findet bereits vor dem Formwechsel eine Veränderung im Personenbestand der GmbH statt, so besteht für den hieran mitwirkenden Notar oder die Geschäftsführer, je nach Zuständigkeit, die Pflicht des § 40 GmbHG, unverzüglich nach dem Wirksamwerden der Veränderung eine neue Gesellschafterliste einzureichen, die die entsprechenden Veränderung beinhalt.[1297]

Ob diese Liste dann bereits vor dem Formwechsel hätte eingereicht werden müssen, hängt von den Umständen des Einzelfalles ab. Da das unverzügliche Handeln sich auf ein Handeln ohne schuldhaftes Zögern bezieht,[1298] kommt es darauf an, wann genau die Veränderung wirksam geworden ist und für wie lange in dem konkreten Fall eine Frist zur Prüfung der Wirksamkeit anzuerkennen war[1299]

Ist die Liste bis zum Formwechsel noch nicht eingereicht worden, ist insofern zu klären, ob diese Pflicht fortbesteht.

Eine explizite Regelung in Bezug auf die Gesellschafterliste bei einem Formwechsel existiert nicht. Ob weiterhin eine Einreichungspflicht besteht und durch

---

1295 BT-Drucks. 16/6140, S. 44.

1296 Ebenso: UHL/*Paefgen*, GmbHG, § 40 Rn. 138, *Hasselman* NZG 2009, 449 (455).

1297 Auch nach dem Umwandlungsbeschluss sind Veränderungen im Gesellschafterbestand unproblematisch möglich, hierzu bereits 2. Kapitel, B. II. 1. b) cc), S. 75 f.

1298 Baumbach/Hueck/*Noack*, GmbHG, § 40 Rn. 33; MüKo-GmbHG/*Heidinger*, GmbHG, § 40 Rn. 114.

1299 In der Regel ist von einer maximalen Frist von 14 Tagen auszugehen: UHL/*Paefgen*, GmbHG, § 40 Rn. 51; Scholz/*Seibt*, GmbHG, § 40 Rn. 49.

wen diese zu erfüllen ist, bedarf also der Auslegung bestehender Vorschriften. Bezüglich der Veränderung im Personenbestand der GmbH kann insoweit auf das bereits Gesagte zurückgegriffen werden. Das die Veränderung sich, wenn sie vor dem Formwechsel wirksam wird, noch auf den Personenbestand der GmbH bezieht, ist unproblematisch, womit dann auch eine neue Gesellschafterliste einzureichen ist.

Aber auch ein zeitgleiches Ausscheiden eines Gesellschafters findet noch am GmbH-Anteil statt.[1300] Wenn – wie vorstehend dargestellt – von der Pflicht zur Einreichung einer letzten, durch den Formwechsel veranlassten, Gesellschafterliste auszugehen ist, so kann der Formwechsel allein nicht ausschlaggebend sein, die Pflicht, eine vorherige Änderung aufzuzeigen, entfallen zu lassen.

Dafür spricht auch die Handhabung in dem, dem BGH vorgelegenen, Sachverhalt.[1301] Hier haben die Beklagten ihre Gesellschaftsanteile nicht ganz eine Woche vor der Eintragung des Formwechsels veräußert. Die Einreichung der Gesellschafterliste durch den Notar erfolgte erst einen Monat nach der Eintragung. Das Registergericht hat die Liste dennoch in den Registerordner aufgenommen und auch der BGH hat sich hierzu nicht negativ geäußert.

bb) Adressat der Pflicht

Sofern – wie dort – ein Notar an der Veränderung mitgewirkt hat, ist dieser nach § 40 Abs. 2 GmbHG zur Einreichung der Liste verpflichtet und kann dies auch nach dem Formwechsel tun. Ist allerdings kein Notar am Austritt vor dem Formwechsel beteiligt, so haben nach § 40 Abs. 1 GmbHG die Geschäftsführer die Pflicht zur Erstellung und Einreichung, was insofern problematisch ist, als dass die GmbH und damit ihre Geschäftsführer in dieser Form nach dem Formwechsel nicht mehr existieren.[1302] Hinzu kommt, dass es bei der GmbH möglich ist, einen oder mehrere Nicht-Gesellschafter als Geschäftsführer anzustellen,[1303] sodass diese nach dem Formwechsel auch nicht an der GbR beteiligt sind.

Da in der GbR jedoch die Selbstorganschaft zwingend ist,[1304] sind die künftigen vertretungsberechtigten Gesellschafter in einem solchen Fall zwingend von den vorherigen Geschäftsführern verschieden. Der Adressat einer Einreichungspflicht

---

1300 Siehe hierzu bereits oben 2. Kapitel, B. II. 1. b) bb) (4), S. 71 ff.

1301 BGH, Versäumnisurt. v. 18.10.2016 – II ZR 314/15, NJW 2017, 559.

1302 Die Organstellung endet mit der Eintragung des Formwechsels – Kallmeyer/*Meister/Klöcker*, UmwG, § 202 Rn. 24; Semler/Stengel/*Leonard*, UmwG, § 202 Rn. 10; a.A. *Hoger*, ZGR 2008, 868 (884 ff.).

1303 MüKo-GmbHG/*Heidinger*, GmbHG, § 35 Rn. 14.

1304 BeckOK-BGB/*Schöne*, BGB, § 714 Rn. 2; MüKo-BGB/*Schäfer*, BGB § 714 Rn. 12.

aus § 40 Abs. 1 GmbHG ist damit nach dem Formwechsel nicht ohne weiteres ersichtlich.

Es könnte zunächst angedacht werden, dass die ursprünglichen Geschäftsführer verpflichtet bleiben, die Liste einzureichen. So wurde im Hinblick auf die GmbH – ohne Bezug zu einem Formwechsel – bereits in unterschiedlichen Einzelfällen die Fortwirkung von Pflichten der Geschäftsführer über die Dauer ihrer tatsächlichen Organstellung hinaus angenommen.[1305] Eine solche Fortwirkung darf jedoch nicht so weit gehen, dass der Geschäftsführer die Gesellschaft hierdurch noch nach außen vertreten kann.[1306] So wird die Pflicht zur Listeneinreichung in der GmbH, sofern die ursprünglichen Geschäftsführer dieser noch nicht nachgekommen sind, nach Beendigung ihrer Geschäftsführerstellung, zu einer Pflicht der ihren Platz einnehmenden neuen Geschäftsführer, da die ursprünglichen nicht mehr zur Vertretung der Gesellschaft berechtigt sind.[1307] Gleiches gilt im Falle einer erforderlichen Korrektur fehlerhafter Listen.[1308] Nichts anderes kann bei einem Formwechsel gelten. Die ursprünglichen Geschäftsführer existieren als solche nicht mehr und können daher weder die ursprüngliche GmbH, noch die fortexistierende GbR nach außen vertreten und somit auch keine Gesellschafterliste mehr nachreichen.

In Betracht käme damit die Verpflichtung der neuen vertretungsberechtigten Gesellschafter oder eine Einreichung durch den Notar, der auch die letzte Gesellschafterliste einreicht.

Bekanntlich existieren beim Formwechsel alle Rechte und Pflichten des Rechtsträgers in seiner ursprünglichen Rechtsform beim Rechtsträger neuer Rechtsform fort. Allerdings handelt es sich bei den fortbestehenden Verbindlichkeiten explizit um solche, die die Gesellschaft selbst treffen.[1309]

§ 40 Abs. 1 GmbHG begründet die Pflicht der Geschäftsführer, eine Veränderung im Mitgliederbestand durch Einreichung einer neuen Liste auszuweisen. Die Erstellungs- und Einreichungspflicht der Geschäftsführer stellt eine gesellschaftsinterne Kompetenz des Organs und keine der Rechte und Pflichten der Gesellschaft dar, die dem Außenverhältnis zuzuordnenden sind.[1310] Eine solche gesellschaftsinterne Zuständigkeitsregelung ist vom Übergang nach § 202 Abs. 1

1305 Vgl. nur die Darstellung von *Palzer*, S. 15 ff.

1306 *Palzer*, S. 228.

1307 KG, Beschl. v. 23.02.2012 – 25 W 97/11, NZG 2012, 587 (588).

1308 MüKo-GmbHG/*Heidinger*, GmbHG, § 40 Rn. 119.

1309 Vgl. nur Semler/Stengel/*Leonard*, UmwG, § 202 Rn. 7; im Übrigen siehe bereits 1. Kapitel, D. I. 2., S. 24 ff.

1310 Vgl. hierzu zur Verschmelzung auch *Hoffmann-Becking*, FS Ulmer, 243 (244).

Nr. 1 UmwG aber gerade nicht erfasst,[1311] schließlich soll ab dem Zeitpunkt des Wirksamwerdens des Formwechsels das Recht der neuen Rechtsform gelten, sodass die gesellschaftsinternen Kompetenzen fortan durch das neu anwendbare Recht geregelt werden.[1312]

So werden zwar einige Aufgaben, die vorher durch die Geschäftsführer der GmbH ausgeführt wurden, nun durch die vertretungsberechtigten Gesellschafter der GbR wahrgenommen, sodass oberflächlich betrachtet ein Übergang der Zuständigkeit angenommen werden könnte, jedoch wird die Zuständigkeit nicht durch die Vorschriften der alten Rechtsform, sondern durch die nunmehr anwendbare Rechtsordnung neu begründet.[1313] Ein Übergang findet nicht statt.

Problematisch ist hier insbesondere, dass es sich um einen in der GmbH noch nicht abgeschlossenen Sachverhalt handelt, eine derartige Gesellschafterliste und auch die Einreichungspflicht in der GbR jedoch nicht existiert. Eine originäre Zuständigkeitsbegründung aufgrund der Regelungen zur Gesellschaft bürgerlichen Rechts kann hier mangels entsprechender Vorschriften also nicht erfolgen.

cc) Einreichung als Pflicht der GbR

Das bedeutet jedoch nicht, dass die Einreichung einer aktualisierten Liste fortan nicht mehr möglich ist. Im Ergebnis besteht lediglich die sich aus § 40 Abs. 1 GmbHG ergebende Pflicht der GmbH-Geschäftsführer nicht fort.

Mit dem Eintritt der Veränderung des Personenbestands der GmbH tritt allerdings auch ein primärrechtlicher Berichtigungsanspruch des ausscheidenden oder eintretenden Gesellschafters gegen die Gesellschaft ein.[1314] Wörtlich erwähnt das Gesetz in § 40 Abs. 3 GmbHG zwar nur einen Sekundäranspruch, jedoch liegt dem ungenannt auch ein Primäranspruch auf Erfüllung zugrunde.[1315] Dieser folgt aus dem durch den Eintritt entstehenden Mitgliedschaftsverhältnis zwischen dem Gesellschafter und der Gesellschaft, welches bei einem Austritt entsprechend

1311 Vgl. *Hoffmann-Becking*, FS Ulmer, 243 (259), zu § 20 UmwG aus dem Verschmelzungsrecht.

1312 Zur Vertretung der Gesellschaft vgl. Semler/Stengel/*Leonard*, UmwG, § 202 Rn. 10; zur Diskontinuität der Rechtsordnung siehe 2. Kapitel, D. II., S. 30 ff.

1313 *Hoffmann-Becking*, FS Ulmer, 243 (245).

1314 Baumbach/Hueck/*Noack*, GmbHG, § 40 Rn. 30; Lutter/Hommelhoff/*Bayer*, GmbHG, § 40 Rn. 36; Scholz/*Seibt*, GmbHG, § 40 Rn. 53; UHL/*Paefgen*, GmbHG, § 40 Rn. 104; *Omlor*/*Spies*, MittBayNot 2011, 353 (362 f.); a.A. *Hasselmann*, NZG 2009, 486 (489); *Preuß*, ZGR 2008, 676 (679), die den Berichtigungsanspruch gegen die Geschäftsführer richten wollen.

1315 OLG Hamm, Urt. v. 16.04.2014 – 8 U 82/13, NZG 2014, 783 (784).

nachwirkt.[1316] Kommt die GmbH dieser Verpflichtung schuldhaft nicht nach, so haftet diese, neben den Geschäftsführern (§ 40 Abs. 3 GmbHG), aus allgemeinem Leistungsstörungsrecht nach § 280 Abs. 1 BGB.[1317]

Damit besteht eine Verpflichtung der Gesellschaft selbst zur Einreichung einer neuen Liste gegenüber dem betroffenen Gesellschafter. Angedacht werden sollte daher, dass dieser Anspruch des ausscheidenenden Gesellschafters auf Korrektur der Liste und die damit einhergehende Verpflichtung der Gesellschaft nach dem Formwechsel in der GbR nach § 202 Abs. 1 Nr. 1 UmwG fortexistiert. Zwar handelt es sich hierbei um eine mitgliedschaftliche Pflicht der GmbH, jedoch ist zu bedenken, dass es, wie vorstehend aufgezeigt, auch dem Notar weiterhin möglich ist, eine Gesellschafterliste einzureichen. Ginge eine derartige Pflicht nicht auf die GbR über, so wäre es mithin nicht mehr möglich, eine fehlende Eintragung nachzuholen, sodass auch die Möglichkeit der Einreichung einer darauffolgenden Liste durch den Notar vereitelt würde.[1318] Von einem Übergang der Pflicht der GmbH auf die GbR ist mithin auszugehen.

Anderes könnte nur dann gelten, wenn es sich bei der Listeneinreichung um eine Pflicht handelte, die von der GbR gar nicht erfüllt werden könnte.[1319] Davon ist jedoch nicht auszugehen. Zwar besteht für die GbR unter gewöhnlichen Umständen keine solche Einreichungspflicht, jedoch ist zu bedenken, dass es sich um einen nicht abgeschlossenen Vorgang der GmbH handelt, die nun in der Rechtsform der GbR weiter am Rechtsverkehr teilnimmt. Wenn – wie vorliegend vertreten – die Pflicht zur Einreichung einer letzten Gesellschafterliste aufgrund des Formwechsels selbst nach dessen Wirksamwerden seitens des Notars befürwortet wird, so bedarf es auch der Kenntlichmachung bereits zuvor eingetretener Veränderungen im Gesellschafterverband. Eine andere Auffassung würde dem Sinn einer letzten Liste zuwiderlaufen. Wenn aber ein Notar auch nach dem

---

1316 UHL/*Paefgen*, GmbHG, § 40 Rn. 104; *Omlor/Spies*, MittBayNot 2011, 353 (362 f.); *Schneider*, GmbHR 2009, 393 (394); nach anderer Ansicht folgt dieser aus einem gesetzlichen Schuldverhältnis: BT-Drucks. 16/6140, S. 38; *Wicke*, GmbHG, § 40 Rn. 8; bzw. aus § 40 Abs. 1 GmbHG - OLG Hamm, Urt. 16.04.2014 - 8 U 82/13, NZG 2014, 783 (784).

1317 MüKo-GmbHG/*Heidinger*, GmbHG, § 40 Rn. 135; UHL/*Paefgen*, GmbHG, § 40 Rn. 104; *Omlor/Spies*, MittBayNot 2011, 353 (363); *Altgen*, S. 111.

1318 Vgl. *Hoffmann-Becking*, FS Ulmer, 243 (255), der einen Fortbestand einer Pflicht zur Rechnungslegung nach Wirksamwerden der Verschmelzung dann annimmt, wenn diese erforderlich ist, um negative Wirkungen für die übernehmende Gesellschaft und ihre Gesellschafter zu vermeiden.

1319 Vgl. hierzu *Hoffmann-Becking*, FS Ulmer, 243 (255) zum Fortbestand einer Pflicht zur Rechnungslegung nach Wirksamwerden der Verschmelzung.

Formwechsel noch eine Gesellschafterliste einreichen kann, so können dies die Gesellschafter der GbR ebenso, sofern sich deren Befugnis aus einer der GbR obliegenden Pflicht ergibt.

Sind im Gesellschaftsvertrag keine anderen Regelungen getroffen, so sind nach §§ 709, 714 BGB alle Gesellschafter gemeinsam für die Vertretung der GbR zuständig, sodass dann die Gesamtheit der Gesellschafter die Liste zu erstellen und einzureichen hat. Die vertretungsberechtigten Gesellschafter handeln hier also nicht aufgrund einer Fortexistenz der Verpflichtung der Geschäftsführer aus § 40 Abs. 1 GmbHG, sondern aufgrund ihrer gesellschaftsrechtlichen Kompetenz, die Pflichten der GbR für diese zu erfüllen.

Erfüllt die GbR den Berichtigungsanspruch eines Gesellschafters nicht, so haftet diese nach dem allgemeinen Schadensersatzrecht und über § 128 HGB analog haben für diesen Anspruch auch die Gesellschafter persönlich einzustehen.

c) Zwischenergebnis

Im Ergebnis ist festzuhalten, dass der Formwechsel keineswegs dazu führt, dass die Pflicht des GmbHG zur Einreichung bzw. Nachreichung einer aktualisierten Gesellschafterliste nicht (mehr) besteht. Wird bereits vor dem Formwechsel oder zeitgleich mit diesem eine Veränderung im Personenbestand der Gesellschafter wirksam, so bleibt der mitwirkende Notar verpflichtet, eine neue Liste einzureichen, aber auch der Anspruch eines Gesellschafters, an dessen Anteil eine Veränderung eingetreten ist, bleibt nach dem Formwechsel gegenüber der Gesellschaft bestehen, sodass die vertretungsberechtigten Gesellschafter der GbR hieraus der Gesellschaft gegenüber verpflichtet sind, die Liste zu korrigieren. Darüber hinaus löst auch der Formwechsel selbst eine Listenerstellungs- und -einreichungspflicht aus.

Damit ist zumindest nicht von vornherein ausgeschlossen, dass die Möglichkeit besteht, der letzten, zum Handelsregister eingereichten, Gesellschafterliste den Bestand der ersten GbR-Gesellschafter zu entnehmen.

2. Inhalt und Darstellung der „letzten“ Liste

Allein die Pflicht der vertretungsberechtigten Gesellschafter und des jeweiligen Notars, eine aktuelle Gesellschafterliste einzureichen, kann jedoch nicht gewährleisten, dass das schützenswerte Informationsbedürfnis der Gläubiger ausreichend gesichert ist. Dabei ist zum einen noch zu klären, welchen genauen Inhalt die „letzte“ Liste hat und ob hieraus ausreichend Informationen über den GbR-Gesellschafterbestand zu erlangen sind. Zum anderen ist im Anschluss daran zu klären, ob Ansprüche der Gläubiger gegen die ausgewiesenen Gesellschafter auch bei Vorliegen falscher Listen bestehen.

Inhaltlich hat der Notar in dieser letzten Liste auszuweisen, dass die Gesellschaftsanteile durch Formwechsel erlöschen.[1320] Daneben sind grundsätzlich aber auch die gleichzeitig mit dem Formwechsel wirksam werdenden Veränderungen im Gesellschafterbestand in die Liste aufzunehmen.[1321] Bei der Führung der Liste bedarf es dabei – ganz allgemein gesprochen und nicht auf den Formwechsel bezogen – für gewöhnlich keiner Angabe des zur Veränderung führenden Rechtsgrundes.[1322] Ist der Anteil des ausgetretenen Gesellschafters jedoch durch die Gesellschaft eingezogen worden, so ist dies ausnahmsweise dennoch bei dem betroffenen Geschäftsanteil zu vermerken, damit für die Gläubiger ersichtlich wird, was mit dem Anteil geschehen ist.[1323]

Zu bedenken ist jedoch, dass die Einreichung einer neuen Gesellschafterliste aufgrund der Einziehung eines Gesellschaftsanteils regelmäßig in der Verantwortung der Geschäftsführer liegt.[1324] Lediglich bei freiwilliger Beurkundung des Einziehungsbeschlusses durch einen Notar ist dieser aufgrund seiner Mitwirkung nach § 40 Abs. 2 S. 1 GmbHG für die Einreichung einer neuen Liste zuständig. Sind die Veränderungen nicht jeweils auch von dem Notar beurkundet worden, der den Umwandlungsbeschluss beurkundet hat, oder steht noch die Einreichung von Veränderungen aus, die vor dem Formwechsel eingetreten sind, so kommt es nach den gesellschaftsrechtlichen Vorschriften zu unterschiedlichen Zuständigkeiten.

a) „Ausschließliche" Zuständigkeit eines Notars

Geht man zunächst davon aus, dass ein einziger Notar an allen zeitgleichen Veränderungen und dem Formwechsel beteiligt war, so hat dieser all diese in seiner „letzten" Liste auszuweisen. Dabei besteht allgemein die Regel, dass nach jeder eingetretenen Veränderung eine neue Gesellschafterliste eingereicht werden muss.[1325] Treten die Veränderungen jedoch zeitgleich ein, so ist es grundsätzlich ausreichend, wenn nur eine Liste eingereicht wird, die sämtliche Veränderungen

1320 UHL/*Paefgen*, GmbHG, § 40 Rn. 116.

1321 Gleichzeitig wirksam werdende Veränderungen können in einer Liste zusammengefasst werden. Vgl. nur Heckschen/*Heidinger*, § 13 Rn. 362d m.w.N.; siehe hierzu genauer 5. Kapitel, A. II. 2. a), S. 200 ff.

1322 Baumbach/Hueck/*Noack*, GmbHG, § 40 Rn. 8; Lutter/Hommelhoff/*Bayer*, GmbHG, § 40 Rn. 20; Scholz/*Seibt*, GmbHG, § 40 Rn. 25.

1323 Baumbach/Hueck/*Noack*, GmbHG, § 40 Rn. 14; MüKo-GmbHG/*Heidinger*, GmbHG, § 40 Rn. 27; *Bayer*, GmbHR 2012, 1 (3); *Tebben*, RNotZ 2008, 441 (455).

1324 Hierzu bereits 5. Kapitel, A. I., S. 182.

1325 *Wicke*, GmbHG, § 40 Rn. 4; Heckschen/*Heidinger*; § 13 Rn. 362a.

erfasst.[1326] Bei den, mit dem Formwechsel zeitgleich eintretenden, Veränderungen im Personenbestand besteht die Besonderheit, dass es sich nicht um einen gewöhnlichen Fall handelt, bei dem zeitgleiche Veränderungen an verschiedenen Anteilen stattfinden, sondern, dass zwei Veränderungen an ein und demselben Anteil im gleichen Zeitpunkt eintreten. Eine dieser Änderungen wird immer das Erlöschen des Anteils durch den Formwechsel sein. Sofern dies nachvollziehbar in der Liste darzustellen ist und damit das Erfordernis der Transparenz der Liste[1327] gewahrt bleibt, ist kein Grund ersichtlich, aus dem in dieser Sonderkonstellation vom Grundsatz, dass gleichzeitig eintretende Veränderungen in einer Liste ausgewiesen werden können, abgewichen werden sollte.

Als Vorbild, wie die Liste in diesem Fall zu führen ist, könnte ähnlich dem Grundbuchrecht der weggefallene Anteil in der Liste aufgeführt bleiben und durch Streichung oder Rötung des Anteils kenntlich gemacht werden, dass dieser entfallen ist.[1328] Zwar kann eine derartige Handhabung bei der grundsätzlichen Führung der Liste zu Unübersichtlichkeiten führen,[1329] jedoch bietet diese zumindest im Fall des Formwechsels einen entscheidenden Vorteil. Der jeweilige Anteil mit dem zugehörigen Gesellschafter wird gerötet bzw. durchgestrichen, sodass der Anteil auf der Liste ausgewiesen bleibt. Damit besteht dann die Möglichkeit, das Erlöschen des Anteils durch Formwechsel in der Vermerkspalte auszuweisen, die diesem zugeordnet ist. Auf diese Weise ist unproblematisch zu erkennen, welche Anteile durch Formwechsel erlöschen und folglich in eine Mitgliedschaft an der GbR übergehen.

Sind Anteile bereits durch Einziehung erloschen, so ist dies – wie soeben dargestellt – ebenfalls in der Vermerkspalte einzutragen und damit verdeutlicht, dass der ursprüngliche Inhaber dieses Anteils nicht auch Gesellschafter der GbR geworden ist. Beide zeitgleich stattfindenden Veränderungen sind somit transparent darstellbar.

Ist der Austritt allerdings nicht durch eine Einziehung des Gesellschaftsanteils, sondern mittels Übertragung des Anteils auf einen Gesellschafter oder eine bis-

1326 So zu dem gewöhnlichen Fall, dass mehrere Abtretungen zeitgleich wirksam werden: Lutter/Hommelhoff/*Bayer*, GmbHG, § 40 Rn. 22; *Wicke*, GmbHG, § 40 Rn. 4; Heckschen/*Heidinger*, § 13, Rn. 362b.

1327 BT-Drucks. 16/6140, S. 26; Henssler/Strohn/*Verse*, GmbHG, § 16 Rn. 1; Lutter/Hommelhoff/*Bayer*, GmbHG, § 16 Rn. 5; vgl. explizit zu mehreren zeitgleichen Veränderungen auch Lutter/Hommelhoff/*Bayer*, GmbHG, § 40 Rn. 22.

1328 Vgl. hierzu bezogen auf die allgemeine Gesellschafterliste Heckschen/*Heidinger*, § 13 Rn. 262a.

1329 So auch *Heckschen*/*Heidinger*, § 13 Rn. 262a; *Tebben*, RNotZ 2008, 441 (455).

her unbeteiligte Person vollzogen worden,[1330] so stellt sich die Listenerstellung ebenso wie bei einer aufschiebend bedingt vereinbarten Anteilsabtretung etwas problematischer dar.

Bei einer auf den Formwechselzeitpunkt bedingten Übertragung wird zwar der GmbH-Anteil abgetreten, jedoch übernimmt der Zessionar eine GbR-Beteiligung.[1331] Für gewöhnlich würde der Gesellschaftsanteil in der neu eingereichten Liste dem neuen Gesellschafter zugeordnet, wobei für eine erleichterte Identifizierbarkeit auch die Nummer beibehalten werden sollte, die dem Anteil zugewiesen ist.[1332] Wird die Nummer geändert, so muss aber zumindest klargestellt werden, welche Nummer diesem Anteil ursprünglich zugewiesen war.[1333] Da beim Formwechsel nun aber der Zessionar gar keinen GmbH-Anteil mehr erhält, stellt die Übernahme des Anteils auch keinen die Gesellschafterliste der GmbH betreffenden Vorgang mehr dar. Das Ausscheiden des Zedenten aufgrund der Abtretung ist jedoch noch eine Veränderung im Personenbestand der GmbH und ist mithin in die letzte Gesellschafterliste aufzunehmen.

Problematisch ist insoweit, dass sich der Anteil mit dem Formwechsel in eine Mitgliedschaft an der GbR wandelt. Würde trotz Ausscheidens eines Gesellschafters lediglich der Anteil in Gänze gestrichen und vermerkt, dass dieser durch Formwechsel erloschen ist, so würde zum einen nicht jede Veränderung in die Liste aufgenommen und zum anderen der Eindruck entstehen, dass der eingetragene Gesellschafter auch solcher der GbR geworden ist.

Da gegen eine Eintragung des Zessionars spricht, dass dieser kein GmbH-Gesellschafter geworden ist und sich die Gesellschafterliste der GmbH lediglich auf Veränderungen im Personenbestand der GmbH richtet, muss die Kenntlichmachung der Abtretung auf anderem Wege vorgenommen werden. Am auffälligsten wäre bei Streichung aller durch Formwechsel erloschenen Anteile darüber hinaus die Rotfärbung des ausgeschiedenen Gesellschafters.

Der Anteil selbst kann also unter gleicher Nummerierung bestehen bleiben, jedoch werden die Eintragungen bezüglich des Gesellschafters gerötet und in der Vermerkspalte nicht nur das Erlöschen des Anteils durch Formwechsel eintragen, sondern zudem aufgenommen, dass eine Abtretung zeitgleich mit dem Formwechsel erfolgt

1330 Zum Vollzug eines Austritts siehe MüKo-GmbHG/*Heidinger*, GmbHG, § 40 Rn. 198.

1331 Siehe hierzu bereits oben Kapitel 2, B. II. 1. b) bb) (4), S. 71 ff.

1332 OLG Bamberg, Beschl. v. 02.02.2010 – 6 W 40/09, DNotZ 2010, 871 (872); LG Augsburg, Beschl. v. 28.04.2009 – 2 HK T 902/09, NZG 2009, 1032 (1033); MüKo-GmbHG/*Heidinger*, GmbHG, § 40 Rn. 35; *Wicke*, MittBayNot 2010, 283 (284); a.A.: LG Stendal, Beschl. v. 21.09.2009 – 31 T 14/09, NZG 2010, 393 (394).

1333 BGH, Beschl. v. 01.03.2011 – II ZB 6/10, NZG 2011, 516 (517).

ist. Die Transparenz der Liste ist auf diese Weise gesichert und niemand eingetragen, der keinen Anteil an dem Rechtsträger in der Rechtsform der GmbH erworben hat.

Für eine bessere Übersichtlichkeit wäre es auch möglich, nur das Erlöschen der Anteile durch Formwechsel zu vermerken, ohne dass jeder Anteil zusätzlich gestrichen wird. Eine Streichung oder Rötung würde dann lediglich bei den Eintragungen bezüglich des Gesellschafters vorgenommen und ein entsprechender Vermerk formuliert.

Der Übergang der GmbH-Anteile in Mitgliedschaften an der GbR wird hierdurch dennoch deutlich und das Ausscheiden etwaiger Gesellschafter im selben Moment hervorgehoben.

So wird es zumindest zu handhaben sein, sollte ein Notar nur das zeitgleiche Ausscheiden, nicht aber den Formwechsel als Veränderung in der Liste auszuweisen haben.

b) Getrennte Zuständigkeit zur Listenerstellung und -einreichung

Soll zeitgleich mit dem Formwechsel eine Veränderung in dem Personenbestand der GmbH stattfinden, so muss der an einer solchen Veränderung beteiligte Notar nicht zwingend der gleiche sein, der den Umwandlungsbeschluss beurkundet und die Eintragung des Formwechsels veranlasst hat.

Diese von Seiten der Gesellschafter bestehende Möglichkeit der freien Wahl eines Notars, darf jedoch nicht dazu führen, dass das Informationsbedürfnis der Gläubiger in Bezug auf die an der GbR beteiligten Gesellschafter nicht – oder auch nur weniger als bei Einschaltung lediglich eines Notars – befriedigt wird.

Entscheiden sich die Gesellschafter für unterschiedliche Notare, so fallen die Zuständigkeiten der Verpflichtung zur Einreichung der Gesellschafterlisten auseinander.

Der Notar, der die, durch den Formwechsel selbst ausgelöste, Gesellschafterliste einreicht, könnte nur dann die übrigen Veränderungen nach § 40 Abs. 2 GmbHG mit einreichen, wenn eine Mitwirkung seinerseits an diesen bejaht werden kann.

Zum Teil wird vertreten, dass der Begriff der Mitwirkung weit auszulegen sei, sodass auch eine Mitwirkung bei nicht beurkundungsbedürftigen Handlungen die Einreichungspflicht nach § 40 Abs. 2 GmbHG auslöse.[1334] Dabei soll es auch genügen, wenn der Notar solche Handlungen lediglich als Teil eines einheitlichen Rechtsgeschäfts mit beurkundet.[1335]

1334 UHL/*Paefgen*, GmbHG, § 40 Rn. 119; *Link*, RNotZ 2009, 193 (195); *Löbbe*, GmbHR 2012, 7 (12).

1335 *Link*, RNotZ 2009, 193 (195).

Damit könnte man also dann von einer Mitwirkung des Notars sprechen, wenn bei der Beurkundung des Formwechsels eine Mitbeurkundung der auf den Formwechselzeitpunkt bedingten Veränderung im Personenbestand stattfindet. In den, vom Notar beurkundeten, Umwandlungsbeschluss sind auch die zeitgleich mit dem Formwechsel erfolgenden Änderungen in den Mitgliederreihen aufzunehmen, sofern diese zu dem Zeitpunkt bereits feststehen.[1336] Für die Annahme einer Mitbeurkundung und damit der möglichen Bejahung einer Mitwirkung reicht das jedoch nicht aus. In den Umwandlungsbeschluss wird beispielsweise bei einem aufschiebend bedingt auf den Formwechselzeitpunkt übertragenen Gesellschaftsanteil lediglich aufgenommen, dass aufgrund der Abtretung ein anderer als der ursprünglich Berechtigte Gesellschafter der GbR wird. Die Abtretung als solche wird jedoch genauso wenig in den Umwandlungsbeschluss aufgenommen, wie ein etwaiger Einziehungsbeschluss, sofern der Anteil eingezogen wird. Beide Rechtsgeschäfte werden durch die Beurkundung des Umwandlungsbeschlusses daher nicht selbst mitbeurkundet, sondern bloß mit aufgeführt. Damit kann eine Mitwirkung des Notars nicht bejaht werden. Mithin sind, wie sonst bei der GmbH auch, in einem solchen Fall verschiedene Notare oder auch die vertretungsberechtigten Gesellschafter der GbR für die Einreichung der jeweils aktuellen Gesellschafterliste zuständig.

aa) Fehlende Voreintragung

Ob diese verteilte Zuständigkeit das Risiko einer Fehlinformation der Gläubiger erhöht, gilt es festzustellen.

Problematisch ist das Ergebnis der unterschiedlichen Zuständigkeiten zunächst dann, wenn der Notar, der den Formwechsel anmeldet und damit auch die durch diesen selbst ausgelöste „letzte" Gesellschafterliste einreichen muss, diese Liste vor demjenigen Notar oder den Gesellschaftern anfertigt und einreichen möchte, die die Liste aufgrund einer zeitgleich mit dem Formwechsel eingetretenen Veränderung einzureichen haben.

In diesem Fall wird der Notar, der die durch den Formwechsel ausgelöste Liste einzureichen verpflichtet ist, in der Regel bereits aus dem Umwandlungsbeschluss erkennen können, welche Veränderungen zeitgleich mit dem Formwechsel vonstattengehen sollten. War eine solche Veränderung vorgesehen und ist diese noch nicht durch die andere/n zuständige/n Person/en eingereicht worden, so fehlt es an einer Voreintragung. Welche Folge eine fehlende Voreintragung sowohl bei einem Fehler an dem zu ändernden Anteil, wie auch an einem nicht zu ändernden

1336 2. Kapitel, B. II. 1. b) cc), S. 75 f.

Anteil für die Einreichungspflicht des Notars hat, ist im Gesellschaftsrecht umstritten.[1337]

Problematisch ist in diesem Fall, ob eine lückenlose Kette eingereichter Gesellschafterlisten erforderlich ist. Beurkundet also ein Notar beispielsweise eine Anteilsabtretung und ist der Abtretende nicht in der Liste aufgeführt, aber unstreitig klar, dass er berechtigter Veräußerer ist, so ist fraglich, ob es möglich ist, dass der Notar dennoch eine Liste einreicht, die den neuen Gesellschafter als solchen ausweist, ohne dass der eigentliche Veräußerer je in eine Gesellschafterliste aufgenommen wurde.

Zum Teil wird vertreten, dass die Gesellschafterlisten stets lückenlos zum Handelsregister eingereicht werden müssen und es somit zunächst einer neuen, die „fehlende" Voreintragung enthaltene, Liste bedarf, bevor der Notar dann lückenlos hieran anschließend seine Veränderung zum Handelsregister einreichen kann.[1338]

Nach anderer Ansicht ist eine lückenlose Kette nicht immer zwingend erforderlich, sodass in Ausnahmefällen auch die Einreichung einer aktuellen Liste bei fehlerhafter oder fehlender Voreintragung möglich sei.[1339] Folgt man letzterer Ansicht, so wäre die Liste mit Eintragung des Erwerbers zwar nicht lückenlos, jedoch im Zeitpunkt der Einreichung aktuell und korrekt.

Im Fall der Einreichung der „letzten" Gesellschafterliste nach dem Formwechsel bezieht sich die einzureichende Veränderung auf das Erlöschen der jeweiligen Anteile durch den Formwechsel.

Da der Notar hier, wie oben bereits dargelegt, die Anteile auf der Liste rot färbt oder durchstreicht und in einer Vermerkspalte angibt, dass der Anteil durch Formwechsel erloschen ist, ergibt sich das Bild, dass derjenige, der als Inhaber des jeweils gestrichenen Gesellschaftsanteils aufgeführt ist, durch den Formwechsel auch Gesellschafter der GbR geworden ist. Ist nun ein gleichzeitig mit dem Formwechsel eingetretener Wechsel in den Gesellschafterreihen noch nicht in einer Vorgängerliste verzeichnet, so würde die bloße Streichung des Anteils und Vermerk des Erlöschens zu einem falschen Bild bezüglich der GbR-Gesellschafter führen.

Die Liste wäre damit zwar im Hinblick auf das Erlöschen des Anteils korrekt, jedoch in Bezug auf den Inhaber des erloschenen und in einer Mitgliedschaft

1337 Siehe hierzu umfassend: DNotI-Report 2010, 53.

1338 BT-Drucks. 16/6140, S. 38; LG München I, Beschl. v. 20.08.2009 – 17 HK T 13711/09, GmbHR 2010, 151 (152); Roth/*Altmeppen*, GmbHG, § 40 Rn. 8; *Wicke*, GmbHG, § 40 Rn. 4; *Link*, RNotZ 2009, 193 (206); *Preuß*, ZGR 2008, 676 (681).

1339 *Wälzholz*, MittBayNot 2008, 425 (435); in Ausnahmefällen: DNotI-Report 2010, 53 (55).

an der GbR fortbestehenden Anteils inkorrekt. Für die Einreichung der anderweitig eingetretenen Veränderung am GmbH-Anteil ist dieser Notar jedoch nicht zuständig,[1340] sodass er nicht einfach auch die fehlende Voreintragung mit in die Liste aufnehmen kann.[1341]

Unabhängig von der grundsätzlichen Befürwortung oder Ablehnung einer Lückenlosigkeit der Gesellschafterlisten, sind die Resultate der Einreichung einer neuen Liste ohne vorherige Aufarbeitung der fehlerhaften Voreintragungen damit verschieden.

bb) Vorgehen bei fehlender Voreintragung

In dem eingangs dargelegten Szenario, dass der Notar aufgrund des Umwandlungsbeschlusses erkennt, dass eine oder mehrere Voreintragungen fehlen, ist also fraglich, wie der Notar zu verfahren hat. Dabei ist zwischen den verschiedenen Veränderungen zu unterscheiden. Ist einer der Anteile bereits durch eine auf den Formwechselzeitpunkt bedingte Einziehung untergegangen,[1342] so kann dieser nicht mehr in eine Mitgliedschaft an der GbR übergehen und erlischt entsprechend auch nicht durch den Formwechsel. Ist dem Notar dies aus dem Umwandlungsbeschluss heraus bekannt, so bestehen für ihn erhebliche Zweifel an seiner Mitwirkung der Veränderung dieses Anteils. Die Tatsache, dass die Liste, würde der Notar dennoch seiner Einreichungspflicht einfach so nachkommen, dem Richtigkeitserfordernis nicht entsprechen würde und er damit sehenden Auges ein falsches Bild über den GbR-Gesellschafterbestand hervorrufen kann, sollte genügen, um die Listeneinreichung berechtigterweise nach § 15 Abs. 1 BNotO zu verweigern.[1343] Aufgrund des bestehenden öffentlichen Interesses an der Richtigkeit der Gesellschafterliste[1344] kann der Notar diese dann nicht vor Aufnahme der Voreintragungen unterzeichnen und beim Handelsregister einreichen[1345].

Ist der Anteil hingegen auf eine andere Person übergegangen, bestehen keine Zweifel daran, dass der Anteil an sich durch den Formwechsel erloschen ist und

---

1340 Hierzu bereits 5. Kapitel, A. II. 2. b), S. 203 f.

1341 *Link*, RNotZ 2009, 193 (205).

1342 Vgl. zur Rechtsfolge der Einziehung MüKo-GmbHG/*Strohn*, GmbHG, § 34 Rn. 59.

1343 Vgl. *Preuß*, ZGR 2008, 676 (681); ebenso *Link*, RNotZ 2009, 193 (201); a.A. wohl Diehn/*Seger*, BNotO, § 15 Rn. 36, der Wirksamkeitszweifel nicht aureichen lässt. Insoweit kann allerdings bereits in Frage gestellt werden, ob es sich bloß um Zweifel handelt.

1344 Vgl. hierzu auch *Link*, RNotZ 2009, 193 (201).

1345 Zu dieser Frage im allgemeinen Gesellschaftsrecht: *Link*, RNotZ 2009, 193 (206); vgl. auch *Bohrer*, MittBayNot 2010, 17 (18).

damit die Veränderung, an der der Notar mitgewirkt hat, eingetreten ist. Der Notar hat in dem Fall allerdings Kenntnis von einem Fehler in der Vorgängerliste, der, bei dennoch erfolgender Einreichung der Liste, ebenso zu einem falschen Eindruck der Beteiligungen an der GbR führen würde. Der Notar sollte dann entweder die Geschäftsführer dazu veranlassen, für eine korrekte Liste zu sorgen, oder in der nach § 40 Abs. 2 S. 2 GmbHG beizufügenden Bescheinigung darüber aufklären, dass von einem Fehler bezüglich eines bestimmten Anteils auszugehen ist.[1346]

cc) Unbekannte Fehlerhaftigkeit

Nicht nur die Möglichkeit der unterschiedlich bestehenden Zuständigkeiten zur Listeneinreichung, sondern auch der Zeitpunkt, zu dem eine Veränderung beschlossen wird, kann Einfluss auf die Richtigkeit der „letzten" Gesellschafterliste haben.

Erfolgt die Veränderung im Personenbestand erst nach Fassung des Umwandlungsbeschlusses, aber noch vor Wirksamwerden des Formwechsels[1347] oder wird diese in diesem Zeitraum aufschiebend bedingt auf den Formwechsel vereinbart, so ist eine Erwähnung dessen im Umwandlungsbeschluss nicht gegeben. Auch ein Nachreichen dieser Informationen ist nicht verpflichtend geregelt.[1348] Der Notar, der die durch den Formwechsel ausgelöste „letzte" Liste einreichen muss, wird in diesem Fall nicht ohne weiteres wissen, dass eine Voreintragung fehlt. Hat der Notar Zweifel daran, dass die Veränderung, an der er mitgewirkt hat, nicht wirksam ist, so darf er die Gesellschafterliste nicht unterschreiben und einreichen.[1349] Die Wirksamkeit des Formwechsels steht mit dessen Eintragung jedoch fest, sodass der Notar auch davon ausgehen kann, dass alle in der bisher eingereichten Gesellschafterliste ausgewiesenen GmbH-Anteile durch den Formwechsel erloschen sind. Zweifel an der Wirksamkeit der Veränderung, an der er mitgewirkt hat, werden sich nicht ergeben.

Der Notar könnte allenfalls die Richtigkeit der in der vorherigen Liste ausgewiesenen Gesellschafterstellungen bezweifeln. Ob ihm diesbezüglich jedoch eine Nachforschungspflicht trifft, ist äußerst fraglich. So reicht es bei einer aufschiebend bedingten Anteilsabtretung beispielsweise sogar aus, wenn die Gesellschafter dem Notar mitteilen, dass die Bedingung eingetreten ist. Hierauf kann

---

1346 So *Link*, RNotZ 2009, 193 (206), zu dieser Frage im Allgemeinen.

1347 Zur Zulässigkeit dieser Handlung siehe bereits 2. Kapitel, B. II. 1. b) cc), S. 75 f.

1348 2. Kapitel, B. II. 1. b) cc); S. 75 f.

1349 *Link*, RNotZ 2009, 193 (201); *Mayer*, DNotZ 2008, 403 (409).

dieser sich dann verlassen und die Liste einreichen.[1350] Damit wird dem Notar sogar bezüglich einer Veränderung, an der er selbst mitgewirkt hat, keine weitere Nachforschungspflicht auferlegt. Handelt es sich dann auch noch bloß um eine Voreintragung und ergeben sich aus den Kenntnissen des Notars keine anderweitigen Schlüsse, so ist davon auszugehen, dass sich dieser dann ebenfalls auf die Voreintragung verlassen darf.[1351]

Auf diese Weise kann es daher dazu kommen, dass der Notar unwissentlich eine fehlerhafte „letzte" Liste zum Handelsregister einreicht. Ein ähnliches Problem ergibt sich gewöhnlich dann, wenn „sich kreuzende Listen" eingereicht werden. Also zeitlich nah beieinander mehrere Listen mit unterschiedlichen Veränderungen eingereicht werden, sodass die jeweils andere Liste die vorherigen Änderungen mangels Möglichkeit der vorherigen Kenntnisnahme noch nicht enthält.[1352]

Nachdem jeder Notar den Geschäftsführern nach § 40 Abs. 2 S. 1 a.E. GmbHG eine Abschrift der von ihm eingereichten Liste zu übermitteln hat, ist es mangels pflichtwidrigem Verhalten des Notars dann an den vertretungsberechtigten Gesellschaftern der GbR, eine Korrektur vorzunehmen und zum Register einzureichen.[1353]

c) Zwischenergebnis

Es bleibt zunächst festzuhalten, dass der Notar, der den Umwandlungsbeschluss beurkundet hat, eine letzte Gesellschafterliste zum Handelsregister einzureichen hat. Der Umstand, dass die GmbH als solche im Zeitpunkt der Einreichung bereits gelöscht ist und nur noch in der Rechtsform der GbR fortexistiert, steht dem nicht entgegen.

Diese Gesellschafterliste muss über die Ausweisung des Erlöschens aller Anteile hinaus auch die Veränderungen, die zeitgleich mit dem Formwechsel eingetreten sind, beinhalten. Dies bezieht sich jedoch nur auf Veränderungen, die sich noch auf die Anteile an der GmbH beziehen. Der Eintritt neuer Gesellschafter

---

1350 Lutter/Hommelhoff/*Bayer*, GmbHG, § 40 Rn. 62; DNotI-Report 2010, 53 (54); *Mayer*, DNotZ 2008, 403 (409); *Götze/Bressler*, NZG 2007, 894 (896).

1351 So auch bzgl. Eintragungen in der vorherigen Liste, die keiner Veränderung seitens des Notars unterliegen: OLG München, Beschl. v. 27. 5. 2009 – 31 Wx 38/09, DNotZ 2009, 637 (638); Lutter/Hommelhoff/*Bayer*, GmbHG, § 40 Rn. 61; *Mayer*, DNotZ 2008, 403 (410 f.); *Schneider*, GmbHR 2009, 393 (396).

1352 Hierzu Roth/*Altmeppen*, GmbHG, § 40 Rn. 16.

1353 So zu den sich kreuzenden Listen: Roth/*Altmeppen*, GmbHG, § 40 Rn. 16; *Link*, RNotZ 2009, 193 (198); *Hasselmann*, NZG 2009, 449 (455).

oder auch der Zessionar eines ursprünglichen GmbH-Anteils werden hingegen nicht in die Liste aufgenommen, da diese nicht mehr an der GmbH, sondern an der GbR beteiligt sind.

B. Allgemeine Rechtsscheinhaftung

Sofern sich also jeder an die ihm obliegende Verpflichtung hält, eine Veränderung unverzüglich nach deren Wirksamwerden einzureichen und Veränderungen, die zeitgleich mit dem Formwechsel vollzogen werden, auch von demselben Notar betreut wurden, der auch den Formwechsel selbst begleitet, so ist davon auszugehen, dass die letzte Liste korrekt geführt ist und auch ersichtlich wird, wer tatsächlich Gesellschafter der GbR geworden ist und wer nicht.

Das Informationsbedürfnis der Gläubiger wird damit zumindest in der Hinsicht befriedigt, dass diese Informationen über einen Teil der GbR-Gesellschafter erlangen können. Tritt jemand zeitgleich mit dem Formwechsel hinzu, so lassen sich über diesen Gesellschafter keine Informationen aus der Liste entnehmen.

Fraglich ist allerdings, ob den Gläubigern die Gesellschafterliste auch etwas nützt, wenn diese durch auseinanderfallende Zuständigkeiten nicht so reibungslos in das Register aufgenommen wird und entweder fehlerhaft ist oder aufgrund von fehlenden Voreintragungen noch gar keine letzte Liste eingereicht wurde.

Ist die Liste nicht korrekt geführt worden, so werden kürzlich vorgenommene Abtretungen oder ein Ausscheiden eines Gesellschafters nicht vermerkt sein. Die Liste hätte also den Anschein, dass ein bestimmter Gesellschafter weiterhin an der Gesellschaft beteiligt und somit Gesellschafter der GbR geworden ist. Diese scheinbare Wirklichkeit stellt aber in Wahrheit eine unzutreffende Rechtslage dar.

In einem solchen Fall könnte jedoch ein entsprechender Vertrauensschutz eingreifen. Über die allgemeine Rechtsscheinhaftung kann, sofern der bestehende Anschein von dem in Anspruch Genommenen zurechenbar gesetzt wurde und der Anspruchsteller eine Disposition in Vertrauen auf diesen getroffen hat, eine Erfüllungshaftung entstehen.[1354] Die scheinbare Rechtslage wird dann so behandelt, als entspräche sie der tatsächlichen Rechtslage.[1355]

1354 Hierzu MüKo-BGB/*Schubert*, BGB, § 242 Rn. 334; *Canaris*, S. 9; *Rieder*, S. 91; *Scheuch*, S. 27.

1355 *Canaris*, HR, § 6 Rn. 80 ff.; *ders.*, S. 9; vgl. auch *Bork*, Rn. 1546.

I. Haftung der Gesellschafter für die Altverbindlichkeiten

1. *Die Gesellschafterliste als Rechtsscheinträger*

Um eine Rechtsscheinhaftung annehmen zu können, bedarf es daher zunächst eines Rechtsscheintatbestandes. Ein solcher wird allgemein angenommen, wenn unter gewöhnlichen Umständen von einem gewissen Sachverhalt auf eine bestimmte Rechtslage zu schließen ist.[1356]

Dabei wird zwischen den „künstlichen äußeren Tatbeständen" und den „natürlichen äußeren Tatbeständen" differenziert,[1357] wobei die künstlichen Tatbestände durch gesetzliche Anordnungen zum Rechtsscheintatbestand ernannt werden[1358]. So wird beispielsweise im Rahmen einer Handelsregistereintragung für die negative Publizität nach § 15 Abs. 1 HGB allein auf den Schein, der aus der fehlenden Eintragung/ Bekanntmachung folgt, abgestellt.[1359]

Natürliche Tatbestände hingegen beruhen auf tatsächlichen Gegebenheiten oder dem Verhalten bestimmter Personen.[1360] Ob auf derartige Tatbestände in der Form vertraut werden kann, dass ein Rechtsscheintatbestand anzunehmen ist, bedarf der Auslegung nach dem objektiven Empfängerhorizont.[1361]

Vorliegend stellt sich die Frage, ob die Eintragungen in die beim Handelsregister eingereichte Gesellschafterliste einen Rechtsscheintatbestand begründen kann.[1362]

Seit Einführung der Änderungen durch das MoMiG stellt die Gesellschafterliste in Bezug auf den gutgläubigen Erwerb von GmbH-Anteilen nach § 16 Abs. 3 S. 1 HGB einen „künstlichen äußeren Tatbestand" dar.[1363] Die hier zu klärende Frage bezieht sich aber nicht auf den gutgläubigen Erwerb eines Anteils.

Vielmehr geht es für die Gläubiger darum, ob sie auf die Eintragungen in der für sie ersichtlichen Liste, die zuletzt zum Handelsregister eingereicht worden ist, vertrauen dürfen und damit davon ausgehen können, dass alle dort verzeichneten

1356 *Bork*, Rn. 1539; *Canaris*, S. 496.

1357 Siehe hierzu insbesondere *Canaris*, S. 492 ff.; sowie *Markworth*, S. 13 f.

1358 *Canaris*, S. 493; *Rieder*, S. 92; *Scheuch*, S. 27.

1359 Hierbei handelt es sich sogar um einen solchen Tatbestand, der keine weitere Zurechenbarkeit des Scheins fordert: *K. Schmidt*, HR, § 14 Rn. 38; *Scheuch*, S. 34.

1360 *Canaris*, S. 492; *Leuschner*, S. 34 f.; *Mossler*, S. 13; *Rieder*, S. 92; *Scheuch*, S. 27.

1361 *Canaris*, S. 494.

1362 Hiervon bei einem Formwechsel einer GmbH in eine GbR ausgehend: *Markworth*, NJW 2017, 559 (561); a.A. *Vossius*, NotBZ 2017, 141 (142), der hingegen einen Anscheinsbeweis auf die Gesellschafterliste stützen möchte.

1363 Siehe nur *Scheuch*, S. 413.

Gesellschafter auch solche der GbR geworden sind. Letztlich also, ob nicht ausgetragene, aber ausgetretene, Gesellschafter als Scheingesellschafter mit ihrem Privatvermögen zumindest für die im Zeitpunkt des Formwechsels bestehenden Verbindlichkeiten des Rechtsträgers, einzustehen haben.

Die Tatsache, dass die Gesellschafterliste bereits einen künstlichen äußeren Rechtsscheintatbestand darstellt, steht der Annahme auch einer allgemeinen Rechtsscheinhaftung über diese Liste zunächst nicht entgegen.[1364] Die allgemeine Rechtsscheinhaftung kann insofern als ergänzendes Rechtsinstitut eingreifen.[1365] So wurde bereits die Handelsregistereintragung im Rahmen des künstlichen äußeren Tatbestands angesprochen. Eine Rechtsscheinhaftung ergibt sich nach § 15 Abs. 1 HGB jedoch ausschließlich dann, wenn eine eintragungspflichtige Tatsache nicht eingetragen oder bekannt gemacht wurde, sowie nach § 15 Abs. 3 HGB lediglich, sofern eine eintragungspflichtige Tatsache fehlerhaft bekannt gemacht wurde.[1366] Fehlt eines dieser Tatbestandsmerkmale, führt die gesetzliche Anordnung auch nicht zum Vorliegen eines künstlichen Tatbestandes. Dass daneben jedoch weiterhin die allgemeinen Rechtsscheingrundsätze eingreifen können, ist allgemein anerkannt.[1367] Das Handelsregister dient in diesem Fall nicht als künstlicher Tatbestand. Da es lediglich als Mittel genutzt wird, eine Erklärung an die Öffentlichkeit zu richten, stellt es vielmehr in diesem Fall einen natürlichen äußeren Tatbestand dar.[1368]

Ist beispielsweise eine eintragungsfähige, aber nicht eintragungspflichtige Tatsache in das Register eingetragen, so greift der Schutz nach § 15 Abs. 3 HGB nicht ein.[1369] Die allgemeine Rechtsscheinhaftung kann, sofern deren Voraussetzungen vorliegen, jedoch gegeben sein.[1370]

Damit ist also nicht ausgeschlossen, dass die Gesellschafterliste trotz ihrer Funktion als künstlicher Tatbestand in anderen Angelegenheiten auch einen

---

1364 So auch *Scheuch*, S. 413, 279 ff.; vgl. ebenfalls *Canaris*, S. 494, Fn. 8.

1365 „Ergänzungsfunktion" *Scheuch*, S. 281.

1366 Vgl. hierzu nur Staub/*Koch*, HGB, § 15 Rn. 31 ff., 100; ausführlich zur „eintragungspflichtigen Tatsache" im 5. Kapitel, C. I., S. 224 ff.

1367 Vgl. nur BGH, Versäumnisurt. v. 18.10.2016 – II ZR 314/15, NJW 2017, 559 (560); Baumbach/*Hopt*, HGB, § 15 Rn. 3; MüKo-HGB/*Krebs*, HGB, § 15 Rn. 18; *K. Schmidt*, HR, § 14 Rn. 74; *Canaris*, S. 167.

1368 *Canaris*, S. 494 Fn. 8.

1369 Vgl. nur EBJS/*Gehrlein*, HGB, § 15 Rn. 25; Oetker/*Preuß*, HGB, § 15 Rn. 55; a.A. MüKo-HGB/*Krebs*, HGB, § 15 Rn. 87.

1370 So beispielsweise angenommen in dem bereits angeführten Urteil des BGH, Versäumnisurt. v. 18.10.2016 – II ZR 314/15, NJW 2017, 559 (560).

Rechtsscheinträger im Rahmen der allgemeinen Rechtsscheinhaftung als natürlicher äußerer Tatbestand darstellt.[1371]

a) *Vertrauenstatbestand*

Nachdem die Liste dann jedoch lediglich als „Sprachrohr" fungiert und somit einen natürlichen äußeren Tatbestand darstellt, bedarf es für die Annahme eines sich daraus ergebenden Rechtsscheintatbestandes der Auslegung nach dem objektiven Empfängerhorizont[1372]. Die letzte Liste der sich formwechselnden GmbH muss insofern aus Sicht eines objektiven Dritten unter Beachtung der Verkehrssitte sowie der Grundsätze von Treu und Glauben die Annahme rechtfertigen, dass bestimmte Gesellschafter auch Gesellschafter der GbR geworden sind.[1373]

Dabei sind zunächst zwei verschiedene Konstellationen zu unterscheiden. Zum einen kann die „letzte" Liste bereits eingereicht sein, in der der Notar auf das Erlöschen jeglicher Anteile und gegebenenfalls auch auf zeitgleich erfolgte Veränderungen hinweist. Zum anderen kann ein Erlöschen der einzelnen Anteile noch nicht aufgeführt sein, da der Notar beispielsweise mangels korrekter Voreintragung die „letzte" Liste noch nicht einreichen konnte. Die Gesellschafterliste selbst weist in diesem Fall nicht auf einen Formwechsel hin, dieser lässt sich allein dem Handelsregister durch die Eintragung, dass die GmbH als Rechtsform durch Formwechsel erloschen ist, entnehmen.

aa) „Letzte" Liste erkennbarer Weise bereits eingereicht

Im erst genannten Fall, wird dem Gläubiger durch den Vermerk, dass der Anteil durch Formwechsel erloschen ist, suggeriert, dass der Anteil als Mitgliedschaft an der GbR fortbesteht und der Inhaber entsprechend Gesellschafter der GbR geworden ist. Ein solcher Vermerk ist für den Einsichtnehmenden eine genauso deutliche Aussage, wie die, wer in einer üblichen Gesellschafterliste als Gesellschafter eingetragen ist und in welcher Höhe sein Anteil besteht; es erübrigt sich somit jedwede Interpretation und kann für den Gläubiger nur einen einzigen

---

1371 Zur Eignung als Rechtsscheinträger im Rahmen der allgemeinen Rechtsscheinhaftung auch *Markworth*, NJW 2017, 559 (561); *Scheuch*, S. 416; a.A. *Vossius*, NotBZ 2017, 141 (142).

1372 *Canaris*, HR, § 6 Rn. 68; *ders.*,S. 494; *Rieder*, S. 92; *Kneisel*, JA 2010, 337 (337).

1373 Zu diesem Erfordernis der Auslegung ebenso: *Scheuch*, S. 90 f., sowie grundlegend bereits *Canaris*, S. 494.

Schluss zulassen.[1374] Der Schein einer Gesellschafterstellung ist daher in dieser Konstellation unzweifelhaft gegeben.

bb) Erlöschen der Anteile noch nicht vermerkt

In der zweiten Konstellation ist die vom Notar zu erstellende „letzte" Liste noch nicht zum Handelsregister eingereicht. Der Übergang in eine Mitgliedschaft an der GbR wird also nicht so eindeutig suggeriert: Es sind nur die einzelnen Gesellschafter aufgelistet und unter Umständen bereits ein Austritt zeitgleich mit dem Formwechsel vermerkt.[1375] Es kann aber auch der Fall gegeben sein, dass der Formwechsel in der Gesellschafterliste noch gar keine Erwähnung findet. Dadurch, dass der Formwechsel erst mit Eintragung in das Handelsregister Wirksamkeit erlangt, erlangen die Gläubiger von diesem aber durch dessen Eintragung im Register Kenntnis.

Fraglich ist, ob ein objektiver Dritter bei Wissen um den Eintritt des Formwechsels davon ausgeht, dass alle in der für ihn letzten ersichtlichen Liste eingetragenen Gesellschafter nun auch solche der GbR sind, wenn hierauf in der Liste nicht auch hingewiesen wird.

Dabei ist vor allem zu bedenken, dass die genaue Darstellung der Gesellschafterliste nicht gesetzlich festgelegt ist.[1376] Auch die Frage, ob eine Vermerkspalte in der Liste vorzusehen ist, wird zwar überwiegend bejaht,[1377] jedoch nicht ausnahmslos angenommen.[1378] Für einen durchschnittlichen Verkehrsteilnehmer wird daher nicht zwingend erkenntlich sein, welche Informationen die Liste enthalten sollten und welche nicht. Die Darstellungsform mittels einer Vermerkspalte und der Streichung oder Rötung ist insofern lediglich die vorliegend präferierte Form der Fassung der Gesellschafterliste.[1379]

Ein objektiver Dritter, der sich die Liste zur Hand nimmt, wird sich hierüber in der Regel keine weiteren Gedanken machen. Er wird davon ausgehen, dass

---

1374 So grds. zur Gesellschafterliste *Scheuch*, S. 415; vgl. auch *Wiersch*, S. 30 „unzweideutig".

1375 Siehe zu dem Auseinanderfallen der Zuständigkeiten bereits 5. Kapitel, A. II. 2. b), S. 203 f.

1376 So steht zum Beispiel die Art der Nummerierung im Ermessen des Listenerstellers: MüKo-GmbHG/*Heidinger*, GmbHG, § 40 Rn. 33; UHL/*Paefgen*, GmbHG, § 40 Rn. 31; *Wicke*, GmbHG, § 40 Rn. 5.

1377 Baumbach/Hueck/*Noak*, GmbHG, § 40 Rn. 13a; MHLS/*Terlau*, GmbHG, § 40 Rn. 11; Scholz/*Seibt*, GmbHG, § 40 Rn. 25.

1378 Kritisch beispielsweise UHL/*Paefgen*, GmbHG, § 40 Rn. 39 ff.

1379 Zu dieser Darstellung: 5. Kapitel, A. II. 2. a), S. 200.

sich der Gesellschafterbestand in Bezug auf die Personen nicht verändert hat, und demnach aufgrund des Fortbestandes der Teilhabe an der Gesellschaft auf die einsehbare Gesellschafterliste vertraut werden kann. Trotz der fehlenden Kenntlichmachung wird ein durchschnittlicher Verkehrsteilnehmer – auch aufgrund der offiziell anmutenden Angaben[1380] – davon ausgehen, dass die in der einsehbaren Gesellschafterliste aufgeführten Personen auch Gesellschafter der GbR geworden sind.

cc) Zwischenergebnis

In jeglicher Konstellation einer fehlerhaften, sich im Registerordner befindlichen Gesellschafterliste ist also davon auszugehen, dass ein objektiver Dritter darauf vertrauen wird, dass die Angaben dort in der Hinsicht inhaltlich stimmen, dass es sich um Gesellschafter handelt, die einschließlich des Formwechsels Gesellschafter der GmbH waren und so zu Gesellschaftern der GbR – zumindest für kurze Zeit – geworden sind.

b) Eignung auch in rechtlicher Hinsicht

Fraglich ist, ob dieses Vertrauen auch in rechtlicher Hinsicht schutzwürdig ist[1381] oder die letzte Liste der sich formgewechselten GmbH rechtlich betrachtet, keinen geeigneten Rechtsscheinträger für die Frage nach der Beteiligung an der GbR darstellt.

Insoweit ist ein Blick auf die Regelung des § 40 GmbHG zu werfen. Dieser fordert, dass jede Veränderung sofort zu der Einreichung einer neuen Gesellschafterliste führt. Es soll damit die Rechtssicherheit erhöht und Transparenz geschaffen werden,[1382] wodurch die Liste letztlich auch dem Gläubigerschutz dienen soll[1383]. Wenn aber von Gesetzes wegen jegliche Veränderungen einzureichen sind, so muss von der Rechtsordnung auch gewollt sein, dass auf diese Eintragungen vertraut werden kann.[1384] Insbesondere führt auch der Formwechsel selbst dazu, dass es der Einreichung einer Gesellschafterliste bedarf, und lässt im Übrigen eine noch nicht erfüllte Pflicht zur Einreichung einer Gesellschafterliste nicht

---

1380 Von der „Aura des Offiziellen" sprechend: *Scheuch*, S. 415.

1381 Die Erforderlichkeit dieser Frage herausstellend bereits *Scheuch*, S. 415.

1382 BT-Drucks 16/6140, S. 26; Henssler/Strohn/*Verse*, GmbHG, § 16 Rn. 1; Lutter/Hommelhoff/*Bayer*, GmbHG, § 16 Rn. 5; UHL/*Löbbe*, GmbHG, § 16 Rn. 6.

1383 OLG Bamberg, Beschl. v. 02.02.2010 – 6 W 40/09, MittBayNot 2010, 331 (332); UHL/*Paefgen*, GmbHG, § 40 Rn. 24; Baumbach/Hueck/*Noack*, GmbHG, § 40 Rn. 1; *Schneider*, GmbHR 2009, 393 (393).

1384 Ebenso *Scheuch*, S. 416.

etwa entfallen. Es ist somit zumindest grundsätzlich dafür Sorge getragen, dass die letzte zum Handelsregister eingereichte Liste eine verlässliche Auskunft über den Gesellschafterbestand bietet.

Hinzu kommt, dass für eine Haftung aus allgemeinem Rechtsschein nicht allein das Vorliegen eines Rechtsscheintatbestands ausreicht, sondern noch weitere strenge Voraussetzungen erfüllt sein müssen.[1385] Ist der Rechtsschein ohnehin nicht zurechenbar oder wurde nicht in konkretem Vertrauen auf diesen gehandelt, so kommt eine Haftung bereits gar nicht in Betracht.[1386] Die Anforderungen an den Rechtsscheinträger dürfen aus diesem Grund nicht überspannt werden. So reicht bereits die Auflistung unterschiedlicher Namen im Briefkopf einer GbR nach allgemeiner Ansicht aus, um eine Scheingesellschafterstellung zu begründen.[1387] Dann aber muss einer Gesellschafterliste, die auch für den Schutz der Gläubiger gedacht ist, ebenfalls die Möglichkeit zugesprochen werden, einen Rechtsscheintatbestand zu begründen.[1388]

Die Gesellschafterliste ist somit im konkret besprochenen Fall als Rechtsscheinträger in Form eines natürlichen äußeren Tatbestands anzuerkennen.[1389]

2. *Zurechenbarkeit des Rechtsscheins*

Allein das Vorliegen eines Vertrauenstatbestands genügt für die Bejahung einer allgemeinen Rechtsscheinhaftung nicht aus. Es ist erforderlich, dass der Rechtsschein von demjenigen, der in Anspruch genommen wird, auch zurechenbar gesetzt wurde.[1390]

Dazu muss zunächst überhaupt eine Zurechnungsfähigkeit bestehen.[1391] Es ist entscheidend, dass der zuzurechnende Schein selbstverantwortlich gesetzt wurde, denn ansonsten ist – beispielsweise im Fall des Vorliegens von vis absoluta – eine Belastung durch Zurechnung bereits von vornherein ausgeschlossen.[1392]

1385 So auch schon *Scheuch*, S. 416.

1386 Hierzu sogleich 5. Kapitel, B. I. 3., S. 219 ff.

1387 BGH, Urt. v. 18.05.2011 – IV ZR 168/09, NJW 2011, 3303 (3304); *Sommer/Treptow/Friemel*, NZG 2012, 1249 (1250).

1388 Zu diesem Vergleich bereits *Scheuch*, S. 416.

1389 Einen solchen Rechtsscheintatbestand bezüglich eines Formwechsels in die GbR ebenso annehmend: *Markworth*, NJW 2017, 559 (561); a.A: *Vossius*, NotBZ 2017, 141 (142).

1390 *Canaris*, S. 467 ff.; vgl. zum Scheinkaufmann *K. Schmidt*, HR, § 10 Rn. 136.

1391 Hierzu ausführlich *Canaris*, S. 468 f.

1392 *Canaris*, S. 468; *Markworth*, S. 14 f.

Ist ein Verhalten grundsätzlich zurechnungsfähig, so ist nach dem Risikoprinzip[1393] der Rechtsschein demjenigen zuzurechnen, aus dessen Risikosphäre er stammt. Es kommt also darauf an, ob der Betroffene den Rechtsschein und dessen Auswirkungen eher in der Hand hält, als der hierauf Vertrauende.[1394]

Zu berücksichtigen ist zunächst, dass es sich bei der Eintragung des Gesellschafters nicht um einen fälschlichen Umstand handelt. Anders als in Fällen, in denen bereits von vornherein nur der Anschein und niemals eine wirkliche Gesellschafterstellung bestand, war der Betroffene zunächst korrekt als Gesellschafter in die Liste eingetragen. Lediglich das Ausscheiden wurde nicht kenntlich gemacht. In Fällen solchen Ausscheidens vertritt der BGH die Auffassung, dass der betroffene Gesellschafter selbst jede ihm zumutbare Handlung vornehmen muss, die den Rechtsschein beseitigt.[1395]

a) *Umstände der zurechenbaren Veranlassung*

Problematisch ist im vorliegenden Fall, dass der ausgetretene Gesellschafter nicht selbst dazu befugt ist, die Gesellschafterliste in neuer Abfassung beim Handelsregister einzureichen. Bei Zuständigkeit der Geschäftsführer zeigt er diesen sein Ausscheiden an und hat damit die ihm obliegende Pflicht[1396] erfüllt. Ist der Notar zuständig, so wird dieser nach Kenntniserlangung von der Wirksamkeit der Veränderung die neue Liste einreichen. Der Gesellschafter kann diese Aufgabe – auch gemeinsam mit den anderen Gesellschaftern – nicht übernehmen.[1397]

Um bei einem Blick in das Register und die Registerordner direkt auf das Ausscheiden aufmerksam zu machen, verbliebe also höchstens die Möglichkeit einen „Vermerk" aufnehmen zu lassen.

Nachdem eine neue Gesellschafterliste nicht von ihm eingereicht werden kann, kann auch ein Vermerk in der Liste selbst nicht vorgenommen werden. Die einzige rechtliche Möglichkeit, auf einen Missstand in der Liste hinzuweisen,

---

1393 Das Risikoprinzip ist heute im Rahmen der Rechtsscheinhaftung vorherrschend (vgl. *Schäfer*, DStR 2003, 1078 (1079)) und geht in seiner heutigen Gestalt auf Canaris zurück, *Canaris*, S. 479 ff.; vgl. nur Staub/*Koch*, HGB, § 15 Rn. 19. Neben dem Risikoprinzip existiert noch das Veranlassungs- sowie Verschuldensprinzip. Hierzu insbesondere: *Canaris*, S. 473 ff.; zudem *Markworth*, S. 15 ff.

1394 Zu der „Beherrschung der Gefahr" grundlegend bereits *Müller-Erzbach*, AcP 106 (1910), 309 (414 ff.); zudem *Canaris*, S. 482; *Rieder*, S. 97; *Vetter*, S. 34.

1395 BGH, Urt. v. 29.11.2011 – II ZR 306/09, NZG 2012, 221 (222); sowie zuvor bereits BGH, Urt. v. 24.01.1991 – IX ZR 121/90, NJW 1991, 1225 (1225).

1396 § 40 Abs. 1 S. 4 GmbHG.

1397 MüKo-GmbHG/*Heidinger*, GmbHG, § 40 Rn. 264.

besteht durch die Zuordnung eines Widerspruchs.[1398] Ein solcher Widerspruch gegen eine Eintragung in der Liste[1399] ist nach § 9 Abs. 1 S. 3 HRV der Gesellschafterliste zuzuordnen und besonders kenntlich zu machen. Der Widerspruch soll allerdings – wie sich aus § 16 Abs. 3 S. 3 GmbHG ergibt – die Möglichkeit des gutgläubigen Erwerbs unterbinden[1400] und steht deshalb nur dem (vermeintlich) wahren Inhaber des Gesellschaftsanteils zu.[1401] Das ergibt sich auch aus der Gesetzesbegründung zum MoMiG, in der ausschließlich davon gesprochen wird, dass der wahre Berechtigte den Widerspruch zuordnen lassen kann.[1402] Die einzige Handlungsmöglichkeit desjenigen, der von dem Rechtsschein betroffen ist, ist damit die Hinwirkung auf Einreichung einer neuen, verbesserten Gesellschafterliste. Führen die Bemühungen des Scheingesellschafters jedoch nicht zum Erfolg oder wird auf den Rechtsschein bereits vor Durchsetzung seines Anspruchs auf Änderung der Gesellschafterliste[1403] vertraut, so stellt sich die Frage, ob eine Zurechnung wirklich ausscheiden soll.

Nimmt man die Rechtsprechung beim Wort, so hätte der Betroffene damit alles ihm Zumutbare getan, die Erfolglosigkeit seines Handelns ginge dann zulasten des Gläubigers.[1404]

Dieses Ergebnis kann nicht gewollt sein, zumal es auch dem Risikoprinzip widerspräche. Nach diesem Prinzip ist maßgebend, ob der Betroffene den Rechtsschein eher beherrscht als der Vertrauende.[1405] Der die Gesellschafterliste zu Rate ziehende Gläubiger ist aber weder an deren Erstellung noch an deren Korrektur beteiligt. Auch die Bemühungen des Betroffenen, den Rechtsschein zu beseitigen, kann der Gläubiger nicht erkennen oder gar zu diesen beitragen.

Aus diesem Grund ist *Scheuch* darin zu folgen, dass für die Zurechnungsprüfung bereits an die ursprüngliche Eintragung in die Liste anzuknüpfen ist.[1406] Ist dem Gesellschafter diese zuzurechnen, so haftet er auch für den Rechtsschein,

---

1398 Vgl. § 16 Abs. 3 S. 3 GmbHG.

1399 Hierzu nur MüKo-GmbHG/*Heidinger*, GmbHG, § 16 Rn. 286 m.w.N.

1400 Vgl hierzu bereits *Scheuch*, S. 298; zum Widerspruch im Grundbuchrecht.

1401 MHLS/*Ebbing*, GmbHG, § 16 Rn. 228; Rowedder/Schmidt-Leithoff/*Pentz*, GmbHG, § 16 Rn. 98; Scholz/*Seibt*, GmbHG, § 16 Rn. 94; HRA des Deutschen Anwaltvereins, NZG 2007, 735 (739).

1402 BT-Drucks. 16 6140, S. 39.

1403 Zum Änderungsanspruch siehe 5. Kapitel, A. II. 1. b) cc), S. 197 ff.

1404 *Scheuch*, S. 132.

1405 *Canaris*, S. 482.

1406 *Scheuch*, S. 133.

der aus der mangelnden Beseitigung seiner Listeneintragung entsteht.[1407] Die den Rechtsscheinvollmachten zuzuordnenden Regelungen der §§ 170, 171 Abs. 2, 172 Abs. 2 BGB[1408] verdeutlichen, dass es für die Zurechenbarkeit in ihrem Anwendungsbereich nicht auf die fehlende Beseitigung des Rechtsscheins, sondern vielmehr auf die Schaffung des Vertrauens durch die ursprüngliche Erteilung der Vollmacht ankommt.[1409] Legt man diese Annahme zugrunde, ist der darin enthaltene Rechtsgedanke auch auf die Scheingesellschafterstellung eines ausgeschiedenen Gesellschafters anzuwenden.[1410]

Es kommt somit gar nicht darauf an, wie sehr sich der Betroffene darum bemüht, dass der Rechtsschein schwindet. Ist sein Bemühen nicht durch Erfolg gekrönt, so muss er sich an dem Rechtsschein festhalten lassen.[1411] Denn letztlich realisiert sich damit nur das erhöhte Risiko, das bereits durch die Beteiligung an einer Gesellschaft geschaffen wurde.[1412]

Die Gesellschafterliste ist gerade dazu gedacht, auch von Dritten eingesehen zu werden und soll auch dazu dienen, dass die Gläubiger sich ein Bild von den hinter ihrem potentiellen Vertragspartner stehenden Personen machen können.[1413] Dadurch wird also bewusst das Risiko geschaffen, dass Dritte durch Kundgaben in der Gesellschafterliste in ihren Interessen beeinträchtigt werden.[1414] Wird eine zunächst korrekte Eintragung unrichtig und nicht direkt durch Einreichung einer neuen Liste korrigiert, so trägt das Risiko der Eingetragene und nicht der Vertrauende.

Um die Zurechnung im vorliegenden Fall bejahen zu können, muss also dem ausgeschiedenen Gesellschafter lediglich die zunächst erfolgte Eintragung in der Liste, der sich später formwechselnden GmbH, zurechenbar sein. Das ist dann der Fall, wenn der Betroffene tatsächlich Gesellschafter dieser GmbH war. Die Eintragung ist dann gesetzlich vorgeschrieben, sodass der Gesellschafter sich dessen auch bei Erlangung der Gesellschafterstellung bewusst sein muss. Die Eintragung erfolgt insoweit aufgrund seiner Entscheidung, der Gesellschaft beizutreten und ist folglich auch von ihm in zurechenbarer Weise veranlasst worden.

1407 *Scheuch*, S. 133.

1408 Bamberger/Roth/*Schäfer*, BGB, § 170 Rn. 2; MüKo-BGB/*Schubert*, BGB, § 170 Rn. 2 f.; *Medicus/Petersen*, BGB AT, Rn. 939; *Canaris*, S. 136.

1409 *Canaris*, S. 136 f.; *Kindl*, S. 30 f.

1410 *Scheuch*, S. 132 f.

1411 Ebenso *Scheuch*, S. 132 f.; *Markworth*, NJW 2017, 559 (561).

1412 Vgl. *Canaris*, S. 485.

1413 BT-Drucks. 16/6140, S. 26; *Damm*, BWNotZ 2017, 2 (2).

1414 Vgl. *Canaris*, S. 485, der aus diesem Grund bei „drittgerichteten" Rechtsgeschäften dem Betroffenen das „Richtigkeitsrisiko" auferlegt.

b) *Konklusion*

Der Betroffene hat den Rechtsschein damit bereits dann zurechenbar gesetzt, wenn er der GmbH ursprünglich beigetreten ist und aus diesem Grund in die Gesellschafterliste aufgenommen wurde.

Dieses Ergebnis ist auch nicht unbillig, da der Gesellschafter im Vergleich zu den Gläubigern zumindest in gewissem Rahmen die Möglichkeit hat, für die Richtigkeit der Liste Sorge zu tragen.[1415] So können die Gesellschafter beispielsweise von vornherein darauf achten, dass alle im zeitlichen Rahmen mit dem Formwechsel erfolgenden Veränderungen von ein und demselben Notar beurkundet werden. Zudem hat der Betroffene die Möglichkeit, die Liste einzusehen und zeitnah seinen Anspruch auf Korrektur der Liste geltend zu machen.

3. *Weitere Voraussetzungen des Rechtsscheintatbestands*

Die Haftung des Scheingesellschafters ergibt sich nur, wenn der Gläubiger auch im Vertrauen auf den zurechenbar gesetzten Rechtsschein eine Disposition getroffen hat, die er üblicherweise so nicht getroffen hätte, wenn er von der wahren Rechtslage gewusst hätte.[1416]

a) *Kenntnis des Rechtsscheintatbestands und Disposition im Vertrauen auf diesen Rechtsschein*

Der Anspruchsteller muss also zunächst Kenntnis von dem Rechtsschein gehabt haben.[1417] Dieses Kriterium ist bei natürlichen Tatbeständen unerlässlich, da erst durch das Vertrauen, das sich aus dieser Kenntnis ergibt und tatsächlich bestehen muss, die Schutzwürdigkeit des Anspruchstellers entsteht.[1418] Damit ist schon gesagt, dass die Kenntnis notwendigerweise vor jeder weiteren Handlung des Anspruchstellers erlangt werden musste.[1419] Ohne Kenntnis vom Rechtsschein kann ansonsten logischerweise auch kein Vertrauen hierauf begründet werden.[1420] Dieses Vertrauen muss sich dann in irgendeiner Handlung des Vertrauenden

---

1415 Vgl. auch *Markworth*, NJW 2017 559 (561): „Es liegt in der Hand der Gesellschafter dafür Sorge zu tragen, dass die Gläubiger auf eine korrekte Gesellschafterliste vertrauen."

1416 *K. Schmidt*, HR, § 10 Rn. 139 f.

1417 *Canaris*, HR, § 6 Rn. 75.

1418 *Canaris*, S. 507.

1419 Dies hervorhebend *Scheuch*, S. 137; vgl. auch *Canaris*, HR, § 6 Rn. 79.

1420 *Scheuch*, S. 137.

niedergeschlagen haben. Es bedarf letztlich einer Disposition im Vertrauen auf den Rechtsschein.[1421]

Genau diese Haftungsvoraussetzung erscheint im Hinblick auf die Beantwortung der Frage nach einer Haftung des GbR-Scheingesellschafters für Altverbindlichkeiten problematisch. Die zu schützenden Altgläubiger sind mit der Gesellschaft eine Rechtsbeziehung eingegangen, als diese noch als GmbH agierte.

Selbst wenn der Gläubiger die damalige Gesellschafterliste eingesehen hat und der nun infrage stehende Gesellschafter schon zu diesem Zeitpunkt als solcher in der Liste aufgeführt war, so konnte kein Vertrauen darauf entstehen, dass dieser einmal Gesellschafter der nun bestehenden GbR wird. Zum einen wird zu diesem Zeitpunkt wohl kaum bekannt gewesen sein, dass die GmbH einen Formwechsel plant, zum anderen kann sich – selbst wenn dies so gewesen sein sollte – das Vertrauen nicht auf einen noch in der Zukunft befindlichen Umstand beziehen[1422]. Sofern der künftige Formwechsel bekannt gewesen sein sollte, so bestünde allenfalls eine mehr oder weniger hohe Wahrscheinlichkeit, dass der Gesellschafter bei Eintreten dieses Falles auch Gesellschafter der GbR bliebe. Die bloße Wahrscheinlichkeit kann jedoch kein Vertrauen begründen, welches eine Rechtsscheinhaftung zu rechtfertigen vermag.[1423]

Bei Eingehung einer vertraglichen Beziehung zu Zeiten des Bestehens der GmbH kann also nur darauf vertraut werden, dass ein Schuldverhältnis zu einer GmbH entsteht, an welcher die in der Gesellschafterliste ausgewiesenen Personen beteiligt sind. Die Disposition kann sich nicht auf das Vertrauen einer scheinbaren GbR-Gesellschafterstellung stützen.

aa) Allgemeine Rechtsscheinhaftung und § 130 HGB analog

Zum Teil wird das Vorliegen einer solchen konkreten Kausalität in Fällen der Haftung eines Scheingesellschafters für Altverbindlichkeiten jedoch gar nicht für erforderlich gehalten.

So vertritt *Lepczyk* die Auffassung, dass eine Person, die einen Rechtsschein zurechenbar setzt, eine Scheingesellschafterstellung innehat und damit entsprechend einem Gesellschafter zu behandeln sei. Im Falle einer GbR-Scheingesellschafterstellung führe das dann auch dazu, dass eine Haftung analog § 130 HGB für Altverbindlichkeiten bestehe.[1424]

1421 *Canaris*, HR, § 6 Rn. 77; *ders.*, S. 510.

1422 *Canaris*, S. 495

1423 *Canaris*, S. 495.

1424 *Lepczyk*, NJW 2006, 3391 (3392); ebenso *Feit/Giedinghagen*, VersR 2007, 362 (363 f.); *Schäfer*, DStR 2003, 1078 (1082).

Diese von ihm dargestellte Ansicht bezieht sich auf ein Urteil des OLG Saarbrücken. In dem vom Gericht zu entscheidenden Fall wurde nach der Begründung eines Mandatsverhältnisses eine Anwältin angestellt und – ohne die bloße Anstellung kenntlich zu machen – in den Briefkopf der Kanzlei aufgenommen.[1425] Der Schein der Gesellschafterstellung entstand hier also erst nach der Begründung des Schuldverhältnisses. Das Gericht verneinte eine Haftung der angestellten Anwältin, zunächst aus dem Grund, dass vor der haftungsbegründenden Forderungsverletzung nicht der Schein einer Gesellschafterstellung bestand.[1426]

Daneben prüfte das Gericht, ob eine Haftung über eine analoge Anwendung von § 130 HGB in Betracht kommt, lehnte dies jedoch ab, da diese Vorschrift im Falle einer Scheingesellschafterstellung keine Anwendung finde.[1427] Diese Prüfung der analogen Anwendung von § 130 HGB nach der bereits mangels konkreten Vertrauens abgelehnten allgemeinen Rechtsscheinhaftung lässt darauf schließen, dass das Gericht davon ausging, dass es im Rahmen der Haftung eines Scheingesellschafters grundsätzlich ausreicht, wenn der Rechtsschein zurechenbar begründet wurde,[1428] das Vorliegen eines konkreten Vertrauens jedoch unerheblich ist.[1429] Andernfalls hätte auch hier bereits das Fehlen der Kenntnis von der Gesellschafterstellung bei Begründung der Verbindlichkeit zu einer Ablehnung der Haftung führen müssen.[1430] *Lepczyk* hat insofern nur die stark angreifbare Argumentation des Gerichts, in der es § 130 HGB analog für nicht anwendbar erklärt,[1431] widerlegt und sich damit für eine Haftung der Scheingesellschafter auch für Altverbindlichkeiten ausgesprochen.[1432]

1425 OLG Saarbrücken, Urt. v. 22.12.2005 – 8 U 91/05, NJW 2006, 2862 (2862 f.).

1426 OLG Saarbrücken, Urt. v. 22.12.2005 – 8 U 91/05, NJW 2006, 2862 (2863).

1427 OLG Saarbrücken, Urt. v. 22.12.2005 – 8 U 91/05, NJW 2006, 2862 (2863 f.); ähnlich auch OLG München, Urt. v. 12.12.2007 – 15 U 3973/07, BeckRS 2008, 00273, wobei das Gericht hier zunächst den Bedarf eines Vertrauens anspricht, dann jedoch ohne weitere Befassung mit diesem die Anwendung von § 130 HGB anlog ablehnt.

1428 Dies vertretend *Feit/Giedinghagen*, VersR 2007, 362 (363 f.).

1429 Vgl. auch *Markworth*, S. 155.

1430 *G. Roth*, EWiR 2007, 205 (206); *Markworth*, S. 154 f.

1431 Das Gericht führt aus, dass eine Haftung aus § 130 HGB analog nicht in Betracht käme, da ein „beitretender" Scheingesellschafter anders als ein wirklich beitretender Gesellschafter nicht von der bereits bestehenden Marktposition der Gesellschaft profitiere. Gleiches lässt sich aber auch zu der Haftung nach § 128 HGB analog anführen, welche nicht angezweifelt wird. Hier steht dem Scheingesellschafter ebenfalls kein Entnahmerecht als Gegenpart zu der persönlichen Haftung zu – *Blaurock*, FS Krämer, 177 (182).

1432 *Lepczyk*, NJW 2006, 3391 (3392); ebenso *Feit/Giedinghagen*, VersR 2007, 362 (363 f.).

Eine derartige Sichtweise ließe sich auch auf den hier vorliegenden Fall der Scheingesellschafterstellung übertragen. Auch bei einem Formwechsel aus der GmbH in die GbR haften die an der GbR weiterhin beteiligten Gesellschafter nach § 130 HGB analog für die Altverbindlichkeiten der ursprünglichen GmbH,[1433] wobei die Begründung der Verbindlichkeit dabei ebenso, wie im oben geschilderten Fall des OLG Saarbrücken, vor der Entstehung der Scheingesellschafterstellung erfolgte.

Diese Ansicht übersieht jedoch einen entscheidenden Aspekt: Die Haftung eines Scheingesellschafters stellt keinen eigenen Tatbestand dar, sondern ist vielmehr Teil der allgemeinen Rechtsscheinhaftung.[1434] Würde auf das Erfordernis einer kausalen Vertrauensbetätigung verzichtet, so würde die Haftung des Scheingesellschafters letztlich zu einem zufälligen Geschenk für den Gläubiger.[1435] Den Gläubiger in solchem Maße zu bevorzugen, ist jedoch nicht Sinn der Rechtsscheinhaftung. Diese dient vielmehr ebenso wie die Haftung des Scheingesellschafters dem Schutz des Rechtsverkehrs[1436] und soll entsprechend bloß den durch die Gesellschafter geschaffenen und aus deren Risikobereich stammenden Rechtsschein nicht zulasten des hierauf vertrauenden Gläubigers gehen lassen.[1437] Ein über die Kriterien der allgemeinen Rechtsscheinhaftung hinausgehender und die Haftung erweiternder Schutz bedarf einer rechtlichen Grundlage, wie sie beispielsweise durch § 15 Abs. 1 HGB[1438] existiert. Nachdem eine derartige Haftungserleichterung in Bezug auf Scheingesellschafter nicht geregelt ist, kann auf die Erfordernisse der allgemeinen Rechtsscheinhaftung auch nicht verzichtet werden.[1439]

Nachdem, wie oben bereits erörtert wurde, ein Vertrauen auf den Rechtsschein bei Begründung der Altverbindlichkeit nicht möglich war, liegen damit die Voraussetzungen einer Rechtsscheinhaftung nicht vor. Ein fälschlicherweise in der Gesellschafterliste ausgewiesene Gesellschafter haftet somit nicht persönlich

---

1433 3. Kapitel, C. II., S. 111 ff.

1434 *Blaurock*, FS Krämer, 177 (184); *W.-H. Roth*, FS K. Schmidt, 1375 (1388); vgl. auch *Deckenbrock/Meyer*, ZIP 2014, 701 (704).

1435 *Blaurock*, FS Krämer, 177 (184); vgl. auch *Canaris*, S. 507.

1436 *Bork*, Rn. 1543; *Lepczyk*, NJW 2006, 3391 (3392); *Blaurock*, FS Krämer, 177 (183); *Canaris*, S. 511.

1437 Vgl. *Blaurock*, FS Krämer, 177 (184).

1438 So fordert § 15 Abs. 1 HGB keine Zurechenbarkeit des Rechtsscheins – vgl. *K. Schmidt*, HR, § 14 Rn. 38.

1439 *Blaurock*, FS Krämer, 177 (184 f.); vgl. auch *Heyers*, DStR 2013, 813 (816); *W.-H. Roth*, FS K. Schmidt, 1375 (1387); *Scheuch*, S. 89.

für die in der GmbH begründeten, nun die GbR verpflichtenden, Verbindlichkeiten.[1440]

bb) Folgen fehlender Vertrauensmöglichkeit

Somit ist festzuhalten, dass aus der Gesellschafterliste keine Rechtsscheinhaftung für Altverbindlichkeiten folgt. Der Gesellschafterliste kommt damit in Bezug auf die Altgläubiger zunächst nur die Funktion zu, dass diese hieraus, um es mit dem BGH zu sagen, „in der Regel" Informationen zu den tatsächlichen Gesellschaftern entnehmen können. Ist die Liste unter materiell-rechtlichen Gesichtspunkten korrekt, so haften auch alle dort aufgeführten Gesellschafter nach § 130 HGB analog für die Altverbindlichkeiten.[1441]

Für Neugläubiger ergibt sich aus der Gesellschafterliste kein Rechtsschein. Die Liste weist bloß aus, welche GmbH-Anteile durch den Formwechsel erloschen und damit in eine Mitgliedschaft an der GbR übergegangen sind. Wie lange der jeweilige Gesellschafter an der Gesellschaft beteiligt bleibt, darüber lässt sich der Liste jedoch nichts entnehmen, sodass in Bezug darauf auch kein Vertrauen entwickelt werden kann.

b) Haftung für Folgedispositionen

Eine Haftung des Scheingesellschafters in Bezug auf Altverbindlichkeiten kann allerdings dann in Betracht kommen, wenn der Gläubiger in Bezug auf diese im Vertrauen auf den Rechtsschein eine Folgedisposition vorgenommen hat. Diese Möglichkeit einer Haftungsbegründung soll aus Gründen der Verständlichkeit im Rahmen der möglichen Haftung nach § 15 Abs. 3 HGB weiterführend thematisiert werden. In Bezug auf die allgemeine Rechtsscheinhaftung wird darauf insofern im späteren Verlauf der Arbeit Bezug genommen.[1442]

4. Haftung für Rechtsverfolgungskosten

Das Ergebnis, dass mögliche Scheingesellschafter den Altgläubigern nicht für reine Altschulden haften, heißt jedoch keineswegs, dass die Gläubiger hieraus gar keine Ansprüche herleiten können. Hat ein Gläubiger einen Scheingesellschafter für Altschulden in Anspruch genommen und kann er nachweisen, dass er dies in dem konkreten Vertrauen auf die Gesellschafterstellung aus der letzten ein-

---

1440 Ebenso *Deckenbrock/Meyer*, EWiR 2017, 37 (38); *Markworth*, NJW 2017, 559 (561).

1441 Hierzu bereits im 3. Kapitel, C. II., S. 111 ff.

1442 Siehe 5. Kapitel, D., S. 239 f.

gereichten Gesellschafterliste getan hat, so haftet der Scheingesellschafter auf die hieraus entstandenen Rechtsverfolgungskosten.[1443]

II. Konklusion

Die allgemeine Rechtsscheinhaftung in Bezug auf den sich aus der Gesellschafterliste ergebenden Rechtsschein führt also nicht zu einer Haftung für reine Altverbindlichkeiten. Ein über die allgemeine Rechtsscheinhaftung hinausgehender Schutz kann nur durch gesetzliche Regelungen erzielt werden.

C. Haftung gem. § 15 HGB

Dass mit den §§ 15 Abs. 1, 3 HGB ein künstlicher äußerer Tatbestand besteht, wurde bereits am Rande angesprochen,[1444] wobei verwundern mag, dass zunächst die allgemeine Rechtsscheinhaftung angesprochen und nun erst auf eine Haftung über § 15 HGB eingegangen wird. Grundsätzlich stellt sich diese Frage genau umgekehrt. Es wäre zu prüfen, ob über § 15 HGB eine Rechtsscheinhaftung entsteht und lediglich, wenn diese nicht eingreift, zu klären, ob darüber hinaus auch eine allgemeine Rechtsscheinhaftung eingreifen könnte.[1445]

I. Haftung de lege lata

Vorliegend ist die Klärung dieser Fragen jedoch aufgrund der Besonderheiten der hier untersuchten Konstellation ganz bewusst in abweichender Reihenfolge erfolgt.

Eine Haftung der GbR-Gesellschafter käme hier nur über § 15 Abs. 3 HGB in Betracht und das auch nur, wenn die Gesellschafter in das Handelsregister eingetragen und bekannt gemacht sind. Aus der positiven Publizität nach § 15 Abs. 3 HGB folgt, dass derjenige, der Einsicht in das Register nimmt, auf die unrichtige Bekanntmachung einer einzutragenden Tatsache vertrauen kann.[1446] Dann aber

---

1443 Vgl. BGH, Versäumnisurt. v. 18.10.2016 – II ZR 314/15, NJW 2017, 559 (560), der die allgemeine Rechtsscheinhaftung jedoch auf eine freiwillig erfolgte Eintragung der GbR-Gesellschafter auf dem Registerblatt der GmbH stützt.

1444 Vgl. nur 5. Kapitel, B. I. 1., S. 210 f.

1445 „§ 15 geht grundsätzlich vor" Baumbach/*Hopt*, HGB, § 15 Rn. 3, 17; MüKo-HGB/*Krebs*, HGB, § 15 Rn. 18.

1446 Damit kann also die Eintragung sowohl richtig als auch unrichtig erfolgt sein, solange die Bekanntmachung falsch erfolgte. – vgl. nur Baumbach/*Hopt*, HGB, § 15 Rn. 18. Ob darüber hinaus auch bei lediglich unrichtiger Eintragung eine Rechtsscheinhaftung über § 15 Abs. 3 HGB erfolgt ist str., aufgrund des eindeutigen Wortlauts der

muss die Eintragung der GbR-Gesellschafter auch eine „einzutragende" Tatsache sein.

Größtenteils wird unter einer einzutragenden Tatsache eine eintragungspflichtige Tatsache verstanden, was dazu führt, dass lediglich eintragungsfähige Tatsachen nicht zu einer Rechtsscheinhaftung nach § 15 Abs. 3 HGB führen können.[1447] Mit dem hier vorherrschenden Verständnis ist dabei unter einer eintragungspflichtigen Tatsache sowohl eine anmeldepflichtige, wie auch eine eintragungsfähige Tatsache zu verstehen, der jedoch konstitutive Bedeutung zu kommt und die damit faktisch zur Eintragung zwingt.[1448] Nachdem die GbR sowie auch ihrer Gesellschafter nach der aktuellen Gesetzeslage nicht in das Register einzutragen sind und einer solchen Eintragung damit auch keine konstitutive Bedeutung zukommt,[1449] ist eine Haftung über § 15 Abs. 3 HGB dieser Ansicht nach nicht möglich.

Zum Teil wird allerdings auch vertreten, dass eine bloß eintragungsfähige Tatsache ebenfalls als „einzutragende" Tatsache i.S.d. § 15 Abs. 3 HGB gilt.[1450]

Dem ist jedoch zu widersprechen, was sich zunächst aus § 15 Abs. 1 HGB ergibt. Dort bedarf es ebenfalls einer „einzutragenden" Tatsache. Da es sich hierbei jedoch um die negative Publizität des Handelsregisters handelt, bedeutet dies wiederum, dass eine einzutragende Tatsache einem Dritten nicht entgegengesetzt werden kann, wenn diese nicht eingetragen und bekannt gemacht wurde. Ist die Tatsache aber nur eintragungsfähig und deklaratorischer Natur, so macht es keinen Sinn, der Gesellschaft – bei einer Entscheidung gegen die Eintragung – die

---

Norm jedoch abzulehnen. Ebenso: BT-Drucks V/3862, S. 11; EBJS/*Gehrlein*, HGB, § 15 Rn. 30; Röhricht/Graf v. Westphalen/Haas/*Ries*, HGB, § 15 Rn. 39; Müko-HGB/*Krebs*, HGB, § 15 Rn. 89; *Canaris*, HR, § 5 Rn. 45 f.; *K. Schmidt*, HR, § 14 Rn. 82; a.A.: Baumbach/*Hopt*, HGB, § 15 Rn. 18; Staub/*Koch*, HGB, § 15 Rn. 104 f.

1447 So die ganz h.M.: BT-Drucks. V/3862, S. 11; BGH, Versäumnisurt. v. 18.10.2016 – II ZR 314/15, NJW 2017, 559 (560); OLG Bremen, Urt. v. 01.10.2015 – 5 U 21/14, DStR 2016, 489 (492 f.); Baumbach/*Hopt*, HGB, § 15 Rn. 5; EBJS/*Gehrlein*, HGB, § 15 Rn. 25; Heymann/*Sonnenschein*, HGB, § 15 Rn. 23; Oetker/*Preuß*, HGB, § 15 Rn. 55; Röhricht/Graf v. Westfalen/Haas/*Ries*, HGB, § 15 Rn. 35; Staub/*Koch*, HGB, § 15 Rn. 100; *Canaris*, HR, § 5 Rn. 47, 10; *v. Olshausen*, BB 1970, 137 (141); *Schilken*, AcP 187 (1987), 1 (12).

1448 Zu dieser Einordnung und der Doppeldeutigkeit der Bezeichnung „eintragungspflichtig": Staub/*Koch*, HGB, § 8 Rn. 33 f.; ebenso Oetker/*Preuß*, HGB, § 15 Rn. 55; MüKo-HGB/*Krebs*, HGB, § 15 Rn. 27.

1449 Zur Eintragungspflicht siehe 2. Kapitel, C. II., S. 86 ff.

1450 *Bürck*, AcP 171 (1971), 328 (342); durch analoge Anwendung des § 15 Abs. 3 HGB: MüKo-HGB/*Krebs*, HGB, § 15 Rn. 87; *Liebscher*, ZGR 2017, 389 (407).

Berufung auf die zwar eintragungs*fähige* aber nicht *-pflichtige* Tatsache zu verwehren.[1451] In einem solchen Fall liegt es allein in der Hand der Verantwortlichen, zu entscheiden, ob eine Eintragung erfolgen soll oder nicht. Nach einhelliger Auffassung fallen daher bloß deklaratorische eintragungsfähige Tatsachen nicht unter § 15 Abs. 1 HGB.[1452]

Zwar ist bei § 15 Abs. 3 HGB, sofern dieser allein betrachtet wird, die Anwendung auch auf eintragungsfähige Tatsachen sinnvoll möglich, im Zusammenhang mit § 15 Abs. 1 HGB aber äußerst fernliegend, dass der Gesetzgeber bei ein und derselben Wortwahl eine unterschiedliche Bedeutung gemeint haben könnte.

Damit ist § 15 Abs. 3 HGB also nur auf eintragungspflichtige Tatsachen anwendbar.[1453] Dies entspricht auch der zur Einführung des § 15 Abs. 3 HGB dargestellten Auffassung in der Regierungsbegründung.[1454] Eine planwidrige Regelungslücke bezüglich eintragungsfähiger Tatsachen ist nicht ersichtlich und daher der Anwendungsbereich von § 15 Abs. 3 HGB auch nicht mittels einer Analogie zu erweitern.[1455]

Für die Anwendung von § 15 Abs. 3 HGB müsste die Eintragung der Gesellschafter der durch Formwechsel entstandenen GbR also eine eintragungspflichtige Tatsache darstellen. Dies ist nach der momentanen Rechtslage nicht der Fall,[1456] sodass eine Haftung der GbR-Gesellschafter über die positive Publizität des Handelsregisters nicht möglich ist.[1457]

In Betracht kommt de lege lata daher nur das Eingreifen der allgemeinen Rechtsscheinhaftung, weshalb diese auch vorrangig behandelt wurde.

Im Ergebnis hat die Untersuchung der Voraussetzungen der allgemeinen Rechtsscheinhaftung jedoch ergeben, dass eine Haftung für Altverbindlichkeiten

---

1451 Andernfalls führte § 15 Abs. 1 HGB quasi zu einem Eintragungszwang: MüKo-HGB/*Krebs*, HGB, § 15 Rn. 27; Staub/*Koch*, HGB, § 15 Rn. 35.

1452 Hierzu nur EBJS/*Gehrlein*, HGB, § 15 Rn. 6; MüKo-HGB/*Krebs*, HGB, § 15 Rn. 27; Staub/*Koch*, HGB, § 15 Rn. 35; *Canaris*, HR, § 5 Rn. 10, S. 53; *K. Schmidt*, HR § 14 Rn. 20.

1453 Vgl. nur Baumbach/*Hopt*, HGB, § 15 Rn. 18; Oetker/*Preuß*, HGB, § 15 Rn. 55; Staub/*Koch*, HGB, § 15 Rn. 100.

1454 BT-Drucks. V/3862, S. 11.

1455 A.A. Müko-HGB/*Krebs*, HGB, § 15 Rn. 87; *Liebscher*, ZGR 2017, 389 (407).

1456 2. Kapitel, C. II. 2., S. 88 ff.

1457 Ebenso BGH, Versäumnisurt. v. 18.10.2016 – II ZR 314/15, NJW 2017, 559 (560); OLG Bremen, Urt. v. 01.10.2015 – 5 U 21/14, DStR 2016, 489 (492 f.); *Fuchs/Thilo*, WuB 2017, 338 (339); a.A.: *Beck*, DNotZ 2017, 247 (258); *Liebscher*, ZGR 2017, 389 (399 ff.); *Priester*, GmbHR 2015, 1289 (1291 f.).

mangels schutzwürdigen konkreten Vertrauens zum Zeitpunkt der Begründung der Verbindlichkeit nicht entsteht.

II. Schaffung einer Eintragungspflicht

Es ist damit festzustellen, ob die Schaffung einer Eintragungspflicht den Gläubigerschutz verbessern könnte. Dazu ist zu prüfen, ob die übrigen Voraussetzungen von § 15 Abs. 3 HGB erfüllt wären und falls ja, welche Rechtsfolgen hieran anknüpfen.

Das Bestehen eines künstlichen äußeren Rechtsscheintatbestands ist damit zunächst durch Eintragung und Bekanntmachung einer unrichtigen Gesellschafterstellung und der Fiktion einer Eintragungspflicht zu unterstellen.

Die Vorschrift bestimmt sodann, dass ein gutgläubiger Dritter sich gegenüber demjenigen, *in dessen Angelegenheit* diese unrichtig bekanntgemachte Tatsache einzutragen war, auf diese berufen darf. Es ist insofern eindeutig, dass eine unrichtige Tatsache von niemandem einzutragen ist, sodass es hierbei darauf ankommt, in wessen Angelegenheit die Tatsache, ihre Richtigkeit unterstellt, einzutragen gewesen wäre[1458]. Hierbei handelt es sich also um die GmbH, in deren Angelegenheit der Formwechsel und – bei unterstellter Eintragungspflicht – die Gesellschafter des fortan als GbR fortexistierenden Rechtsträgers einzutragen sind.

In diesem Kontext stellt sich die Frage nach der dogmatischen Einordnung einer Haftung aus § 15 Abs. 3 HGB und folglich auch, ob es einer zurechenbaren Veranlassung der unrichtigen Bekanntmachung seitens der GmbH bedarf, um eine Haftung auszulösen.

III. Veranlassung

Zum Teil wird § 15 Abs. 3 HGB als abstrakte Verkehrsschutznorm angesehen,[1459] weshalb jedes Zurechnungserfordernis verneint wird.[1460]

Dieses Verständnis ist nach dem Wortlaut der Norm jedoch keinesfalls zwingend. Es bedarf explizit einer Tatsache, die in Angelegenheit eines anderen einzutragen war. Hat eine Person mit der Gesellschaft überhaupt nichts zu tun, so

---

1458 EBJS/*Gehrlein*, HGB, § 15 Rn. 25; Oetker/*Preuß*, HGB, § 15 Rn. 55; Röhricht/Graf v. Westfalen/Haas/*Ries*, HGB, § 15 Rn. 35.

1459 Zu der Streitigkeit um die Auslegung des § 15 Abs. 3 HGB ausführlich: Staub/*Koch*, HGB § 15 Rn. 106 ff.

1460 MüKo-HGB/*Krebs*, HGB, § 15 Rn. 83 ff.; Schmidt-Kessel/Leutner/Müther/*Schmidt-Kessel/Kopp*, HGB, § 15 Rn. 65 ff.; *Schmidt-Kessel*, GPR 2006, 6 (13 f.); *Brox/Henssler*, Rn. 101 f.

kann es sich schon rein logisch nicht um eine Angelegenheit dieser Person handeln.[1461] Besteht jedoch eine Eintragungspflicht hinsichtlich bestimmter Tatsachen und kommt die Gesellschaft dieser, vertreten durch ihre Geschäftsführer, nach, so handelt es sich um ihre Angelegenheit.[1462] Das gleiche muss auch gelten, wenn die Eintragungspflicht etwaige Gesellschafterinformationen betrifft. Ist den Gesellschaftern der Eintragungsantrag zuzurechnen, so ist die Tatsache auch hier als deren Angelegenheit anzusehen.[1463] Gegen dieses Verständnis des Wortlauts kann auch die Gesetzesbegründung nicht angeführt werden.[1464] Zunächst kommt der Gesetzesbegründung ohnehin nur eingeschränkte Bedeutung bei der Auslegung des Gesetzestextes zu.[1465] Daneben bezieht sich diese in ihrer Aussage, dass der Dritte „unabhängig davon geschützt werden [soll], ob die Unrichtigkeit von der Gesellschaft, in deren Angelegenheiten die Tatsache einzutragen war, veranlasst worden ist"[1466] lediglich auf die *Unrichtigkeit* der Tatsache.[1467] Damit wird ausdrücklich nur ein Verzicht auf eine Veranlassung hinsichtlich dieser Unrichtigkeit ausgedrückt.[1468] Es kommt nach der Gesetzesbegründung also nicht darauf an, ob die falsche Bekanntmachung bereits durch die Gesellschaft mittels einer fehlerhaften Anmeldung herbeigeführt wurde oder ob der Fehler an anderer Stelle liegt.[1469]

Nachdem die Wertung des § 15 Abs. 3 HGB als abstrakte Verkehrsschutznorm dazu führen könnte, dass eine gänzlich unbeteiligte Person mit ihrem gesamten Vermögen für die Verbindlichkeit einer mit ihr nicht in Verbindung stehenden Gesellschaft haftet[1470] und der Wortlaut letztlich für eine Art der Veranlassung spricht, ist diese Auffassung abzulehnen.

1461 *Canaris*, HR, § 5 Rn. 52.

1462 Vgl. *Canaris*, HR, § 5 Rn. 51 f.; siehe ebenso Baumbach/*Hopt*, HGB, § 15 Rn. 19; Staub/*Koch*, HGB § 15 Rn. 106.

1463 Vgl. OLG Brandenburg, Urt. v. 21.06.2012 – 5 U 66/11, ZIP 2012, 2103 (2105); Staub/*Koch*, HGB § 15 Rn. 106.

1464 Ebenso OLG Brandenburg, Urt. v. 21.06.2012 – 5 U 66/11, ZIP 2012, 2103 (2105); Staub/*Koch*, HGB § 15 Rn. 107; a.A. *K. Schmidt*, HR, § 14 Rn. 88.

1465 OLG Brandenburg, Urt. v. 21.06.2012 – 5 U 66/11, ZIP 2012, 2103 (2105); *Canaris*, HR, § 5 Rn. 52.

1466 BT-Drucks. V/3862, S. 10.

1467 OLG Brandenburg, Urt. v. 21.06.2012 – 5 U 66/11, ZIP 2012, 2103 (2105); Staub/*Koch*, HGB, § 15 Rn. 107.

1468 OLG Brandenburg, Urt. v. 21.06.2012 – 5 U 66/11, ZIP 2012, 2103 (2105); Staub/*Koch*, HGB, § 15 Rn. 107.

1469 Ebenso OLG Brandenburg, Urt. v. 21.06.2012 – 5 U 66/11, ZIP 2012, 2103 (2105); Staub/*Koch*, HGB § 15 Rn. 107.

1470 Vgl. hierzu *v. Olshausen*, DB 1970, 137 (140 f.); *Beuthien*, FS Reinhardt, 199 (200 f.).

Vielmehr ist mit der herrschenden Meinung zu verlangen, dass die Bekanntmachung selbst – und nicht deren Fehlerhaftigkeit – von der in Anspruch genommenen Person veranlasst wurde.[1471] Eine Beschränkung der Rechtsscheinwirkung des § 15 Abs. 3 HGB bloß auf Kaufleute[1472] kann zwar ebenso, wie das Erfordernis der Veranlassung, zu einer Verringerung des Risikos für Privatleute führen, bürdet Kaufleuten indes eine unhaltbare Kontrollobliegenheit auf, um nicht ohne Anlass zur Haftung herangezogen zu werden.[1473] Derartige Kontrollen sind aber auch für Kaufleute nicht üblich und eine solche Abgrenzung mithin abzulehnen.[1474]

Im Rahmen des § 15 Abs. 3 HGB gilt somit das sog. Veranlassungsprinzip[1475]. Eine durch fälschliche Bekanntmachung als Gesellschafter der GbR erscheinende Person kann also nur dann überhaupt zur Haftung herangezogen werden, wenn die Bekanntmachung von ihr selbst oder zumindest in ihr zurechenbarer Art und Weise veranlasst wurde.[1476]

Nach geltendem Recht ist die Anmeldung des Formwechsels Angelegenheit der Geschäftsführer[1477] und damit davon auszugehen, dass auch im Fall der Schaffung einer Eintragungspflicht der GbR und ihrer Gesellschafter die Anmeldung zur Eintragung durch diese erfolgt.

Fraglich ist daher, wann eine fälschliche Bekanntmachung den Gesellschaftern zuzurechnen ist. Unproblematisch ist dies zunächst, wenn der fragliche Gesellschafter aufgrund einer Geschäftsführerstellung selbst an der Anmeldung beteiligt war.[1478] Dies wird jedoch wohl kaum der Fall sein. Reichen also andere Personen in ihrer Stellung als Geschäftsführer die Namen der an der GbR beteiligten Gesellschafter ein, so ist für die Zurechnung eines solchen Verhaltens der Sinn und Zweck des Veranlassungsprinzips zu hinterfragen. Dieser besteht letztlich darin, gänzlich Unbeteiligte von der Gefahr der Haftung auszuschließen.[1479] Von einem gänzlich Unbeteiligten kann allerdings in dem Moment nicht mehr zu sprechen sein, in dem dieser

---

1471 EBJS/*Gehrlein*, § 15 Rn. 33; Staub/*Koch*, HGB § 15 Rn. 108 ff.; *Canaris*, HR, § 5 Rn. 51 f.; *ders.*, S. 165 f.

1472 So *Steckhan*, DNotZ 1971, 211 (224 ff.); dem folgend: *K. Schmidt*, HR § 14 Rn. 89 ff.; vgl. auch *Axer*, S. 127 ff.

1473 EBJS/*Gehrlein*, § 15 Rn. 33; Staub/*Koch*, HGB § 15 Rn. 109; *Canaris*, HR, § 5 Rn. 52; vgl. auch *Beuthien*, FS Reinhardt, 199 (206 f.).

1474 Oetker/*Preuß*, HGB, § 15 Rn. 64; Staub/*Koch*, HGB § 15 Rn. 109.

1475 Vgl. nur Oetker/*Preuß*, HGB, § 15 Rn. 63.

1476 OLG Brandenburg, Urt. v. 21.06.2012 – 5 U 66/11, ZIP 2012, 2103 (2105); Staub/*Koch*, HGB § 15 Rn. 106; *Canaris*, HR, § 5 Rn. 52.

1477 § 235 Abs. 2 UmwG.

1478 *Liebscher*, ZGR 2017, 389 (404).

1479 EBJS/*Gehrlein*, § 15 Rn. 33; Staub/*Koch*, HGB § 15 Rn. 108.

an der Fassung des Umwandlungsbeschlusses beteiligt war. Tritt ein Gesellschafter dann zeitgleich mit dem Formwechsel oder kurz vor diesem aus, so ist es Aufgabe des jeweiligen Gesellschafters, dafür Sorge zu tragen, dass eine korrekte Anmeldung durch die Geschäftsführer erfolgt.[1480] Zudem muss den Gesellschaftern, im Falle des Bestehens einer Eintragungspflicht, in dieser Situation bewusst sein, dass es zu einer fehlerhaften Bekanntmachung kommen kann, sodass ausnahmsweise auch die Auferlegung einer Kontrollpflicht angemessen erscheint. Allenfalls dann, wenn ein Gesellschafter nach Fassung des Umwandlungsbeschlusses mit größerem zeitlichem Vorlauf vor der Anmeldung der Eintragung des Formwechsels aus der Gesellschaft ausscheidet, wird eine ihm zurechenbare Veranlassung wohl ausscheiden.

IV. Vertrauen des Dritten

Dass die allgemeine Rechtsscheinhaftung mangels möglicher Kenntnis des Vertrauenstatbestands nicht zu einer Haftung für Altverbindlichkeiten führen kann und ein über diese Haftung hinausgehender Schutz nur im Rahmen einer gesetzlichen Regelung zu erzielen ist, wurde bereits hervorgehoben.

Da die Frage nach dem Erfordernis der Kenntnis des Dritten von dem Vertrauenstatbestand und eine in Vertrauen hierauf vorgenommene kausale Disposition in Bezug auf die vor dem Formwechsel entstandenen Verbindlichkeiten von besonderem Interesse sind, ist zu klären, ob § 15 Abs. 3 HGB auch dann Anwendung findet, wenn die Forderung schon vor der unrichtigen Bekanntmachung entstanden ist und damit ein Vertrauen im Zeitpunkt der Begründung der Forderung auf den Rechtsschein gar nicht möglich war.

1. Erforderlichkeit eines möglichen Vertrauens

Dem Wortlaut der Norm lässt sich zu dieser Frage nichts entnehmen. Dieser regelt lediglich, dass sich ein Dritter auf die unrichtig bekannt gemachte Tatsache berufen kann, solange er nicht die Unrichtigkeit kannte. Ist der Dritte also bösgläubig, scheidet eine Anwendung des § 15 Abs. 3 HGB aus.

Ob der Dritte bei Unkenntnis der Unrichtigkeit jedoch die Möglichkeit gehabt haben muss, sich auf die einzutragende Tatsache zu verlassen, wird nicht näher geregelt. Der Wortlaut schließt eine Anwendung des § 15 Abs. 3 HGB auch auf Altverbindlichkeiten damit zumindest nicht aus.

Teilweise scheint in Bezug auf den Formwechsel davon ausgegangen zu werden, dass eine Haftung auch für Altverbindlichkeiten über § 15 Abs. 3 HGB möglich ist.

1480 A.A. wohl *Liebscher*, ZGR 2017, 389 (404).

Explizit auf die hier zu untersuchende Fallgestaltung bezieht sich *Markworth*. In seiner Anmerkung zu dem vom BGH zu entscheidenden Fall des Formwechsels einer GmbH in eine GbR,[1481] führt er an, dass die Ablehnung der Eintragungspflicht der GbR-Gesellschafter zwar vorhersehbar war, die Gläubiger mit dem Verweis auf die allgemeine Rechtsscheinhaftung jedoch schlechter gestellt seien als bei Anwendung des § 15 Abs. 3 HGB. Anders als bei diesem müsse nämlich bei der allgemeinen Rechtsscheinhaftung ein konkretes Vertrauen vorliegen, sodass eine Haftung für eine vor der Scheingesellschafterstellung begründete Forderung hieraus nicht in Betracht käme.[1482] Im Umkehrschluss lässt sich diese Aussage dahin verstehen, dass eine Haftung bei Anwendbarkeit von § 15 Abs. 3 HGB möglich gewesen wäre.

Ein derartiges Verständnis des § 15 Abs. 3 HGB ist jedoch auch unter Zugrundelegung der Einordnung als Verkehrsschutznorm keinesfalls zwingend. So verlangt auch *Krebs*, der vom Vorliegen einer abstrakten Verkehrsschutznorm ausgeht, dass zumindest eine potentielle Kausalität gegeben ist.[1483] Von einer solchen wird dann gesprochen, wenn zumindest die Möglichkeit bestand, dass der Dritte den vom Register ausgehenden Rechtsschein zur Kenntnis nimmt und im Vertrauen hierauf eine Disposition vornimmt.[1484]

2. *Stellungnahme*

Wie bereits im Rahmen der Zurechnung erläutert,[1485] überzeugt die Ansicht, dass es sich bei § 15 Abs. 3 HGB um eine abstrakte Verkehrsschutznorm handelt, nicht.

Bereits das Tatbestandsmerkmal der Gutgläubigkeit erfordert, dass an das Nichtvorliegen anderer Umstände geglaubt und damit letztlich auf die Verlautbarungen vertraut werden musste,[1486] sodass § 15 Abs. 3 HGB unweigerliche eine Vertrauenskomponente enthält.[1487]

1481 BGH, Versäumnisurt. v. 18.10.2016 – II ZR 314/15, NJW 2017, 559 ff.

1482 *Markworth*, NJW 2017, 559 (561): Aus dem Bezug zu §§ 204, 22 UmwG, welche nur für Altgläubiger von Relevanz sind, lässt sich ebenfalls schließen, dass er nicht allein von Neugläubigern spricht, sondern auch eine Haftung für Altgläubiger annimmt. Widersprüchlich hierzu allerdings *ders.* S. 155 Fn. 708; ebenso wohl auch *Liebscher*, ZGR 2017, 389 (399); a.A. *Vossius*, NotBZ 2017, 141 (142).

1483 MüKo-HGB/*Krebs*, HGB, § 15 Rn. 22; vgl. auch *Axer*, S. 120, der zwar das Erfordernis einer potentiellen Kausalität ablehnt, jedoch eine Anwendung des § 15 Abs. 3 HGB auf Forderungen vor dem Vertragsschluss für ausgeschlossen erachtet.

1484 *Canaris*, HR, § 5 Rn. 19.

1485 5. Kapitel, C., III, S. 227 ff.

1486 Staub/*Koch*, HGB, § 15 Rn. 25; zu § 15 Abs. 1 HGB: *Schilken*, AcP 187 (1987), 1 (3).

1487 Staub/*Koch*, HGB, § 15 Rn. 20.

Nicht überzeugend ist darüber hinaus die Beschränkung der Anwendung von § 15 Abs. 3 HGB auf Fälle potentieller Kausalität, wenn die Vorschrift zugleich als Verkehrsschutznorm eingeordnet wird. Hier sei der Dritte „abstrakt-generell nicht schutzwürdig", sodass eine Anwendung der Norm dem Sinn und Zweck zuwider liefe.[1488] *Krebs* selbst bezieht sich für die Erläuterung der potentiellen Kausalität jedoch darauf, dass der Dritte die Möglichkeit gehabt haben muss, im *Vertrauen* auf den Rechtsschein zu handeln,[1489] was letztlich zeigt, dass die Einordnung von § 15 Abs. 3 HGB als reine Verkehrsschutznorm zu kurz greift[1490].

Der § 15 Abs. 3 HGB ist somit als Vertrauensschutznorm anzusehen,[1491] die das abstrakte Vertrauen auf die Bekanntmachung schützt.[1492] Ob ein Vertrauen tatsächlich bestand oder nicht, ist für die Anwendung der Norm daher nicht relevant, solange überhaupt möglich ist, dass ein Vertrauen bestehen konnte, also eine potentielle Kausalität[1493] gegeben ist.

Ein Vertrauen auf einen Rechtsschein ist zunächst nur dann möglich, wenn dieser bereits vor der Vornahme der Disposition bestand. Das ist bei reinen Altverbindlichkeiten gerade nicht der Fall.[1494] Daran ändert sich auch durch den Fortbestand der Forderungen in der neuen Rechtsform nichts. Genau wie bei

---

1488 MüKo-HGB/*Krebs*, HGB, § 15 Rn. 22; auf die Schwierigkeit der Begründung einer potentiellen Kausalität im Zusammenhang mit dem Verständnis als Verkehrschutznorm hinweisend auch Staub/*Koch*, HGB, § 15 Rn. 25 Fn. 43.

1489 MüKo-HGB/*Krebs*, HGB, § 15 Rn. 22.

1490 Vgl. zu dieser Unstimmigkeit bereits Staub/*Koch*, HGB, § 15 Rn. 20 Fn. 34.

1491 H.M.: BGH, Urt. v. 01.12.1975 – II ZR 62/75, BGHZ 65, 309 (311) = NJW 1976, 569 (569) (zu § 15 Abs. 1 HGB); BGH, Urt. v. 09.10.2003 – VII ZR 122/01, NJW-RR 2004, 120 (120); EBJS/*Gehrlein*, HGB, § 15 Rn. 2, 24ff.; Henssler/Strohn/*Wamser*, HGB, § 15 Rn. 9 ff.; Heymann/*Sonnenschein*, HGB, § 15 Rn. 3; Röhricht/Graf v. Westphalen/Haas/*Ries*, HGB, § 15 Rn. 17; Staub/*Koch*, HGB, § 15 Rn. 18 ff., 98; *Canaris*, HR, § 5 Rn. 4ff., Rn. 16ff.; *Roth*, DB 2007, 616 (618); *Schilken*, AcP 187 (1987), 1 (19f.);*Vetter*, S. 24 m.w.N.

1492 Baumbach/*Hopt*, HGB, § 15 Rn. 21; EBJS/*Gehrlein*, HGB, § 15 Rn. 35; Oetker/*Preuß*, HGB, § 15 Rn. 70; Röhricht/Graf v. Westphalen/Haas/*Ries*, HGB, § 15 Rn. 40; Staub/*Koch*, HGB, § 15 Rn. 112; *K. Schmidt*, HR, § 14 Rn. 35; *Bürck*, AcP 171 (1971), 328 (337); a.A. *Canaris*, HR, § 5 Rn. 49, 17 f., der dem Rechtsscheinbetroffenen den Gegenbeweis gestattet; Heidel/*Schall*, HGB, § 15 Rn. 88; *Schilken*, AcP 187 (1987), 1 (21).

1493 BGH, Urt. v. 09.10.2003 – VII ZR 122/01, NJW-RR 2004, 120 (120); Baumbach/*Hopt*, HGB, § 15 Rn. 21; EBJS/*Gehrlein*, HGB, § 15 Rn. 3; Staub/*Koch*, HGB, § 15 Rn. 25; *Canaris*, HR, § 5 Rn. 19; *v. Olshausen*, BB 1970, 137 (143 f.); *Vetter*, S. 27.

1494 *G. Roth*, DB 2007, 616 (618); *ders.*, EWiR 2007, 205 (206); *v. Olshausen*, DB 1970, 137 (144); *Vetter*, S. 24.

der Prüfung des allgemeinen Rechtsscheintatbestandes schon festgestellt, kann der Dritte, der das Handelsregister vor dem Formwechsel einsieht, sich lediglich darauf verlassen, dass ein Vertrag mit einer GmbH geschlossen wird, an der die in der Gesellschafterliste ausgewiesenen Personen beteiligt sind. Es ist weder ein Vertrauen darauf möglich, dass die GmbH zu gegebener Zeit in der Rechtsform einer GbR fortexistiert, noch, dass irgendwelche dieser Personen persönlich haftende Gesellschafter dieser GbR werden. Diesbezüglich kann wenn überhaupt nur eine Wahrscheinlichkeit vorliegen. Eine Haftung eines Schein-GbR-Gesellschafters für in der GmbH begründete Altverbindlichkeiten ist mangels Möglichkeit eines abstrakt bestehenden Vertrauens also auch über § 15 Abs. 3 HGB nicht möglich.[1495]

V. Haftung für Altverbindlichkeiten bei einer Folgedisposition

Nicht ausgeschlossen ist allerdings die Begründung einer Haftung desjenigen, der fälschlicherweise als GbR-Gesellschafter bekannt gemacht wurde, über § 15 Abs. 3 HGB im Rahmen einer sogenannten Folgedisposition.[1496]

Mit einer Folgedisposition ist eine Handlung des Dritten gemeint, die er nach Entstehen des Rechtsscheins in Bezug auf seine bereits bestehende Forderung vornimmt.[1497] So kann er zum Beispiel die Forderung stunden.[1498] Möglich wäre auch, dass er eine vorgesehene Kündigungsmöglichkeit verstreichen lässt,[1499] nachdem der Schein der Gesellschafterstellung entstanden ist.[1500] Bei einer solchen Disposition ist nicht auszuschließen, dass diese gerade im Vertrauen auf den Rechtsschein erfolgte und ohne den Anschein der persönlichen Haftung einer bestimmten – vermögenden – Person nicht getätigt worden wäre.

Während § 15 Abs. 3 HGB grundsätzlich das abstrakte Vertrauen schützt und damit ausreicht, dass eine potentielle Kausalität bestand, der Dritte aber nicht zwingend von dem Rechtsschein Kenntnis gehabt und damit auch nicht wirklich

1495 Ebenso zum konkreten Fall des Formwechsels einer GmbH in eine GbR: LG Bremen, Urt. v. 03.12.2012 – 4 O 735/11, BeckRS 2014, 18817.

1496 *Beyerle*, BB 1971, 1482 (1489); *G. Roth*, DB 2007, 616 (618); *ders.*, EWiR 2007, 205 (206); *Vetter*, S. 28; zur Folgedisposition bei der allgemeinen Rechtsscheinhaftung: *Scheuch*, S. 146 ff.

1497 Vgl. *G. Roth*, DB 2007, 616 (617); *Vetter*, S. 35.

1498 *Canaris*, S. 176; *Vetter* S. 25; vgl. auch *K. Schmidt*, GmbHR 1981, 253 (258).

1499 Lässt er eine zumutbare Kündigungsmöglichkeit verstreichen und ist die Forderung gefährdet, so wird die Höhe der Sicherheitsleistung auf diesen Zeitpunkt begrenzt. Siehe 4. Kapitel, A. II. 4., S. 172 ff.

1500 BGH, Urt. v. 01.06.1981 – II ZR 1/81, NJW 1981, 2569 (2570); Staub/*Habersack*, HGB, § 130 Rn. 3; *Scheuch*, S. 149 f.; *Vetter*, S. 25, 29.

auf diesen vertraut haben muss,[1501] stellt sich die Frage, welche Anforderungen an eine Folgedisposition zu stellen sind, um eine Haftung des Scheingesellschafters zu begründen.

Nach *Beyerle* genügt allein die Möglichkeit, dass eine Folgedisposition vorgenommen werden könnte, bei der dann wiederum eine Beeinflussung durch den Rechtsschein denkbar wäre. Seiner Ansicht nach ist es gerade Sinn und Zweck der Norm, dass sich Außenstehende ohne weiteres auf die Bekanntmachung berufen dürfen und es eines konkreten Vertrauens gerade nicht bedarf. Dann aber bestünde bei Altverbindlichkeiten immer die Möglichkeit einer Disposition, sodass die Gläubiger von Altverbindlichkeiten aufgrund einer potentiellen Disposition auch schutzwürdig seien.[1502] Diese Sichtweise führt dann also dazu, dass auch bei Altverbindlichkeiten grundsätzlich eine Haftung des/der Scheingesellschafter über § 15 Abs. 3 HGB entsteht. Anders sei dies bei Ansprüchen aus dem Deliktsrecht, da diese nicht von § 15 Abs. 3 HGB erfasst sind.[1503]

Dem ist zunächst zu widersprechen. § 15 Abs. 3 HGB ist bei Ansprüchen aus unerlaubter Handlung aus dem Grund nicht anwendbar, dass in diesen Fällen keine potentielle Kausalität besteht.[1504] Das Vorliegen einer Folgedisposition ist jedoch auch bei deliktischen Ansprüchen nicht ausgeschlossen.[1505] Die beispielsweise genannte Stundung ist hier ebenso möglich wie bei einer vertraglichen Verbindlichkeit.[1506]

Darüber hinaus überzeugt aber bereits der Ansatz nicht, dass allein schon die abstrakt bestehende Möglichkeit, der Dritte könne später eine Folgedisposition vornehmen, genügen soll, um eine Haftung des Scheingesellschafters aus §§ 15 Abs. 3, 130 HGB analog zu begründen.

Die Vorschrift des § 15 Abs. 3 HGB ist eine Vertrauensschutznorm, sodass ein Vertrauen des Dritten zumindest möglich gewesen sein muss. Da bei der Begründung der Altverbindlichkeit die Bekanntmachung der eingetragenen Tatsache im Handelsregister noch gar nicht erfolgt ist, konnte auch kein Vertrauen gebildet werden. Liegt nun ebenfalls keine Folgedisposition vor, obwohl diese möglich gewesen wäre, so ist auch im Nachhinein keine Situation eingetreten, in der

1501 Vgl. nur Oetker/*Preuß*, HGB, § 15 Rn. 70.

1502 *Beyerle*, DB 1971, 1482 (1489).

1503 *Beyerle*, DB 1971, 1482 (1489).

1504 Ebenso MüKo-HGB/*Krebs*, HGB, § 15 Rn. 22.

1505 *Vetter*, S. 28; in Bezug auf die allgemeine Rechtsscheinhaftung: *G. Roth*, DB 2007, 616 (617); *Blaurock*, FS Krämer, 177 (185).

1506 *Vetter*, S. 28 f.

überhaupt nur potentiell ein Vertrauen hätte bestehen können.[1507] Letztlich liegt also nur ein Sachverhalt vor, bei dem potentiell ein potentielles Vertrauen hätte vorliegen können. Hier eine Haftung nach § 15 Abs. 3 HGB für Altverbindlichkeiten anzunehmen, ohne eine nähere Konkretisierung zu verlangen, würde dann zu einem – zur Begründung des allgemeinen Erfordernisses einer potentiellen Kausalität häufig angesprochenen – Zufallsgeschenk[1508] für den Dritten führen.

Letztlich stellt die Forderung einer konkreten Folgedisposition auch keine Schlechterstellung, sondern vielmehr eine Gleichbehandlung der Gläubiger dar. Betrachtet man einmal den Fall der Neuverbindlichkeiten, so wird eine Handlung in Form einer Disposition vorgenommen, welche im Vertrauen auf die positive Publizität des Registers erfolgt sein kann, aber nicht erfolgt sein muss. War der Gläubiger gutgläubig, so kann er den Eingetragenen über § 15 Abs. 3 HGB in Anspruch nehmen, unabhängig davon, ob der Nachweis eines konkreten Vertrauens auf die Stellung des Scheingesellschafters möglich ist. Genauso liegt es bei einer konkreten Folgedisposition. Die Folgedisposition stellt lediglich eine Handlung dar, die vorgenommen werden muss. Lediglich, ob sie im Vertrauen auf den Registereintrag erfolgte oder nicht, muss nicht konkret bewiesen werden. Denn diesbezüglich ist einzig die potentielle Kausalität erforderlich, welche jedoch bei einer Disposition nach der Bekanntmachung der unrichtigen Tatsache vorliegt.[1509]

Es ist deshalb nicht ersichtlich, warum allein die Möglichkeit der Vornahme einer Folgedisposition zur Haftungsbegründung ausreichen sollte. Dass das Erfordernis einer Disposition nicht ausdrücklich in den Wortlaut von § 15 Abs. 3 HGB aufgenommen wurde, steht der hier vertretenen Ansicht nicht entgegen, sondern beruht, wie *Vetter* zutreffend darstellt, allein darauf, dass das Vorliegen einer solchen Handlung im Regelfall ganz unproblematisch gegeben ist[1510].

Es bedarf somit einer konkret vorgenommenen Folgedisposition auf die Forderung, die gegen die GmbH begründet worden ist, welche sich später in eine GbR umgewandelt hat. Der konkrete Nachweis eines Vertrauens auf den Rechtsscheintatbestand ist hingegen – wie auch sonst im Rahmen von § 15 Abs. 3 HGB – nicht notwendig.[1511]

1507 *Vetter*, S. 27.

1508 *G. Roth*, DB 2007, 616 (618); zum Erfordernis der potentiellen Kausalität: *Blaurock*, FS Krämer, 177 (184); *Canaris*, S. 507.

1509 *Vetter*, S. 29.

1510 *Vetter*, S. 28.

1511 *G. Roth*, DB 2007, 616 (617).

Einer Einschränkung gegenüber den üblichen Fällen der Neubegründung eines Anspruchs bedarf es jedoch im Hinblick auf die Erfüllbarkeit der Forderung.[1512] Sofern die Disposition zu keiner Verschlechterung der Situation des Gläubigers geführt hat, sondern die Forderung bereits vorher nicht (mehr) realisierbar war, so fehlt es der Folgedisposition an einer vermögensrechtlichen Auswirkung.[1513] Der Dritte ist damit nicht schutzwürdig, sodass kein Grund für eine Rechtsscheinhaftung nach § 15 Abs. 3 HGB besteht.[1514]

VI. Rechtsfolge bei Vorliegen einer konkreten Folgedisposition

Wurde eine Folgedisposition vorgenommen und ist die Forderung vor dieser noch realisierbar gewesen, so stellt sich die Frage, welche Rechtsfolge eintritt.

Für gewöhnlich führt § 15 Abs. 3 HGB zu einer Haftung auf das positive Interesse.[1515] Gleiches gilt auch für die allgemeine Rechtsscheinhaftung,[1516] jedoch wird dort im Rahmen der Diskussion um das Vorliegen von Folgedispositionen auch vertreten, dass sich die durch eine Folgedisposition begründete Haftung auf das negative Interesse beschränkt[1517].

Die Begründung für diese Auffassung greift auch im Rahmen von § 15 Abs. 3 HGB.

So kann der als Folgedisposition befürwortete Verzicht auf die Durchsetzung der Forderung gegen einen tatsächlichen Gesellschafter[1518] zu einer für den Scheingesellschafter völlig zufällig eintretenden vollständigen Haftung führen.[1519] Wird nämlich der Scheingesellschafter zusammen mit allen übrigen Gesellschaftern verklagt, so findet keine Disposition statt, was dazu führt, dass der

---

1512 Während bei Neuverbindlichkeiten der Anspruch erst begründet wird und die Forderung daher nicht bereits vor dem Vertrauen auf den Rechtsschein durch andere Umstände uneinbringlich geworden sein kann, kann bei einem Altanspruch die Erfüllung anderweitig aussichtslos geworden sein. Vgl. hierzu bereits *Vetter*, S. 30.

1513 *G. Roth*, DB 2007, 616 (617); *Canaris*, S. 176 f.; *Markworth*, S. 178; *Vetter*, S. 30.

1514 *G. Roth*, DB 2007, 616 (617); *Canaris*, S. 176 f.; *Markworth*, S. 178; *Scheuch*, S. 207 f.; *Vetter*, S. 30.

1515 Vgl. nur Oetker/*Preuß*, HGB, § 15 Rn. 72.

1516 *Canaris*, S. 9.

1517 Staub/*Habersack*, HGB, § 130 Rn. 3; *Blaurock*, FS Krämer, 177 (187); *Scheuch*, S. 212 ff.; *Markworth*, S. 176 ff.; a.A. (positives Interesse) *G. Roth*, DB 2007, 616 (617); *Vetter*, S. 30 in Bezug auf § 15 Abs. 3 HGB.

1518 Vgl. hierzu nur *Vetter*, S. 29; *Blaurock*, FS Krämer, S. 177 (186).

1519 Siehe hierzu bereits die Beispiele von *Scheuch*, S. 212.

Scheingesellschafter auch nicht nach §§ 15 Abs. 3, 130 HGB haften würde.[1520] Verzichtet der Gläubiger hingegen bloß auf die Geltendmachung gegen einen einzigen Gesellschafter, so liegt darin eine konkrete Folgedisposition, die potentiell im Vertrauen auf den Rechtsschein und damit auch potentiell kausal erfolgt ist.[1521] Der Eintritt einer vollen Haftung des Scheingesellschafters wäre damit mehr oder weniger vom Zufall abhängig.[1522]

Zudem kann es dazu kommen, dass die Forderung bereits vor der Disposition nicht mehr in voller Höhe realisierbar war. Führt nun die Folgedisposition zu einer Haftung des Scheingesellschafters auf das positive Interesse, so kann der Gläubiger die ganze Forderung realisieren, auch wenn er unter tatsächlichen Bedingungen nur einen Teil seiner Forderung hätte eintreiben können.[1523]

Wenn man bedenkt, dass eine Rechtsscheinhaftung bei fehlender vermögensrechtlicher Relevanz – nämlich wenn die Forderung bereits uneinbringlich war – ausscheiden soll,[1524] so scheint es doch sehr widersprüchlich, eine vollwertige Haftung eingreifen zu lassen, wenn zumindest ein Teil der Forderung schon zuvor nicht mehr realisierbar war und es damit in Bezug auf diesen Teil ebenfalls an einer vermögensrechtlichen Auswirkung fehlt.[1525]

Die Befürwortung einer Haftung auf das positive Interesse führt somit nicht nur dazu, dass der Scheingesellschafter zufällig voll oder gar nicht haftet, sondern auch, dass der Gläubiger unter bestimmten Umständen bevorzugt wird[1526].

Bei Altverbindlichkeiten und der Begründung einer Haftung als Scheingesellschafter ist zu bedenken, dass der Gläubiger die ursprüngliche Verbindlichkeit auch ohne den Scheingesellschafter eingegangen ist bzw. im Fall des Formwechsels aus einer GmbH in eine GbR sogar in dem Wissen, dass eine persönliche Haftung der Gesellschafter nicht besteht. Wenn also der Scheingesellschafter grundsätzlich erst einmal nicht haftet, steht der Gläubiger nicht zwingend schlechter als zuvor.

1520 *Scheuch*, S. 212; *Vetter*, S. 29 Fn. 49 – lediglich eine Schadensersatzhaftung aufgrund der Klageabweisung bzgl. des Scheingesellschafters kommt in Betracht. Diese will *Vetter* über culpa in contrahendo gewähren. *Scheuch*, S. 215 f. hingegen begründet auch diese Haftung aus den Rechtsscheingrundsätzen, jedoch begrenzt auf den Ersatz des negativen Interesses.

1521 Vgl. nur *Vetter*, S. 29.

1522 *Scheuch*, S. 212.

1523 Dies vertretend: *Vetter*, S. 30.

1524 *G. Roth*, DB 2007, 616 (617); *Canaris*, S. 176 f.; *Markworth*, S. 178; *Vetter*, S. 30.

1525 *Blaurock*, FS Krämer, 177 (187): „[…] der Gläubiger disponiert in diesem Fall nur über den realisierbaren Teil im Vertrauen auf die Haftung“; *Markworth*, S. 178 f.

1526 Vgl. auch *Markworth*, S. 179.

Verschlechtert sich die Realisierbarkeit der Forderung nun aufgrund einer Disposition, die nach der Rechtsscheinbegründung vorgenommen wird, so kann diese Verschlechterung durch das Vertrauen des Gläubigers begründet sein. Allerdings ist der Gläubiger dann nicht mehr schlechter gestellt als zuvor, wenn der Scheingesellschafter für die nach der Entstehung des Rechtsscheins eingetretene Verschlechterung haftet.

Das wäre bei einer Haftung auf das negative Interesse der Fall. Hätte der Gläubiger nämlich nicht auf die Gesellschafterstellung vertraut, so hätte er die Disposition nicht vorgenommen und die Verschlechterung wäre nicht eingetreten.[1527] Geht die Verschlechterung so weit, dass der Gläubiger die Forderung gegen die GbR und die übrigen Gesellschafter gar nicht mehr durchsetzen kann, so entspricht der Summe nach das negative Interesse dem positiven und der Gläubiger ist vollständig geschützt.[1528] Ist die Altverbindlichkeit durch die Folgedisposition jedoch nur teilweise uneinbringlich geworden, so würde der Scheingesellschafter bei Haftung auf das negative Interesse lediglich für die Summe der Verschlechterung einzustehen haben.[1529] Hat der Gläubiger die übrigen Gesellschafter respektive die GbR noch nicht in Anspruch genommen, so wird er dies sodann tun (müssen), um von ihnen oder der GbR selbst die übrige Summe zu erhalten.[1530] Insgesamt ist der Gläubiger dadurch ebenfalls voll geschützt, wird aber im Vergleich zu anderen Gläubigern, die keine Folgedisposition vorgenommen haben, nicht bevorzugt.

Zu einem finanziell schlechteren Schutz kommt es daher nur, wenn der obig erwähnte Fall eintritt, dass die Forderung schon vor der Disposition nicht mehr vollständig realisierbar war.

Der Scheingesellschafter haftet dann nur für eine darüber hinausgehende, auf der Disposition beruhende, Verschlechterung, während er im Fall der Haftung auf das positive Interesse die Forderung in voller Höhe zu begleichen hätte. Zu bedenken ist insofern aber, dass der die Folgedisposition tätigende Gläubiger die Verbindlichkeit bereits ohne Kenntnis von dem Rechtsschein und damit ohne jegliches Vertrauen auf die künftige Haftung des später als Scheingesellschafter Auftretenden eingegangen ist. Hat die Folgedisposition auf die Vollstreckbarkeit der Forderung dann keinen Einfluss gehabt, so ist nicht ersichtlich, wieso der Scheingesellschafter dennoch für die Forderung einstehen sollte. Es ist daher

---

1527 Vgl. *Markworth*, S. 177 f.

1528 *Blaurock*, FS Krämer, 177 (186); *Markworth*, S. 177 f.; *Scheuch*, S. 214; *Vetter*, S. 37.

1529 *Scheuch*, S. 214.

1530 *Markworth*, S. 178.

gerechtfertigt, die Rechtsscheinhaftung in den Fällen der Folgedisposition auf das negative Interesse zu begrenzen.[1531]

D. Zwischenergebnis

Damit würde also auch die Schaffung einer Eintragungspflicht nicht zu einer grundsätzlichen Haftung des Scheingesellschafters für Altverbindlichkeiten führen. Lediglich bei Vorliegen einer Folgedisposition kann eine Haftung nach §§ 15 Abs. 3, 130 HGB analog begründet werden. Dies stellt aber kein Alleinstellungsmerkmal der Haftung aus § 15 HGB dar.

Wie bereits oben angedeutet wurde,[1532] besteht eine Haftung für Altverbindlichkeiten bei Vorliegen einer Folgedisposition auch bei der allgemeinen Rechtsscheinhaftung.[1533] Genau wie bei § 15 Abs. 3 HGB muss dann eine konkrete Folgedisposition vorgenommen worden sein. Im Unterschied zur handelsrechtlichen Rechtsscheinhaftung genügt aber bei der allgemeinen Rechtsscheinhaftung nicht bloß das abstrakte Vertrauen. Geschützt wird vielmehr nur konkretes Vertrauen,[1534] welches von Seiten des Gläubigers zu beweisen ist.[1535] Dabei ist zu beachten, dass die Gesellschafterliste keinen Rechtsschein für einen Verbleib in der Gesellschaft begründen kann.[1536]

Aufgrund der Eintragungen in der Gesellschafterliste kann der Gläubiger jedoch darauf vertrauen, dass entsprechender Gesellschafter an der GbR zumindest für einen kurzen Zeitraum beteiligt war.[1537] Selbst bei einem Ausscheiden aus der Gesellschaft vor Vornahme der Folgedisposition kann der Altgläubiger damit darauf vertrauen, dass eine Nachhaftung nach §§ 736 Abs. 2 BGB, § 160 Abs. 1 HGB besteht. Eine Folgedisposition in Vertrauen auf die Haftung des entsprechenden Gesellschafters ist damit auch später noch möglich.

Während der Gläubiger also bei Schaffung einer Eintragungspflicht nur die Folgedisposition vorgenommen haben und ein Vertrauen lediglich möglich gewe-

---

1531 *Blaurock*, FS Krämer, 177 (187); *Markworth*, S. 178.

1532 5. Kapitel, B. I. 3. b), S. 223.

1533 Vgl. nur *Canaris*, HR, § 6 Rn. 79; *Blaurock*, FS Krämer, 177 (184 f.); *Scheuch*, S. 146 ff.

1534 Das auf der Kenntnis vom Rechtsschein beruhende Vertrauen muss sich in einer Disposition verwirklicht haben, umfassend hierzu *Canaris*, S. 503 ff.

1535 „Die Anforderungen an die Beweispflicht dürfen aber nicht überspannt werden" – BGH, Urt. v. 04.07.1966 – VIII ZR 90/64, NJW 1966, 1915 (1917); *K. Schmidt*, HR, § 10 Rn. 140; a.A. *Canaris*, HR, § 6 Rn. 77, der die Beweislast auf den Scheingesellschafter überträgt.

1536 Zum möglichen Vertrauen: 5. Kapitel, B. I. 1. a), S. 212 ff.

1537 Hierzu a. a. O.

sen sein muss, ist für eine Inanspruchnahme des Nicht-Gesellschafters aufgrund eines sich aus der Gesellschafterliste ergebenden allgemeinen Rechtsscheins zu beweisen, dass im konkreten Vertrauen auf diesen gehandelt wurde. In Bezug hierauf wäre der Gläubiger also bei Bestehen einer Eintragungspflicht besser gestellt. Zudem ist zu beachten, dass eine Haftung über § 15 Abs. 3 HGB nur bei positiver Kenntnis des Gläubigers ausgeschlossen ist, während bei der allgemeinen Rechtsscheinhaftung bereits das Vorliegen grober Fahrlässigkeit ausreicht[1538].

Ist dem Gläubiger ein solcher Vorwurf nicht zu machen und das konkrete Vertrauen nachzuweisen, so steht er in der Rechtsfolge bei beiden Arten der Rechtsscheinhaftung gleich.[1539] Die Haftung eines Scheingesellschafters wäre bei Schaffung einer Eintragungspflicht ebenfalls auf die o. g. Folgedispositionen begrenzt und würde nur zur Erleichterung des entsprechenden Vertrauensnachweises führen.

E. Handlungsbedarf von Seiten des Gesetzgebers

Schaut man sich also die zurzeit geltende Gesetzeslage an, so stellt man fest, dass eine Eintragung des Namens der GbR und auch der Informationen zu den Gesellschaftern der GbR nicht erfolgen muss. Damit ist der Gläubiger darauf verwiesen, Einblick in die letzte Gesellschafterliste zu nehmen, um so in Erfahrung zu bringen, wen er persönlich für seine ausstehende(n) Forderung(en) in Anspruch nehmen kann.

Ist die Liste korrekt und der Gläubiger nimmt demnach Personen in Anspruch, die auch – zumindest für kurze Zeit – Gesellschafter der GbR geworden sind, so haften diese aus § 130 HGB analog[1540] oder aufgrund der Nachhaftung aus §§ 736 Abs. 2 BGB, § 160 Abs. 1 HGB für die in der GmbH begründeten Verbindlichkeiten.

Dadurch dass die Geschäftsführer in der GmbH gem. § 40 Abs. 3 GmbHG verantwortlich sind, sofern sie ihrer Einreichungspflicht nicht nachkommen, die GbR bei Nichteinreichung der Liste nach § 280 Abs. 1 BGB dem jeweilig von der Ver-

1538 BGH, Versäumnisurt. v. 18.10.2016 – II ZR 314/15, NJW 2017, 559 (561); *K. Schmidt*, HR, § 10 Rn. 138.

1539 Auch bei der allgemeinen Rechtsscheinhaftung wird bei einer Folgedisposition sowohl eine Haftung auf das positive als auch auf das negative Interesse vertreten, vgl. nur *Blaurock*, FS Krämer, 177 (185 ff.). Aus den bereits oben genannten Gründen ist von einer Haftung auf das negative Interesse auszugehen. Siehe hierzu bereits 5. Kapitel, C. VI., S. 236 ff.

1540 3. Kapitel, C. II., S. 111 ff.

änderung betroffenen Gesellschafter auf Schadensersatz haftet, wofür wiederum die GbR-Gesellschafter über § 128 HGB analog persönlich einzustehen haben und auch der Notar seiner Amtshaftung nach § 19 Abs. 1 S. 1 BNotO unterliegt, ist ein großer Anreiz geschaffen, dass die Listeneinreichung korrekt erfolgt. Dem BGH ist deshalb darin zuzustimmen, dass die Gläubiger der ursprünglichen GmbH „in der Regel" die persönlich haftenden Gesellschafter der letzten zum Handelsregister eingereichten Liste entnehmen können.[1541] Allerdings gilt das nur in der Regel und nicht ausnahmslos.

Wie bereits aufgezeigt, können Wechsel im Gesellschafterbestand nach Fassung des Umwandlungsbeschlusses, aber noch vor dem Wirksamwerden des Formwechsels oder zeitgleich mit diesem dazu führen, dass Listen zunächst falsch oder auch verzögert eingereicht werden.[1542] Insbesondere bei „sich kreuzenden Listen"[1543] existiert die Problematik der Einreichung nahezu zeitgleicher Veränderungen auch bei einer unter gewöhnlichen Umständen fortexistierenden GmbH, sodass hierbei auftretende Fehler keinesfalls ein alleiniges Problem des Formwechsels darstellen.

Dennoch ist zu beachten, dass die GbR keiner Registerpflicht unterliegt und die Gläubiger damit anders als bei einem Formwechsel in eine OHG nicht bereits dem neuen Registerblatt entnehmen können, wer die nun persönlich haftenden Gesellschafter sind. Dem Informationsbedürfnis der Altgläubiger wird folglich nur über die letzte Gesellschafterliste Rechnung getragen.

Nimmt der Gläubiger aufgrund der Eintragungen in die Gesellschaferliste einen Nicht-Gesellschafter in Anspruch, so entsteht dessen Haftung für Altschulden jedoch ausschließlich dann, wenn noch eine Folgedisposition im Vertrauen auf den Rechtsschein erfolgt ist.[1544] Ist das nicht der Fall, so kann der Gläubiger die Leistung auf Altverbindlichkeiten nicht verlangen. Die Kosten eines Rechtsstreits, der sich gegen den Scheingesellschafter richtet und in dem Zahlung verlangt wurde, kann der Gläubiger allerdings über die allgemeine Rechtsscheinhaftung ersetzt verlangen, solange und soweit die Rechtsverfolgung aufgrund des konkreten Vertrauens auf den Rechtsschein erfolgt.[1545] Der Nachweis des tatsächlich bestehenden Vertrauens im Fall der klageweise Geltendmachung des Anspruchs gegen einen Scheingesellschafter wird in Regel wenig Schwierigkeiten bereiten,

---

1541 Ebenso *Otte-Gräbener*, BB 2017, 394 (396).

1542 5. Kapitel, A. II. 2. b), S. 203 ff.

1543 Hierzu bereits 5. Kapitel, A. II. 2. b) cc), S. 207 f.

1544 Dann aber auch nur auf das negative Interesse, siehe 5. Kapitel, C. VI., S. 236 ff.

1545 So geschehen in dem vom BGH entschiedenen Fall: BGH, Versäumnisurt. v. 18.10.2016 – II ZR 314/15, NJW 2017, 559 (560 f.).

da die Klageeinreichung an sich bereits zeigt, dass auf die Gesellschafterstellung vertraut wird. Lediglich bei Weiterverfolgung des Rechtsstreits im Anschluss an die Klärung der Frage, dass eine tatsächliche Gesellschafterstellung nicht vorliegt, kann dann kein schützenswertes Vertrauen mehr bestehen.[1546]

Die Rechtsfolge einer fehlenden Haftung des Scheingesellschafters für reine Altverbindlichkeiten ist in diesem Zusammenhang nicht zu kritisieren, da der Schutz der Altgläubiger nicht über eine Scheingesellschafterhaftung zu erreichen ist, sondern entweder bereits über die Haftung der tatsächlich persönlich haftenden GbR-Gesellschafter nach § 130 HGB analog gesichert ist oder über eine nach §§ 204, 22 UmwG zu beanspruchende Sicherheitsleistung erreicht werden soll. Um dem gerecht zu werden, besteht aber ein hohes Bedürfnis nach der Richtigkeitsgewähr der Informationsmöglichkeiten, die dem Gläubiger zur Verfügung stehen. Insbesondere im Rahmen der Ermittlung der Werthaltigkeit der persönlichen Haftung zur Glaubhaftmachung einer Anspruchsgefährdung[1547] kann eine allgemeine Rechtsscheinhaftung nicht weiterhelfen. Ein vollumfänglicher Gläubigerschutz kann damit nur durch Transparenz der an der GbR beteiligten Gesellschafter erreicht werden.

Eine derartige Transparenz könnte mit einer de lege ferenda zu schaffenden Eintragungspflicht erreicht werden.[1548] Diese würde zu einer Eintragung aller im Zeitpunkt der Eintragung des Formwechsels an der GbR beteiligten Gesellschafter führen und somit neben den bestehenden Gesellschaftern auch die neu hinzugetretenen aufführen.

Dieser Erleichterung der Informationsgewinnung für die Gläubiger stünden dabei jedoch auch weitreichende Konsequenzen für die Gesellschafter gegenüber. Sobald die Gesellschafter in das Handelsregister eingetragen sind, greift auch § 15 Abs. 3 HGB ein. Zu einer allgemeinen Haftung für Altverbindlichkeiten führt dieser, wie gesehen, nicht. Anderes gilt diesbezüglich für Neuverbindlichkeiten, da bei diesen eine potentielle Kausalität gegeben ist. Ein im Handelsregister eingetragener Scheingesellschafter haftet den Neugläubigern daher wie ein Gesellschafter.[1549] Problematisch ist dieser Umstand, da die GbR für gewöhnlich nicht registerpflichtig ist und daher auch keine Vorschriften bestehen, die die Löschung von ausgetretenen Gesellschaftern vorschreiben oder gar ermöglichen. Es müsste

---

1546 BGH, Versäumnisurt. v. 18.10.2016 – II ZR 314/15, NJW 2017, 559 (561).

1547 4. Kapitel, A. II. 3. a) aa) (1) (a), S. 148 ff.

1548 Für eine Eintragungspflicht bereits nach geltendem Recht *Beck*, DNotZ 2017, 247 (258); *Liebscher*, ZGR 2017, 389 (399 ff.); *Melchior*, EWiR 2016, 41 (42), *Priester*, GmbHR 2015, 1289 (1291); *Vossius*, NotBZ 2017, 141 (142).

1549 *Beck*, DNotZ 2017, 247 (259).

also dann auch zugleich eine Möglichkeit geschaffen werden, die Eintragung als Gesellschafter wieder entfernen zu lassen, um so einer Rechtsscheinhaftung zu entgehen.[1550]

Zudem bliebe das Problem, wo genau die Eintragung erfolgen soll. Dem Handelsregisterrecht entsprechend müsste ein neues Registerblatt eröffnet werden.[1551] Hier nur den Erstbestand der Gesellschafter einzutragen und sodann lediglich die Möglichkeit der Löschung zu eröffnen, würde dem eigentlichen Sinn des Handelsregisters[1552] jedoch zuwider laufen.

Möglich wäre auch die bereits von *Priester* und *Beck* vorgeschlagene Lösung einer Eintragung auf dem Blatt der ursprünglichen GmbH.[1553] Dies wäre aber nicht nur deshalb ungewöhnlich, weil zwei unterschiedliche Rechtsformen auf einem Registerblatt geführt würden, sondern hätte gleichzeitig zur Folge, dass es zur Löschung der jeweiligen GbR-Gesellschafter des Zugriffs auf ein eigentlich bereits geschlossenes Registerblatt bedürfte[1554].

Unabhängig von der jeweiligen Variante der Eintragung, würde jede der beiden erstmalig die Möglichkeit eröffnen, eine GbR als solche in das Handelsregister einzutragen. Dem Gesetzgeber stünde diese Option selbstverständlich jederzeit zur Verfügung, sie steht jedoch im starken Kontrast zur derzeitigen Rechtslage. Eine solche umwandlungsrechtliche Anordnung würde einen großen Schritt in Richtung eines GbR-Registers darstellen. Ein Weg der derzeit (noch) nicht zu erwarten ist.

Das Bedürfnis der Gläubiger nach Transparenz könnte auch auf einem Zwischenweg erreicht werden. In Bezug auf die letzte Gesellschafterliste ist insoweit noch hervorzuheben, dass die Frage nach der fortbestehenden Einreichungspflicht bisher kaum Einzug in die Literatur gefunden hat und dementsprechend auch in praktischer Hinsicht Unsicherheiten darüber bestehen können, ob eine Liste überhaupt nach- bzw. einzureichen ist.

1550 *Beck*, DNotZ 2017, 247 (259).

1551 So geschieht dies auch bei einem Formwechsel in die sonstigen Gesellschaftsformen. Vgl. nur Semler/Stengel/*Schwanna*, UmwG, § 198 Rn. 2.

1552 Das Handelsregister dient gerade dazu dem Rechtsverkehr Informationen zugänglich zu machen, dabei soll vollständig Auskunft über bedeutende Rechtsverhältnisse gegeben werden. Hierzu MüKo-HGB/*Krafka*, HGB, § 8 Rn. 3. Lediglich einmalig eine Information zu verlautbaren, nur damit diese abschnittsweise wieder gelöscht werden kann, gehört in der Regel nicht dazu.

1553 *Beck*, DNotZ 2017, 247 (258); *Priester*, GmbHR 2015, 1289 (1292); ebenso *Vossius*, NotBZ 2017, 141 (142).

1554 *Beck*, DNotZ 2017, 247 (259).

Da dieser jedoch bei einem Formwechsel in die GbR mangels anderweitiger Eintragungen enorme Wichtigkeit zukommt und die nach § 40 GmbHG einzureichende Liste keine Informationen zu den im Zeitpunkt des Formwechsels neu eintretenden Gesellschaftern enthält, wäre es sinnvoll, wenn eine umwandlungsrechtliche Pflicht eingeführt würde, mit der Anmeldung des Formwechsels eine Liste einzureichen, die alle im Zeitpunkt des Formwechsels an der GbR beteiligten Gesellschafter ausweist. Auf diese Weise könnte auch das bei einem Formwechsel einer GmbH in die GbR bestehende Missbrauchspotential, welches sich aus der Erleichterung der stillen Liquidation ergibt,[1555] zumindest abgeschwächt werden, da ein Formwechsel, dessen Anmeldung keine Liste der Gesellschafter erhält, nicht in das Handelsregister eingetragen würde und somit auch keine Wirkung entfalten könnte.

Mit dieser Liste müsste dann ein unmissverständlicher und vor allem unübersehbarer Vermerk einhergehen, dass sich dieser Bestand ausschließlich auf den Zeitpunkt des Formwechsels bezieht und über den, nach diesem Zeitpunkt bestehenden, Gesellschafterbestand keinerlei Aussage enthält. Diese Lösung würde weder dazu führen, dass auf ein geschlossenes Registerblatt zugegriffen werden müsste, noch würde ein neues Registerblatt eröffnet, dessen ausschließlicher Zweck in einer einmaligen Eintragung und Löschungsmöglichkeit bestünde. Insofern würde im Spannungsverhältnis von Gläubigerschutz und Gesellschafterinteressen ein praktikabler Lösungsweg beschritten.

1555 BGH, Versäumnisurt. v. 18.10.2016 – II ZR 314/15, NJW 2017, 559 (560); *Markworth*, NJW 2017, 559 (561); *Vossius*, NotBZ 2017, 141 (142); vgl. auch *Melchior*, GmbHR 2017, 145 (146).

6. Kapitel: Schlussbetrachtung in Thesen

Die Untersuchung der Frage, ob im Rahmen eines Formwechsels einer GmbH hin zu einer GbR dem Gläubigerschutz umfassend gewährleistet ist, lässt sich thesenartig wie folgt zusammenfassen:

1. Der dargestellte Ablauf der Umwandlung einer GmbH in eine GbR ist gekennzeichnet durch den Entfall der Kapitalbindungs- und Kapitalerhaltungsvorschriften sowie der transparenzbezogenen Registerpflichten und Liquidationsvorschriften des GmbHG.
2. Unter Geltung der Identitätsthese bleibt der Rechtsträger als Zuordnungssubjekt von Rechten und Pflichten bestehen und wird fortan unter Geltung der auf die GbR anwendbaren Vorschriften fortgeführt. Damit treten die Haftung der GbR, sowie die persönliche und unbeschränkte Haftung ihrer Gesellschafter an die Stelle des vorherigen Gläubigerschutzsystems der GmbH.
3. Die Haftung der GbR-Gesellschafter für Neuverbindlichkeiten folgt dabei aus § 128 HGB analog, während sich die Haftung für bereits in der GmbH begründete Verbindlichkeiten aus einer analogen Anwendung von § 130 HGB ergibt. Dies gilt sowohl für die Gesellschafter, die bereits an der GmbH beteiligt waren, wie auch für diejenigen, die erst im Formwechselzeitpunkt beitreten.[1556]
4. Als Ausprägung der Identitätsthese gilt der Grundsatz der Kontinuität der Mitgliedschaft. Dieser erschöpft sich darin, dem Formwechsel als solchem die Möglichkeit des Ausschlusses von Gesellschaftern mit dessen Wirksamwerden abzusprechen. Einer Kombination des Umwandlungsvorgangs mit allgemeinen gesellschaftsrechtlichen Regelungen, nach denen ein Aus- oder Eintritt auf den Formwechselzeitpunkt vereinbart werden kann, steht dem Grundsatz der Kontinuität der Mitgliedschaft jedoch nicht entgegen.[1557]
5. Aus der allgemein anerkannten Möglichkeit einer Veränderung im Gesellschafterbestand nach der Fassung des Umwandlungsbeschlusses folgt keine Verpflichtung, den Umwandlungsbeschluss neu zu fassen.[1558]
6. Bei der Eintragung des Formwechsels einer GmbH zur GbR ist nach § 235 Abs. 1 S. 1 UmwG lediglich die Umwandlung der Gesellschaft zur Eintragung

1556 3. Kapitel, C. II., S. 111 ff.
1557 2. Kapitel, B. II. 1. b) bb) (3), S. 59 ff.
1558 2. Kapitel, B. II. 1. b) cc), S. 75 ff.

anzumelden. Eine Pflicht zur Eintragung der GbR und ihrer Gesellschafter besteht nicht.[1559]

7. Die mit dem Formwechsel eintretende persönliche Haftung der GbR-Gesellschafter ist der Kapitalbindung der GmbH als Gläubigersicherung grundsätzlich gleich zu achten.[1560] Besteht im Einzelfall jedoch keine werthaltige persönliche Haftung, so gewährt das Umwandlungsgesetz nach §§ 204, 22 UmwG einen Anspruch auf Sicherheitsleistung. Dabei dürfen an die glaubhaft zu machende „konkrete" Gefährdung der Forderung keine allzu hohen Anforderungen gestellt werden. Würde eine potentielle Kapitalentnahme mangels werthaltiger persönlicher Haftung zu einer solchen Gefährdung führen, genügt eine dahingehende Glaubhaftmachung, sodass vielmehr von der Glaubhaftmachung einer hinreichend konkretisierten Gefährdung zu sprechen ist.[1561] Die Sicherheitsleistung bietet damit grundsätzlich einen umfassenden Schutz für potentiell gefährdete Ansprüche. Allerdings wird den Gläubigern eine Glaubhaftmachung häufig nur schwerlich gelingen, sodass die praktische Relevanz der Sicherheitsleistung nicht besonders hoch ist. Insbesondere muss für die Gläubiger aber die Möglichkeit bestehen, Informationen dazu zu erhalten, wer die persönlich haftenden Gesellschafter sind, da andernfalls die Glaubhaftmachung einer fehlenden Werthaltigkeit der persönlichen Haftung schlicht vereitelt wird.
8. Im Regelfall des Formwechsels begründen die Umstände einen Schadensersatzanspruch der Gläubiger aus der Vorschrift des § 205 UmwG nicht.[1562]
9. Da durch das Wirksamwerden des Formwechsels die GmbH-Anteile in ihrer konkreten Form erlöschen, ist durch den an der Anmeldung des Formwechsels mitwirkenden Notar eine letzte Gesellschafterliste anzufertigen. Auch die zeitgleich mit dem Formwechsel stattfindenden Veränderungen sowie solche, die bereits vor dem Formwechsel eingetreten, aber noch nicht zum Handelsregister beigebracht wurden, sind weiterhin einzureichen. Sofern ein Notar zu einer solchen Einreichung verpflichtet ist, besteht diese Pflicht fort. Waren die Geschäftsführer nach § 40 Abs. 1 S. 1 GmbHG zur Einreichung verpflichtet, so besteht daneben auch eine Pflicht der Gesellschaft gegenüber dem entsprechenden Gesellschafter zur Berichtigung der Gesellschafterliste, welche sodann in der GbR fortbesteht.[1563] Da die Zuständigkeiten aufgrund

1559 2. Kapitel, C. II. 2., S. 88 ff.
1560 3. Kapitel, D., S. 117 ff.
1561 4. Kapitel, A. II. 3. a) aa) (1) (a), S. 148 ff.
1562 4. Kapitel, B., S. 176 ff.
1563 5. Kapitel, A. II. 1. b) cc), S. 197 ff.

der unterschiedlichen Veränderungen auseinanderfallen können, besteht die Gefahr das zunächst inhaltlich falsche Listen eingereicht werden oder sich die Einreichung der Liste aufgrund einer fehlenden Voreintragung hinauszögert.[1564]

10. Die letzte zum Handelsregister eingereichte Liste ist als Rechtsscheinträger zu qualifizieren, auf den die Altgläubiger vertrauen können.[1565] Ist eine Person dort noch als Gesellschafter aufgeführt und wird dadurch suggeriert, dass diese auch Gesellschafter der GbR geworden ist, so entsteht allerdings auch bei einem zurechenbar veranlassten Rechtsschein keine Haftung für reine Altverbindlichkeiten, da im Zeitpunkt der Begründung der Verbindlichkeit kein konkretes Vertrauen in Bezug auf die persönliche Haftung des jeweiligen Gesellschafters gefasst werden konnte.[1566] Hat der Gläubiger allerdings eine Folgedisposition bezüglich dieser Altverbindlichkeit im Vertrauen auf die Scheingesellschafterstellung getätigt, so haftet der Scheingesellschafter auf das negative Interesse. Daneben besteht eine Haftung für etwaige Rechtsverfolgungskosten.
11. Mangels Pflicht der Eintragung der Gesellschafter ist eine Haftung über § 15 Abs. 3 HGB nicht einschlägig. Die Schaffung einer Eintragungspflicht würde zudem nicht dazu führen, dass eine Haftung für reine Altverbindlichkeiten entsteht, da bei einem Anspruch, der bereits in der GmbH begründet wurde, kein Vertrauen auf die Haftung der nachfolgend Eingetragenen möglich ist und es damit an einer potentiellen Kausalität des abstrakten Vertrauens fehlt. Im Rahmen einer vorgenommenen Folgedisposition wären die Gläubiger allerdings in der Hinsicht besser gestellt, dass kein Nachweis des Vertrauens erfolgen muss.[1567] Zudem wären auch zeitgleich mit dem Formwechsel eingetretene Gesellschafter einzutragen, deren Gesellschafterstellung aus der letzten Gesellschafterliste nicht ersichtlich wird.
12. Für die Altgläubiger besteht ein hohes Bedürfnis nach Transparenz in Bezug auf die an der GbR beteiligten Gesellschafter, um zum einen die Werthaltigkeit der Haftung beurteilen zu können und unter Umständen eine Gefährdung ihrer Forderung glaubhaft zu machen, und zum anderen, um sicher zu wissen, wen sie auf ihre fällige Forderung in Anspruch nehmen können. Um diese Transparenz vollumfänglich gewährleisten zu können, sollte eine Pflicht zur Einreichung einer Liste eingeführt werden, die den Gesellschafterbestand

1564 5. Kapitel, A. II. 2. b), S. 203 ff.
1565 5. Kapitel, B. I. 1., S. 210 ff.
1566 5. Kapitel, B. I. 3. a), S. 219 ff.
1567 5. Kapitel, D., S. 239 ff.

der GbR im Zeitpunkt ihrer Begründung durch den Formwechsel auszuweisen hat.[1568] Zwar ist die fehlende Transparenz der Gesellschaft bürgerlichen Rechts kein spezifisches umwandlungsrechtliches Problem, jedoch tritt es bei einem Formwechsel besonders stark hervor, da die Gläubiger tatenlos dabei zusehen müssen, wie die Kapitalbindungsvorschriften entfallen und eine Abwicklung der Gesellschaft ohne Einhaltung der GmbH-rechtlichen Liquidationsvorschriften möglich wird. Das hierdurch entstehende Missbrauchspotential des Formwechsels in die GbR kann damit zumindest insoweit abgeschwächt werden, als der Formwechsel ohne Einreichung der Liste der Gesellschafter nicht zur Eintragung gelangen und damit nicht wirksam werden wird.

Im Ergebnis wird abzuwarten sein, ob sich die Möglichkeit einer stillen Liquidation bei der Umwandlung einer GmbH zur GbR, die auch vom BGH aufgezeigt wurde, in Zukunft häufiger zum Nachteil der Gläubiger realisiert und wie genau der Gesetzgeber dieses zur Zeit bestehende Problem angehen wird.

1568 5. Kapitel, E., S. 240 ff.

Literaturverzeichnis

Altgen, Christian, Gutgläubiger Erwerb von GmbH-Geschäftsanteilen, Baden-Baden 2010.

Altmeppen, Holger, Die Dogmatik zur Grundbuchfähigkeit der GbR. Zugleich Anmerkung zu BGH v. 28.04.2011 – V ZB 194/10 –, Zeitschrift für Wirtschaftsrecht (ZIP) 2011, S. 1937–1944.

Altmeppen, Holger, Wer schuldet die Abfindung bei Einziehung eines Geschäftsanteils in der GmbH?, Neue juristische Wochenschrift (NJW) 2013, S. 1025–1030.

Altmeppen, Holger, Verfassungswidrigkeit der akzessorischen Haftung in der GbR? Neue juristische Wochenschrift (NJW) 2004, S. 1563–1564.

Arnold, Egon/Meyer-Stolte, Klaus, RPflG, 8. Auflage, München 2015.

Axer, Jochen, Abstrakte Kausalität – ein Grundsatz des Handelsrechts?: Zugleich ein Beitrag zur gesetzlichen Konzeption und Risikozuordnung durch Außenhaftungsnormen des Handelsgesetzbuches, Bergisch-Gladbach 1986.

Bachmayer, Christian, Die BGH-Rechtsprechung zur Rechtsfähigkeit der GbR – ein Irrweg Zeitschrift für das Notariat in Baden-Württemberg (BWNotZ) 2009, S. 122–143.

Bamberger, Georg/Roth, Herbert/Hau, Wolfgang/Poseck, Roman, Beck'scher Online-Kommentar BGB, 43. Edition, München 2017 (zit.: BeckOK BGB/*Bearbeiter*).

Bärwaldt, Roman/Schabaker, Joachim, Der Formwechsel als modifizierte Neugründung, Zeitschrift für Wirtschaftsrecht (ZIP) 1998, S. 1293–1298.

Baßler, Johannes, Gesellschafterwechsel bei Umwandlungen (Zugleich Anmerkung zu BGH, U. v. 09.05.2005 – II ZR 29/03 -), GmbH-Rundschau (GmbHR) 2007, S. 1252–1258.

Baumbach, Adolf/Hopt, Klaus J., Handelsgesetzbuch, 37. Auflage, München 2016.

Baumbach, Adolf/Hueck, Alfred, Gesetz betreffend die Gesellschaften mit beschränkter Haftung, 21. Auflage, München 2017.

Baums, Theodor, Eintragung und Löschung von Gesellschafterbeschlüssen, Heidelberg 1981.

Bayer, Walter, Gesellschafterliste: Einreichungspflichtige Veränderungen der Beteiligungsverhältnisse, GmbH-Rundschau (GmbHR) 2012, S. 1–7.

Bayer, Walter, Privatisierung und Restrukturierung volkseigener und genossenschaftlicher Unternehmen durch Umwandlung, in: *Hommelhoff, Peter/Hagen,*

Horst/Röhricht, Volker, Gesellschafts- und Umwandlungsrecht in der Bewährung – ZGR-Sonderheft 14, Berlin 1998, S. 22–42.

Bayer, Walter, 1000 Tage neues Umwandlungsrecht – eine Zwischenbilanz, Zeitschrift für Wirtschaftsrecht (ZIP) 1997, S. 1613–1626.

Beck, Lukas, Zur Eintragung der GbR in das Handelsregister, Deutsche Notarzeitschrift (DNotZ) 2017, S. 247–260.

Becker, Florian, Umwandlungsmaßnahmen im Insolvenzplan und die Grenzen einer Überlagerung des Gesellschaftsrechts durch das Insolvenzrecht, Zeitschrift für das gesamte Insolvenz- und Sanierungsrecht (ZInsO) 2013, S. 1885–1892.

Berninger, Axel, Gesellschafterliste und Übergangsproblematik der Einreichungsverantwortlichkeit bei nachträglicher Berichtigung, GmbH-Rundschau (GmbHR) 2009, S. 679–684.

Beuthien, Volker, Sinn und Grenzen der Rechtsscheinhaftung nach § 15 Abs. 3 HGB, in: *Pleyer, Klemens/Schulz, Dietrich/Schwinge, Erich,* Festschrift für Rudolf Reinhardt zum 70. Geburtstag am 07. Juni 1972, Köln 1972, S. 199–210.

Beyerle, Konrad, Fragwürdige Rechtsscheinhaftung in § 15 Abs 3 HGB nF, Betriebs-Berater (BB) 1971, S. 1482–1489.

Blasche, Sebastian, Umwandlungsmöglichkeiten bei Auflösung, Überschuldung oder Insolvenz einer der beteiligten Rechtsträger, Gesellschafts- und Wirtschaftsrecht (GWR) 2010, S. 441–445.

Blaurock, Uwe, Haftung des Scheinsozius, in: *Blaurock, Uwe/Bornkamp, Joachim/Kirchberg, Christian,* Festschrift für Achim Krämer zum 70. Geburtstag am 19. September 2009, Berlin 2009, S. 177–196.

Bohrer, Michael, Geschäftsanteilsverkehr, Beschlussfassungskompetenz und Gesellschafterliste. Überlegungen im Anschluss an OLG München, B. v. 27.05.2009–31 Wx 38/09 –, (Anmerkung), Mitteilungen des bayerischen Notarvereins (MittBayNot) 2010, S. 17–22.

Bokelmann, Gunther, Eintragung eines Beschlusses: Prüfungskompetenz des Registerrichters bei Nichtanfechtung, rechtsmißbräuchlicher Anfechtungsklage und bei Verschmelzung, Der Betrieb (DB) 1994, S. 1341–1349.

Bork, Reinhard, Allgemeiner Teil des Bürgerlichen Gesetzbuches, 4. Auflage, Tübingen 2016.

Bork, Reinhard, Das Unbedenklichkeitsverfahren nach § 16 Abs. 3 UmwG, in: *Lutter, Marcus,* Kölner Umwandlungsrechtstage – Verschmelzung, Spaltung, Formwechsel, Köln 1995, S. 261–274.

Bork, Reinhard, Beschlußverfahren und Beschlußkontrolle nach dem Referentenentwurf eines Gesetzes zur Bereinigung des Umwandlungsrechts, Zeitschrift für Unternehmens- und Gesellschaftsrecht (ZGR) 1993, S. 343–365.

Bork, Reinhard/Schäfer, Carsten, GmbHG, 3. Auflage, Köln 2015.

Böttcher, Lars, Gesellschafter- und Gläubigerschutz beim Formwechsel aus der Personen- in die Kapitalgesellschaft, Baden-Baden 2006.

Böttcher, Lars/Habighorst, Oliver/Schulte, Christian, Umwandlungsrecht, Baden-Baden 2015 (zit.: Nomos-UmwR/Bearbeiter).

Böttcher, Leif, Insolvenzrecht in der gesellschaftsrechtlichen Gestaltungspraxis des Notars – Ausgewählte Grundfragen der Unternehmenssanierung, Zeitschrift für die notarielle Beratungs- und Beurkundungspraxis (NotBZ) 2012, S. 361–369.

Brandes, Helmut, Die Rechtsprechung des Bundesgerichtshofs zur Personengesellschaft, Zeitschrift für Wirtschafts- und Bankrecht – Wertpapiermitteilungen (WM) 1994, S. 569–580.

Brox, Hans/Henssler, Martin, Handelsrecht, 12. Auflage, München 2016.

Brox, Hans/Walker, Wolf-Dietrich, Allgemeiner Teil des BGB, 41. Auflage, München 2017.

Brünkmans, Christian, Rechtliche Möglichkeiten und Grenzen von Umwandlungen im Insolvenzplanverfahren, Zeitschrift für das gesamte Insolvenz- und Sanierungsrecht (ZInsO) 2014, S. 2533–2554.

Bundeszentrale für politische Bildung, Einkommensteuertarif: Grundfreibetrag, Progressionszone, linear-progressive Zone, Eingangssteuersatz, Spitzensteuersatz, Linearzone, obere Proportionalzone (abrufbar unter: http://www.bpb.de/nachschlagen/ lexika/lexikon-der-wirtschaft/19163/einkommensteuertarif).

Bungert, Hartwig, Entwicklungen im internationalen Gesellschaftsrecht Deutschlands, Die Aktiengesellschaft (AG) 1995, S. 489–509.

Bürck, Harald, § 15 III HGB und die Grundsätze der Haftung von fehlerhaften und entstehenden Personengesellschaften gegenüber Dritten – Zugleich ein Beitrag zum Problem des Rechtsscheins, Archiv für die civilistische Praxis (AcP) 171 (1971), S. 328–357.

Bydlinski, Franz, Juristische Methodenlehre, 2. Auflage, Wien 1991.

Canaris, Claus-Wilhelm, Handelsrecht, 24. Auflage, München 2006.

Canaris, Claus-Wilhelm, Die Übertragung des Regelungsmodells der §§ 125–130 HGB auf die Gesellschaft bürgerlichen Rechts als unzulässige Rechtsfortbildung contra legem, Zeitschrift für Unternehmens- und Gesellschaftsrecht (ZGR) 2004, S. 69–125.

Canaris, Claus-Wilhelm, Vertrauenshaftung im deutschen Privatrecht, München 1971.

Casper, Matthias, Haftungsverfassung in der atypischen Gesellschaft bürgerlichen Rechts, Juristen Zeitung (JZ) 2002, S. 1112–1114.

Damm, Matthias, Die GmbH-Gesellschafterliste acht Jahre nach dem MoMiG, Notarzeitschrift Baden-Württemberg (BWNotZ) 2017, S. 2–14.

Dauner-Lieb, Barbara, § 130 HGB: Weitere Rechtsfortbildung im Recht der BGB-Gesellschaft?, in: *Habersack, Mathias/Hommelhoff, Peter/Hüffer, Uwe/ Schmidt, Karsten,* Festschrift für Peter Ulmer zum 70. Geburtstag am 2. Januar 2003, Berlin (u. a.) 2003, S. 73–86.

Dauner-Lieb, Barbara/Langen, Werner, BGB, Band 2/1: §§ 241–610, 3. Auflage, Baden-Baden 2016 (zit.: Nomos-BGB/*Bearbeiter*).

Dauner-Lieb, Barbara/Langen, Werner, BGB, Band 2/2: §§ 611–853, 3. Auflage, Baden-Baden 2016 (zit.: Nomos-BGB/*Bearbeiter*).

Dauner-Lieb, Barbara/Simon, Stefan, Kölner Kommentar zum UmwG, Köln 2009 (zit.: KK-UmwG/*Bearbeiter*).

DAV-Handelsrechtsausschuss, Stellungnahme zum Regierungsentwurf eines Zweiten Gesetzes zur Änderung des Umwandlungsgesetzes, Neue Zeitschrift für Gesellschaftsrecht (NZG) 2006, S. 737–744.

Decher, Christian, Formwechsel – Allgemeine Vorschriften, in: *Lutter, Marcus,* Kölner Umwandlungsrechtstage – Verschmelzung, Spaltung, Formwechsel, Köln 1995, S. 201–222.

Deckenbrock, Christian/Meyer, Thomas, Anmerkung zu BGH, U. v. 18.10.2016 – II ZR 314/15 – (Rechtsscheinhaftung eines zu Unrecht in das Handelsregister eingetragenen Gesellschafters nach Formwechsel einer GmbH in eine GbR), Entscheidungen zum Wirtschaftsrecht (EWiR) 2017, S. 37–38.

Deckenbrock, Christian/Meyer, Thomas, Die Haftung des Scheinsozius, Zeitschrift für Wirtschaftsrecht (ZIP) 2014, S. 701–712.

Deutsches Notarinstitut, Einreichung einer Gesellschafterliste durch den Notar; Prüfungspflicht des Notars; fehlerhafte vorangehende Gesellschafterliste; Grundsatz der Voreintragung; eingeschränkte Notarbescheinigung, Informationsdienst des Deutschen Notarinstituts (DNotI-Report) 2010, S. 53–58.

Diehn, Thomas, BnotO Bundesnotarordnung Kommentar, Köln 2015.

Drygala, Tim, Stammkapital heute – Zum veränderten Verständnis vom System des festen Kapitals und seinen Konsequenzen, Zeitschrift für Unternehmens- und Gesellschaftsrecht (ZGR) 2006, S. 587–637.

Ebenroth, Carsten Thomas/Boujong, Karlheinz/Joost, Detlev/Strohn, Lutz, Handelsgesetzbuch, Band 1: §§ 1–342e, 3. Auflage, München 2014 (zit.: EBJS/ *Bearbeiter*).

Engelmeyer, Cäcilie, Spaltung von Aktiengesellschaften, Köln 1995.

Erle, Bernd, Anforderungen an die Kapitalausstattung einer aufgelösten GmbH bei ihrer Fortsetzung, GmbH-Rundschau (GmbHR) 1997, S. 973–982.

Erman, Walter, BGB, Band 1, 15. Auflage, Köln 2017.

Feit, Helmut/Giedinghagen, Jan, Anmerkung zu OLG Saarbrücken, U. v. 22.12.2005–8 U 91/05–25 – (Keine persönliche Haftung des Scheingesellschafters einer GbR für schon entstandene Verbindlichkeiten nach § 130 HGB analog), Versicherungsrecht (VersR) 2007, S. 362–364.

Felix, Gunther, Formwechsel nach §§ 190 ff. UmwG und Grunderwerbsteuer – „Rechtsform-Häutung" als steuerlicher Erwerbsvorgang?, Neue Juristische Wochenschrift (NJW) 1995, S. 1137–1138.

Fichtelmann, Helmar, Die Fortsetzung einer aufgelösten GmbH, GmbH-Rundschau (GmbHR) 2003, S. 67–74.

Fischer, Michael, Formwechsel zwischen GmbH und GmbH & Co. KG, Betriebs Berater (BB) 1995, S. 2173–2180.

Fleischer, Holger/Goette, Wulf, Münchener Kommentar zum Gesetz betreffend die Gesellschaften mit beschränkter Haftung, Band 1: §§ 1–34, 2. Auflage, München 2015 (zit.: MüKo-GmbHG/*Bearbeiter*)

Fleischer, Holger/Goette, Wulf, Münchener Kommentar zum Gesetz betreffend die Gesellschaften mit beschränkter Haftung, Band 2: §§ 35–52, 2. Auflage, München 2016 (zit.: MüKo-GmbHG/*Bearbeiter*).

Fleischer, Holger/Goette, Wulf, Münchener Kommentar zum Gesetz betreffend die Gesellschaften mit beschränkter Haftung, Band 3: §§ 53–85, 2. Auflage, München 2016 (zit.: MüKo-GmbHG/*Bearbeiter*).

Flume, Werner, Die Rechtsprechung des II. Zivilsenats des BGH zur Treupflicht des GmbH-Gesellschafters und des Aktionärs. Zugleich eine Besprechung des Girmes-Urteils des BGH vom 20.03.1995 – II ZR 205/94 – = ZIP 1995, 819, Zeitschrift für Wirtschaftsrecht (ZIP) 1996, S. 161–167.

Freitag, Robert/Riemenschneider, Markus, Die Unternehmergesellschaft – „GmbH light" als Konkurrenz für die Limited?, Zeitschrift für Wirtschaftsrecht (ZIP) 2007, S. 1485–1492.

Fuchs, Ingo/Thilo, Stefan, Anmerkung zu BGH, Versäumnisurt. v. 18.10.2016 – II ZR 314/15 – (Formwechselnde Umwandlung einer GmbH in eine GbR; Eintragung des Namens der GbR als eintragungspflichtige Tatsache; Rechtsscheinhaftung), Entscheidungen zum Wirtschafts- und Bankrecht (WuB) 2017, S. 338–340.

Galla, Stefan, Fortsetzung einer GmbH in Nachtragsliquidation, GmbH-Rundschau (GmbHR) 2006, S. 635–640.

Ganske, Joachim, Reform des Umwandlungsrechts – Ein Bericht –, Zeitschrift für Wirtschafts- und Bankrecht – Wertpapiermitteilungen (WM) 1993, S. 1117–1129.

Gehrlein, Markus, Möglichkeiten und Grenzen der Fortsetzung einer aufgelösten GmbH, Deutsches Steuerrecht (DStR) 1997, S. 31–35.

Geßler, Ernst/Hefermehl, Wolfgang/Eckhardt, Ulrich/Kropff, Bruno, Aktiengesetz, Band IV: §§ 291–410, 1. Auflage, München 1991 (zit.: GHEK/*Bearbeiter*)

Glockemann, Torsten, Der Formwechsel einer Kapital- in eine Personengesellschaft – Unter besonderer Berücksichtigung der Rechtsfähigkeit der Gesellschaft Bürgerlichen Rechts, Münster 2002.

Goette, Wulf, Ausschließung und Austritt aus der GmbH in der Rechtsprechung des Bundesgerichtshofs, Deutsches Steuerrecht (DStR) 2001, S. 533–542.

Goette, Wulf/Habersack, Mathias/Kalls, Susanne, Münchener Kommentar zum Aktiengesetz, Band 4: §§ 179–277, 4. Auflage, München 2016 (zit.: MüKo-AktG/*Bearbeiter*).

Goette, Wulf/Habersack, Mathias/Kalls, Susanne, Münchener Kommentar zum Aktiengesetz, Band 5: §§ 278–328, 4. Auflage, München 2015 (zit.: MüKo-AktG/*Bearbeiter*).

Götze, Cornelius/Bressler, Stefan, Praxisfragen der Gesellschafterliste und des gutgläubigen Erwerbs von Geschäftsanteilen nach dem MoMiG, Neue Zeitschrift für Gesellschaftsrecht (NZG) 2007, S. 894–899.

Goutier, Klaus/Knopf, Rüdiger/Tulloch, Anthony, Kommentar zum Umwandlungsrecht, Heidelberg 1996 (zit.: GKT/*Bearbeiter*)

Großfeld, Bernhard, Internationales Umwandlungsrecht, Die Aktiengesellschaft (AG) 1996, S. 302–307.

Grunewald, Barbara, Gesellschaftsrecht, 10. Auflage, Tübingen 2017.

Grunewald, Barbara/Noack, Ulrich, Zur Zukunft des Kapitalsystems der GmbH – Die Ein-Euro-GmbH in Deutschland, GmbH-Rundschau (GmbHR) 2005, S. 189–195.

Gsell, Beate/Krüger, Wolfgang/Lorenz, Stephan/Reymann, Christoph, beck-online.GROSSKOMMENTAR – BGB, München 2018. (zit.: BeckOGK-BGB/*Bearbeiter*)

Gummert, Hans/Weipert, Lutz, Münchener Handbuch des Gesellschaftsrechts, Band 1, 4. Auflage, München 2014. (MünchHdb. Ges. I/*Bearbeiter*)

Habersack, Mathias, Der persönliche Schutzbereich des § 303AktG, in: *Harrer, Friedrich/Rüffler, Friedrich/Schima, Georg,* Die GmbH -Festschrift für Hans-Georg Koppensteiner zum 80. Geburtstag, Wien 2015, S. 31–42.

Habersack, Mathias, Die Anerkennung der Rechts- und Parteifähigkeit der GbR und der akzessorischen Gesellschafterhaftung durch den BGH, Betriebs Berater (BB) 2001, S. 477–483.

Habersack, Mathias, Die Haftungsverfassung der Gesellschaft bürgerlichen Rechts – Doppelverpflichtung und Akzessorietät, Juristische Schulung (JuS) 1993, S. 1–8.

Habersack, Mathias/Schürnbrand, Jan, Das Schicksal gebundener Ansprüche beim Formwechsel, Neue Zeitschrift für Gesellschaftsrecht (NZG) 2007, S. 81–87.

Habersack, Mathias/Schürnbrand, Jan, Die Haftung des eintretenden Gesellschafters für Altverbindlichkeiten der Gesellschaft bürgerlichen Rechts – BGH, NJW 2003, 1803, Juristische Schulung (JuS) 2003, S. 739–743.

Hachenburg, Max/Ulmer, Peter, Gesetz betreffend die Gesellschaften mit beschränkter Haftung – Großkommentar, Band 1: §§ 1–34, 8. Aufl., Berlin (u. a.) 1992.

Hacker, Philipp/Petsch, Andrea, Leere Hülse, volle Haftung? Plädoyer für eine Insolvenzausnahme bei Unternehmensfortsetzung und wirtschaftlicher Neugründung, Zeitschrift für Wirtschaftsrecht (ZIP) 2015, S. 761–769.

Hadding, Walther, Nochmals: Rechtsfähigkeit der Gesellschaft bürgerlichen Rechts und persönliches Verpflichtetsein ihrer Gesellschafter, in: *Damm, Reinhard/Heermann, Peter W./Veil, Rüdiger,* Festschrift für Thomas Raiser zum 70. Geburtstag am 20. Februar 2005, Berlin (u. a.) 2005, S. 129–144.

Hadding, Walther, Zur Rechtsfähigkeit und Parteifähigkeit der (Außen-)Gesellschaft bürgerlichen Rechts sowie zur Haftung ihrer Gesellschafter für Gesellschaftsverbindlichkeiten, Zeitschrift für Unternehmens- und Gesellschaftsrecht (ZGR) 2001, S. 712–743.

Hadding, Walther, Haftungsbeschränkung in der unternehmerisch tätigen Gesellschaft bürgerlichen Rechts, in: *Löwisch, Manfred,* Beiträge zum Handels- und Wirtschaftsrecht : Festschrift für Fritz Rittner zum 70. Geburtstag, München 1991, S. 133–146.

Handelsrechtsausschuss des Deutschen Anwaltvereins, Stellungnahme zum Regierungsentwurf eines Gesetzes zur Modernisierung des GmbH-Rechts und zur Bekämpfung von Missbräuchen (MoMiG), Neue Zeitschrift für Gesellschaftsrecht (NZG) 2007, S. 735–743.

Happ, Wilhelm, Formwechsel von Kapitalgesellschaften, in: *Lutter, Marcus,* Kölner Umwandlungsrechtstage – Verschmelzung Spaltung Formwechsel nach dem neuen Umwandlungsrecht und Umwandlungssteuerrecht, Köln 1995, S. 223–244.

Hasselmann, Cord-Georg, Die Gesellschafterliste nach § 40 GmbHG: Erstellung und Einreichung durch Geschäftsführer und Notare, Neue Zeitschrift für Gesellschaftsrecht (NZG) 2009, S. 486–493.

Häublein, Martin/Hoffmann-Theinert, Roland, Beck'scher Online-Kommentar HGB, 18. Edition, München 2017 (zit.: BeckOK-HGB/*Bearbeiter*).

Heck, Phillip, Grundriss des Schuldrechts, 2. Neudr. d. Ausg. Tübingen 1929, 1974.

Heckschen, Heribert, Anmerkung zu BGH, B. v. 28.04.2011 – V ZB 194/10 – (Zum Nachweis von Existenz, Identität und Vertretung der GbR beim Erwerb von Grundeigentum), Entscheidungen zum Wirtschaftsrecht (EWiR) 2011, S. 347–348.

Heckschen, Heribert, Identität der Anteilseigner beim Formwechsel (Zugleich Anmerkung zu BGH, U. v. 09.05.2005 – II ZR 29/03 -), Der Betrieb (DB) 2008, S. 2122–2124.

Heckschen, Heribert, Die Umwandlung in der Krise und zur Bewältigung der Krise, Zeitschrift für das gesamte Insolvenz- und Sanierungsrecht (ZInsO) 2008, S. 824–830.

Heckschen, Heribert, Die GmbH-Reform – Wege und Irrwege, Deutsches Steuerrecht (DStR) 2007, S. 1442–1451.

Heckschen, Heribert, Umstrukturierung von Kapitalgesellschaften vor und während der Krise: Umwandlungsmaßnahmen vor dem Insolvenzeröffnungsantrag, Der Betrieb (DB) 2005, S. 2283–2290.

Heckschen, Heribert, Umwandlungsrecht und Insolvenz, in: *Wassermeyer, Franz/Mayer, Dieter/Rieger, Norbert,* Umwandlungen im Zivil- und Steuerrecht: Festschrift für Siegfried Widmann zum 65. Geburtstag am 22. Mai 2000, S. 31–49.

Heckschen, Heribert/Heidinger, Andreas, Die GmbH in der Gestaltungs- und Beratungspraxis, 3. Auflage, Köln 2014.

Heidel, Thomas/Schall, Alexander, HGB, 2. Auflage, Baden-Baden 2015.

Heidinger, Andreas, Haftung der BGB-Gesellschafter beim Formwechsel aus einer GmbH, GmbH-Rundschau (GmbHR) 1996, S. 890–896.

Heinemann, Jörn, Anmerkung zu BGH, B. v. 04.12.2008 – V ZB 74/08 – (Grundbucheintragungsfähigkeit der GbR), Juristische Rundschau (JR) 2010, S. 31–33.

Heiss, Manuela M., Die Spaltung von Unternehmen im Deutschen Gesellschafsrecht, Berlin 1995.

Hennrichs, Joachim, Formwechsel und Gesamtrechtsnachfolge bei Umwandlungen, Berlin 1995.

Hennrichs, Joachim, Fortsetzung einer mangels Masse aufgelösten GmbH, Zeitschrift für das gesamte Handels- und Wirtschaftsrecht (ZHR) 159 (1995), S. 593–608.

Hennrichs, Joachim, Zum Formwechsel und zur Spaltung nach dem neuen Umwandlungsgesetz, Zeitschrift für Wirtschaftsrecht (ZIP) 1995, S. 794–801.

Henssler, Martin/Strohn, Lutz, Gesellschaftsrecht, 3. Auflage, München 2016.

Hertel, Christian, Anmerkung zu BGH, B. v. 04.12.2008 – V ZB 74/08 – (Eintragung der GbR im Grundbuch), Deutsche Notarzeitschrift (DNotZ) 2009, S. 121–129.

Heyers, Johannes, Scheinsozietät und Scheinsozii. Gesellschafts-, steuer- und wettbewerbsrechtliche Fragen am Beispiel der Anwalts- bzw. Steuerberatersozietät, Deutsches Steuerrecht (DStR) 2013, S. 813–819.

Heymann, Ernst, Handelsgesetzbuch, Band 1: §§ 1–104, 2. Auflage, Berlin 2005.

Heymann, Ernst, Handelsgesetzbuch, Band 2: §§ 105–237, 2. Auflage, Berlin 2005.

Hirte, Heribert, Auflösung der Kapitalgesellschaft, Zeitschrift für das gesamte Insolvenz- und Sanierungsrecht (ZInsO) 2000, S. 127–133.

Hoffmann-Becking, Michael, „Organnachfolge" bei der Verschmelzung?, in: *Habersack, Mathias/Hommelhoff, Peter,* Festschrift für Peter Ulmer zum 70. Geburtstag am 2. Januar 2003, Berlin 2003, S. 243–266.

Hoger, Andreas, Fortdauer und Beendigung der organschaftlichen Rechtsstellung von Geschäftsleitern beim Formwechsel nach dem UmwG, Zeitschrift für Unternehmens- und Gesellschaftsrecht (ZGR) 2008, S. 868–890.

Hommelhoff, Peter, Podiumsdiskussion zum Vortrag von D. Mayer, Sonderheft der Deutschen Notar-Zeitschrift (DNotZ) 1998, S. 197–227.

Hommelhoff, Peter, Minderheitenschutz bei Umstrukturierungen, Zeitschrift für Unternehmens- und Gesellschaftsrecht (ZGR) 1993, S. 452–473.

Honsell, Heinrich/Harrer, Friedrich, Die Haftung des ausgeschiedenen Gesellschafters bei Dauerschuldverhältnissen, Zeitschrift für Wirtschaftsrecht (ZIP) 1986, S. 341–346.

Hopt, Klaus J., Die Haftung von Vorstand und Aufsichtsrat – Zugleich ein Beitrag zur corporate governance-Debatte, in: *Immenga, Ulrich,* Festschrift für Ernst-Joachim Mestmäcker zum siebzigsten Geburtstag, Baden-Baden 1996, S. 909–932.

Hopt, Klaus J./Wiedemann, Werner, Großkommentar Aktiengesetz, Band 7/1: §§ 221–240, 4. Auflage, Berlin (u. a.) 2012 (zit.: GroßKomm-AktG/*Bearbeiter*)

Hüffer, Uwe, Die gesetzliche Schriftform bei Berichten des Vorstands gegenüber der Hauptversammlung, in: *Martens, Klaus-Peter/Westermann, Harm Peter/Zöller, Wolfgang,* Festschrift für Carsten Peter Claussen zum 70. Geburtstag, Köln 1997, S. 171–186.

Hüffer, Uwe/Koch, Jens, Aktiengesetz: AktG, 12. Auflage, München 2016.

Ihrig, Hans-Christoph, Verschmelzung und Spaltung ohne Gewährung neuer Anteile?, Zeitschrift für das gesamte Handels- und Wirtschaftsrecht (ZHR) 160 (1996), S. 317–342.

Jacobs, Otto/Scheffler, Wolfram/Spengel, Christoph, Unternehmensbesteuerung und Rechtsform, 5. Auflage, München 2015.

Jaeger, Carsten, Sicherheitsleistung für Ansprüche aus Dauerschuldverhältnissen bei Kapitalherabsetzung, Der Betrieb (DB) 1996, S. 1069–1071.

Joost, Detlev, Arbeitsrechtliche Angaben im Umwandlungsvertrag, Zeitschrift für Wirtschaftsrecht (ZIP) 1995, S. 976–986.

Kahlert, Günter/Gerke, Hans Dieter, ESUG macht es möglich: Ausgliederung statt Asset Deal im Insolvenzplanverfahren, Deutsches Steuerrecht (DStR) 2013, S. 975–981.

Kallmeyer, Harald, Umwandlungsgesetz, 6. Auflage, Köln 2017.

Kallmeyer, Harald, Der Ein- und Austritt der Komplementär-GmbH einer GmbH & Co. KG bei Verschmelzung, Spaltung und Formwechsel nach UmwG 1995, GmbH-Rundschau (GmbHR) 1996, S. 80–82.

Kallmeyer, Harald, Das neue Umwandlungsgesetz. Verschmelzung, Spaltung und Formwechsel von Handelsgesellschaften, Zeitschrift für Wirtschaftsrecht (ZIP) 1994, S. 1746–1759.

Kazemi, Robert, Die Registerfähigkeit der Gesellschaft bürgerlichen Rechts, Bielefeld 2008.

Keidel, Theodor, FamFG, 19. Auflage, München 2017 (zit.: Keidel/*Bearbeiter*).

Kiem, Roger, Die Stellung der Vorzugsaktionäre bei Umwandlungsmaßnahmen, Zeitschrift für Wirtschaftsrecht (ZIP) 1997, S. 1627–1635.

Kießling, Erik, Der Rechtsformwechsel zwischen Personalgesellschaften, Zeitschrift für Wirtschafts- und Bankrecht – Wertpapiermitteilungen (WM) 1999, S. 2391–2401.

Kindl, Johann, Gesellschaftsrecht, Baden-Baden 2011.

Kindl, Johann, Rechtsscheintatbestände und ihre rückwirkende Beseitigung, Berlin 1999.

Kleindiek, Detlef, Vertragsfreiheit und Gläubigerschutz im künftigen Spaltungsrecht, Zeitschrift für Unternehmens- und Gesellschaftsrecht (ZGR) 1992, S. 513–533.

Klimke, Dominik, Einwendungsverzicht und Rechtskrafterstreckung bei Personengesellschaften, Zeitschrift für Unternehmens- und Gesellschaftsrecht (ZGR) 2006, S. 540–562.

Klöckner, Stefan, Aktuelle Praxisfragen zum Ausscheiden eines GmbH-Gesellschafters. (Zugleich Anmerkung zu BGH v. 24.01.2012 – II ZR 109/11 -), GmbH-Rundschau (GmbHR) 2012, S. 1325–1331.

Kluth, David, Anmerkung zu OLG Schleswig, B. v. 01.04.2014–2 W 89/13 – (Keine Fortsetzung einer aufgelösten GmbH nach Schlussverteilung im Insolvenzverfahren), Neue Zeitschrift für Insolvenz- und Sanierungsrecht (NZI) 2014, S. 626–627.

Kneisel, Katharina, Rechtsscheinhaftung im BGB und HGB – mehr Schein als Sein, Juristische Arbeitsblätter (JA) 2010, S. 337–342.

Koppensteiner, Hans-Georg, Zum Gläubigerschutz bei der Verschmelzung von Aktiengesellschaften, in: *Aderhold, Lutz/Grunewald, Barbara/Klingberg, Dietgard/et al.*, Festschrift für Harm Peter Westermann zum 70. Geburtstag, Köln 2008, S. 1157–1170.

Korn, Klaus, Die Umwandlung einer GmbH in eine GmbH & Co. KG durch Formwechsel: Ein Fallbeispiel, Kölner Steuerdialog (KÖSDI) 1995, S. 10273–10286.

Kort*, *Michael, Bedeutung und Reichweite des Bestandsschutzes von Umwandlungen, Die Aktiengesellschaft (AG) 2010, S. 230–237.

Kort*, *Michael, Gesellschaftsrechtlicher und registerrechtlicher Bestandsschutz eingetragener fehlerhafter Umwandlungen und anderer Strukturänderungen, Deutsches Steuerrecht (DStR) 2004, S. 185–190.

Kort*, *Michael, Bestandsschutz fehlerhafter Strukturänderungen im Kapitalgesellschaftsrecht, München 1998.

Kraft, Alfons/Kreutz, Peter, Gesellschaftsrecht, 11. Auflage, Neuwied 2011.

Krieger, Gerd, Sicherheitsleistung für Versorgungsrechte?, in: *Bruchhausen, Karl/Hefermehl, Wolfgang/Hommelhoff, Peter/Messer, Herbert,* Festschrift für Rudolf Nirk zum 70. Geburtstag am 11.Oktober 1992, München 1992, S. 551–570.

Kronke*, *Herbert, Deutsches Gesellschaftsrecht und grenzüberschreitende Strukturänderungen, Zeitschrift für Unternehmens- und Gesellschaftsrecht (ZGR) 1994, S. 26–46.

Kuntz, Thilo, Internationales Umwandlungsrecht. Zugleich Anmerkung zu EuGH, U. v. 13.12.2005 – Rs. C-411/03 – („Sevic Systems"), Internationales Steuerrecht (IStR) 2006, S. 224–232.

Kuntz, Thilo, Zur Möglichkeit grenzüberschreitender Fusionen. Die Schlussanträge des EuGH in Sachen SEVIC Systems Aktiengesellschaft, Zeitschrift für Europäisches Wirtschaftsrecht (EuZW) 2005, S. 524–528.

Kusserow, Bernhold/Prüm, Thomas, Die Gesamtrechtsnachfolge bei Umwandlungen mit Auslandsbezug, Zeitschrift für Wirtschafts- und Bankrecht – Wertpapiermitteilungen (WM) 2005, S. 633–641.

Larenz, Karl/Canaris, Claus-Wilhelm, Methodenlehre der Rechtswissenschaft, 3. Auflage, Berlin 1995.

Lehmann, Christoph, Die Gesellschaft bürgerlichen Rechts im Grundstücksverkehr: Ende des Chaos in Sicht (Zugleich Anmerkung zu BGH, B. v. 28.04.2011 – V ZB 194/10 -), Deutsches Steuerrecht (DStR) 2011, S. 1036–1041.

Leitzen, Mario, Die GmbH mit Verwaltungssitz im Ausland, Neue Zeitschrift für Gesellschaftsrecht (NZG) 2009, S. 728–733.

Lenz, Andreas, Gesellschafter- und Gläubigerschutz beim Formwechsel einer OHG in eine GmbH, Berlin 2000.

Lepczyk, Dennis A., Haftung des GbR-Scheingesellschafters für Altverbindlichkeiten (Anmerkung zu: OLG Saarbrücken, U. v. 22.12.2005–8 U 91/05 –), Neue juristische Wochenschrift (NJW) 2006, S. 3391–3392.

Leuschner, Lars, Verkehrsinteresse und Verfassungsrecht, Berlin 2005.

Liebscher, Thomas, Gesellschafterhaftung bei Umwandlung einer GmbH in eine GbR. Rechtsscheinhaftung aufgrund fehlerhafter Registereintragung?, Zeitschrift für Unternehmens- und Gesellschaftsrecht (ZGR) 2017, S. 389–408.

Limmer, Peter, Der Identitätsgrundsatz beim Formwechsel in der Praxis, in: *Wassermeyer, Franz/Mayer, Dieter/Rieger, Norbert,* Umwandlungen im Zivil- und Steuerrecht: Festschrift für Siegfried Widmann zum 65. Geburtstag am 22. Mai 2000, S. 51–66.

Limmer, Peter, Unternehmensumstrukturierungen vor und in der Insolvenz unter Einsatz des Umwandlungsrechts, in: *Fuchs, Karlhans,* Kölner Schrift zur Insolvenzordnung – Das neue Insolvenzrecht in der Praxis, 2. Aufl., Köln 2000, S. 1219–1252.

Link, Jan, Gesellschafterliste und gutgläubiger Erwerb von GmbH-Anteilen aus Sicht der Notarpraxis, Rheinische Notar-Zeitschrift (RNotZ) 2009, S. 193–221.

Löbbe, Marc, Zuständigkeit von Geschäftsführer und Notar für Inhalt und Einreichung der GmbH-Gesellschafterliste, GmbH-Rundschau (GmbHR) 2012, S. 7–17.

Löwe, Henning/Thoß, Stefan, Austritt und Ausschluss eines Gesellschafters aus der GmbH sowie Einziehung seines Geschäftsanteils – Wirksamkeit und Wirkungen, Neue Zeitschrift für Gesellschaftsrecht (NZG) 2003, S. 1005–1008.

Lüke, Wolfgang, Das Verhältnis von Auskunfts-, Anfechtungs- und Registerverfahren im Aktienrecht, Zeitschrift für Unternehmens- und Gesellschaftsrecht (ZGR) 1990, S. 657–681.

Lüneborg, Cäcilie, Die Nachhaftung des ausgeschiedenen Personengesellschafters für Altverbindlichkeiten, Zeitschrift für Wirtschaftsrecht (ZIP) 2012, S. 2229–2238.

Lutter, Marcus, Umwandlungsgesetz, Band 1: §§ 1–122l, 5. Auflage, Köln 2014.

Lutter, Marcus, Umwandlungsgesetz, Band 2: §§ 123–213, 5. Auflage, Köln 2014.

Lutter, Marcus, Zur Reform von Umwandlung und Fusion, Zeitschrift für Unternehmens- und Gesellschaftsrecht (ZGR) 1990, S. 392–415.

Lutter, Marcus, Die Eintragung anfechtbarer Hauptversammlungsbeschlüsse im Handelsregister, Neue juristische Wochenschrift (NJW) 1969, S. 1873–1879.

Lutter, Marcus/Hommelhoff, Peter, GmbHG, 19. Auflage, Köln 2016.

Madaus, Stephan, Umwandlungen als Gegenstand eines Insolvenzplans nach dem ESUG. Zugleich eine Untersuchung der Grenzen der gesellschaftsrechtlichen Regelungsmacht des neuen Insolvenzplans, Zeitschrift für Wirtschaftsrecht (ZIP) 2012, S. 2133–2139.

Markworth, David Cassian, Anmerkungen zu BGH, Versäumnisurteil vom 18.10.2016 – II ZR 314/15, Neue juristische Wochenschrift (NJW) 2017, S. 559–561.

Markworth, David Cassian, Scheinsozius und Scheinsozietät: die Auswirkung des Rechtsscheins in GbR und PartG, Köln 2016.

Martens, Klaus-Peter, Kontinuität und Diskontinuität im Verschmelzungsrecht der Aktiengesellschaft, Die Aktiengesellschaft (AG) 1986, S. 57–67.

Maulbetsch, Hans-Christoph/Klumpp, Axel/Rose, Klaus-Dieter, Umwandlungsgesetz, 2. Auflage, Heidelberg 2017 (zit.: HK-UmwG/*Bearbeiter*).

Mayer, Dieter, Der Erwerb einer GmbH nach den Änderungen durch das MoMiG, Deutsche Notar-Zeitschrift (DNotZ) 2008, S. 403–433.

Mayer, Dieter, Das Umwandlungsrecht als Instrumentarium der Unternehmensnachfolge, Sonderheft der Deutschen Notar-Zeitschrift (DNotZ) 1998, S. 159–196.

Medicus, Dieter/Petersen, Jens, Allgemeiner Teil des BGB, 11. Auflage, Heidelberg 2016.

Meister, Norbert, Die Auswirkungen des MoMiG auf das Umwandlungsrecht, Neue Zeitschrift für Gesellschaftsrecht (NZG) 2008, S. 767–770.

Melchior, Robin, Anmerkung zu BGH, U. v. 18.10.2016 – II ZR 314/15 – (Haftung des Gesellschafters: Haftung nach Rechtsscheingrundsätzen wegen unrichtiger Eintragung im Handelsregister nach Formwechsel einer GmbH in eine GbR), GmbH-Rundschau (GmbHR) 2017, S. 145–146.

Melchior, Robin, Anmerkung zu OLG Bremen, U. v. 01.10.2015–5 U 21/14 – (Keine Haftung der bei der Umwandlung einer GmbH in eine GbR ausgeschiedenen Gesellschafter für Verbindlichkeiten der GmbH), Entscheidungen zum Wirtschaftsrecht (EWiR) 2016, S. 41–42.

Mertens, Kai, Umwandlung und Universalsukzession: die Reform von Verschmelzung, Spaltung, Vermögensübertragung und Formwechsel; rechtsdogmatische Betrachtungen zum Referentenentwurf eines Gesetzes zur Bereinigung des Umwandlungsrechts, Heidelberg 1993.

Meyer, André, Der Grundsatz der unbeschränkten Verbandsmitgliederhaftung, Köln 2006.

Meyer-Landrut, Andreas/Kiem, Roger, Der Formwechsel einer Publikumsgesellschaft – Teil II, Zeitschrift für Wirtschafts- und Bankrecht – Wertpapiermitteilungen (WM) 1997, S. 1413–1422.

Meyer-Landrut, Joachim/Miller, Georg/Niehus, Rudolf J., GmbHG, Berlin (u. a.) 1987.

Michalski, Lutz, Kommentar zum Gesetz betreffend die Gesellschaften mit beschränkter Haftung, Band 1: Systematische Darstellungen, §§ 1–34 GmbHG, 2. Auflage, München 2010 (zit.: Michalski/*Bearbeiter*).

Michalski, Lutz/Heidinger, Andreas/Leible, Stefan/Schmitt, Jessica, Kommentar zum Gesetz betreffend die Gesellschaften mit beschränkter Haftung, Band 1: Systematische Darstellungen, §§ 1–34 GmbHG, 3. Auflage, München 2017 (zit.: MHLS/*Bearbeiter*).

Michalski, Lutz/Heidinger, Andreas/Leible, Stefan/Schmitt, Jessica, Kommentar zum Gesetz betreffend die Gesellschaften mit beschränkter Haftung, Band 2: §§ 35–88 GmbHG, 3. Auflage, München 2017 (zit.: MHLS/*Bearbeiter*).

Mossler, Claus-Peter, Die Rechtsscheinhaftung im Handelsrecht: Unter besonderer Berücksichtigung des § 15 Abs. 3 HGB n. F., Münster 1974.

Mülbert, Peter O., Die rechtsfähige Personengesellschaft, Archiv für die civilistische Praxis (AcP) 199 (1999), S. 38–103.

Müller-Erzbach, Rudolf, Gefährdungshaftung und Gefahrtragung, Archiv für die civilistische Praxis (AcP) 106 (1910), S. 309–476.

Münch, Christof, Die Gesellschaft bürgerlichen Rechts in Grundbuch und Register, Deutsche Notarzeitschrift (DNotZ) 2001, S. 535–557.

Naraschewski, Alexander, Gläubigerschutz bei der Verschmelzung von GmbH, GmbH-Rundschau (GmbHR) 1998, S. 356–361.

Oetker, Hartmut, HGB, 5. Auflage, München 2017.

Olshausen, Eberhard v., Neuerungen im System der handelsrechtlichen Rechtsscheingrundsätze, Betriebs-Berater (BB) 1970, S. 137–145.

Omlor, Sebastian/Spies, Melanie, Grundfragen der Gesellschafterliste, Mitteilungen des bayerischen Notarvereins (MittBayNot) 2011, S. 353–366.

Otte-Gräbener, Sabine, Anmerkung zu BGH, U. v. 18.10.2016 – II ZR 314/15, (Formwechsel einer GmbH in eine GbR; Rechtsscheinhaftung eines zu Unrecht im Handelsregister eingetragenen Gesellschafters), Betriebs-Berater (BB) 2017, S. 394–397.

Paefgen, Walter G., Umwandlung, europäische Grundfreiheiten und Kollisionsrecht, GmbH-Rundschau (GmbHR) 2004, S. 463–476.

Palandt, Otto, Bürgerliches Gesetzbuch, 77. Auflage, München 2018.

Palzer, Carmen, Fortwirkende organschaftliche Pflichten des Geschäftsführers der GmbH, Köln (u. a.) 2001.

Paschos, Nikolaos/ Johannsen-Roth, Tim, Freigabeverfahren und Bestandsschutz bei aktien- und umwandlungsrechtlichen Strukturmaßnahmen. Kritische Bestandsaufnahme aus Anlass der Einführung eines allgemeinen aktienrechtlichen Freigabeverfahrens (§ 246a AktG) durch das UMAG, Neue Zeitschrift für Gesellschaftsrecht (NZG) 2006, S. 327–333.

Petersen, Jens, Der Gläubigerschutz im Umwandlungsrecht, München 2001.

Pfaff, Oliver, Angaben zu den arbeitsrechtlichen Folgen einer Umwandlung sind auch bei fehlendem Betriebsrat erforderlich, Betriebs-Berater (BB) 2002, S. 1604–1609.

Pohlmann, Petra, Rechts- und Parteifähigkeit der Gesellschaft bürgerlichen Rechts. Folgen für Erkenntnisverfahren, Zwangsvollstreckung und freiwillige Gerichtsbarkeit, Zeitschrift für Wirtschafts- und Bankrecht – Wertpapiermitteilungen (WM) 2002, S. 1421–1432.

Preuß, Nicola, Gesellschafterliste, Legitimation gegenüber der Gesellschaft und gutgläubiger Erwerb von GmbH-Anteilen, Zeitschrift für Unternehmens- und Gesellschaftsrecht (ZGR) 2008, S. 676–701.

Priester, Hans-Joachim, Das neue Umwandlungsrecht aus notarieller Sicht, Deutsche Notarzeitschrift (DNotZ) 1995, S. 427–455.

Priester, Hans-Joachim, Die Kommanditgesellschaft auf Aktien ohne natürlichen Komplementär, Zeitschrift für das gesamte Handels- und Wirtschaftsrecht (ZHR) 160 (1996), S. 250–264.

Priester, Hans-Joachim, Teileingezahlte GmbH-Anteile bei Umwandlungsvorgängen, Beilage zu Zeitschrift für Wirtschaftsrecht (ZIP) 22/2016, S. 57–60.

Priester, Hans-Joachim, Formwechsel von GmbH in GbR: registergerichtliche Behandlung (Zugleich Anmerkung zu OLG Bremen, U. v. 01.10.2015–5 U 21/14 –, BFH II ZR 314/15), GmbH-Rundschau (GmbHR) 2015, S. 1289–1292.

Priester, Hans-Joachim, Podiumsdiskussion zum Vortrag von D. Mayer, Sonderheft der Deutschen Notar-Zeitschrift (DNotZ) 1998, S. 197–227.

Priester, Hans-Joachim, Mitgliederwechsel im Umwandlungszeitpunkt. Die Identität des Gesellschafterkreises – ein zwingender Grundsatz?, Der Betrieb (DB) 1997, S. 560–567.

Priester, Hans-Joachim, Kapitalgrundlage beim Formwechsel. Zwang zur Buchwertfortführung?, Der Betrieb (DB) 1995, S. 911–917.

Priester, Hans-Joachim, Podiums- und Plenardiskussion: Die Personengesellschaft als neue Rechtsform des Mittelstandes, in: Neuorientierung der Rechenschaftslegung – Bericht über die Fachtagung 94, Düsseldorf 1995, S. 483–502.

Raiser, Thomas, Gesamthand und juristische Person im Licht des neuen Umwandlungsrechts, Archiv für die civilistische Praxis (AcP) 194 (1994), S. 495–512.

Rauscher, Thomas/Krüger, Wolfgang, Münchener Kommentar zur Zivilprozessordnung mit Gerichtsverfassungsgesetz und Nebengesetzen, Band: FamFG, 2. Auflage, München 2013 (zit.: MüKo-FamFG/*Bearbeiter*).

Reinhardt, Rudolf, Die Umwandlung, ein Gegenstand zum Nachdenken, in: *Harms, Wolfgang/Heckelmann, Dieter/Knöpfle, Robert/Teichmann, Arndt,* Entwicklungstendenzen im Wirtschafts- und Unternehmensrecht – Festschrift für Horst Bartholomeyczik zum 70. Geburtstag, Berlin 1973, S. 307–317.

Reul, Adolf/Heckschen, Heribert/Wienberg, Rüdiger, Insolvenzrecht in der Gestaltungspraxis, 2. Auflage, München 2018.

Rieble, Volker, Verschmelzung und Spaltung von Unternehmen und ihre Folgen für Schuldverhältnisse mit Dritten, Zeitschrift für Wirtschaftsrecht (ZIP) 1997, S. 301–314.

Rieder, Markus S., Die Rechtsscheinhaftung im elektronischen Geschäftsverkehr – Eine rechtsvergleichende Untersuchung nach dem Recht der Bundesrepublik Deutschland, der Vereinigten Staaten von Amerika und Regelwerken internationaler Organisationen, Berlin 2004.

Ries, Christian, Die Sicherheitsleistung für Ansprüche aus Dauerschuldverhältnissen nach § 22 Abs. 1 UmwG, Köln 2005.

Rittner, Fritz, Die Sicherheitsleistung bei der ordentlichen Kapitalherabsetzung, in: *Jagenburg, Walther/et al.,* Festschrift für Walther Oppenhoff zum 80. Geburtstag, München 1985, S. 317–334.

Rodewald, Jörg, Vereinfachte „Kapitalherabsetzung" durch Verschmelzung von GmbH, GmbH-Rundschau (GmbHR) 1997, S. 19–22.

Röhricht, Volker/Graf v. Westphalen, Friedrich/Haas, Ulrich, Handelsgesetzbuch: HGB, 4. Auflage, Köln 2014.

Roth, Gregor, Anmerkung zu OLG Saarbrücken, U. v. 22.11.2005–8 U 91/05–25 – (Keine Haftung des Scheingesellschafters für Altverbindlichkeiten der GbR), Entscheidungen zum Wirtschaftsrecht (EWiR) 2007, S. 205–206.

Roth, Gregor, Zur Haftung des Scheingesellschafters einer GbR für Gesellschaftsschulden. Zugleich Anmerkung zu OLG Saarbrücken, U. v. 22.12.2005–8 U 91/05 –, Der Betrieb (DB) 2007, S. 616–620.

Roth, Holger/Altmeppen, Günter, GmbHG, 8. Auflage, München 2015.

Roth, Wulf-Henning, Rechtsfragen der Scheinsozietät, in: *Bitter, Georg/Lutter, Marcus/Priester, Hans-Joachim/Schön, Wolfgang/Ulmer, Peter,* Festschrift für Karsten Schmidt zum 70. Geburtstag, Köln 2009, S. 1375–1388.

Rowedder, Heinz/Schmidt-Leithoff, Christian, Gesetz betreffend die Gesellschaften mit beschränkter Haftung: GmbHG, 6. Auflage, München 2017.

Säcker, ***Franz Jürgen/Rixecker***, ***Roland/Oetker***, ***Hartmut/Limperg, Bettina***, Münchener Kommentar zum Bürgerlichen Gesetzbuch, Band 12: Internationales Privatrecht II – Internationales Wirtschaftsrecht – Einführung zum Bürgerlichen Gesetzbuche (Art. 50–253), 7. Auflage, München 2018. (zit.: MüKo-BGB/*Bearbeiter*)

Säcker, ***Franz Jürgen/Rixecker***, ***Roland/Oetker***, ***Hartmut/Limperg, Bettina***, Münchener Kommentar zum Bürgerlichen Gesetzbuch, Band 6: §§705–853, 7. Auflage, München 2017 (zit.: MüKo-BGB/*Bearbeiter*).

Säcker, ***Franz Jürgen/Rixecker***, ***Roland/Oetker***, ***Hartmut/Limperg, Bettina***, Münchener Kommentar zum Bürgerlichen Gesetzbuch, Band 2: §§ 241–432, 7. Auflage, München 2016 (zit.: MüKo-BGB/*Bearbeiter*).

Säcker, ***Franz Jürgen/Rixecker***, ***Roland/Oetker***, ***Hartmut/Limperg, Bettina***, Münchener Kommentar zum Bürgerlichen Gesetzbuch, Band 1: §§ 1–240, 7. Auflage, München 2015 (zit.: MüKo-BGB/*Bearbeiter*).

Saenger, Ingo, Gesellschaftsrecht, 3. Auflage 2015.

Saenger, Ingo/Inhester,Michael, GmbHG, 3. Auflage, Baden-Baden 2016.

Saenger, Ingo/Koch, Raphael, Kreditgewährung an Gesellschafter aus gebundenem Vermögen als verbotene Auszahlung auch bei vollwertigem Rückzahlungsanspruch, Neue Zeitschrift für Gesellschaftsrecht (NZG) 2004, S. 271–273.

Sagasser, Bernd/Bula, Thomas/Brünger, Thomas R., Umwandlungen, 5. Auflage, München 2017.

Samson, Christophe/Flindt, Sybille, Internationale Unternehmenszusammenschlüsse, Neue Zeitschrift für Gesellschaftsrecht (NZG) 2006, S. 290–296.

Savigny, ***Friedrich Carl v.,*** System des heutigen römischen Rechts, Band I, Berlin 1840, Reprint 2012.

Schäfer, Carsten, Offene Fragen der Haftung des BGB-Gesellschafters, Zeitschrift für Wirtschaftsrecht (ZIP) 2003, S. 1225–1234.

Schäfer, Carsten, Scheinsozietät und Scheinsozius. Gesellschafts- und wettbewerbsrechtliche Fragen am Beispiel der Anwaltssozietät, Deutsches Steuerrecht (DStR) 2003, S. 1078–1084.

Schäfer, Carsten, Der stimmrechtslose GmbH-Geschäftsanteil, Köln 1997.

Scheuch, Alexander, Der Scheingesellschafter der Gesellschaft bürgerlichen Rechts, Baden-Baden 2014.

Schilken, Eberhard, Abstrakter und konkreter Vertrauensschutz im Rahmen des § 15 HGB, Archiv für die civilistische Praxis (AcP) 187 (1987), S. 1–22.

Schlegelberger, Franz, Handelsgesetzbuch, Band 3/1: §§ 105–160, 5. Aufl., München 1992.

Schmid, Christoph, Das umwandlungsrechtliche Unbedenklichkeitsverfahren und die Reversibilität registrierter Verschmelzungsbeschlüsse. Neue Waffen im Kampf gegen die Räuber, Zeitschrift für Unternehmens- und Gesellschaftsrecht (ZGR) 1997, S. 493–521.

Schmidt, Karsten, Gesellschaftsrecht, 4. Auflage, Köln 2002.

Schmidt, Karsten, Handelsrecht, 5. Auflage, Köln 1999.

Schmidt, Karsten, Münchener Kommentar zum Handelsgesetzbuch, Band 1: §§ 1–104a, 4. Auflage, München 2016.

Schmidt, Karsten, Münchener Kommentar zum Handelsgesetzbuch, Band 2: §§ 105–160, 4. Auflage, München 2016.

Schmidt, Karsten, Unterbilanzhaftung bei Fortsetzung einer aufgelösten Gesellschaft? Anmerkung zu BGH, U. v. 10.12.2013 – II ZR 53/12 –, Der Betrieb (DB) 2014, S. 701–704.

Schmidt, Karsten, Die BGB-Außengesellschaft: recht- und parteifähig. Anmerkung zu: BGH, U. v. 29.01.2001 – II ZR 331/00 – (zugl. für Ulrich Huber zum 65. Geburtstag), Neue juristische Wochenschrift (NJW) 2001, S. 993–1003.

Schmidt, Karsten, Einschränkung der umwandlungsrechtlichen Eintragungswirkungen durch den umwandlungsrechtlichen numerus clausus? Die Rechtsprechung zum Landwirtschaftsanpassungsgesetz, im Besonderen das Urteil des BGH, U. v. 07.11.1997 – LwZR 1/97 – = ZIP 1997, 2134, als Lehrstück und Warnung für die Praxis zum Umwandlungsgesetz, Zeitschrift für Wirtschaftsrecht (ZIP) 1998, S. 181–189.

Schmidt, Karsten, Umwandlung von Vorgesellschaften? – §§ 41 AktG, 11 GmbHG und umwandlungsrechtlicher numerus clausus, in: *Lieb, Manfred/ Noack, Ulrich/Westermann, Harm Peter,* Festschrift für Wolfgang Zöllner – Band 1, Köln 1998, S. 521–538.

Schmidt, Karsten, Formwechsel zwischen GmbH und GmbH & Co. KG. Zur Gesellschafteridentität bei der Beteiligung einer Personengesellschaft am Formwechsel, GmbH-Rundschau (GmbHR) 1995, S. 693–696.

Schmidt, Karsten, Volleinzahlungsgebot beim Formwechsel in die AG oder GmbH? Zugleich zum Verständnis des Formwechsels nach altem und neuem Umwandlungsrecht, Zeitschrift für Wirtschaftsrecht (ZIP) 1995, S. 1385–1391.

Schmidt, Karsten, Gläubigerschutz bei Umstrukturierungen, Zeitschrift für Unternehmens- und Gesellschaftsrecht (ZGR) 1993, S. 366–395.

Schmidt, Karsten, Fehlerhafte Verschmelzung und allgemeines Verbandsrecht. Eine Analyse nach geltendem und kommendem Recht, Zeitschrift für Unternehmens- und Gesellschaftsrecht (ZGR) 1991, S. 373–393.

Schmidt, Karsten, Gesetzliche Gestaltung und dogmatisches Konzept eines neuen Umwandlungsgesetzes, Zeitschrift für Unternehmens- und Gesellschaftsrecht (ZGR) 1990, S. 580–606.

Schmidt, Karsten, Wege zum Insolvenzrecht der Unternehmen, Köln 1990.

Schmidt, Karsten, Die Umwandlung einer GmbH in eine AG zu Kapitaländerungszwecken, Die Aktiengesellschaft (AG) 1985, S. 150–158.

Schmidt, Karsten, Insolvenzrisiko und gesellschaftsrechtliche Haftung, Juristenzeitung (JZ) 1985, S. 301–308.

Schmidt, Karsten, Kommanditistenwechsel und Nachfolgevermerk, GmbH-Rundschau (GmbHR) 1981, S. 253–259.

Schmidt, Karsten/Lutter, Marcus, AktG Kommentar, Band 2: §§ 150–410, 3. Auflage, Köln 2015.

Schmidt-Kessel, Martin, Das Gemeinschaftsrecht des Handelsregisters, Zeitschrift für Gemeinschaftsprivatrecht (GPR) 2006, S. 6–17.

Schmidt-Kessel, Martin/Leutner, Gerd/Müther, Peter-Hendrik, Handelsregisterrecht, München 2010.

Schmitt, Joachim/Hörtnagl, Robert/Stratz, Rolf-Christian, Umwandlungsgesetz, Umwandlungssteuergesetz: UmwG, UmwStG, 7. Auflage, München 2016. (zit.: SHS/*Bearbeiter*)

Schneider, Uwe H., Neue Haftungsrisiken für GmbH-Geschäftsführer bei Erstellung und Einreichung der Gesellschafterliste, GmbH-Rundschau (GmbHR) 2009, S. 393–396.

Schneider, Uwe H., Missbräuchliches Verhalten durch Private Equity?, Neue Zeitschrift für Gesellschaftsrecht (NZG) 2007, S. 888–893.

Scholz, Franz, GmbHG, Band 1: §§ 1–34, 12. Auflage, Köln 2018.

Scholz, Franz, GmbHG, Band 2: §§ 35–52, 11. Auflage, Köln 2014.

Scholz, Franz, GmbHG, Band 3: §§ 53–85, 11. Auflage, Köln 2015.

Schreiber, ***Ulrich,*** Besteuerung der Unternehmen, 4. Auflage, Wiesbaden 2017

Schröer, Thomas, Sicherheitsleistung für Ansprüche aus Dauerschuldverhältnissen bei Unternehmensumwandlungen, Der Betrieb (DB) 1999, S. 317–324.

Schulze zur Wiesche, ***Dieter,*** Die GmbH & Co. KG im neuen Umwandlungssteuerrecht, Der Betrieb (DB) 1996, S. 1539–1546.

Schulze, Reiner/Dörner, Heinrich/Ebert, Ina/Hoeren, Thomas/Kemper, Rainer/Saenger, Ingo/Scheuch, Alexander/Schreiber, Klaus/Schulte-Nölke, Hans/Staudinger, Ansgar/Wiese, Volker, Bürgerliches Gesetzbuch, 9. Auflage, Baden-Baden 2016 (zit.: HK-BGB/*Bearbeiter*).

Schwab, Martin T., Kündigung, Ausschluss und Einziehung in der GmbH, Deutsches Steuerrecht (DStR) 2012, S. 707–714.

Schwarz, Hans-Detlef, Das neue Umwandlungsrecht, Deutsches Steuerrecht (DStR) 1994, S. 1694–1702.

Schwedhelm, Rolf, Die Unternehmensumwandlung, 8. Auflage, Köln 2016.

Seibert, Ulrich, Der Regierungsentwurf des MoMiG und die haftungsbeschränkte Unternehmergesellschaft, GmbH-Rundschau (GmbHR) 2007, S. 673–677.

Semler, Johannes/Stengel, Arndt, Umwandlungsgesetz: UmwG, 4. Auflage, München 2017.

Semler, Johannes/Stengel, Arndt, Umwandlungsgesetz mit Spruchverfahrensgesetz, 2. Auflage, München 2007.

Siems, Mathias M., SEVIC: Der letzte Mosaikstein im Internationalen Gesellschaftsrecht der EU?, Europäische Zeitschrift für Wirtschaftsrecht (EuZW) 2006, S. 135–140.

Simon, Stefan, Gläubigerschutz im Umwandlungsrecht, Der Konzern 2004, S. 191–195.

Simon, Stefan/Leuering, Dieter, Umwandlung von GmbH & Co. KGs – Ende des Treuhandmodells, Neue juristische Wochenschrift-Spezial (NJW-Spezial) 2005, S. 459–460.

Simon, Stefan/Merkelbach, Matthias, Gesellschaftsrechtliche Strukturmaßnahmen im Insolvenzplanverfahren nach dem ESUG, Neue Zeitschrift für Gesellschaftsrecht (NZG) 2012, S. 121–129.

Soergel, Hans Theodor, Bürgerliches Gesetzbuch, Band 2: §§ 104–240, 13. Auflage, Stuttgart 2012.

Soergel, Hans Theodor, Bürgerliches Gesetzbuch, Band 11/1: §§ 705–758, 13. Auflage, Stuttgart 2012.

Soldierer, Harald, Die Höhe der Sicherheitsleistung im Umwandlungsgesetz, Herzogenrath 2004.

Sommer, Michael/Treptow, Oliver/Friemel, Kilian, Die Aushebelung der Haftungskonzentration nach § 8 II PartGG durch Scheinpartner, Neue Zeitschrift für Gesellschaftsrecht (NZG) 2012, S. 1249–1255.

Sosnitza, Olaf, Das Unbedenklichkeitsverfahren nach § 16 III UmwG. Bestandsaufnahme eines gesellschaftsrechtlichen Rechtsschutzinstruments im Lichte der jüngsten Rechtsprechung, Neue Zeitschrift für Gesellschaftsrecht (NZG) 1999, S. 965–975.

Staub, Hermann, Handelsgesetzbuch: HGB, Band 1: Einleitung; §§ 1–47b, 5. Auflage, Berlin 2009.

Staub, Hermann, Handelsgesetzbuch: HGB, Band 3: §§ 105–160, 5. Auflage, Berlin 2009.

Staudinger, Julius von, Bürgerlichen Gesetzbuch mit Einführungsgesetz und Nebengesetzen - Buch 1. Allgemeiner Teil, §§ 164–240, Neubearbeitung Berlin 2014.

Staudinger, Julius von, Bürgerlichen Gesetzbuch mit Einführungsgesetz und Nebengesetzen - Buch 2. Recht der Schuldverhältnisse, §§ 705–740, Neubearbeitung Berlin 2003.

Steckhan, Hans-Werner, Grenzen des öffentlichen Glaubens der Handelsregisterbekanntmachung, Deutsche Notar-Zeitschrift (DNotZ) 1971, S. 211–229.

Steding, Rolf, Zulässigkeit und Begrenzung des Einsatzes der GbR und des Vereins für wirtschaftliche Tätigkeit, Neue Zeitschrift für Gesellschaftsrecht (NZG) 2001, S. 721–728.

Stein, Fabian, Die Darlegungs- und Beweislast im Zivilprozess - Ein Überblick, Juristische Schulung (JuS) 2016, S. 896–901.

Streck, Michael/Mack, Alexandra/Schwedhelm, Rolf, Verschmelzung und Formwechsel nach dem neuen Umwandlungsgesetz, GmbH-Rundschau (GmbHR) 1995, S. 161–176.

Tebben, Joachim, Die Reform der GmbH - das MoMiG in der notariellen Praxis, Rheinische Notar-Zeitschrift (RNotZ) 2008, S. 441–462.

Timm, Wolfram, Einige Zweifelsfragen zum neuen Umwandlungsrecht, Zeitschrift für Unternehmens- und Gesellschaftsrecht (ZGR) 1996, S. 247–271.

Timm, Wolfram, Die Rechtsfähigkeit der Gesellschaft bürgerlichen Rechts und ihre Haftungsverfassung, Neue Juristische Wochenschrift (NJW) 1995, S. 3209–3218.

Triebel, Volker/v. Hase, Karl, Wegzug und grenzüberschreitende Umwandlungen deutscher Gesellschaften nach „Überseering“ und „Inspire Art“ (Zugleich Anmerkung zu EuGH, U. v. 05.11.2002 - Rs. C-208/00 - und Anmerkung zu EuGH, U. v. 30.09.2003 - Rs. C-167/01 -), Betriebs-Berater (BB) 2003, S. 2409–2417.

Ulmer, Peter, Die Haftungsverfassung der BGB-Gesellschaft, Zeitschrift für Wirtschaftsrecht (ZIP) 2003, S. 1113–1122.

Ulmer, Peter, Die höchstrichterlich „enträtselte“ Gesellschaft bürgerlichen Recht, Zeitschrift für Wirtschaftsrecht (ZIP) 2001, S. 585–599.

Ulmer, Peter, Gesellschafterhaftung in der Gesellschaft bürgerlichen Rechts – Durchbruch der Akzessorietätstheorie?, Zeitschrift für Wirtschaftsrecht (ZIP) 1999, S. 554–565.

Ulmer, Peter/Habersack, Mathias/Löbbe, Marc, Gesetz betreffend die Gesellschaften mit beschränkter Haftung Band 1: Einleitung § 1–28, 2. Auflage, Tübingen 2013. (zit.: UHL/*Bearbeiter*)

Ulmer, Peter/Habersack, Mathias/Löbbe, Marc, Gesetz betreffend die Gesellschaften mit beschränkter Haftung, Band 2: §§ 29–52, 2. Auflage, Tübingen 2014. (zit.: UHL/*Bearbeiter*)

Ulmer, Peter/Habersack, Mathias/Löbbe, Marc, Gesetz betreffend die Gesellschaften mit beschränkter Haftung, Band 3: §§ 53–88, 2. Auflage, Tübingen 2016. (zit.: UHL/*Bearbeiter*)

Usler, Lothar, Der Formwechsel nach dem neuen Umwandlungsrecht, Mitteilungen der Rheinischen Notarkammer (MittRhNotK) 1998, S. 21–59.

Veil, Rüdiger, Aktuelle Probleme im Ausgliederungsrecht, Zeitschrift für Wirtschaftsrecht (ZIP) 1998, S. 361–369.

Veil, Rüdiger, Der nicht-verhältniswahrende Formwechsel von Kapitalgesellschaften. Eröffnet das neue Umwandlungsgesetz den partiellen Ausschluß von Anteilsinhabern?, Der Betrieb (DB) 1996, S. 2529–2532.

Veil, Rüdiger, Die Registersperre bei der Umwandlung einer AG in eine GmbH. Zugleich eine Besprechung des Beschlusses des LG Hanau, ZIP 1995, 1820, Zeitschrift für Wirtschaftsrecht (ZIP) 1996, S. 1065–1071.

Veil, Rüdiger, Umwandlung einer Aktiengesellschaft in eine Gesellschaft mit beschränkter Haftung, Berlin 1995.

Veith, Alexander, Der Gläubigerschutz beim Formwechsel nach dem Umwandlungsgesetz, Frankfurt a. M. (u. a.) 2003.

Vetter, Jochen, Altschuldenhaftung auf fehlerhafter Vertragsgrundlage, Baden-Baden 1995.

Vossius, Oliver, Anmerkung zu BGH, Versäumnisurt. v. 18.10.2016 – II ZR 314/15 – (Haftung der Gesellschafter einer formgewechselten GbR), Zeitschrift für die notarielle Beratungs- und Beurkundungspraxis, (NotBZ) 2017, S. 141–142.

Wälzholz, Eckhard, Die Reform des GmbH-Rechts, Mitteilungen des bayerischen Notarvereins (MittBayNot) 2008, S. 425–435.

Wälzholz, Eckhard, Anmerkung zu BayObLG, B. v. 02.04.2003–3Z BR 57/03 – (Verfügungen über Gesellschaftsanteile vor Eintragung eines Formwechsels im Handelsregister), Deutsches Steuerrecht (DStR) 2003, S. 1269–1269.

Weigl, Gerald, Die GbR im Grundstücksverkehr: erneuter Ruf nach dem Gesetzgeber? – Zugleich Anmerkung zu OLG München, B. v. 20.07.2010–34 Wx 63/2010 – und zu dem Aufsatz von Wolfgang Krüger, Die Gesellschaft bürgerlichen Rechts und das Grundbuch: causa infinita (Anmerkung zu BGH, B. v. 04.12.2008 – V ZB 74/08 -), NZG 2010, 801–807), Neue Zeitschrift für Gesellschaftsrecht (NZG) 2010, S. 1053–1056.

Weiler, Simon, Grenzen des Verzichts auf die Anteilsgewährung im Umwandlungsrecht, Neue Zeitschrift für Gesellschaftsrecht (NZG) 2008, S. 527–532.

Westermann, Harm Peter, Überlegungen zu Reformen des Personengesellschaftsrecht, Neue juristische Wochenschrift (NJW) 2016, S. 2625–2629.

Westermann, Harm Peter, Geht es noch ohne Gesellschaftsregister? Zur Grundbuchfähigkeit der Gesellschaft bürgerlichen Rechts, in: *Joost, Detlev/Oetker, Hartmut/Paschke, Marian,* Festschrift für Franz Jürgen Säcker zum 70. Geburtstag, München 2011, S. 543–558.

Westermann, Harm Peter, Die rechtsfähige BGB-Gesellschaft – ein Zwischenbericht, in: *Dauner-Lieb, Barabara/Hommelhoff, Peter/Jacobs, Mathias/Kaiser, Dagmar/Weber, Christoph,* Festschrift für Horst Konzen zum 70. Geburtstag, Tübingen 2006, S. 957–976.

Wicke, Hartmut, GmbHG, 3. Auflage, München 2016.

Wicke, Hartmut, „Best Practice" bei der Nummerierung der Gesellschafterliste. Zugleich Anmerkung zu OLG Bamberg, B. v. 02.02.2010–6 W 40/09 –, Mitteilungen des bayerischen Notarvereins (MittBayNot) 2010, S. 283–285.

Widmann, Siegfried/Mayer, Dieter, Umwandlungsrecht, Loseblatt, 3. Auflage, München 1995, Stand: 168 Aktualisierungslieferung – November 2017.

Wiedemann, Herbert, Gesellschaftsrecht Band 2: Recht der Personengesellschaften, München 2004.

Wiedemann, Herbert, Gesellschaftsrecht, Band 1: Grundlagen, München 1980.

Wiedemann, Herbert, Reflexionen zur Durchgriffshaftung, Zeitschrift für Unternehmens- und Gesellschaftsrecht (ZGR) 2003, S. 283–297.

Wiedemann, Herbert, Identität beim Rechtsformwechsel, Zeitschrift für Unternehmens- und Gesellschaftsrecht (ZGR) 1999, S. 568–582.

Wiedemann, Herbert, Die Personengesellschaft – Vertrag oder Organisation?, Zeitschrift für Unternehmens- und Gesellschaftsrecht (ZGR) 1996, S. 286–299.

Wiedemann, Herbert, Gedanken zur Vermögensordnung der Personengesellschaft, in: *Böttcher, Reinhard/Hueck, Götz/Jähnke, Burkhard,* Festschrift für Walter Odersky zum 65. Geburtstag am 17. Juli 1996, Berlin (u. a.) 1996, S. 925–941.

Wiedemann, Herbert, Rechtsverhältnisse der BGB-Gesellschaften zu Dritten, Zeitschrift für Wirtschafts- und Bankrecht – Wertpapiermitteilungen (WM) Sonderbeilage 4–1994, S. 1–19.

Wiedemann, Herbert, Juristische Personen und Gesamthand als Sondervermögen, Zeitschrift für Wirtschafts- und Bankrecht – Wertpapiermitteilungen (WM) Sonderbeilage 4–1975, S. 1–44.

Wiersch, Rachid René, Der gutgläubige Erwerb von GmbH-Anteilen, Frankfurt a. M. 2009.

Wolf, Jens, Die Haftung des Kommanditisten beim Formwechsel in die GmbH, Zeitschrift für Wirtschaftsrecht (ZIP) 1996, S. 1200–1205.

Wunderlich, Nils-Christian, Das Ende der Doppelverpflichtungstheorie? – Anmerkungen zum Urteil des BGH vom 29. Januar 2001 = WM 2001, 408 –, Zeitschrift für Wirtschafts- und Bankrecht – Wertpapiermitteilungen (WM) 2002, S. 271–277.

Zimmer, Daniel/Naendrup, Christoph, Das Cartesio-Urteil des EuGH: Rück- oder Fortschritt für das internationale Gesellschaftsrecht? (Anmerkung zu: EuGH, U. v. 16.12.2008 – Rs. C-210/06 -), Neue Juristische Wochenschrift (NJW) 2009, S. 545–550.

Zippelius, Reinhold, Juristische Methodenlehre, 11. Auflage, München 2012.

Zöllner, Wolfgang, Bemerkungen zu allgemeinen Fragen des Referentenentwurfs eines Umwandlungsgesetzes, Zeitschrift für Unternehmens- und Gesellschaftsrecht (ZGR) 1993, S. 334–342.

Zöllner, Wolfgang, Grundsatzüberlegungen zur umfassenden Umstrukturierbarkeit der Gesellschaftsformen nach dem Umwandlungsgesetz, in: *Martens, Klaus-Peter/Westermann, Harm Peter/Zöller,* Wolfgang, Festschrift für Carsten Peter Claussen zum 70. Geburtstag, Köln 1997, S. 423–444.

Zürbig, Wolf Hendrik, Der Formwechsel einer Personengesellschaft in eine Kapitalgesellschaft, Frankfurt a. M. (u. a.) 1999.

Für die verwendeten Abkürzungen wird verwiesen auf:

Kirchner/Böttcher, Abkürzungsverzeichnis der Rechtssprache, 8. Auflage, Berlin 2015.

www.ingramcontent.com/pod-product-compliance
Ingram Content Group UK Ltd.
Pitfield, Milton Keynes, MK11 3LW, UK
UKHW021930290926
8980IPUK00016B/1556

9 783631 775189